法鼓山年鑑

2012

◆方丈和尚對2012年的祝福

心靈環保年　真大吉祥

　　諸位法師、諸位菩薩、諸位善知識大德,新的一年開始,果東祝福大家:「真心自在,廣大吉祥!」

　　感恩去年一年,在僧俗四眾踏實地奉獻及社會各界的支持中,我們從「知福幸福」的共勉裡,體會了「知福知足有幸福,感恩奉獻真快樂」的真實義。今年,2012年,法鼓山提出祝福與勉勵的主題是「真大吉祥」,這四個字,也是創辦人聖嚴師父住世時,心念眾生慧命,親筆寫下的祝福。

　　從字面來看,「真大吉祥」四字,是以「真」字起頭,關鍵就在於「真」字。「真」可代表真心、真誠、真實,希望我們每個人,不論是面對自己、與人相處,或對待自然環境,都能抱持這份真心、真誠與真實,從自己做起,從心出發。

真心自在　廣大吉祥

　　從禪法來講,師父曾經開示:「真心是沒有你我利害得失的。真心實際上就是無心,就是智慧。」因此,「真大吉祥」的「真」也是與大家共勉,從修學佛法來體驗沒有得失利害的平常心、去除煩惱的清淨心、放下執著的智慧心,而生起廣大平等的慈悲心,實際上就是「心靈環保」。

　　「心靈環保」的最高原則是慈悲與智慧,基本態度是謙虛,下手工夫是誠心,這與「真」是相應的。從「真」出發,凡事不離真心、真誠、真實,我們便能處處吉祥、時時吉祥、日日吉祥,乃至年年都吉祥。

　　至於落實方法,可從「四安」的安心、安身、安家、安業來著手。安心在於少欲知足,安身在於勤勞簡樸,安家在於

互敬互助，安業在於敬業樂群，進一步則指身口意三業清淨。安心安身是增長我們的智慧，安家安業則可增長我們的慈悲，這便是「真大吉祥」的期許和祝福。

修福修慧　心安平安

新的一年到來，由於受到全球低迷的經濟情勢、世界各地災變牽動影響，整體局勢似乎愈形嚴峻，加上有所謂「末日」預言的說法，社會氣氛顯得有些浮動，但2012年真是如此不安嗎？

事實上，佛教並沒有末日之說。佛教看待宇宙人生的真理實相，講的是無常、無我、空的緣起法，一切現象都是緣生緣滅的。無常並不是消極的損失，而是日新又新的積極意義，充滿著希望與光明。如果能把所有的順逆緣，都當成是成就我們修

迎接2012心靈環保二十週年，方丈和尚祝福大眾「真心自在，廣大吉祥」。

福修慧的資糧，並且踏實務實地奉獻付出，就能夠讓我們在不安之中獲得平安，這也就是聖嚴師父勉勵我們的「心安就有平安。」

但是，一般人遇到狀況而不受影響並不容易，正因為不容易，所以我們更須要練習。如何練習？最好的方法就是「四它」：面對它、接受它、處理它、放下它。或者藉由念佛、念菩薩聖號，或是從禪修的觀呼吸法來幫助我們安定身心。只要時時提起方法練習，可以幫助我們漸漸從散亂心進入到集中心，當方法愈來愈純熟，感受身心與整體環境融合在一起，就不會有煩惱罣礙的困擾，甚至可以放鬆身心而自在地面對各種順逆因緣了。

心靈環保 i 接力

2月3日，是聖嚴師父圓寂三週年，2月5日在法鼓山園區將舉辦「心靈環保 i 接力」啟動儀式，邀請社會各界善知識大德共同參與，同時舉行傳燈法會，承接師父的悲願，願願相續，將佛法慈悲與智慧的明燈，燈燈相傳。

「心靈環保」是聖嚴師父送給世人最珍貴的禮物，期望大家共同接力，把這份禮物送到更多人的手上。

再次祝福大家「真大吉祥」——真心自在，廣大吉祥！（節錄）

編輯體例

一、本年鑑輯錄法鼓山西元2012年1月至12月間之記事。

二、正文分為三部,第一部為綜觀篇,含括法鼓山方丈和尚(果東法師)、法鼓山僧團、法鼓山體系組織概述,俾使讀者對2012年的法鼓山體系運作有立即性、全面性且宏觀的認識。第二部為實踐篇,即法鼓山理念的具體實現,以三大教育架構,放眼國際,分為大普化、大關懷、大學院、國際弘化。各單元首先以總論宏觀論述這一年來主要事件之象徵意義及影響,再依事件發生時序以「記事報導」呈現內容,對於特別重大的事件則另闢篇幅做深入「特別報導」。第三部為全年度「大事記」,依事件發生時間順序記錄,便於查詢。

三、同一類型的活動若於不同時間舉辦多場時,於「記事報導」處合併敘述,並依第一場時間排列報導順序。但於「大事記」中則不合併,依各場舉辦日期時間分別記載。

四、內文中年、月、日一律以阿拉伯數字書寫,如:2012年3月21日。其餘人數、金額等數值皆以國字書寫。

五、人物稱呼:聖嚴法師皆稱聖嚴師父。其他法師若為監院或監院以上職務,則一律先職銜後法名,如方丈和尚果東法師、副住持果品法師。一般人員敘述,若有職銜則省略先生、小姐,如法鼓山社會大學校長曾濟群。

六、法鼓山各事業體單位名稱,部分因名稱過長,只在全書第一次出現時以全名稱呼,其餘以簡稱代替,詳如下:

法鼓山世界佛教教育園區簡稱「法鼓山園區」、「法鼓山總本山」

中華佛教文化館簡稱「文化館」

法鼓山社會福利慈善事業基金會(法鼓山慈善基金會)簡稱「慈基會」

法鼓佛教學院簡稱「佛教學院」

中華佛學研究所簡稱「中華佛研所」

法鼓山僧伽大學簡稱「僧大」

法鼓山社會大學簡稱「法鼓山社大」

法鼓山人文社會基金會簡稱「人基會」

聖嚴教育基金會簡稱「聖基會」

護法會北投辦事處簡稱「北投辦事處」

林邊安心服務站簡稱「林邊安心站」

七、檢索方法：本年鑑使用方法主要有四種

其一：了解法鼓山弘化運作的整體概況。請進入綜觀篇。

自〈法鼓山方丈和尚〉、〈僧團〉、〈法鼓山體系組織〉各篇專文，深入法鼓
山弘化事業的精神理念、指導核心，及整體組織概況。

其二：依事件分類，檢索相關報導。

請進入實踐篇。事件分為四類，包括大普化教育、大關懷教育、大學院教育，
及國際弘化，可於各類之首〈總論〉一文，了解該類事件的全年整體意義說
明；並於「記事報導」依事件發生時間，檢索相關報導。

各事件的分類原則大致如下：

・大普化教育：

凡運用佛教修行與現代文化，所舉辦的相關修行弘化、教育成長活動。

例如：禪坐、念佛、法會、朝山、誦戒、讀經等修行弘化，佛學課程、演講、
講座、讀書會、成長營、禪修營、教師營、兒童營、人才培育等佛法普及、教
育成長，對談、展覽、音樂會、文化出版與推廣等相關活動，以及僧團禮祖、
剃度，心六倫運動，法鼓山在臺灣所舉辦的國際性普化、青年活動等。

・大關懷教育：

凡對於社會大眾、信眾之間的相互關懷，急難救助以及心靈環保、禮儀環
保、自然環保、生活環保等相關活動。

例如：關懷感恩分享會、悅眾成長營、正副會團長與轄召召委聯席會議等信眾
關懷教育，佛化祝壽、佛化婚禮、佛化奠祭、助念關懷、心靈環保博覽會等社
會關懷教育，以及海內外慈善救助、災難救援關懷，國際關懷生命獎等。

・大學院教育：

凡為造就高層次的研究、教學、弘法及專業服務人才之教育單位，所舉辦的
相關活動。

例如：中華佛學研究所、法鼓佛教學院、法鼓大學、法鼓山僧伽大學等所舉
辦的活動，包括國際學術研討會、成長營、禪修，以及聖嚴教育基金會主辦
的「聖嚴思想國際學術研討會」等。

・國際弘化：

凡由法鼓山海外分院道場、據點等，所主辦的相關弘化活動、所參與的國際
性活動；以及法鼓山於海外所舉辦的弘化活動等。

例如：美國紐約東初禪寺、象岡道場，加拿大溫哥華道場，以及海外弘化據
點，包括各國護法會，以及各聯絡處及聯絡點等。各地所舉辦、參與的各項

　　活動。包括各項禪修、念佛、法會及演講、慰訪關懷等。

　　另有聖嚴教育基金會與美國哥倫比亞大學共同設立的「聖嚴漢傳佛學講座教授」，海外人士至法鼓山拜訪，海外學術單位至法鼓山園區參學等。

其三：依事件發生時間順序，檢索事件內容綱要。請進入大事記。

其四：檢索法會、禪修、讀書會等相關統計圖表，請進入附錄，依事件類別查詢所需資料。

　　例如：大普化教育單位所舉辦的法會、禪修、佛學課程之場次統計，主要出版品概況，國際會議參與情形以及聖嚴師父相關主要學術研究論文一覽等。

※使用範例：

範例1：查詢事件「第四屆聖嚴思想國際學術研討會」

　　　　方法1：進入實踐篇→大學院教育→於6月1日→可查得該事件相關報導

　　　　方法2：進入大事記→於6月1日→可查得該事件內容綱要

範例2：查詢單位「法鼓佛教學院」

　　　　進入綜觀篇→〈法鼓山體系組織〉一文→於大學院教育中，可查得該單位2012年的整體運作概況

範例3：查詢「法鼓山2012年主要法會統計」

　　　　進入附錄→法鼓山2012年主要法會統計

目錄

2012法鼓山年鑑

48 實踐篇

綜觀

行願承擔　傳遞心靈環保

「這裡與其說是道場，更像是一所學校。」

「走進『家徒四壁』的大殿，莊嚴攝受的宗教感油然而生。」

「來訪此地，讓人思索什麼是佛教的本來面目。」

絡繹於途的海內外旅人，於參訪當下、在網路世界，回饋屬於他們的法鼓山經驗。

2012年方丈和尚果東法師的會客室，晤談話題，同以法鼓山經驗居首。3月，中國大陸福州鼓山湧泉寺方丈與泉州承天寺方丈相繼來訪，提問緊扣四眾人才養成、僧執法務、行門精進，又關切護法團體、文化傳播、公益關懷，甚且問道：法鼓山創辦人聖嚴師父之核心教導，是否有整合專書，足以讓四方學人同霑教澤？

所有可見、不可見的軟硬體工程，都是訪客追尋的法鼓山經驗。方丈和尚回饋指出，「以心靈環保為核心，弘揚漢傳佛教，透過三大教育，達到世界淨化。」是法鼓山使命，也是法鼓四眾學法、護法、弘法的行願指標，當中又以「心靈環保」為最重要的核心價值。

心靈環保，儼然成為法鼓山另一個代名詞。此一理念，自1992年由聖嚴師父揭櫫以來，至2012年屆滿二十年。2月5日，在緬懷師父圓寂三週年傳燈法會暨「心靈環保ｉ接力」啟動儀式中，方丈和尚合十感念：「心靈環保，是聖嚴師父送給世人最珍貴的禮物。」期勉社會大眾接受這份珍貴的禮物，以行動深化感動，繼續傳遞下去，讓世人同享這份禮物蘊藏的時代深意。

立足漢傳，傳承新命

綜覽這一年，法鼓山僧俗四眾，實踐心靈環保不遺餘力，配合時代契機，於三大教育皆見突破性進展，方丈和尚個人也因其行願承擔，刻畫了「抱願不抱怨，有願就有力」的人間行腳。

立足於漢傳禪佛教土壤滋長茁壯的大學院教育，除了彰顯漢傳佛法實用利他的菩薩道精神，2012年則重新定義佛教高等教育的儀式內涵，並從團體資源的整合，開拓時

代新象。

最重要的進展，當屬法鼓佛教學院和法鼓人文社會學院，將朝兩校合併，設立法鼓大學。在1月的年度盛事「歲末感恩分享會」中，方丈和尚親自宣布這項好消息。由教育部許可，經「法鼓學校董事會」決議通過的新政策，蔚成法鼓山大學院教育「集中資源、發揮所長、承先啟後、開創歷史」的辦學新契機。方丈和尚表示，法鼓山辦學宗旨不變，配合時空因緣的轉變，恰可因勢利導，開創新局。方丈和尚與大眾互勉，聖嚴師父期以「心靈環保」理念興學的法鼓大學，相信必能在僧俗四眾承擔接力之中，完成實現。

改變漢傳高等佛學教育的畢業儀典，歷史現場也在法鼓山。6月，在世界佛教教育園區舉行的大學院聯合畢結業典禮，同學們身著海青、袈裟登壇，以「搭菩薩衣，傳燈發願」等深具漢傳佛教底蘊的行儀，完成在法鼓山大學院教育的旅程。本年畢結業生中，也包括佛教學院學士班第一屆畢業生，極受注目。方丈和尚出席盛會，以「結業是結束無明煩惱惡業，畢業是邁向畢竟圓滿福慧二業的開始」嘉勉學子，佛法的教導，乃是生命教育與生活教育的會合同流，前程指引，永遠是自利利他的菩薩行。

培養宗教師為宗旨的僧伽大學，在今年的畢業製作發表會，學僧各以中、英及臺語，舉行法義宣講及禪修專題報告。方丈和尚列席關懷，也因學僧一問：「方丈和尚您幸福嗎？」重申宗教師的幸福實踐。回顧出家二十年的修學心得，方丈和尚分享，宗教師的幸福，在於「正面解讀，逆向思考」；宗教師的福田，在於奉獻與學習；做好心靈環保，隨時隨地奉獻承擔，幸福資糧便能源源不絕。

傳遞禮物，建設淨土

心靈環保的禮物，在實踐中傳遞，在傳遞中豐收。這一年，方丈和尚與四眾弟子，以穩健、踏實的步履，推動傳遞心靈環保心法的普化教育，心靈環保道場，更在處處響應。

5月13日，臺北市政府前廣場及國父紀念館，因法鼓山舉辦「以禪浴心，以心浴佛」萬人禪修

5月萬人禪修活動中，方丈和尚與來賓代表共同擊鼓，把禪修帶到街頭，讓眾人感受禪修的安定力量。

活動，一時褪去塵勞，澈顯寧靜、安定的一頁臺北。這場結合「心靈環保二十週年」暨推廣「法鼓八式動禪十週年」宗旨的萬人禪修，在方丈和尚、首座和尚惠敏法師及來賓共同擊鼓聲中揭開序幕，不僅實現2001年，聖嚴師父指示舉辦萬人禪修的深心大願，更凝聚了法鼓山老、中、青三代菩薩修學禪法的信願，以無聲說法，傳遞收心、攝心、安心的禪法心鑰。

5月下旬，心靈環保的願景工程，傳遞至美國南加州的洛杉磯道場。27日舉行的新道場啟用暨佛像開光儀式中，方丈和尚讚歎指出，洛杉磯道場「應現」了三重大願：佛的化身、聖嚴師父的願心，以及僧俗四眾戮力奉獻的身影。「心靈環保道場最重要的使命，在於敲響『法鼓鐘聲』。」方丈和尚期勉眾人，實踐師父的教導、推動法鼓山的理念，敲響「法鼓鐘聲」，當下即收穫了師父的禮物。

年底，心靈環保理念的發祥地——農禪寺新建工程水月道場落成，無疑是「心靈環保」道場最深刻的闡述。走過三十七年的農禪寺，由東初老人建立的農禪家風，由聖嚴師父弘傳的法鼓精神，一如「開山農舍」及「入慈悲門」兩處歷史建築，矗立於新建水月道場的彼岸，示意道場常住的亙古新命。

在12月29日的落成啟用典禮上，方丈和尚指出，聖嚴師父為水月道場賦予的六字箴言：「空中花，水中月」，即在勉勵我們：空花佛事時時要做，水月道場處處要建。

在農禪寺新建水月道場落成啟用大典中，方丈和尚（中）與明光法師（左）、惠敏法師（右）共同為大殿佛像開光。

「農禪寺永遠是大眾的心靈環保家園，」方丈和尚表示，曾經滋養萬眾道心的農禪寺，未來仍是大眾精進共修、弘揚佛法的願心道場，讓道心與景觀輝映，才是農禪寺最美好的人文風景。

公益關懷，微妙轉念

在團體內部，常以「悲智和敬」與眾共勉，凝聚團體共識；對外演講及身處各式關懷場合，方丈和尚則身兼「心靈環保」代言人，傳遞「正面解讀，逆向思考」的轉念心法，引起廣泛共鳴。

4月出席在香港舉行的「第三屆世界佛教論壇」，方丈和尚以心靈環保為主軸，發表〈從倫理衡量生命的價

值〉演說，指出少欲知足，消融自我中心，對他人及社會奉獻關懷，便是佛法看待生命共同體的倫理深意。

而在2009年，莫拉克颱風重創臺灣中南部，由法鼓山援建的高雄市六龜區龍興段基地永久屋，今年2月落成，名為新開部落，受災居民歡喜喬遷。南下主持紀念碑揭幔儀式，方丈和尚以「新開」二字應機說法，勉勵眾人把心打開，「心開」以後，才能放下過去，迎接新生。

同是遭受自然災變，也由法鼓山協助遷建家園的，還有中國大陸四川綿陽市安縣秀水鎮一帶。2008年四川大地震發生以來，法鼓山援建秀水第一中心小學，繼2010年校園主體建築啟用後，第二期工程暨幼兒園也於6月落成。方丈和尚率僧團法師前往，感恩當地給予法鼓山奉獻與學習的機會，並且勉勵民眾共同效尤佛菩薩的慈悲、智慧，淨化人心、安定國土。同日舉行的秀水鎮民興中學圖書館動土儀式，則以「啟動人間淨土」賦予「動土」新解，分享心淨則國土淨的實踐次第。

方丈和尚的微妙說法，漸次在各地衍行推廣。3月，赴臺中澄清醫院主講「心靈環保，身心自在」，提出所謂的「逗點」哲學。以心緒的沉澱、整理為緩衝「逗點」，稍微停頓一下，才能從容迎接新契機。「難，行！」「難，過！」「難，忍！」方丈和尚鏗鏘有力的詮說，令與會大眾耳目一新。

（左六至右依序）東初禪寺住持果醒法師、僧團副住持果品法師、羅漢寺方丈素全法師、方丈和尚果東法師、中國大陸國家宗教局外事司副司長趙建政、四川省宗教局局長姚斌、四川省綿陽市政協主席張世虎、四川省宗教局副局長楊伯明等，一同在落成的秀水一小男生宿舍樓前合影。

4月，受邀至內政部入出國及移民署，與署長謝立功對談「身在公門好行善」，談起公務人員肩負的壓力，方丈和尚反問大眾：「幫浦把水從樓下打到樓上，這是壓力還是助力？」同樣在掌聲中啟人深思。

「感恩一切人事物，成就修學慈悲智慧的契機，便可轉化壓力，成為助力。」7月，由新北市衛生局主辦的「一轉念，就有生命的能量」專題講座，方丈和尚指出，順、逆二境皆是無常，知道無常而盡心盡力、隨緣努力，就能生起正面能量。值得一提的是，方丈和尚也擔任新北市政府「防治自殺」公益短片年度代言人，該短片在電視媒體及網路平臺播出以來，各界反映熱烈。

本年度深具指標意義的關懷活動，實屬9月舉行的關懷生命獎頒獎典禮。從防治自殺

在「2012關懷生命獎」頒獎典禮上，方丈和尚肯定獲獎者以慈悲智慧溫暖社會。

議題，轉為表揚尊重生命、珍惜生命，並且活出生命光與熱的影響人士，是為典禮新舉。而在頒獎前夕捨報，回歸天主懷抱的單國璽前樞機主教，生前已應允接受「特殊貢獻獎」。活動當天，由方丈和尚頒發致贈，天主教高雄教區劉振忠總主教代表領獎。

典禮後，方丈和尚與國泰慈善基金會董事長錢復、點燈文化基金會董事長張光斗，以及心六倫行動大使沈芯菱，以「心在平安裡」為題展開對談，分享從事社會關懷的人間菩薩行。這場對談，從主題到內容闡述，其實正與方丈和尚奉獻關懷的行腳，同行呼應。

抱願不抱怨，有願就有力

方丈和尚年度海外關懷行腳，上半年以香港、北美洛杉磯及溫哥華為主，下半年行訪美國新澤西州、紐約、舊金山及加拿大多倫多等地。因著首本著作《抱願不抱怨》於十月出版，方丈和尚下半年的海外關懷行，從對內關懷到公開演說，各地信眾有志一同，紛紛邀請分享抱願不抱怨的實用心法。

10月19日在加拿大安省多倫多分會舉辦的「心靈饗宴：牽心牽緣‧燈燈無盡」活動，方丈和尚以「大悲心起」為題，指出法鼓山建設道場，不在開疆闢土，而為開啟人人心中的寶山，求觀音、念觀音，還要學觀音、做觀音，人人「大悲心起」，當下即見觀音道場。

同為籌建新道場計畫而群策群力的新澤西州分會，也在方丈和尚抵達期間舉辦「心靈饗宴」，為籌建永久道場募人、募心。方丈和尚以「正面解讀，逆向思考」為題，說明修學佛法重在知見正確，以正知見引導正行、正命，身心健康，安己安人、安定社會，才是大眾所需的心靈環保道場。

10月底，強烈颱風侵襲紐約，方丈和尚及時捎來佛法關懷。在東初禪寺舉行的「抱願不抱怨」講座，分享因果三世，既是過去生、現在生與未來生，包括前念、現念與下一念，也是三世因果。「當下最重要，用感恩心接受順逆緣，用報恩心奉獻結善緣；心念轉個彎，前景無限寬。」

奉獻承擔，時代接力

「心靈環保」奉獻人間滿二十年，在第一個十年，聖嚴師父提出心靈環保的具體實踐方法：「心五四」運動，便是「四安」、「四它」、「四要」、「四感」、「四福」；第二個十年，「心靈環保」境教道場──法鼓山世界佛教教育園區落成啟用，師父進而闡揚「心六倫」運動，為二十一世紀廣受國際注目的全球倫理，奉獻漢傳佛法日用的生活智慧。

「我自己的法鼓山已經建成，諸位的法鼓山，還要不要繼續建呢？」聖嚴師父早年的一句問話，已然提醒法鼓山僧俗四眾，相較於硬體工程，理念實踐才是首要之務。師父相信，人間化、現代化、生活化的法鼓山理念，永遠為人間社會所需；師父深信，法鼓山後繼有人，只要掌握因緣，因勢利導，足以開創時代契機。

在北美護法會安省多倫多分會心靈饗宴活動中，方丈和尚勉眾學習觀世音菩薩大慈大悲、救苦救難的精神。

繼起「心靈環保」第三個十年，也是方丈和尚果東法師接受僧團委以重任，續任法鼓山第四任方丈的開始。承擔不變，使命堅定，方丈和尚期與全體僧俗四眾共勉，在聖嚴師父提出的理念及建立的教團體制之上，眾人同心同願，承擔奉獻，完成這個時代的心靈環保 i 接力。

法鼓山僧團

信願堅定　永續法鼓

在法鼓山朝向永續發展的歷程上，2012年是重要的一年。這一年，法鼓山於7月2日召開第六屆全球僧團大會，並通過由現任方丈和尚果東法師續任第四任方丈，顯示了僧團在創辦人聖嚴師父建立的組織、體制上順暢運作，互敬互重，且對於未來發展，提出慈悲、智慧的建言與抉擇，落實在法務推展上，更有許多的耕耘與創新。

本屆僧團大會，共有兩百零七位僧眾出席，會中遴選出僧團代表，並修訂〈法鼓山僧團共住規約〉，都監果廣法師也提出「法鼓山的永續發展」報告，以聖嚴師父提出的「四大堅持：堅持法鼓山的理念、堅持三大教育、堅持四種環保、堅持漢傳禪佛教」，做為法鼓山的使命，確立發展方向，繼而優化永續的環節，從建立基礎制度、運作機制上著手，穩健根基，凝聚共識與向心力，落實三大教育與關懷，發展以心靈環保為核心的四種環保，以此呼應整體社會的需要，真正淨化人心、淨化社會。

人才的栽培，是永續發展的重要根基。在佛教人才的培育上，法鼓佛教學院首屆博士班於2012年開始招生，此為國內第一所獨立宗教研修學院博士班，本年招生後，將與碩士班、學士班形成一完整的佛教教育體系金字塔，期能為世界培養更多優秀的高等佛學研究與教育人才，以發揚利益人間的佛法。再者，因應時代的教育趨勢，法鼓佛教學院和法鼓人文社會學院兩校將朝合併方向邁進，本年「法鼓學校董事會」並決議，以法鼓佛教學院為主體，增設原法鼓人文社會學院經教育部審查通過之學程，申請改名「法鼓大學」，是為法鼓山大學院教育整合的重要進展。

法務推廣

自聖嚴師父2009年圓寂以來，法鼓山在穩健中繼續往前走，所懷抱的就是堅定的信願，也就是願心、恆心、耐心，延續實踐師父所勉的「以願導行，以行踐願」菩薩道法門，以「大悲行為立足點，以大弘願為總方向」，秉持著法鼓山的理念、方針，結合內外資源，掌握社會脈動，超越世俗思惟，應時而生、順勢而為，同時為「法鼓永續、法鼓長青」，逐步開展新的氣象。

繁花盛開是因為有穩固的根基做基礎，才能不斷推陳出新。僧團在組織的發展上重視根基的深化，在法務推廣上更是如此，本年尤其著重於推展生活化、普及化、深耕化的佛法、禪修教育。

禪修推廣方面，2012年適逢聖嚴師父提倡心靈環保二十週年，也是推廣法鼓八式動禪十週年，2月法鼓山於緬懷師父圓寂三週年之際舉辦的傳燈法會上，啟動「心靈環保i接力」運動，帶領一萬多位海內外各界人士共同宣讀、簽署「心靈環保全民宣言」，揭開2012「心靈環保年」序幕。

5月，法鼓山於臺北市政府前廣場、國父紀念館首次舉辦「萬人禪修」活動，擴大推廣生活化的漢傳禪法，引領民眾將禪修心法延續在日常生活中，此舉可說是本年「心靈環保i接力」的具體行動，也為法鼓山推廣的禪修，帶向新的里程。

佛學課程方面，普化中心陸續開辦各類佛學課程，並架構完整的學佛系統，包含入門、基礎、進階三個階段，使信眾逐步在法鼓山的普化教育中奠下佛學根基。本年，首重入門、基礎的生活化學佛課程。例如專為學佛新手開辦「快樂學佛人」系列課程，帶領新皈依弟子或有意願參與法鼓山會團共修福慧的信眾，輕鬆快樂入門學習。

而專為培育義工的聖嚴書院福田班，自2010年開辦至今獲許多回響，本年因應學員的需求，課程改版升級，調整後更著重在學佛心態的建立，強調自利利他的學習是學佛、護法的基礎；福田班並於北美廣開課程，首梯舊金山福田班於3月結業，陸續開課的是東初禪寺、新澤西州，將培育義工的沃土——福田班，自臺灣拓耕至海外。另針對分齡所規畫的專屬課程，本年首度為六十歲以上的民眾開辦「長青班」，拓展了長者的生活圈與學習視野，可說是讓銀髮族重新與社會連結、啟動互動關懷的起點。

法會方面，邁入第六年的大悲心水陸法會，不僅持續教育與修行功能，本年特別加強法師說法時段，各壇皆有僧團法師帶領信眾理解經文義理、修行次第，並鼓勵將淨化身心的力量，從法會帶入生活中，時時刻刻不忘掌握修行法要。再者，本屆法會，更首次將臺灣法會現場錄影傳輸至不同時區的國家播放，並即時更新現場資訊，讓全球網路信眾跨越時空參與遠距法會，讓線上共修「零時差」，同霑法喜。

因應數位時代需求，在網路弘化上更加延伸推廣，除了持續「心靈環保學習網」線上直播佛學課程「法鼓講堂」，2012年僧團更整理並數位化「聖嚴師父經典講座」、「法鼓山經典講座」影片，與全球網友同霑法雨。

透過網路弘法，本年尚有法鼓山網路電視臺製播的新節目《心靈環保心視野》，邀請各領域人士分享心靈環保生命故事，提供網友隨選視訊、點播影片觀賞。

各項法務不僅在臺灣熱絡舉辦，本年僧團法師亦持續至海外弘化關懷，例如禪修中心副都監果元法師至墨西哥、印尼等地指導禪修，僧大副院長果光法師至美國舊金山弘講，僧團果徹法師至美國洛杉磯、西雅圖及加拿大溫哥華等地弘講，傳燈院、青年

院的法師也前往馬來西亞道場、新加坡帶領禪修,而美國東初禪寺、象岡道場的法師則積極在海外各分會弘講、帶領共修。僧團法師弘法利生之願行,度眾化眾之悲心,應時應地、順勢隨緣,積極展開。

僧眾教育

僧眾培育,是僧團健全發展的主要基礎,多元化的完善教育,能夠培育出有道心與各類型弘化能力的僧眾。而隨著各項弘法活動的接續推展,僧團法師也承擔起更多的弘法任務,例如弘講佛學課程、帶領禪修、關懷信眾等,為了不斷增益弘化關懷的品質,本年僧團舉辦一年一度的結夏安居,包括兩個禪七及法門研討,接著進行兩天的僧活營,全球各地的僧眾齊聚法鼓山園區充電精進,僧活營中並安排不同世代的僧眾進行交流、相互學習,僧眾的道誼及弘法的悲心,在和敬互動中長養。

僧團三學院更為僧眾規畫各項教育課程,包括宗教師弘講培訓、宗教師禪修培訓、宗教師關懷培訓及梵唄暨水陸法會培訓等,協助僧眾精進弘化能力,展現了僧團增上學習的活力與領眾永續成長的願景。

5月,聖基會、僧團共同舉辦「第四屆聖嚴思想國際學術研討會暨第二屆法鼓山信眾論壇」,從僧團法師在信眾論壇中,針對法鼓山於三大教育的推展現況,以及「中華禪法鼓宗的開展」、「法鼓山的永續發展」等主題的分享,可見證法鼓山參與時代社會、服務奉獻的學習成長、反思與願景。

道場建設

建水月道場、做空花佛事,是僧眾為度化眾生、淨化人間的具體弘化根基。本年,法鼓山於海內外分別有北投農禪寺、美國洛杉磯道場的落成啟用;建設中的工程則有臺中寶雲寺、桃園齋明別苑,其中齋明別苑於本年4月取得使用執照,8月起陸續舉辦禪修、法會等共修。

值得一提的是,具有百餘年歷史的三級古蹟桃園齋明寺,因應弘化之需,2004年起於老建築旁增建新禪堂,由孫德鴻建築師所設計,具簡約、質樸的風格;新禪堂於2011年10月落成啟用後,2012年獲《建築師》雜誌之「2012臺灣建築獎」首獎,評審團評齋明寺新增建築「如新詩般,一招到位」。

以下,也特別針對2012年有階段性里程的建設,做重點說明:

北投農禪寺

法鼓山的發源地——農禪寺,新建工程水月道場於2010年開始動工,2012年12月29日此座蘊涵了佛法理念的景觀道場,落成啟用。歷年來,農禪寺舉辦皈依、講經、法會、禪修、念佛等活動,是許多民眾接觸佛法的起點;啟用大典後,接著舉辦「皈依祈福大

典」、「禪意、禪藝・千家禪修在水月」、「感恩朝山」等系列活動，引領十方大眾體驗即景觀心的禪悅，盼能傳續法鼓山農禪家風的源流，並以此為起點，創新再出發。

臺中寶雲寺

新建的臺中寶雲寺於2011年舉行動土大典後開始啟建，至2012年已完成地下三層、地上三層的建築主體；工程期間，於挖到地下三層地基時，法師和信眾們撿選了三百多顆寶雲基石，映現中部地區信眾堅石般的護法願心，及象徵從地湧出的菩薩，發願在娑婆世界護法弘法。本年9月9日，並舉辦了一場「華嚴世界寶雲基石展」揭幕儀式及「出土祈福法會」，共祈新建工程順利圓滿。

美國洛杉磯道場

法鼓山1992年在美國第一個成立的洛杉磯聯絡處，於2011年6月購置歷史建築、建設永久固定道場，歷經十個月整修，於2012年5月27日舉行道場啟用暨佛像安座典禮；新啟用的洛杉磯道場，為法鼓山在美西成立的第一個道場，此處將是心靈環保、漢傳佛教在西方持續分享、扎根弘化的新起點。

國際參與

本年，僧團在國際參與方面，主要有方丈和尚果東法師應邀參與在香港舉辦的「第三屆世界佛教論壇」，方丈和尚在論壇中發表〈從倫理衡量生命的價值〉一文，闡述現代社會的「心」倫理，在於從每個人的內心開始改變，進而帶動行動的實踐，希望眾人盡責盡分、奉獻利他，並且鼓勵大家一起為他人、為社會服務。

僧團也藉著參與各場研討會的因緣，與國際人士分享心靈環保理念與佛學研究心得，包括5月在義大利舉辦的第五屆佛教與天主教座談會（5th Buddhist-Christian Symposium），僧團派請常諗法師、常超法師出席，8月在中國大陸的「靈隱寺與中國佛教——紀念松源崇岳禪師誕辰八八〇週年暨學術研討會」，由法鼓佛教學院校長惠敏法師出席，以及「中國禪宗文化國際學術研討會」，由惠敏法師及中華佛研所所長果鏡法師代表參加，11月，比利時的「佛教的經濟價值及其在歐洲的潛在發展國際工作坊」，則由僧大副院長果光法師、常濟法師出席。

結語

團體要長遠發展，須有穩固的根柢。法鼓山僧團在聖嚴師父長期奠定的厚實基礎下，承師教法，秉持理念與度眾悲願，再再深根，逐步建立系統化、全面化、層次化的弘化教育機制，期能為社會提供啟迪觀念、淨化人心的資糧，並因應時代需求不斷調整，在穩健的步伐中，開創嶄新格局。

法鼓山體系組織

法鼓山體系組織概況

在僧俗四眾齊心努力下，包括於海內外推廣禪修、弘法、慈善關懷等工作，到針對安頓社會人心所推動的各項教育、文化、公益等相關活動，2012年法鼓山持續以大普化、大關懷、大學院、護法會團、相關基金會及支援運籌行政中心等六項體系組織，履踐以佛法利益眾生的大願。

以下分別就六大體系組織，重點概述2012年進行的主要工作及活動內容。

一、大普化體系

大普化教育體系融攝修行與教育的內涵，主要是結合並運用漢傳佛教的修行法門，和各種現代多元文化活動，開創跨時空弘法新風貌。大普化體系組織包括：寺院、禪修中心、普化中心、文化中心及國際發展處，以禪修、法會、講座、營隊、各式課程，以及文字、音聲、影像的出版等方式，讓佛法更貼近人心。

（一）寺院

法鼓山海內外各地寺院道場，在臺灣計有十二個分寺院、一個別苑、四個精舍，包括法鼓山世界佛教教育園區、北投中華佛教文化館、農禪寺、雲來寺、臺北安和分院、桃園齋明寺、臺中分院、南投德華寺、臺南分院、臺南雲集寺、高雄紫雲寺、臺東信行寺，及桃園齋明別苑，還有臺北中山、基隆、臺南安平、高雄三民等精舍；在海外部分，包括美國紐約東初禪寺、象岡道場、加州洛杉磯道場，加拿大溫哥華道場及馬來西亞道場。

其中，農禪寺新建工程水月道場於12月底落成啟用，以創新的景觀道場，引領大眾體驗即景觀心的禪悅法喜，感受法鼓農禪家風的源流；洛杉磯道場在5月底舉行啟用暨佛像安座典禮，為漢傳佛教在西方弘化增添新據點。

1. 國內部分

在園區方面，全年有多項修行、弘化活動，包括1月「真大吉祥‧2011歲末感恩分享會」、新春期間展開的「真心年大吉祥」系列活動；2012年適逢心靈環保二十週年，

在聖嚴師父圓寂三週年之際，法鼓山於2月5日舉辦傳燈法會及「心靈環保i接力」活動，包括總統馬英九、副總統蕭萬長、副總統當選人吳敦義、前副總統呂秀蓮、前天主教樞機主教單國璽，以及教界今能長老等，共有近萬人在園區共同宣讀並簽署心靈環保全民宣言。

7月第六屆全球僧團大會於園區舉行，推選現任方丈和尚果東法師續任法鼓山第四任方丈，帶領僧俗四眾在聖嚴師父所建立的體制上，與時俱進，持續為當代社會提供安定和淨化的力量。

此外，2012年總本山尚有「第十七屆在家菩薩戒戒會」、剃度大典、「第六屆大悲心水陸法會」，以及例行大悲懺法會、念佛共修等活動，讓園區充滿精進修行的氛圍；而全年來自海內外各機關團體，逾十萬人次的修學參訪，更讓園區禪悅境教的功能展露無遺。

至於國內其他分院道場，

大悲心水陸法會是法鼓山園區規模最大的法會。圖為水陸法會期中的總壇。

主要藉由各種結合教育與修行活動的推廣，接引更多社會大眾親近佛法。法會方面，包含新春普佛法會、三昧水懺法會、元宵燃燈供佛法會、清明報恩法會、梁皇寶懺法會、中元普度地藏法會，另有例行舉辦的大悲懺法會、淨土懺法會、菩薩戒誦戒會，以及每週的念佛共修等，規模較大者，以臺中分院、農禪寺分別於4、8月啟建的梁皇寶懺法會為代表，各有逾八千、近三萬人次參加。

在禪修活動方面，除了例行的禪坐共修，各分院廣開初級禪訓班，臺中分院並開辦初級禪訓密集班，以接引民眾學習禪修，建立正確的禪修觀念；也不定期舉辦禪一、禪二等，提供禪眾精進習禪。其中，信行寺的「禪悅四日營」，則是結合休閒的修行活動，全年共舉辦四梯次，每梯次有近六十人參加。

另一方面，各分支道場也規畫多元教育成長活動，如安和分院的「《梁皇寶懺》講要」、「大悲懺法講座」，由三學院監院果慨法師等主講懺文義理，讓大眾在拜懺時能隨文入觀；臺南分院及臺中分院分別舉辦「人文講談」、雲集寺開辦「完全幸福修煉五講」，引領聽眾認識生命，追求心靈富足；而為關懷長者，紫雲寺在上半年開辦「樂齡Fun輕鬆」課程及下半年展開「醫療保健」系列講座、中山精舍也舉辦「銀向菩提」活動，期許陪伴長者在快樂學習中，活出美好晚年。

2. 海外部分

海外道場方面,2012年北美地區在美國紐約東初禪寺、象岡道場與加拿大溫哥華道場之外,美國加州洛杉磯道場於今年5月啟用;以及亞洲地區的馬來西亞道場,均持續透過禪修、國際參與、宗教交流等多元活動,落實漢傳佛教於全世界的推廣。

（1）北美地區

東初禪寺例行共修,除週一至週二的念佛、讀書會、禪坐外,每週六、日均安排禪修、佛學講座、法會;另不定期舉辦中英文禪訓班、佛學課程等。以下分別就主要共修活動做概述。

在講座方面,週日佛學講座是東初禪寺重要例行活動之一,每週邀請專家或由法師講授佛學、禪學課程,2012有多場講座以帶狀方式進行,包括住持果醒法師講授「神會禪師的悟境」,監院常華法師導讀聖嚴師父著作《自家寶藏——如來藏經中的生活智慧》、《探索識界——八識規矩頌講記》,常律法師主講「如何從生活中體驗《金剛經》的智慧」、「地藏菩薩的大願法門」等,引領民眾了解佛法要義與生活中的運用。本年也邀請聖嚴師父傳法弟子繼程法師主講「中觀的智慧」,果峻法師分享「減壓之道‧從心開始」、「禪與現代生活」。

法會方面,除了每月例行舉辦的週日法會,包括觀音法會、大悲懺法會、地藏法會、菩薩戒誦戒會,與新春期間的藥師法會之外,2012年4、8月也分別舉辦清明、中元三時繫念法會,以及歲末的慈悲三昧水懺法會,鼓勵信眾精進拜懺,淨化身心。另外,10月東初禪寺應菩提比丘（Bhikkhu Bodhi）創辦的「佛教環球賑濟」（Buddhist Global Relief）之邀,參加於曼哈頓河濱公園（Riverside Park）進行的第三屆「健行救飢民」活動,除了為飢民而健走,也與各個不同宗派、道場的佛教徒,進行交流。

同處紐約的象岡道場,以推廣禪修為主,每週四晚上及每週日上午都有禪坐講經共修的例行活動。2012年的進階禪修活動,則包括十場禪一、五場禪三、兩場禪五、七場禪七,與三場禪十,多由監院常聞法師帶領,也邀請聖嚴師父的法子指導,包括果如法師主持一場話頭禪十及一場念佛禪七,繼程法師帶領一場禪七,以及賽門‧查爾得（Simon Child）、 查可‧安德烈塞

洛杉磯道場舉辦悅眾成長課程,由楊蓓老師帶領研討叛逆的中年。

維克（Žarko Andričević）各帶領一場禪五、默照禪十。

此外，海外地區聖嚴書院福田班（東初禪寺班、新澤西班）第六次課程「體驗法鼓山」於7月在象岡道場進行，一百七十多位學員領受法鼓山道場的禪悅境教與聖嚴師父的悲願。8月，東初禪寺在象岡道場舉辦親子禪修營及「七日楞嚴禪修營」，皆由果醒法師帶領，前者親子共學專注和放鬆，後者禪眾聞與修並行。

2012年適逢美國加州洛杉磯成立護法組織二十年，5月新道場的落成啟用，格外具有意義。洛杉磯道場成立後，各項法務也隨即展開，如6月舉辦首場禪七，7、8月暑假期間的系列佛學講座，分別由僧大果徹法師、常延法師主講「中觀的智慧」、「《圓覺經》導讀」；9月舉辦悅眾成長課程，邀請實踐大學社會工作學系副教授楊蓓主持「認識及成長自我」工作坊，帶領研討叛逆的中年。例行的共修活動則有每週進行的讀書會、禪坐及念佛、拜懺法會等，期能接引更多大眾修學漢傳佛法。

加拿大溫哥華道場2012年的定期共修活動，包括每週舉辦讀書會、佛學課程、念佛、禪坐、法器練習、合唱團練唱、鼓藝練習等，每月也安排大悲懺法會、菩薩戒誦戒會、法青活動等。5月方丈和尚果東法師、關懷中心副都監果器法師弘法關懷期間，並舉辦佛學講座、皈依祈福典禮及關懷護法悅眾等活動。

各項弘化活動中，2012年的佛學課程，除了每週進行的《學佛五講》、《成佛之道》導讀外，7月果醒法師進行《楞嚴經》講座、8月果徹法師弘講「中觀的智慧」，引領大眾深入經藏。

另一方面，為擴大關懷層面，4月道場首次舉辦生命關懷課程，邀請臺灣佛教蓮花基金會董事張寶方、臺南市民治特教資源中心社工員陳雅臻帶領，深入認識安寧療護與臨終關懷；6月也首辦「青年領袖營」，引領青年學員拓展國際視野、分享社會關懷經驗；9月實踐大學社會工作學系副教授楊蓓帶領的青年工作坊，則是探討青年親情、友情、愛情等人際關係的互動。

紐約法鼓出版社除了持續每季定期出版英文《禪》雜誌（Chan Magazine），2012年出版了兩本英文結緣書《茶話》（第一輯）（Tea Words Volume One）、《茶話》（第二輯）（Tea Words Volume Two），內容集結1980至1997年間，聖嚴師父於美國《禪》雜誌及《禪通訊》（Chan Newsletter）上的禪修相關開示文稿。

紐約法鼓出版社2012年出版兩本英文結緣書《茶話》，集結聖嚴師父早年的禪修開示文稿。

（2）亞洲地區

亞洲的馬來西亞道場，全年弘化活動多元，包括中英文禪坐共修、念佛、合唱團練唱、菩薩戒誦戒會及「學佛五講」佛學課程；在禪修方面，全年度舉辦多場中英文初級禪訓班、禪一及初級禪訓班學長培訓課程。

除此，為能接引當地大眾認識佛法、學習禪法，馬來西亞道場在2012年有多項創舉，首先於2月開辦「聖嚴書院禪學班」，這也是禪學班首次在海外開課，四十多位學員共同在慧業、福業、行門上精進；4月，首辦「念佛禪二」，由臺南分院監院果謙法師帶領深入念佛禪的意涵與方法；8月，首度舉辦「《法華三昧懺儀》研習營」，由三學院監院果慨法師授課，並與道場監院常慧法師共同帶領禮懺、禪觀，共有近四十位馬來西亞、新加坡、紐西蘭等國學員參與。此外，8月並邀請聖嚴師父法子果峻法師帶領中英禪五，指導禪修觀念與方法。

9月，與《星洲日報》共同於該報社禮堂舉辦禪學講座，由監院常慧法師主講「禪話話禪——腦筋急轉彎，人生更美滿」，分享隨時提起方法，練習禪修的活用；10月，馬來西亞道場舉辦「遇見禪」一日禪修活動，這是法鼓山繼5月在臺灣舉辦「萬人禪修」後，再次向社會大眾推廣漢傳禪法，共有一千多人參加。千人禪修的成功舉辦，為當地佛教史寫下新頁，也活絡了東南亞地區的禪修活動。

在成長課程方面，2月下旬傳燈院監院常源法師、常乘法師於弘法關懷期間，帶領禪修講座、動禪義工學長培訓等系列活動；邁入第三年的兒童生命教育課程於3月展開，主題是家庭倫理、生活倫理，在寓教於樂的活動中，引導學童學習良善的生活規範，課程於10月圓滿。另一方面，還邀請了來自臺灣的楊蓓老師、臨床心理醫師黃龍杰、佛教學者鄭振煌等人展開多場專題講座，引領大眾找到生命的意義。

馬來西亞道場舉辦兒童生命教育課程，由監院常慧法師帶領，在歡樂學習中，了解家庭倫理的意涵。

（二）禪修中心

禪修中心為法鼓山推廣漢傳禪法的主要單位，依推廣層面的不同，設有禪堂（選佛場）、傳燈院、三峽天南寺、青年發展院等四單位，共同擔負起將禪修活動系統化、層次化，並研發適合現代人的課程。

推廣生活化的漢傳禪法，是聖嚴師父的願心之一，2012年適逢「法鼓八式動禪」推

廣十週年，禪修中心在2012年，秉承師願，為漢傳禪法的推展樹立起新的里程碑。其中，5月在臺北市政府前廣場、國父紀念館展開的「以禪浴心，以心浴佛」萬人禪修活動，可謂是禪修中心年度最重要的大型活動。

而為能圓滿成就萬人禪修，禪修中心、傳燈院首先於3月舉辦一場行前共識營，召集全臺各地召委、副召委、禪坐會組長、副組長與法鼓八式動禪講師等三百五十多位種子師資展開行前培訓，也為萬人禪修盛會凝聚共識；隨後並安排傳燈院的法師及資深悅眾，前往各地宣講。青年院也在4月開辦八場「千心萬募‧心靈公益青年」培訓課程，接引近三百位青年投入，擔任萬人禪修的種子人員，成為推廣禪修的生力軍。

1. 禪堂

禪堂以舉辦精進禪修活動為主。2012年主辦二十四場，包括初階、中階、話頭、默照及結合教理研習等，期能擴大與社會大眾分享禪悅法喜。內容如下：

類別	初級禪訓五日營	越文禪修營	禪三	英文禪五	初階禪七	念佛禪七	中英禪七	話頭禪七	默照禪七	話頭禪九	中階禪十	禪三十	禪修教理研習營
場次	1	1	2	1	5	2	1	3	2	1	1	1	3

其中，三場結合教理課程與禪修體驗的禪修教理研習營，皆於禪堂進行，包括兩場由僧大果徹法師帶領的中觀教理研習，一場邀請聖嚴師父法子果如法師主持的禪門修正指要，帶領禪眾在禪七作息中精進，也透過對教理的融會貫通，讓禪法與生命結合，修行更踏實。

4月的越文禪修營，由禪修眾中心副都監果元法師全程以越南文帶領，包括德國圓覺寺住持行戒法師，共有三十位來自德國、芬蘭、挪威、澳洲、美國和越南的禪眾參加；5、10月，則分別以中英、英文舉辦禪五、禪七共修，承繼聖嚴師父接引西方人士修學漢傳禪佛法的步履，帶動漢傳禪法推展國際化。

為了就近接引地區禪眾精進禪修，在2012年舉辦的活動中，有多場於法鼓山各地分院舉行，包括三峽天南寺、桃園齋明寺、臺南雲集寺、臺東信行寺，以及三義DIY心靈環保教育中心等。其中本年度的「禪三十」，於4月在天南寺展開，內容包括一場初級禪

禪眾於齋明寺的「念佛禪七」中，體驗念佛與禪修的相同之處。

訓五日營及初階、中階、默照禪七；7月底於三義DIY心靈環保教育中心進行中階禪十，這是禪堂首次將中階禪期延長為十天，由常鐘法師擔任總護，前兩天依禪二的作息進行，並將師父精闢深入的開示分散於十天的課程當中，讓禪眾更容易吸收菁華。

初階禪七則於3至10月間舉辦五場，四場於信行寺展開，一場於齋明寺進行；兩場念佛禪七皆於10月分別在齋明寺、天南寺進行，共有兩百多位禪眾體驗念佛法門的「制心一處」。

另一方面，禪堂也協辦體系內各單位進行禪修活動，如百丈院義工禪七、教聯會教師禪七、專案祕書室「自我超越禪修營」，以及僧伽大學的「第九屆生命自覺營」等。

2. 傳燈院

以推廣禪修為主旨的傳燈院，2012年透過各種禪修活動的舉辦，提供培訓課程資源，並結合地區力量，期能擴大與社會大眾分享禪悅法喜。其中，引領初學者在身心放鬆中體驗禪味的「Fun鬆一日禪」，今年共開辦十五場，並首度於雲集寺、紫雲寺與臺中中興大學各進行一場。

本年並分別於法鼓山園區、天南寺、雲集寺、三義DIY心靈環保教育中心等地正式開辦六場「中級1禪訓班」。中級1禪訓班延續初級禪訓班所學，兩天一夜的課程，內容包括：數息、隨息的講解與練習；調五事；禪修時遇到的痠痛癢麻、昏沉散亂及處理方法；面對各種修行障礙的正確心態、調心的過程、坐姿動禪等，課程豐富且次第清楚，帶領初學者做好進入禪七精進修行前的準備。

另一方面，傳燈院持續培訓禪修義工，包括2月的「中級1禪訓班輔導學長培訓」、8月的「初級禪訓班輔導學長培訓」；7至12月間並舉辦「中級1禪訓班輔導學長培育」系列課程，共六堂，培育禪修義工服務與成長並進。本年也舉辦兩場「法鼓八式動禪——立姿義工講師培訓」課程，協助地區推廣立姿八式動禪。

12月，針對協助推廣禪修的輔導學長與法鼓八式動禪義工講師，傳燈院舉辦「楞嚴教理研習營」，課程以禪七方式進行，並由美國紐約東初禪寺住持果醒法師主講，將楞嚴教理結合默照研習，協助禪眾將

傳燈院2012年舉辦六堂「中級1禪訓班輔導學長培育」課程。圖為於天南寺由常源法師帶領進行戶外禪。

精進修行的方法運用於日常生活中。

傳燈院「般若禪坐會會本部」，從2月中旬展開地區禪坐共修關懷之旅，由傳燈院監院常源法師、禪坐會輔導法師常願法師、常超法師、禪坐會會長陳建龍等接力前往各地辦事處、共修處關懷禪眾，並帶領共修、講解心法，期望結合地區能量，也提供各項培訓課程資源，培養人才回到地區服務，接引更多大眾學習禪修，形成一種善的循環。

另外，針對國際人士以英語進行禪坐共修的國際禪坐會（International Meditation Group，IMG），除了每週六於德貴學苑的例行共修活動之外，今年首次舉辦英文初級禪訓班，並辦理九次禪一，也安排前往園區及各分院參訪，接引外籍禪眾體驗法鼓山道場的境教禪風。

3. 天南寺

隸屬禪修中心的天南寺，除了例行禪坐、念佛禪共修，全年禪修活動不斷，共舉辦七場初級禪訓班二日營、四場念佛禪一、八場禪二；另一方面，也在7月開辦聖嚴書院福田班、海山區兒童心靈環保體驗營。

在大型活動方面，以天南寺為主場地的「2011歲末感恩分享會」於1月舉辦，方丈和尚到場關懷，並與近千位民眾共同迎接真大吉祥的2012年；緊接著於新春期間展開「禪悅天南喜迎春」系列活動，以祈福法會、書法展、親子茶禪、托水鉢體驗等，邀請參訪民眾以清淨心迎接新年；5月浴佛法會，共有近五百位民眾參與盛會；9月的中秋晚會中，設計了多項有趣的禪修闖關、團康遊戲，讓民眾感受禪悅中秋。

為感恩義工長期護持與奉獻，天南寺9月舉辦義工禪三，由常乘法師擔任總護，鼓勵義工修福修慧，在工作中成長自我。

4. 青年發展院

致力於接引十八至三十五歲青年認識、了解佛法與禪修的青年院，各項活動力求多元豐富。2012年的「青年卓越禪修營」，全年舉辦三場，首先於1月在法鼓山園區展開冬季，7、8月分別在園區、天南寺進行夏季活動，共有近四百五十位來自臺灣、中國大陸、香港、馬來西亞、美國

青年學員於夏季青年卓越營中，體驗呼吸，在一進一出間，學習把心放在當下。

等地青年參加。本年營隊課程設計，回歸「禪修」主軸，希望透過禪修引導學員超越自我的視界，開拓更寬廣的人生視野；在夏季七天六夜的禪修營活動之後，並分別舉辦青年初階禪七、進階禪七，進一步引領學員學會關注身心覺受，回到當下，並將禪

法與人生價值結合，活出卓越人生。

另一方面，為培訓禪修種子學員，青年院於3月底在園區舉辦青年禪修護法種子培訓營，由常元法師帶領學員學習以禪修來安頓身心的方法，內容包括法鼓八式動禪、臥禪、立禪、行禪、戶外經行及出坡禪等，培養學員成為「肯負責、有能力給予的年輕人」。

（三）普化中心

普化中心主要負責規畫、研發、推廣各式佛學課程，及培訓讀書會帶領人等工作，其下設有信眾教育院、活動組、數位學習組等單位。2012年，整合豐碩的學習資源，以分齡、分眾為規畫主軸，架構出完整而有次第的學佛地圖；另外，再以辦理各式師資培訓、讀書會帶領人、心靈茶會等共學活動，深入社會各層面。

2012年普化中心首次研發的新課程，有「法鼓常青班」與「快樂學佛人」。為六十歲以上長者規畫的「法鼓長青班」，期許以佛法協助銀髮族重新與社會連結、互動關懷，共計八堂的課程，內容除了新知學習、活化思惟，也包括動禪保健、語言學習、新知分享、肢體展演、戶外踏青等。4月在雲來寺開辦後，引起廣大回響，隨即在安和分院、基隆精舍、齋明別苑等地接續舉辦。

另一項新展開的課程，是專為學佛新手設計的「快樂學佛人」，三堂入門課程，希望接引新皈依弟子或有意願參與法鼓山會團共修福慧的信眾，從認識三寶、親近法鼓山入門，快樂踏上學佛之路。首場於2月在齋明寺展開，全年共舉辦十三場，遍及臺灣各分支道場及海外加拿大溫哥華道場、香港護法會。

另一方面，在聖嚴書院普化教育的推廣上，包括福田班、佛學班及禪學班，系統介紹法鼓山的理念、佛法知見及漢傳佛教內涵。在福田班，本年共新開十七個班次，其中10月7日於內湖高工開辦的內湖班，是聖嚴書院首度在社區開辦福田班，就近接引大眾親近佛法、認識法鼓山，共有二百四十位內湖、汐止、南港學員參加，開展服務與奉獻的義工生涯。

廣受肯定的福田班，自2010年推動以來，已在全球各地開辦三十餘班次、共近五千位學員，而在累積全球各地的經驗及彙整各班的回響與建議後，為了提供更普及、層次更分明的義工培訓管道，今年9月，

2012年福田班首度於內湖社區開課，接引地區民眾修學佛法。

普化中心針對課程內容進行微幅改版。調整後的課程，著重學佛心態的建立，深化佛法的體會和實踐，讓「學法、護法、弘法」構成一個完整的學佛循環。

6月17日在寶雲別苑舉辦的聖嚴書院佛學班中區聯合結業典禮中，專題班學員以朗誦表演，祝福學員圓滿課程。

而在基礎與進階佛學課程方面，聖嚴書院佛學班「初階班」2012年開辦七十六個班次，不論是「在法鼓山學佛」、「行門簡介」或是「探索識界」、「菩薩戒」等課程，每一班次學員均逾五十人；「精讀班」以「學佛五講精讀」為主要內容，共開設十四個班次；「專題班」則在中山精舍及臺中分院展開三個班次。另外，禪學課程的「禪學班」除於2、9月在雲來寺展開兩班次外，2月首度在海外馬來西亞道場開課，帶領禪眾建立禪修的正確知見、觀念與方法。

心靈環保讀書會方面，全年國內有八十八個讀書會進行；而為培育心靈環保讀書會帶領人，普化中心於4、5月，分兩階段在德貴學苑展開為期共三天的「2012年讀書會帶領人基礎培訓課程」，10、12月分別於臺中分院、齋明寺舉辦「讀書會共學活動帶領人培訓」；「讀書會帶領人充電交流坊」則於9月舉辦，為帶領人注入新能量，學員不僅了解讀書會的意涵、理念，也學習帶領技巧與閱讀的指南。

此外，普化中心推動的「心靈環保學習網」，除線上直播佛學課程「法鼓講堂」，本年新上線「聖嚴師父經典講座」、「法鼓山經典講座」，其中，「聖嚴師父經典講座」內容包括《心經》、《法華經》、《維摩詰經》、《六祖壇經》、《無量壽經》、《金剛經》與《楞嚴經》等七部經典，以及〈普賢菩薩行願讚〉；「法鼓山經典講座」則有「中國佛教史」、「《梁皇寶懺》講要」等課程，由僧團法師講授。上述課程並同步上傳至YouTube、土豆網網站，廣與全球大眾分享法鼓山的佛法學習資源。

（四）文化中心

文化中心為法鼓山主要文化出版、推廣單位，透過文化出版、文史資料的保存及典覽的推廣，戮力漢傳禪佛教與心靈環保的生活實踐。其下組織設專案規畫室、文化出版處、營運推廣處、史料編譯處等。文化出版處下有叢書部、雜誌部、文宣編製部、影視製作部、產品開發部；營運推廣處下有行銷業務部、通路服務部、客服管理部；史料編譯處下有史料部、國際翻譯組。對外出版單位為法鼓文化，法鼓文化本年並參

法鼓文化以「心靈環保」為主題，參與2012臺北國際書展。

與2012年臺北國際書展，與大眾分享禪的生活美學。

叢書部2012年共出版三十三項新品，包括新書二十六種、影音產品兩種、鈔經本四種及桌曆一種。其中，《真大吉祥——安心、安身、安家、安業；真心自在，廣大吉祥》、《好心·好世界：聖嚴法師談心靈環保》兩本新書，是選輯聖嚴師父相關文稿及開示所成，帶領讀者從不同面向、全方位地認識真大吉祥主題年及心靈環保的意涵，將觀念融入生活，改變面對世界的態度，生活更有意義、人生更加快樂。

2月出版《遠行：聖嚴法師音樂故事》CD，邀請音樂製作人戴維雄，創作十首音樂，以音符與大眾分享聖嚴師父海外弘法故事；4月出版由國史館學者侯坤宏編撰的《仁俊法師學譜》，詳細記載長老一生的學思及弘法歷程，藉此感念仁俊法師對佛教的貢獻及對法鼓山的護持；6月出版《聖嚴研究第三輯》，內容集結2010年「聖嚴思想研討會」中的九篇論文。至於2013年法鼓文化桌曆《雲水》，取景自園區，喻以雲水三千、行腳萬里之意，若能以雲水心過生活，隨遇而安，便能時時歡喜，處處自在。

雜誌部於2012年出版十二期《法鼓》雜誌（265～276）、十二期《人生》雜誌（341～352）。今年適逢「心靈環保」推廣二十週年，《法鼓》雜誌自265期起，規畫「心靈環保20週年系列報導」，開闢「心靈環保小辭典」、「心靈環保12件推廣大事記」專欄；267期並以1、2、3版全版報導「心靈環保i接力」運動，廣邀大眾運用心靈環保利己利人，共創美好社會。見證法鼓山推廣漢傳禪法重要里程碑的「萬人禪修」活動，自268期起，即陸續針對「萬人禪修」的共識營、活動理念、地區推動，以及召募「心靈公益青年」等內容進行報導，270期更以翔實的圖文，跨版報導民眾熱烈參與街頭共修的盛況。而四眾弟子關注不斷的農禪寺新建工程進度，在270期報導新建大殿上梁後，並開闢「老照片·心故事」、「農禪寺新建工程落成系列報導」專欄。

其他重要的特別報導，還包括：佛教學院與法鼓人文社會學院合併申請改名法鼓大學及校園工程進度（265、274期）、斯里蘭卡五年援建圓滿（265、266期）、2011大悲心水陸法會（266期）、美國加州洛杉磯道場啟用（270、271期）、方丈和尚果東法師北美關懷行（270、275、276期）、第四屆聖嚴思想國際研討會（271期）、第六屆全球僧團大會（272期）、2012關懷生命獎暨關懷生命論壇（274期）、法鼓山社會大學

成立10週年（273、274期）等。

專欄部分，自268期起，開始連載「聖嚴師父小故事」，由聖嚴師父在臺灣剃度的第一位弟子果祥法師，記敘師父弘化的生命歷程、教導僧眾的生活小故事，帶領讀者感受師父的思想行誼，以及啟發後人的言行身教；此外，福田班心得、讀書會的故事等專欄，也持續刊載，與讀者分享大普化教育深耕的成果。

《人生》雜誌方面，2012年聚焦於漢傳佛教，各期專題及新闢專欄涵蓋佛法修行與佛教文化，以兼具深廣度與出版時效的型態，為讀者把梳各種修行法門與次第，使佛法更能於生活中活用，讓漢傳佛教的智慧更具現代性與實用性。

各期專題中，以「小百科」形式呈現的「佛菩薩」系列專題，包括343期「彌勒菩薩的五大淨土願景」、349期「大勢至菩薩的五大精進指要」、352期「阿閦佛教你不生氣」，從菩薩本願、修行法門、信仰弘傳、造像演變，以及當代應用等面向，呈顯佛菩薩特有的悲智願行，引導讀者學習菩薩精神。

「經典」類專題，介紹漢傳佛教中廣布、影響廣大的經典，如344期「一念生淨土《阿彌陀經》」、350期「解開《金剛經》智慧方程式」；修行法門類專題，有346期「練字也鍊心」、347期「大家來拜佛」，透過書法、拜佛等行門調身也調心。佛教文化類專題，有342期「龍，真大吉祥──佛教怎麼看龍」、351期「妙音傳法音──來聽佛教音樂」，都是從活化佛教內涵、賦予當代意義角度出發，祈願以佛法關懷世間。結合當代社會議題的專題，則有341期「心靈環保i接力」、348期「哈『佛』青年心覺醒」等，則為現代人提供心靈成長與提昇自我的真實生命故事。

專欄方面，除了廣受好評的「遇見西洋僧」、「禪味點心坊」、「巨浪迴瀾」等，新闢專欄更聚焦於人文關懷、佛教藝術、佛教動態、佛學新知介紹，如「學佛新手Q&A」為學佛新手解答佛教修行觀念與方法上的疑惑、迷思，提供正知、正見、正信的佛法觀念；「佛藝好修行」邀請書法家吳大仁教授佛教藝術，如鈔經、題扇、拓印等；「華嚴心鑰」以生活化的優美筆觸，介紹華嚴智慧；「農禪悟語」從自然及農法觀察中，分享佛法護生的慈悲。至於特別報導、焦點話題、當代關懷與人生新聞等專欄，則為讀者即時報導教界動態與國際弘法動向。

接受體系內各單位委託製作各類

法鼓文化出版多種書籍與《法鼓》、《人生》雜誌，戮力佛教文化的深耕與法鼓山理念的推廣。

文宣、結緣品的文宣編製部，2012年出版品包括《2011法鼓山年鑑》、《金山有情》季刊（39～42）、《法鼓佛教院訊》季刊（18～21）、法鼓山《行事曆》，以及聖基會《擁抱幸福的新思維》、《開啟幸福的生命智慧》、《今生與師父有約》（三）等三本結緣書，及結緣影音《新世紀倫理對談》DVD。

影視製作部於2012年共完成影片二十九種，在簡介類的專案影片中，由影視部自製的包括《法相・重現──阿閦佛頭像圓滿復歸十週年回顧》、《農禪水月──都會心靈的一方淨土》等共十九部，接受體系內各單位委託製作的則有十四部；CF類的專案影片有《2012除夕撞鐘》、《萬人禪修》等；VCR類的專案影片則有人基會委製的《2012關懷生命獎》；而在教學類的影片方面，共完成《大法鼓》、《2006象岡話頭禪十》、《精進念佛選集》等四百七十集的字幕製作。

以開發涵容心靈環保理念的各式用品、飾品、食品為主的商品開發部，2012年共推出九十三項新品，包括以有機棉製成的成人上衣、兒童T恤及不鏽鋼環保餐具、隨身水壺等，廣與社會大眾分享禪修與環保在日常生活的實用。

史料部於2012年在法鼓山園區開山紀念館規畫兩項特展：1月23日至6月30日展出「淨土在人間──心靈環保二十週年特展」、2012年12月8日至2013年9月1日展出「法相重現──阿閦佛頭流轉・聚首十週年特展」；並配合農禪寺新建水月道場啟用大典，於12月29日起開山農舍也規畫成文化與歷史保存空間，供參訪者感受聖嚴師父及眾弟子踏實、簡樸、精進的修行生活。

（五）國際發展處

鑑於弘法業務成長快速，體系組織各單位對活動人才的需求殷切，專責推廣海外弘化、國際交流與國際事務聯繫等相關業務的國際發展處，分別於3月在安和分院、4月在雲來寺開辦國際活動企畫人才、演講人才培訓課程，兼顧理論與實務，並進行案例分享，協助學員拓展國際視野及提供國際交流經驗。

至於在支援國際團體、各國人士及宗教組織來訪事宜方面，2012年共協助近七十場，包括來自兩岸三地及歐、美、亞洲等多國政府機關團體、學校師生、專業人士的參訪法鼓山園區，並安排營隊及禪修等課程。

其中，香港政府中央政策組考察團一行於6月上旬來訪，觀摩借鏡法鼓山的弘化理念與作為；6月下旬，為來訪的美國史考蘭敦大學（University of Scranton）中國哲學與文化課程學生，規畫「宗教體驗營」，課程內容包含「漢傳禪佛教與現代社會講座」、法鼓八式動禪、托水鉢及晚課體驗等；10月美國長島大學（Long Island University）師生，也於園區進行宗教文化課程。

7、8月，在外交部主辦的「2012國際青年臺灣研習營」中，園區以兼具文化與自然之美被列為主要參訪單位，共有近一百八十位來自德國、瑞士、希臘、葡萄牙、義大利、

英國、奈及利亞等二十多個國家的國際青年，透過兼具感性與知性的深度參訪，認識漢傳佛教與法鼓山的理念。

二、大關懷體系

大關懷體系主要推廣法鼓山的關懷教育，以四種環保為方法，進行急難救助、臨終關懷、大事關懷與社會關懷等服務項目，主要組織為關懷中心，其下設有關懷院、慈善基金會，協助社會注入安定的力量，讓大眾獲得身心的安頓以及溫馨的慰懷。

（一）關懷院

關懷院主要提供大眾各項大事關懷服務，如探病關懷、臨終關懷、往生助念、佛化奠祭誦念等。而為了協助護持信眾了解生死大事的意涵，提昇自助助人的關懷能力，2012年分別在臺南分院、香港護法會舉辦大事關懷系列課程，帶領學員認識生命實相，並學習做好準備、讓生命更歡喜自在。

6月在行政院內政部邀請學者專家共同撰稿所完成的《現代國民喪禮》新書發表暨研討會，以及7月桃園縣政府舉辦的「殯葬管理業務研習班」課程，均由關懷院果選法師代表法鼓山出席，分享植存理念與時代意義。

另一方面，法鼓山自2007年起推廣的「潔葬、簡葬、節葬」環保自然葬法，廣獲社會各界認同。2月臺南市政府官員一行七人，為實地觀摩植存作法前來參訪園區內的「新北市立金山環保生命園區」，希望借鏡法鼓山的經驗，讓更多人認識環保自然葬的理念，體現生命的意義與內涵；10月，由臺灣安寧照顧基金會、香港紓緩醫學學會、香港紓緩護理學會所主辦的「生死教育團隊——臺灣學習之旅」，一行四十餘位香港醫師、護士及相關護理人員，也特別前來參訪，了解聖嚴師父提倡的四環及蘊含生命教育的植存理念。

在總量管制下，2012年「新北市立金山環保生命園區」共計完成四百多位往生者植存。

（二）慈善基金會

慈基會秉持「安心、安身、安家、安業」的四安理念，落實急難救助、社會關懷工作為主，致力達成「關懷無國界」的目標。2012年的重點項目包括「八八水災賑災專案」、「四川地震賑災專案」、「海地震災專案」，以及每年例行的「百年樹人獎助學金」、急難救助、歲末大關懷等。

「八八水災賑災專案」方面，高雄市六龜區龍興段及桃源區樂樂段永久屋援建工程，分別於2012年2、4月舉行入住典禮，為法鼓山在莫拉克風災後的長期援建工程，畫下圓滿句點；另一方面，也透過甲仙、六龜及林邊三個安心站，持續辦理社區、家庭慰訪，以及百年樹人獎助學金頒發、暑期心靈環保體驗營、感恩分享卡創意比賽等活動，並於各級學校進行生命關懷與倫理教育課程，陪伴學子安心成長。慈基會以穩

健踏實的步伐,落實為期四年的陪伴計畫,在莫拉克風災三週年之際,分別於8月,先後獲得高雄市長陳菊頒發感謝狀,以及由總統馬英九頒贈八八水災特殊貢獻獎。

在「四川地震賑災專案」方面,法鼓山在地震後所援建的綿陽市安縣秀水鎮秀水第一中心小學第二期工程、幼兒園,於6月舉行落成揭幔典禮,另一援助計畫──秀水鎮民興中學圖書館也同時舉行破土動工典禮,為當地打造四環安心新校園;9月,派遣第十四梯次醫療團至四川進行五天的義診活動,共服務近一千兩百人次。

除了硬體建設,慈基會也持續關懷各級學子的心靈重建工程,7、8月暑假期間,在什邡、秀水兩地安心服務站及什邡高中、民興中學等五校共舉辦八場

在民興中學圖書館動土典禮上,方丈和尚期許大家一起在立足的土地上安心、安身、安家、安業。

「生命教育心靈環保體驗營」,帶領近兩千一百位學子認識自我和生命。

針對2011年年底的菲律賓瓦西(Washi)風災,慈基會先於2012年3月派遣義工至當地勘災,也於5月由總幹事江弘基及專職共四人前往,進行物資發放,並提供七千兩百份愛心包,傳送安心的力量。而為感謝慈基會的人道援助,7月菲律賓臺商總會總會長施明星等拜會方丈和尚果東法師,轉遞該國眾議院感謝法鼓山的決議文。

至於2010年的海地震災,慈基會本年除於1月與跨國醫療組織組織nph(nuestros pequeños hermanos deutschland)德國分會,簽訂海地震災重建之「青少年職業訓練學校合作備忘錄」,並於10月由江弘基總幹事前往海地,深入了解學校實際執行狀況。

另一方面,2012年為社會大眾例行的關懷工作,主要包括於全臺十六個關懷點進行的100年度歲末大關懷,第二十、、二十一期「百年樹人獎助學金」頒發活動,與端午、中秋關懷等,各場關懷均同步舉行祈福法會或念佛共修,傳達佛法安定身心的力量。

三、大學院體系

大學院體系包括法鼓佛教學院、法鼓山僧伽大學、中華佛學研究所、法鼓大學籌備處等四單位,培育以弘揚漢傳禪佛教為使命,推廣大普化、大關懷教育等專業弘法人

才，並透過學校教育、學術研討、國際交流以及跨領域的交流合作等多元管道，開拓學生的寬廣視野，回應佛學高等教育的時代需求。

（一）法鼓佛教學院

佛教學院以培養解行並重，具有國際宏觀視野的宗教師及學術文化兼具的佛學人才為宗旨，也是國內第一所具有完整高等教育體系的宗教研修學院。2012年碩士班新生二十七位、學士班新生十七位，也首度招收博士班學生三位。

在國際學術交流與研討方面，3月上旬首先與韓國學中央研究院（Academy of Korean Studies）簽署學術交流合作備忘錄，締結為國外第十八所姊妹校，這是繼東國大學、佛教金剛大學之後，在韓國的第三所姊妹校，雙方將就學者、研究員、學生、學術出版品及研究計畫等，進行交流合作與資源共享；8月，校長惠敏法師、研修中心主任果鏡法師、圖書資訊館館長洪振洲等一行，出席中國大陸杭州徑山禪寺開山一二七〇週年慶祝活動，並參加「靈隱寺與中國佛教——紀念松源崇岳禪師誕辰八八〇週年暨學術研討會」、「中國禪宗文化國際學術研討會」，除發表論文並演說，也應邀至杭州佛學院法雲校區分享佛教教育的經驗。

惠敏法師並於11月赴日參加學術研討、交流，包括「國際入世佛教協會」（The International Network of Engaged Buddhists, INEB）舉辦的佛教論壇、主持兩場「安寧照顧」臨床宗教師培訓工作坊，也應邀到京都龍谷大學、母校東京大學演講；12月則出席馬來西亞佛教青年總會於吉隆坡舉辦的「佛教當代關懷研討會」，關注網路課題。

為拓展師生學習視野，2012年佛教學院舉辦多場專題演講、研討會，如3月美國佛教會莊嚴寺方丈法曜法師前來進行學術訪問，並發表「佛教禪修傳統的根本與差異」演說；11月邀請國際知名帕奧禪師（Pa Auk Sayadaw）以「止觀禪修的要點與次第」為主題，與兩百多位師生分享上座部禪法的修學次第；12月邀請日本經濟學者幸泉哲紀、精神科醫師幸泉久子伉儷主講日本福島災後心理重建，提昇學子國際關懷的心靈和面向。

此外，本年首度於碩士班「漢傳佛教史專題」課程中，邀請中國大陸廣州中山大學佛學研究中心主任龔雋、日本青山學院大學國際政治經濟學院教授陳繼東，於課堂上講授近代中國佛教學知識的形成、近代中日佛教交流史等，開拓學生的學術研究視野。

校園活動上，4月佛教學院擴大舉辦五週年校慶，分別在法鼓山園區、臺大醫院金山分院展開校慶週活動，延續校慶傳統，全校師生也前往金山中角沙灘淨灘，並為水陸眾生祈福迴向。

6月大學院的畢結業典禮，其中佛教學院畢業生包括首屆學士班九人、碩士班七人。有別於一般大學畢業生身著學位袍、四方帽，佛校學院的畢業學位服首度以海青、袈裟、菩薩衣為規畫主軸，典禮以「搭菩薩衣，傳燈發願」等具漢傳佛教特色的儀程展開，蘊含著「研究與修行」並重的意義，展現出漢傳佛教高等教育整齊、莊嚴之特色。

9月首度舉辦師生共識營，由師生針對學校發展與特色進行討論，凝聚共識；一年一度的「圖書館週」則於12月底展開，以「圖書與閱讀」為主題，除了往年極受歡迎的中西參徵答大賽和講座，今年首度舉辦「五分鐘說書競賽」，帶動校園內閱讀與知識分享的風氣。

大學院畢結業典禮將傳統學位服改為海青、袈裟、菩薩衣，呈現法鼓山大學院教育「研究與修行」並重的意義。

佛教學院其下的佛學推廣教育中心，本年度三期分別在慧日講堂、德貴學苑、愛群教室，共開設四十六門課程，提供民眾學習佛學的管道。

（二）中華佛學研究所

中華佛研所為學術研究單位，致力推動漢傳佛教的學術會議、研究與出版工作，也透過與海內外學術研究單位的交流，推廣漢傳佛教的研究風氣。

2012年3月舉辦的「日本學界看漢傳佛教研究的新趨勢」座談會，由佛教學院校長惠敏法師主持，邀請日本駒澤大學講師林鳴宇、郡山女子大學教授何燕生、青山學院大學國際政治經濟學院教授陳繼東，以及中央研究院中國文哲所研究員廖肇亨等學者，就宋代天臺、日本禪宗、明清佛教、晚清佛教等領域進行對話。

10月，與佛教學院共同舉辦校友會專題講座，以「心靈環保的運用實例」為題，由首屆校友果祥法師、第十八屆選修校友許書訓擔任報告人，分享心靈環保理念在心理學、農業生態的多元運用。

為落實漢傳佛教在西方的推展，本年中華佛研所與加拿大多倫多大學（University of Toronto）「新學院」（New College）合作開設漢傳佛教課程；並由僧團女眾副都監果舫法師、國際發展處監院果見法師及北美護法會輔導法師常華法師，前往拜會該院院長伊夫斯‧羅伯治（Yves Roberge）教授，就涵括「禪的精神」、「大乘佛教思想」、「心識的鍛鍊」、「佛教倫理」等四項重點的「佛教、心理學與心靈健康」課程進行了解，並與該院師生交流座談，接引更多西方年輕人認識漢傳佛教。

在學術研究上，2012年中華佛研所持續進行「無邊剎海現微塵──漢傳佛教中的華嚴學發展歷程」研究專案；此外，中華電子佛典協會（Chinese Buddhist Electronic Text Association ,CBETA）於2月獲元亨寺授權，製作並發行數位化《漢譯南傳大藏經》，完成數位化後，CBETA電子佛典將是超過兩億字的漢文佛典集成。

（三）法鼓山僧伽大學

以培育德學兼備、具有高尚宗教情操，並能帶動社會淨化的僧才為宗旨的僧伽大學，學制有佛學系與禪學系。2012年，首先於2月舉辦「第九屆生命自覺營」，共有一百九十八位來自海內外的學員在園區體驗出家生活；3月的僧活二日營，則以禪修、念佛、出坡等共修方式，接引青年了解現代僧伽教育的意義與使命，進而發起出家、奉獻生命的悲願。2012年有十位男眾（六位佛學系、四位禪學系）、二十四位女眾（十五位佛學系、九位禪學系），共三十四位新生入學。

課程方面，除了解門、行門課程，為提昇學僧思惟與弘講能力，已連續舉辦四年的講經交流會於5月展開，共有二十二位學僧參加，本屆新增「即席演講」單元，期勉學僧靈活善巧，展現漢傳佛教的生命力。一年一度的畢業製作暨禪修專題發表會則於6月舉行，共有五位應屆畢業學僧參

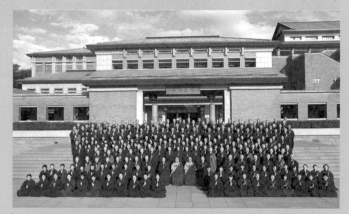

一百九十八位來自臺灣與美國、德國、澳洲、新加坡、馬來西亞、香港、澳門等地的青年參與第九屆生命自覺營，體驗出家生活。

加，除邀請指導老師講評，並開放全校學僧參與討論，交流法義。

在學術交流方面，3月，香港東蓮覺苑青年學佛團體的三十一位青年學員至僧大進行交流並舉辦座談；10月，與來訪展開宗教文化課程的美國長島大學師生一行二十人，雙方就環境保護、全球暖化等問題，提出東西方青年的觀點進行互動交流。12月，舉辦佛教與經濟學座談會，邀請日本經濟學者幸泉哲紀，與清華大學經濟系教授蔡攀龍與副院長果光法師、佛教學院學士班系主任果暉法師、助理教授鄧偉仁等近三十位學者進行對談，分享少欲、利他的價值觀。多場學術交流，也提供學僧多元學習管道。

2012年，僧伽大學出版《法鼓山僧伽大學畢業製作選集》一書，收錄2006至2011年學僧畢業製作中十二篇論文作品，記錄了法身慧命之思考與軌跡；而由學僧企畫、採訪、編輯、攝影、插圖的學僧刊物《法鼓文苑》第四期，在10月出版，一改前三期專題的形式，本期以「心‧遊記──○～三六○度的旅程」為主題，呈現學僧的修行歷程。

（四）法鼓大學籌備處（法鼓人文社會學院）

因應社會變遷，以及政府教育政策和法規的調整，籌設多年的法鼓大學，於2012年有了轉變的新契機，在教育部建議、「法鼓學校董事會」決議之下，法鼓大學籌備處朝合併佛教學院和人文社會學院的方向辦學。

正朝合併方向推動的法鼓大學，位於園區的校園建築逐步成形，各項軟體籌畫工作

惠敏法師率大學院教育團隊訪日本APU，汲取辦學經驗。左起依序為APU
事務局局長三並高志、辜琮瑜老師、果鏡法師、蔡伯郎副校長、惠敏法
師、APU副校長山神進、APU劉容菁教授、曾照萬顧問、APU汪正仁教
授、APU校友曾郁雯。

也持續規畫。6月，佛教學院校長惠敏法師、副校長蔡伯郎，以及中華佛研所所長果鏡法師、法鼓大學籌備處助理教授辜琮瑜等一行，前往日本參訪「立命館亞洲太平洋大學」（Asia Pacific University，簡稱APU），汲取更多辦學經驗。一行人也與該校校長是永駿、副校長山神進、事務局長三並高志進行座談，就雙語教學、社區與企業交流、文化交流、獎學金設立等辦學實務分享經驗。

為延續聖嚴師父在大學校園推動心靈環保的願心，11月法鼓人文社會學院與北京大學第三度簽署「北京大學法鼓人文講座」協議書。自2003年起，透過法鼓人文講座的設置，心靈環保理念在兩岸大學校園內展開傳遞。

在硬體建設上，法鼓大學第一期工程中，大致完成禪悅書苑、體育館與行政教學大樓的建築量體，其中禪悅書苑工程結構體接近完成，陸續進行機電及裝修工程的施作。方丈和尚果東法師於9月實地會勘並聽取建設工程處報告整體進度，期勉兼顧安全、實用、如期圓滿。

四、護法會團體系

護法會團體系由在家居士組成，以護持法鼓山理念為使命，2012年持續透過會團本部及海內外各地護法會、辦事處、共修處、聯絡處等單位組織，協助落實法鼓山各項教育與關懷工作。

（一）會團本部（護法總會）

護法會團本部，設有護法會、法行會、法緣會、社會菁英禪修營共修會、榮譽董事會、法青會、教師聯誼會、禪坐會、念佛會、助念團、合唱團、義工團與信眾服務處等單位。

年初，護法總會及各地分院聯合舉辦「真大吉祥・2011年歲末感恩分享會」，亞洲馬來西亞道場也加入視訊連線，方丈和尚果東法師出席天南寺活動主現場，透過視訊

連線向六千多位參與信眾表達關懷與祝福，也感恩信眾長期護持。「2012年正副會團長、轄召、召委聯席會議」則於6月在寶雲別苑舉行，方丈和尚勉眾成長護法道業，不忘成長自我。9、10月，分別在雲來寺、雲集寺及寶雲別苑舉辦「勸募會員授證典禮」，共有近四百位新勸募會員接受方丈和尚的授證，承接護法、弘法的使命。

2012年各會團均舉辦多場活動，透過多元管道提昇會眾學能，精進成長。例如，法行會在每月例行活動中，由僧團法師講授《金剛經》、《心經》、《無量壽經》等經典法義，並分享在生活中的應用；助念團全年舉辦四場悅眾成長營，提昇學員了解圓滿莊嚴佛事的深層意涵；合唱團舉辦的三場「法鼓法音教師巡迴列車」活動，則於4、5月進行，課程包括發聲技巧練習、歌曲教唱及詮釋、佛曲觀摩演唱等，團員學習在歌聲中安定身心，傳遞法鼓法音。

教師聯誼會除延續往年於寒暑假期間，分別舉辦禪修研習營、暑期禪七外，本年7月首度於天南寺舉辦「教師心靈環保自我成長營」，另外3月於寶雲別苑舉辦戶外禪、8月於天南寺辦理FUN鬆一日禪、10月於文化館展開「電影禪」。多元的禪修活動，引領教師認識生命價值、放鬆身心，在校園播下關懷與希望的種子。社會菁英禪修營共修會全年於齋明寺、天南寺共舉辦三場戶外直觀一日禪活動，由僧團副住持兼共修會輔導法師果品法師帶領，每場均有八十多位歷屆禪修營學員參加。

法青會2012規畫各式佛學、禪修課程，引導年輕人親近佛法，其中「法青哈佛夜」於9月改版，將單堂課程改為佛學系列課程，協助學員建立正信的佛法觀點；各地分會也不定期舉辦戶外禪、法青回饋日、身心SPA、電影禪等活動，讓青年學子增上成長。

（二）各地辦事處及共修處

各地辦事處及共修處主要提供各地區行政辦公及信眾共修之用，共修內容包括禪坐、念佛、菩薩戒誦戒會、法器練習等，部分辦事處也配合三大教育體系的推廣，開辦相關禪藝課程、讀經班、讀書會，提供慰訪關懷服務等，與地區民眾共同修福修慧。

2012年全臺共有四十一個辦事處、十八個共修處。其中原由中華電信、中華郵政、公路總局等公務機關護法信眾所組成的法鼓山北三轄區「事業體」，自2012年元旦起，更名為「中正共修處」，同時併入「中正萬華辦事處」，並於3月舉行落成灑淨。

本年各地辦事處、共修處活動中，規模較大者，北部地區包括大同辦事處、新莊共修處分別於2至4月期間展開十堂助念法器梵唄教學課程，讓學員接受有次第的教學；林口、海山辦事處於7、8月舉辦的助念成長營暨聯誼會，學員分享助念對自我修學佛法的幫助與成長；11月，中山辦事處近一百二十位勸募鼓手齊聚天南寺，藉由交流分享，重溫當初加入勸募的感動，為心靈注入再出發的動力。

在中南部地區，嘉義辦事處7月邀請屏東縣屏北社區大學講師郭惠芯主講三堂「學生死，有幸福」，帶領大眾反思生命的真義；9月「提燈照見幸福」講座，邀請《點燈》

節目製作人張光斗分享真實感人的點燈故事。高雄北區、南區辦事處、潮州辦事處分別於6、7月舉辦多場勸募聯誼會,除了進行戶外禪,也分享個人的勸募經驗、學佛及擔任義工的心得。

(三)海外護法會

法鼓山海外弘化據點中,2012年計有五個護法會,包括亞洲的香港護法會、新加坡護法會、泰國護法會、馬來西亞護法會,以及美洲的北美護法會;九個分會,包括美洲紐約分會、新澤西州分會、伊利諾州芝加哥分會、加州洛杉磯分會、加州舊金山分會、華盛頓州西雅圖分會、加拿大溫哥華分會、安省多倫多分會,與澳洲雪梨分會、墨爾本分會;以及美國十四個聯絡處、十個聯絡點,與英國一個聯絡點。

其中,舊金山分會成立邁向十週年,全年活動不斷,首先在2月舉辦系列多元禪修活動,由果醒法師帶領,包括禪修講座「禪宗祖師語錄」、「禪修教理研習營」、「法鼓八式動禪研習營等」;3月果慨法師主講《普門品》;5月邀請聖嚴師父西方法子賽門‧查爾得主持英文禪修活動;7月果光法師的弘法關懷,則以佛法講座、禪修活動帶領大眾一窺禪門風光;8月的「360度禪修營」,由果醒法師講解禪宗法脈源流。7至11月並舉辦五場「心六倫」系列講座,完整而深度地解析「心六倫」的內涵與實踐。而墨爾本分會於4月重新啟動,期能於當地推廣正信佛法與法鼓山的理念。11月香港護法會新佛堂灑淨啟用,提供大眾寬敞的共修空間。

因應各地的文化背景及信眾需求,海外各弘化據點皆安排有禪坐、念佛、讀書會、佛學課程等定期共修課程,以及不定期的弘法活動,特別是僧團法師主持的禪修、講座,以涵融生活佛法的內容,與海外大眾分享法益。

在美洲,芝加哥分會於4月舉辦梵唄與法器教學、「《楞嚴經》講座」,由果醒法師帶領;5月果舫法師、果見法師於多倫多分會帶領禪修、法會,並展開念佛法門佛學講座;7至8月暑假期間,西雅圖分會舉辦「中觀的智慧」佛學課程,由果徹法師講授中觀的要義,並分享中觀智慧在生活上的應用。

在亞洲方面,香港護法會於元旦首辦慈悲三昧水懺法會,主法果品法師勉勵大眾發願奉行菩薩道;4至6月期間,由僧大講師果竣法師主講八堂《維摩詰經》,法師由社會關懷、慈悲喜捨、淨化人生、福慧雙修、人間淨土等五個面向,解析《維摩詰經》的現代意義;8月的兩場禪修講座、禪一,由果元法師帶領; 9月三場佛學講座,由常延法師分享生活中的佛法。

新加坡護法會於4月舉辦清明報恩佛三,由臺南分院監院果謙法師帶領精進念佛;9月首次舉辦止觀禪七,由臺中分院監院果理法師,指導禪眾學習專注方法,體會當下;12月的「心靈搖滾派對LET'S ROCK」青年成長營,則由四位青年院法師帶領,引導青年學員探索自我價值,期盼心靈環保的理念,能在多元種族匯聚的星洲,落實深耕。

另外各地護法會也積極參與當地活動，如芝加哥分會於4、9月參與「芝加哥西北郊宗教互通會」（Chicagoland Northwest Suburb Interfaith）舉辦的研討會，與不同宗教團體進行交流。香港護法會不定期前往當地護老院慰訪長者；泰國護法會於9月響應泰國紅十字會舉辦的捐血活動，展現對在地的關懷。

五、相關基金會、服務中心

（一）聖嚴教育基金會

戮力於推廣聖嚴師父的思想理念，來淨化人心、社會的聖基會，2012年工作重點包括舉辦學術研討會、講座及出版、推廣師父相關結緣品。

在推廣學術研究上，6月主辦「第四屆聖嚴思想國際學術研討會暨第二屆法鼓山信眾論壇」，不僅一百多位各國學者從多元觀點深入漢傳佛教與聖嚴師父思想核心，僧團法師也分享法鼓山的

兩年舉辦一次的「聖嚴思想國際學術研討會」，已成為國際學界研究漢傳佛教的重要交流對話平臺。

成長與願景。會議期間，董事長蔡清彥與政治大學校長吳思華共同簽署「聖嚴漢傳佛教學術發展專案」，內容包括設立「聖嚴漢傳佛教講座」、博碩士獎學金與短期訪問研究獎助等，這是首度於國內大專院校設立的漢傳佛教研究專案。

另一方面，由聖基會、法鼓文化共同主辦的「2012完全幸福人生」人文講談，於3至7月分別在臺中分院、臺南分院，以及護法會屏東辦事處、潮州辦事處進行，邀請專家學者、僧團法師、資深悅眾，分享聖嚴師父的教法與行誼，共有逾兩千人次參加。

相關結緣品出版方面，包括3月出版《擁抱幸福的新思維》、《開啟幸福的生命智慧》以及《新世紀倫理對談》DVD，收錄2011年9月於臺北國父紀念館舉辦的兩場「新世紀倫理對談」的精彩內容；另

「2012完全幸福人生」人文講談全年舉辦二十場。圖為5月27日於臺中分院進行的場次。

外，也於4月出版《今生與師父有約》第三集。

而廣受全國師生、家長好評的《108自在語‧自在神童3D動畫》，繼於2011年獲「全國優良教育影片徵集機關推薦組入選」後，2012年12月發行第二集，包含國語、臺語、英語、粵語以及簡體字共五種版本，並提供各機關學校申請結緣，為品德教育向下扎根。

此外，聖基會「這一團──一人一故事劇團」於5月5日至9月22日期間，分別在德貴學苑，以及護法會文山、林口、海山、新莊等地辦事處服務演出，推廣真誠關懷，與觀者共同探索生命的真諦。

2012年，聖基會因推廣心靈環保、心五四、心六倫等理念，淨化人心、社會，獲教育部頒發「101年度績優教育基金會」優等團體獎。

（二）法鼓山人文社會基金會

以落實「人文社會化，社會人文化」願景，推動「心六倫」和「關懷生命」理念等相關工作的人基會，2012年工作重點如下：

為推廣「心六倫」，2012年首度將「心六倫宣講團」移師南臺灣，4至6月期間，每週日在紫雲寺開辦宣講師資培訓課程，希望透過宣講師，將「心六倫」的精神與內涵，廣泛傳遞到社會每個角落，發揮正向影響力。

另一方面，藉由藝術創作，落實心六倫與關懷生命理念的「心劇團」，暑假期間於德貴學苑舉辦三梯次的「幸福親子體驗營」，共有二百六十位親子參與，營隊特別打造親子教育課程，透過寓教於樂的趣味演出與遊戲方式，增進親子關係；「心劇團」2012年的新作品《世界一花──花花的幸福種子》，則在10月展開的「轉動幸福」巡演活動中演出，深入臺東、屏東、高雄等因八八水災受創而重建的學校與社區，以戲劇方式分享生命教育的意涵。

針對「關懷生命」專案，人基會於9月舉辦第四屆「法鼓山2012關懷生命獎」頒獎暨論壇，獲獎人均是長期從事關懷生命的個人和團體，鼓勵勇於面對困境，肯定自我生命價值，為社會樹立起正面價值與楷模。

心劇團新作品《世界一花》，將幸福的種子播灑到孩子的心中。

而與法務部合作推動的生命教育專案，本年舉辦「與幸福有約」徵文比賽，期盼收容人、更生人從宗教及多元角度，認識生命價值，改過遷善，並於4月26日舉辦頒獎典禮；也於臺南監獄、花蓮監獄各舉辦一場音樂會，分別邀請音樂工作者齊豫、張杏月以音聲關懷收容

人，提昇社會祥和能量。

2012年人基會呼應「真大吉祥」主題年，每月舉辦心靈講座，邀請十二位各領域專家學者，分享心靈環保的安心之道；也與教育廣播電臺合作製播《幸福密碼》節目，邀請社會賢達人士探討幸福真諦。

此外，人基會補助出版的英文書《六祖壇經文集》（*Readings of the Platform Sutra*）一書，1月由美國哥倫比亞大學出版社（Columbia University Press）出版，是第一本向西方大眾介紹《六祖壇經》歷史背景、思想觀點的英文著作。

人基會董事許薰瑩因積極實踐創辦人聖嚴師父「提昇人的品質、建設人間淨土」的理念，長期持續行善、熱心公益，獲教育部於11月頒發「社教公益獎」個人獎肯定。

（三）社會大學服務中心

提供地區民眾終身學習的法鼓山社會大學，課程以生活內容為學習導向，2012年續於金山、大溪、北投、新莊等四校區進行招生，課程包括心靈環保、生活環保、自然環保三類，總計一百八十四門，選修學員人數達五千三百多人。

於2003年設立的法鼓山社會大學，2012年慶祝創校十年有成，7至9月期間，在北海岸舉辦「發現心靈真善美」系列活動，活動包括三場名人講座，以及環保園遊會、音樂會、攝影展等，在豐富多元的心靈、藝術與人文饗宴中，與鄉親共享深耕十年的成果。

六、支援運籌體系──行政中心

行政中心是法鼓山體系主要行政服務單位，包括副執行長室、專案祕書室、公共關係室、建設工程處、經營規畫處、財會處、文宣處、資訊處、人力資源處、活動處、總務處，配合體系內各組織舉辦活動、運作的需求，提供相關協助及服務。

其中，專案祕書處持續協助舉辦社會菁英禪修營、活動處則承辦佛化聯合祝壽、佛化聯合婚禮等大型活動；專司體系內人員召募、教育訓練、人事管理等職責的人力資源處，則開辦多項成長課程，協助專職人員在修行成長上精進。

結語

2012年是法鼓山「真大吉祥」年，對僧俗四眾來講深具意義，因為適逢聖嚴師父提出「心靈環保」二十週年，體系各組織單位持續弘化步伐，具體實踐「一念心淨，一念見淨土，念念心淨，念念見淨土；一人心淨，一人見淨土，人人心淨，人人見淨土」的心靈環保核心理念，帶領大眾從心出發，在建立正信、正知、正見之餘，更著重生活實踐向度，解行並重，由內而外，從一己行為的淨化，擴大到對人類的整體關懷，從而促進人間淨土的實現。

實踐

實踐

壹【大普化教育】

大普化教育是啟蒙心靈的舵手，
引領眾生從自心清淨做起，
培養學法、弘法、護法的菩薩，
敲響慈悲和智慧的法鼓，
建設人間為一片淨土。

心靈啟蒙　讓佛法更貼近

2012年的大普化教育，不斷回應時代需求、推陳出新，
在創新中展現佛教活潑、入世化世的關懷，
例如，首次在街頭舉辦「萬人禪修」活動，
廣邀大眾體驗禪修好處；
針對銀髮族開辦「法鼓長青班」，幫助長者活出「心」生命；
此外，善用數位科技於法會共修及佛學弘講，
賦予佛學推廣無遠弗屆的妙用。

2012年，是創辦人聖嚴師父提倡「心靈環保」二十週年，2月5日，在師父圓寂三週年之際，法鼓山舉辦傳燈法會，並啟動「心靈環保 i 接力」運動，廣邀社會大眾傳心燈，接續心靈環保的推廣，為「心靈環保年」揭開序幕。

心靈環保，是聖嚴師父匯通佛法與世學，提出適應當代生活、淨化社會人心的一帖良藥；透過禪修、法會、課程、文字、影像等多元媒介，推展生活化的佛法、人性化的佛學、人間化的佛教，這些種種正是大普化教育的核心任務。

禪修推廣

推廣生活化的禪法、舉辦各類禪修活動，一直是推動心靈環保的重要方向；今年適逢心靈環保二十週年暨推廣法鼓八式動禪十週年，法鼓山首度將禪堂搬到臺北街頭，5月13日結合母親節與佛誕日舉辦「以禪浴心，以心浴佛」萬人禪修活動，帶領近萬名民眾練習坐禪、立禪、經行、八式動禪等；將禪堂搬到街頭，不僅破除一般人以為禪修只能在蒲團上用功的迷思，也展現漢傳禪法活潑實用的一面，並營造生活處處皆禪堂的氛圍，為當代禪修推廣樹立新的里程碑。

在大型活動之外，禪堂今年持續以各類禪訓課程、禪悅活動及精進修行接引初學及老參；而每年9月於法鼓山園區舉辦的「禪修月」活動，今年共有來自臺灣、中國大陸、香港、馬來西亞及歐美等地，一百三十多個團體、上萬人次領受禪悅境教。

傳燈院則在定期舉辦輔導學長、監香、動禪師資等培訓之外，特別規畫「中級1禪訓班輔導學長培育」系列課程，除了掌握禪修的觀念與方法，更著

重義工心態的建立，幫助悅眾從關懷中成長自我，長養樂於服務的菩薩道精神；青年院在今年將禪修種子向下扎根，除了舉辦十二梯次「城市‧漫／慢行人」活動及兩梯次禪修種子培訓營，全年三場青年卓越營也回歸「禪修」主軸，透過生活化的禪法教學，接引青年學子從禪修中安頓身心、認識自我，繼而找到生命的著力點。

佛學教育

法鼓山的佛學課程強調解行並重，推廣生活化、實用化的佛法，無論是入門的讀書會、心靈茶會，或是次第教學的聖嚴書院福田班、佛學班，皆備受各界好評。在往年的基礎上，2012年佛學教育再次邁向嶄新的階段：首先是針對新皈依的信眾或有興趣學佛、參與法鼓山活動者，開設「快樂學佛人」系列課程，另外則針對銀髮族開辦「法鼓長青班」。

「快樂學佛人」於2月起在全臺各地及香港陸續開班，引導學員認識佛教的基本精神與內涵，並藉由學佛行儀、體驗出坡禪等單元，實地的將方法應用於日常生活中。快樂學佛人的開班，也象徵法鼓山完成學佛地圖的建構，系統性地介紹法鼓山的理念、佛法知見及漢傳佛教內涵，幫助信眾從入門、基礎、進階等課程，層層遞進，在菩薩道上精進安住。

在分齡教育方面，今年也有重大突破，4月起，首度針對年滿六十歲的長者規畫「法鼓長青班」，藉由禪藝手作、新知講座、茶會、參訪踏青等多元課程，鼓勵長者多外出走動、認識新朋友、當義工、分享生命故事等，為高齡化社會注入關懷與安定的力量。

深受全球各地信眾歡迎的「法鼓講堂」，持續於每週三晚間Live直播，全年共十講，主題包括《菩薩戒指要》、《普門品》、《永嘉證道歌》、《楞嚴經》等經典講授，以及心靈環保的日常應用，如「心靈環保經濟學」等。透過網路，學員可直接線上提問，並由講師當場解惑，達到即時交流的效果。所有課程也製成數位影音，上傳法鼓山心靈環保學習網、網路電視臺及YouTube頻道播出，與大眾廣為分享。

其他系列的佛學弘講課程及講座，如「2012完全幸福人生」人文講談、「法相莊嚴」佛像藝術賞析、「遇見完全幸福」寶雲講談、《梁皇寶懺》講要等，則是結合時代議題與生活佛法，與社會大眾分享生命實踐、大事關懷、佛教藝術、環保節能等，展現佛教人文關懷的一面。

廣受回響的兒童心靈環保體驗營，2012年以生活教育、心靈成長為主軸，在全臺各地舉辦十七梯次，共有兩千多位國小學童參加；此外，還舉辦三梯次「幸福親子體驗營」，邀請親子從表演藝術、遊戲勞作、故事分享中體驗「心六倫」，並為家長開辦生命教育講座，學習培養親子關係及正確的教養觀念。

法會共修

透過佛法的觀念來幫助大眾調整心態和行為，是法鼓山舉辦法會共修的根本精神，今年藉由數位科技、開示說法、網路共修等方式，讓傳統佛事也能兼具修行及教育的時代意義。

在漢傳佛教界備

水陸法會期間，大眾在莊嚴清淨的境教中，精進共修。圖為總壇。

受矚目的法鼓山大悲心水陸法會已是第六年舉辦，延續「家家是道場，世界成淨土」的理念，再次透過網路直播，凝聚全球三十六個國家、逾四十萬民眾的善心願力，圓滿了八天七夜、跨越時空的佛事；今年並嘗試在現場錄影後，傳輸到不同時區的國家播放，讓海外信眾無須顛倒作息，真正做到線上共修「零」時差。

為了讓與會大眾在唱誦、靜閱、禪觀、念佛時，更能掌握修行法要，本屆水陸法會尤其側重法師開示，包括「焰口壇」、「華嚴壇」等十二個壇場，皆安排經教開示，讓大眾清楚掌握經文脈絡、認識法門次第，幫助自己安身安心，進而達到冥陽兩利。此外，在往年培訓水陸宣講員的基礎上，今年進一步推動「共修帶領人」培訓，鼓勵各地帶領人在平日共修時段加入水陸共修體驗，包括聆聽線上

講座、討論分享，再結合誦經、持咒、念佛等前行功課，法會期間，也鼓勵大眾前往附近的道場或辦事處共修，透過依眾、合眾的力量，讓修行更得力。

這一年來，配合傳統佛教節慶，各地分支道場分別舉辦新春祈福、清明報恩、浴佛法會、中元法會、彌陀佛七、梁皇寶懺、大悲懺、三昧水懺、觀音、藥師等法會，為社會傳遞光明、希望、溫暖與祝福；另外，並舉行兩場大型皈依祈福大典、兩梯次在家菩薩戒，接引上千民眾成為推動淨化人心、淨化世界的一份力量。

文化出版與推廣

響應心靈環保二十週年，文化中心在2012年初，集結聖嚴師父自1992至2008年間，針對「心靈環保」的開示文稿，出版《好心‧好世界——

聖嚴法師談心靈環保》、《真大吉祥》等書籍;法鼓山網路電視臺也製播《心靈環保‧心視野》節目,分別從修行、教育、生死、職場、美學等多元面向,與社會大眾分享心靈環保的內涵及應用,透過受訪者的現身說法,讓佛法觀念有了生命,更切合生活實踐。

2月初,法鼓文化以「禪的生活美學:心靈環保」為主題,參與2012年臺北國際書展,與來自歐洲、美洲、中東地區的出版業者交流互動,推廣漢傳禪法及心靈環保理念。

為因應傳播媒體的進化、電子時代的使用需求,多年來文化中心不斷推陳出新,提供讀者更為便利、實用的閱讀平臺。今年3月,「《法鼓全集》數位隨身版」正式上線,使用者可透過智慧型手機、平板電腦等,點閱一百餘冊的《法鼓全集》,隨時隨地領受聖嚴師父的智慧法語之外,還能上傳到推特(Twitter),與更多人連結、分享。

適時回應數位化時代的,還有創刊逾六十年的《人生》雜誌,除了發行多年的電子報,今年以 facebook臉書專頁與讀者互動、分享佛法,開闢新的讀者群;10月中旬,主編梁金滿並受邀出席「佛教期刊發展研討會」,與學界、教界人士交流佛教出版如何與時俱進,利益更多大眾。

藝文展覽方面,開山紀念館今年舉行兩場特展:「淨土在人間——

心靈環保二十週年特展」以及「法相重現——阿閦佛頭流轉‧聚首十週年特展」。其中,「法相重現」特展為紀念法鼓山捐贈中國大陸山東省神通寺阿閦佛首十週年而設,展出內容包括神通寺四門塔的歷史、阿閦佛的法門、致贈佛首的籌備經過、佛首修復紀實,以及阿閦佛與法鼓山大殿佛像的法緣等。《人生》雜誌也製作「阿閦佛——教你不生氣」專題,將特展內容與修行生活作一連結、應用,備受參訪民眾喜愛。

結語

2012年,北投農禪寺、中華文化館、雲來寺及臺東信行寺及佛基會皆獲得內政部「續優宗教團體」表揚,而文基會和聖基會則分別獲教育部頒發「續優教育基金會」特優及優等團體獎,不啻為社會各界對法鼓山大普化教育的一種肯定。

年底,農禪寺新建水月道場落成啟用,在簡約、質樸的新建築群中,保留了開山農舍、入慈悲門,新舊建築融合一氣,展現的不僅是農禪精神,更是法鼓山傳承創新的弘化精神。無論是佛學課程、禪修、文化出版或法會,大普化教育有賴各分支道場、基金會共同推廣,各地分院也善用地區資源,持續接引民眾修學佛法,同心致力於建設人間淨土。

●01.01

法鼓文化出版《好心‧好世界》
集結聖嚴師父對「心靈環保」的重要開示

法鼓文化於1月份出版《好心‧好世界——聖嚴法師談心靈環保》，與社會大眾分享心靈環保的內涵與應用。

本書集結聖嚴師父自1992至2008年間對「心靈環保」的開示文稿，內容分為四大單元，包括：「什麼是心靈環保」、「禪修的心靈環保」、「生活的心靈環保」、「世界的心靈環保」，多元的面向彙整，引領讀者全方位認識心靈環保的精神、目的，以及如何在生活中實踐等。

書中所選輯的篇章，是聖嚴師父在不同時空、針對不同對象所開示的內容，因此能呈現心靈環保多元的內涵、觀念與方法；閱讀的同時，不僅能對各種情境下的心靈環保有更深刻的掌握，也利於將內容化為具體實踐的指南，融入生活，進而將心靈環保做為提昇自我生命的幫手。

《好心‧好世界》集結聖嚴師父歷年來對「心靈環保」的開示。

●01.01～12.30期間

人基會與教育電臺合製《幸福密碼》節目
邀請學者專家探討幸福真諦

繼2010年《把心拉近——倫理向前行》廣播節目圓滿後，法鼓山人基會與教育廣播電臺再度合作，製播《幸福密碼》節目，邀請社會賢達人士從各個面向探討幸福真諦，節目於1月1日至12月30日，每週日下午在該臺各地頻道播出。

《幸福密碼》節目以心靈環保、心六倫及關懷生命為主軸，節目內容共分四季，分別由法鼓山悅眾胡麗桂、資深媒體人陳月卿，聲樂家張杏月與滾石唱片董事長段鍾沂擔任主持人，透過對各界賢達的訪問，分享生命經驗、傳遞幸福，協助大眾生命成長。

例如：在宗教界方面，法鼓山方丈和尚果東法師於1月1日首場節目中，分享以出家人二十四小時的生活角度，暢談幸福的定義與佛教如何看待幸福。政界方面，在5月13日的節目中，即將卸任公職的副總統蕭萬長，暢談五十年公職

生涯、家庭生活、罹病與佛法實踐等人生各個歷程，蕭副總統表示，過去的人生就像是在搭飛機、搭巴士，經過轉運站後，未來可能是騎腳踏車、走路，雖然放慢自己的步伐，但沿路可以欣賞不同風光，真正體會「放下的幸福」；蕭副總統也認為宗教的力量可以穩定社會、淨化人心，並肯定法鼓山推廣的心靈環保等理念能夠落實在日常生活中，解決現代人的煩惱與問題，籲請社會大眾共同響應。

前副總統蕭萬長（右）接受《幸福密碼》節目主持人陳月卿（左）專訪，分享自己的幸福密碼。

文化人士方面，新舞臺館長辜懷群在9月23日播出的節目中，說明把握當下，做對的事，對生命有所交代，是自己的幸福密碼；10月14日，文化與媒體工作者馬世芳則接受第四季主持人段鍾沂的專訪，表示堅持做自己喜歡做的事情，就是一種幸福。

其他受訪人士，還包括成功大學電機工程學系講座教授王駿發、中央大學認知神經科學研究所所長洪蘭、趨勢教育基金會董事長暨執行長陳怡蓁、導演魏德聖等五十多位各界人士，與大眾分享幸福真諦。

● 01.04～11.14期間

「法鼓講堂」佛學課程全年十講
心靈環保學習網同步直播 學佛無國界

普化中心於1月4日至11月14日期間，於週三晚上在北投雲來寺開辦「法鼓講堂」佛學課程，同時在「法鼓山心靈環保學習網」（http://www.dharmaschool.com/ddm_max/liveclass/liveclassroom.php）進行線上直播，提供全球學員上網聽課，並參與課程討論。

本年「法鼓講堂」佛學課程，主要為經典講授，包括講解《菩薩戒指要》、《普門品》、《永嘉證道歌》、《佛說大乘稻芉經》等經典，以及剖析心靈環保的日常應用，如「禪門必修——從心靈環保出發」、「心靈環保經濟學」等課程，分別由僧團法師主講；此外，也邀請華梵大學中文系副教授胡健財主講「《楞嚴經》與生命圓滿之追求」。

參與課程的學員擴及全球各地，透過無遠弗屆的網路，眾人可直接在線上

提問、溝通，由講師當場解惑，達到即時雙向交流的功能，課堂上的互動十分熱烈。

2012「法鼓講堂」佛學課程一覽

課堂名稱	授課時間	授課講師
諸佛的搖籃——《菩薩戒指要》導讀	1月4至18日	果會法師（僧團法師）
禪門必修——從心靈環保出發	2月1至22日	果興法師（僧團法師）
《永嘉證道歌》	3月7至28日	果毅法師（普化中心副都監）
《八十八佛洪名寶懺》概說	4月11日至5月2日	果慨法師（三學院監院）
《普門品》尋聲救苦觀世音	5月9至30日	果竣法師（僧大專任講師）
《楞嚴經》與生命圓滿之追求	6月6至27日	胡健財老師（華梵大學中文系副教授）
心的經典	7月4至25日	大常法師（法鼓山佛學課程弘講法師）
觀音妙智——耳根圓通法門	8月8至29日	果鏡法師（中華佛研所所長）
心靈環保經濟學	9月5至26日	果光法師（僧大副院長）
遇見緣起《大乘稻芉經》	10月3日至11月14日	果徹法師（僧大副教授）

● 01.07～12.09期間

青年院舉辦「城市・漫／慢行人」活動
培育帶領禪修的青年種子

1月7日至12月9日期間，青年院於德貴學苑舉辦「城市・漫／慢行人」活動，培訓帶領禪修的青年種子，由常元法師、常義法師帶領，共十二梯次，每梯次兩天，共有兩百多人參加。

活動內容包括立禪教學、行禪體驗、坐禪體驗、托水缽、自然經行、慢步經行等。常義法師說明，慢行就是提醒大眾在動中也能修行，也能用方法；慢行時，不管身外的人事物，不管過去、未來，只把心安於當下，當下在走路，就把心放在走路上。

「城市・漫／慢行人」培訓活動，於大安森林公園進行行禪活動。

有別於一般的行禪及托缽行禪，「城市・漫／慢行人」活動中設計的行禪，還加入矇眼行禪、倒退行禪以及在人群中行禪等多樣體驗；也分別在臺北大安森林公園及信義區華納威秀廣場進行戶外行禪。

參與培訓的學員學習從簡

單的步伐中，逐漸感受安定與踏實的力量；透過調整步伐與生命態度，發現原來生命的智慧就在眼前。有學員表示，只要堅持專注、學習簡單，就能產生提昇心靈的力量。

「城市‧漫／慢行人」培訓活動是青年院的首次嘗試，希望藉此開啟青年人對生命的覺醒，進而以自利利他的精神，讓世界充滿更多幸福向善的活力。

● 01.10　04.10　07.17　11.13

方丈和尚2012年四場精神講話
勉專職同仁落實佛法　為大眾服務

本年方丈和尚果東法師分別在1月10日、4月10日、7月17日及11月13日，對僧團法師、體系專職同仁進行精神講話，前三場主現場於北投雲來寺，最後一場主現場於法鼓山園區國際會議廳進行，全臺各分院道場同步視訊連線聆聽，每場有三百多人參加。

第一場精神講話中，方丈和尚以2012主題年「真大吉祥」為題開示，方丈和尚表示，藉由修學佛法來體驗沒有得失利害的平常心、去除煩惱的

方丈和尚在第一季精神講話中，期勉專職同仁共同接力，與更多人分享「心靈環保」的觀念與益處。

清淨心、放下執著的智慧心，而生起廣大平等的慈悲心，實際上也就是「心靈環保」；並說明2012年對法鼓山四眾而言，深具意義，因為聖嚴師父在1992年提出「心靈環保」，正好邁入二十年，所以2012年也是「心靈環保年」，期勉大家共同接力，且與更多人分享。

第二場精神講話於4月10日舉行，方丈和尚期勉專職同仁落實工作優化、作業流程國際標準化專案，為信眾以及社會大眾提供更好而且一致性的服務，奠定法鼓山永續發展的根基。

7月17日第三場精神講話，方丈和尚則分享法鼓山三大教育的推廣現況，並提醒法鼓山所舉辦的活動，都具有教育的功能及關懷的目的，透過每項活動把法鼓山的理念傳遞給社會大眾；同時，也讓團體中的每位法師與專職、義工，均受到教育與關懷。

最後一場精神講話，方丈和尚以聖嚴師父開示影片中所提及「正面解讀，逆向思考」說明，當事情、境界來時就面對它，並視逆境為修福修慧的因緣，只

要懷持感恩心，就能生起正面的能量。

在每場方丈和尚精神講話之前，均會先播放一段聖嚴師父的開示影片，本年各場次的主題分別是「心五四」、「認識法鼓山、體驗法鼓山、運用法鼓山、推廣法鼓山」、「愈挫愈奮，不斷成長」、「心是我們的老師，環境是我們的鏡子」，勉勵所有專職、義工在日常生活中落實佛法，更深刻體悟佛法。

● 01.12～12.27期間

人基會「2012真大吉祥心靈講座」展開
邀請專家學者分享心靈環保的安心之道

1月12至12月27日，人基會每月最後一週週四晚間於德貴學苑舉辦「真大吉祥」心靈講座，邀請各領域專家學者，就當今社會普遍關注的心靈議題，分享心靈環保的安身立命之道。

首場講座邀請聲樂家、心六倫行動大使張杏月以「禪悅與音樂」為題，分享佛化的音樂人生，闡述如何運用眼、耳、鼻、舌、意此五根聽歌、唱歌，由念而唱，並與現場近百位聽眾合唱〈平安之歌〉、〈心安平安〉、〈心六倫之歌〉，在歌聲中體會聖嚴師父的慈悲與智慧。台積電志工社社長張淑芬則在6月28日的「用心看世界」講座中，分享透過自我的反省、轉念，體會到「捨得」、懂得放下，從消融自我中，重拾內在純淨的力量。

其他另有關於生命反思議題的講座，包括法鼓山僧伽大學專任講師常延法師於「眼前當下皆自在」講座中，表示唯有相信因果、把握因緣，才能從逆境中解脫出來，從善因中得到自在；罕見疾病基金會創辦人陳莉茵則在11月29日講座中，省思心想事成的慈悲願力。

台積電志工社張淑芬社長在「用心看世界」講座中，分享透過自我的反省、轉念，重拾內在純淨的力量。

「真大吉祥」心靈講座每月最後一週週四晚間舉行，元月份配合農曆春節，提前至12日進行，引領大眾開發心靈，建立積極正向的人生觀。

2012人基會「真大吉祥心靈講座」一覽

時間	講題	主講人
1月12日	禪悅與音樂	張杏月（聲樂家、心六倫行動大使）
2月23日	富足圓滿的人生	夏韻芬（媒體工作者）
3月29日	寂寞的靈光	尉天驄（政治大學教授）
4月26日	生命的財富	梁碧霞（君安資產管理集團董事局主席）
5月31日	身心靈的自然療癒	許瑞云（慈濟醫院醫師）
6月28日	用心看世界	張淑芬（台積電志工社社長）
7月26日	自我覺察向上提昇	王耀興（土地銀行董事長）
8月30日	勇敢向逆境挑戰	黃平璋（怡盛集團董事長）
9月27日	扭轉命運的必修課	劉君祖（易理學家）
10月25日	眼前當下皆自在	常延法師（法鼓山僧伽大學專任講師）
11月29日	心想事成的慈悲願力	陳莉茵（罕見疾病基金會創辦人）
12月27日	真大吉祥過生活	果旭法師（法鼓山臺北安和分院監院）

● 01.16～19

2012冬季青年卓越營於園區舉辦
學習從禪修改變自己

青年院舉辦的「2012年法鼓山冬季青年卓越營」，1月16至19日於法鼓山園區展開，方丈和尚果東法師親臨關懷，共有兩百二十三位來自臺灣、印尼、新加坡、香港及澳洲等地的青年學子參加。

「心靈工作坊」是2012年卓越營活動的重點規畫，由人基會心劇團團長蔡旻霓帶領，藉由肢體的律動、遊戲式的引導，以及立體的形象、影片的

在「心靈工作坊」單元，學員從肢體的律動中體會人我之間互動的關係，感覺自身與大眾一同血脈搏動、呼吸勻停。

鑑賞、親身的參與，引導學員檢視與建立個人的定位、價值，並體會人我之間互動的關係，進而鼓勵大家自我突破，也樂於分享。

歷年營隊活動中，廣受歡迎的「名人演講」單元，本年邀請陳永基設計有限公司創意總監陳永基，分享從窮困的出身到不凡的獲獎紀錄、克服色盲的缺陷而在設計界成為翹楚等，努力經營自己的獨特生命歷程。

營隊還安排「身心SPA」禪修課程，讓參與的青年學子體驗全身放鬆、享受

呼吸、活在當下的感受；也透過觀賞聖嚴師父的開示影片，以及與僧團法師的互動、提問、對話，解答學員們生活和佛法方面的疑惑，提供學員更多元、超越的觀點與思惟，並學習不同的生命經驗與態度。

有學員表示，青年卓越營運用園區的禪悅境教、多元的團康活動，引人調整身心、檢視自我；也藉由禪修體驗以及人際互動，助益於反思個人的生活方向和生命目標。

● 01.22

除夕舉辦「聞鐘聲祈福法會」
祝願國家社會人人真大吉祥

法鼓山於1月22日農曆除夕晚間九點至大年初一凌晨，在園區法華鐘樓舉辦「除夕聞鐘聲祈福法會」，總統馬英九、副總統當選人吳敦義等來賓，與三千位民眾共同聽聞法華鐘聲，在方丈和尚果東法師祝福下，共同為國家社會祈願新年祥樂吉慶，人人真大吉祥。

方丈和尚開示祝福時，引用聖嚴師父比喻「過年」即是「過節」為例，勉勵大眾要像竹子一樣，每通過一個階段，就會長出一個新節，不斷地成長自我，從一個階段往前邁進下一個階段，讓人生目標節節高升，步步向前。

方丈和尚也向與會人士分享法鼓山的心願，便是實踐、推廣及分享「心靈環保」理念，同時呼籲大眾運用慈悲與智慧，使自己與他人平安、快樂、健康與幸福。

馬英九總統致詞時表示，在殊勝法會中眼見莊嚴佛像，耳聽振聾發聵的鐘聲，此時靈臺清明，更能清楚思考國家未來，希望2012年在法鼓山「真大吉祥」的祝福下，比前一年更平安；馬總統也與眾人分享

馬英九總統（中）、副總統當選人吳敦義（右）參加「除夕聞鐘聲祈福法會」，與方丈和尚（左）一起繞鐘，祈願臺灣社會平安、真大吉祥。

新年願望：第一、祈願國家風調雨順，人民生活安定；第二是政治清明，社會公義，第三則是兩岸和平、穩定繁榮。

法鼓山「除夕聞鐘聲祈福法會」，本年邁入第六年，儘管天雨綿綿，但參加法會的民眾從大殿綿延至法華鐘樓，共同祝願著國家社會真大吉祥。

● 01.22～29

法鼓山園區新春系列活動
蘊含「心靈環保」理念 為心靈把注能量

為迎接2012年龍年新春，法鼓山園區於1月22至29日（除夕至正月初七）舉辦新春系列活動，包括法會共修、禪修體驗、藝文展覽、表演、主題飲食等，邀請社會大眾同霑新春法喜。

新春期間，民眾不畏寒流上法鼓山園區走春，在大殿向方丈和尚拜年並接受祝福。

法會共修方面，包括除夕夜彌陀普佛法會、聞鐘聲祈福法會，以及初一至初七每日三場祈福法會，不少民眾均闔家參與並點燈祈福；方丈和尚果東法師、副住持果暉法師也出席開示與祝福。禪堂則在26至29日，首次舉辦新春禪三，接引禪眾把握年假精進用功。

在藝文展覽方面，2012年適逢「心靈環保」理念提出二十週年，園區在新春期間，特地於第一大樓五樓門廳舉辦「心靈環保新春特展」，在開山紀念館也展開「淨土在人間——心靈環保二十週年特展」，每天的參觀人數超過五千人次，其中「環保心語」書籤備受參訪民眾喜愛，許多民眾也寫下新年祈願，在祈願樹上掛滿祝福。

體驗活動方面，在第一大樓副殿規畫有「當三隻龍遇見心靈環保」體驗活動，提供參訪民眾觀賞聖嚴師父對心靈環保的開示影片，並從遊戲中學習觀照危害自己心靈健康的三隻毒龍：貪心（要要龍）、瞋怒（噴火龍）、愚癡（好漾龍）。此外，「吉祥‧茶禪」、洗心盆、放鬆打坐區、法師說故事、砂畫、植物染、春聯拓印、「品吉祥‧舒食」等活動也廣受歡迎，陪伴民眾度過心靈

充實的吉祥年。

系列新春活動廣邀民眾親近清涼善法，為心靈挹注能量，藉此點亮一整年的光明。

● 01.22～02.06期間

全臺各分院喜迎新春
廣邀民眾共迎真大吉祥101年

為了迎接2012年龍年新春，1月22日至2月6日（除夕至正月十五日）新春期間，法鼓山除了在園區展開系列活動，全臺各地分院也同步舉辦法會及新春系列活動，廣邀民眾闔家參與，共同迎接「真大吉祥年」。各分支道場的活動舉辦情形，概述如下：

北部地區，北投農禪寺於大年初一起，一連三天舉行慈悲三昧水懺法會暨「農禪好心願」新春系列活動，提供民眾們以法水懺除過往的煩惱，整理好自己的心田，以除舊迎新；寺內另有「吉祥小棧」，設有幸福茶坊、春聯DIY專區，邀請書法家吳大仁現場揮毫，「真大舞臺」則廣邀大眾展現才藝。北投文化館於初一至初三，舉辦已延續五十餘年的「新春千佛懺法會」，每天拜佛千回，精進拜懺；北投雲來寺則首度在除夕至初五及十五日，陸續舉辦新春禮佛、祈願點燈活動。各場活動，均有民眾攜家帶眷走春，其樂融融。

臺北安和分院於初一至初七舉辦新春系列祈福法會，包括普佛法會、大悲懺法會、藥師法會、《藥師經》共修等，許多民眾帶著長者一起參加；僧團女眾副都監果舫法師則勉勵大眾在新的一年將心放空，攝受美好的事物，吉祥、幸福自然隨之而來。三峽天南寺則以祈福法會、書法暨佛畫展、親子茶禪、祈願點燈、托水缽體驗等，迎接參訪民眾。

安和分院舉辦藥師法會暨長者祝福，老菩薩歡喜地從僧團都監果廣法師手中接受結緣禮。

中部地區的臺中分院、南投德華寺均於大年初一舉辦新春普佛法會；臺中分院也於初二在寶雲別苑舉辦大悲懺法會，由僧大副院長常寬法師主法，法師開示拜懺是進行心靈環保的活動，不僅徹底洗淨心靈，也以清淨的心讓福慧增長。

南部地區的臺南分院、雲集寺，高雄紫雲寺、臺南安平精舍、高雄三民精舍、嘉義辦事處、屏東辦事處與臺東信行寺等，都安排大悲懺、新春普佛、觀音法會、藥師法會等共修，帶領民眾以清淨心與歡喜心展望新年；信行寺並於新春期間規畫「聖嚴師父墨寶展」，讓東部民眾也能感受師父的「字裡禪機」。

農曆十一至十五日期間，桃園齋明寺、臺中分院、德華寺、臺南分院以及雲集寺、紫雲寺、信行寺，皆舉辦燃燈供佛法會慶祝元宵節，為新春活動畫下句點。

2012全臺分院新春主要活動一覽

地區	地點	日期	活動名稱／內容
北區	北投農禪寺	1月23～25日（初一～初三）	農禪好心願── 新春慈悲三昧水懺法會
		1月23～25日（初一～初三）	農禪好心願── 淨水滌心，觀音好祝福
		1月23～25日（初一～初三）	農禪好心願── 願願相續，把光明帶回家
		1月23～25日（初一～初三）	農禪好心願──吉祥傳遞平安米
		1月23～25日（初一～初三）	農禪好心願──師父法語隨身帶
	北投中華佛教文化館	1月23～25日（初一～初三）	新春千佛懺法會
	臺北安和分院	1月23日（初一）	新春普佛法會
		1月24日（初二） 1月26～28日（初四～初六）	《藥師經》共修
		1月25日（初三）	新春大悲懺法會
		1月29日（初七）	新春藥師法會暨長者祝福
		1月23～29日（初一～初七）	禪藝聯展
	北投雲來寺	1月22～27日（除夕～初五）	新春禮佛
		1月22日～2月6日 （除夕～十五）	新春祈願點燈
	三峽天南寺	1月23～25日（初一～初三）	祈福法會、導覽天南寺、 祈願點燈、書法暨佛畫展、 親子茶禪、托水鉢
	桃園齋明寺	1月22日（除夕）	除夕禮佛大懺悔文晚課
		1月23～25日（初一～初三）	新春慈悲三昧水懺法會
		2月4日（十三）	元宵燃燈供佛法會
中區	臺中寶雲別苑	1月22日（除夕）	除夕彌陀普佛法會
		1月23日（初一）	新春普佛法會
		1月24日（初二）	新春大悲懺法會
		1月25日（初三）	新春慈悲三昧水懺法會
	臺中分院	2月6日（十五）	元宵燃燈供佛法會
	南投德華寺	1月23日（初一）	新春普佛法會
		1月25日（初三）	新春大悲懺法會
		2月4日（十三）	元宵燃燈供佛法會

地區	地點	日期	活動名稱／內容
南區	臺南分院	1月23日（初一）	新春祈願法會
		1月26日（初四）	新春大悲懺法會
		2月2日（十一）	元宵燃燈供佛法會
	臺南雲集寺	1月23日（初一）	新春祈願法會
		1月25日（初三）	新春大悲懺法會
		2月3日（十二）	元宵燃燈供佛法會
	高雄紫雲寺	1月23～25日（初一～初三）	新春千佛懺法會
		2月5日（十四）	元宵燃燈供佛法會
	臺南安平精舍	1月25日（初三）	新春觀音法會
	高雄三民精舍	1月26日（初四）	新春普佛法會
	護法會嘉義辦事處	1月25日（初三）	新春觀音法會
	護法會屏東辦事處	1月26日（初四）	新春普佛法會
東區	臺東信行寺	1月22日（除夕）	除夕禮佛大懺悔文晚課
		1月23日（初一）	新春普佛法會暨輕食園遊會
		1月24日（初二）	新春觀音法會
		1月25日（初三）	新春大悲懺法會
		2月3日（十二）	元宵燃燈供佛法會

● 02.01～06

法鼓文化參加臺北國際書展
分享禪的生活美學

　　2月1至6日，法鼓文化參與在臺北世界貿易中心舉行的2012年臺北國際書展，呼應書展的主題「綠色閱讀」，法鼓文化以「禪的生活美學：心靈環保」為主題參展，與國內讀者及來自德國、法國、以色列、義大利、芬蘭等各國文化出版界，分享聖嚴師父所倡導的禪修、心靈環保理念。

　　本年適逢聖嚴師父倡導「心靈環保」理念屆滿二十週年，也是師父圓寂三週年，法鼓文化除了出版《好心‧好世界──聖嚴法師談心靈環保》、《真大吉祥》等心靈環保與心五四運動相關書籍，2月4日並於書展黃沙龍區舉行《尋師身影》一書與音樂創作《遠行──聖嚴法師音樂故事》分享會，邀請作者張光斗主講「尋師身影──聖嚴法師的生命之歌」，專輯製作人戴維雄、演唱者坐娜、楊培安也出席分享創作歷程，共有一百多人參加。

　　分享會中，張光斗說明，《他的身影》影集是他對聖嚴師父的承諾，要將師父海外行腳點滴做成紀錄，讓更多人體會師父弘法的慈悲與大願，他並同步在《人生》雜誌書寫走過師父弘法足跡的心情，集成《尋師身影》一書；而《遠行》專輯，則是張光斗生平第一次嘗試作詞，他提到，自己當時的一個承諾，竟促成三件作品同時完成，是當初始料未及的。

演唱〈您的遠行〉一曲的歌手楊培安分享，原本自己很忌諱談生死話題，也從未見過聖嚴師父，卻被歌詞中師父的「無事忙中老，空裡有哭笑，本來沒有我，生死皆可拋」四句偈感動，且對生死有了另一番認識。戴維雄、坐娜表示感恩有機會

「尋師身影——聖嚴法師的生命之歌」分享會，邀請張光斗（左二）與《遠行》專輯製作人戴維雄（左一），演唱者楊培安（右二）、坐娜（右一）等分享創作歷程。

參與這張專輯的製作，從中感受到師父對世人的貢獻。

法鼓文化總監果賢法師則讚歎此影音作品以音聲接引大眾，是更直接與深刻的方式，這也是聖嚴師父生前一再強調的「佛法要平易近人」，才能讓人人都感受佛法的美好。

本年法鼓文化將展場布置為心靈閱讀、禪修自在及生活環保等三區，呈現如何透過閱讀、禪修、日常飲食、衣著等方式，落實禪的生活美學；書展現場並展出各類出版品、生活、修行用品，為讀者提供豐富的精神食糧。

● 02.05

心靈環保二十年 萬人 i 接力
馬總統與各界賢達共同簽署「心靈環保全民宣言」

在聖嚴師父圓寂三週年之際，法鼓山於2月5日在園區舉辦傳燈法會，並正式啟動「心靈環保 i 接力」運動，包括總統馬英九、副總統蕭萬長、副總統當選人吳敦義、前副總統呂秀蓮、前天主教樞機主教單國璽、教界今能長老等，一萬多位海內外各界人士齊聚共同宣讀並簽署「心靈環保全民宣言」，揭開法鼓山2012「心靈環保年」的序幕。

當天首先舉行「傳燈法會」，由方丈和尚果東法師從大殿主燈，一一點燃各殿堂的引燈，象徵傳承佛法與承擔弘法的責任。法會中，眾人齊聲念佛、唱誦〈開山祖師讚〉、〈傳法偈〉、發願迴向，緬懷聖嚴師父一生行誼與悲願，並透過影片再次聆聽師父開示心靈環保的緣起、內涵與精神。

隨後的「心靈環保 i 接力」啟動儀式中，方丈和尚致詞表示，聖嚴師父所倡

導的「心靈環保」不只是淨化人心的運動，也是促進人類和平的價值觀，這是師父送給世人最珍貴的禮物，懇請大家把這份禮物繼續傳遞下去，用心靈環保來成長自己、關懷他人，讓人心更美麗，世界更美好。

馬英九總統則推崇聖嚴師父不僅是宗教家、更是一位智者，並肯定「心靈環保」不但引起社會廣大回響，更能為臺灣社會帶來一股安定的力量。蕭萬長副總統指出，聖嚴師父是「心靈環保啟蒙者」，為當代提供與自己、他人、社會及環境和諧相處的智慧與慈悲，也提供生命哲學及當代倫理的實踐根本。

接著，在「i接力」啟動儀式中，與會人士運用平板電腦，以數位簽名簽署心靈環保宣言，法鼓山也以〈聖嚴法師108自在語〉為信物，傳遞給現場大眾。

最後，大眾共同發願，以心靈環保來照亮自性並點亮他人的光明，將「聖嚴法師108自在語」傳給一百零八位周遭的親友，讓「心靈環保」能無界限地分享，成為保護人類與環境，帶來和平幸福最根本的心法。

2012「心靈環保年」，法鼓山陸續推動一系列活動，祈願以「心靈環保年」的實踐，將我們的生存環境，建設成人間的淨土。

在心靈環保二十週年暨聖嚴師父圓寂三週年之際，法鼓山廣邀社會各界賢達，一起揭櫫心靈環保的普世價值，啟動「心靈環保i接力」運動。

方丈和尚語

心靈環保
聖嚴師父最珍貴的禮物

2月5日講於法鼓山園區大殿「傳燈法會」
暨「心靈環保 i 接力」啟動儀式

◎果東法師

今天我們大家齊聚於此，是為了共同感念法鼓山創辦人聖嚴師父。

聖嚴師父捨報至今已滿三年。師父住世時曾說：他的一生只做一件事，那就是如何使佛法的好讓大家知道。師父一生，盡形壽獻生命，直到生命的盡頭，仍在為著如何接引人接觸佛法，以慈悲和智慧

方丈和尚果東法師從主燈引火點燃各殿堂法師的引燈，象徵傳承心燈，承擔弘法的責任。

來關懷社會、服務人類，而奉獻最後一份心力。

感恩各界護持成就法鼓山

法鼓山自1989年創建以來，漸漸凝聚而有現在的規模，聖嚴師父一向把這份功德，視為諸位賢達襄助及社會大眾共同成就的成果。

農曆年前，法鼓山僧俗四眾曾就如何推動社會人心的向上向善，更多一分奉獻，向各界善知識請教。過程中，深刻感受到大家對於法鼓山理念的認同，更有許多人把聖嚴師父的法語視為人生的座右銘，自我惕勵，讓人非常感動。

心靈環保已成普世價值

聖嚴師父說過：「我總覺得這個世界上，只要有佛法的慈悲和智慧就夠了。」意思是說，只要佛法對人有幫助，根本不必強調這是來自佛教的智慧，只要大家能夠因此獲得平安、健康、快樂、幸福，也就夠了。因為即使信仰不同、文化不同，或者國情不同，然而人心對於和平安定、快樂富足的希望，卻是共通一致的。

因此，法鼓山推動的「心靈環保」，是一種超越國界、宗教與族群的普世價值。

比如「面對它、接受它、處理它、放下它」是心靈環保。

比如「慈悲沒有敵人，智慧不起煩惱」也是心靈環保。

這些都是聖嚴師父提出的智慧法語，勉勵我們凡事正面解讀、逆向思考，就能夠少一些煩惱糾葛，而多一些平安快樂，這就是心靈環保。

用心靈環保自利利他

1992年，聖嚴師父率先在臺灣提倡「心靈環保」，也將「心靈環保」帶向國際社會。今年，2012年，是聖嚴師父倡導「心靈環保」屆滿二十年，法鼓山將今年定為「心靈環保年」，我們將推行「心靈環保」系列感恩活動，也誠摯邀請大家用「心靈環保」來關心自己、成長自己，也用來關心他人、幫助他人，讓我們的家庭、生活、校園、職場、族群與自然環境，因為有了心靈環保，人心更美麗，世界更美麗。

心靈環保是聖嚴師父送給世人最珍貴的禮物，懇請大家把這份禮物繼續傳遞下去。感恩大家，祝福大家。真心自在、廣大吉祥！（節錄）

心靈環保 i 接力

特別報導

人心更美麗　世界更美麗

「我願，從自身做起，從內心出發……」2月5日，近萬名海內外各界人士齊聚法鼓山園區各殿堂，共同宣讀並簽署「心靈環保全民宣言」，發願接力弘揚聖嚴師父二十年前所提出的「心靈環保」理念，也揭開法鼓山2012「心靈環保年」的序幕。

包括總統馬英九、副總統蕭萬長、副總統當選人吳敦義、前副總統呂秀蓮、前天主教樞

傳燈法會主現場由僧團副住持果品法師主持，從引燈法師中接火點燃主燈。

機主教單國璽、教界今能長老、媒體人士等社會各界賢達，也共同響應「心靈環保 i 接力」運動，發願共同實踐心靈環保，利人利己，保護我們共同生活的時空環境，讓世界更美好；在聖嚴師父圓寂三週年之際，一起揭櫫心靈環保的普世價值，共同實踐跨越國界、宗教與族群的「心靈環保」，為世人創造健康、快樂、平安、幸福的人間淨土而努力。

傳心燈，接力心靈環保

當天，為感念聖嚴師父悲願，園區按例舉行「傳燈法會」，由方丈和尚果東法師從大殿主燈，一一點燃各殿堂的引燈，象徵傳承佛法與承擔弘化的責任。法會中，眾人齊聲念佛、唱誦〈開山祖師讚〉、〈傳法偈〉、發願迴向，緬懷師父一生行誼及悲願，同時回顧師父捨報圓寂的十三天佛事，並透過影片再次聆聽師父開示心靈環保的緣起、內涵與精神。

接著在〈大悲咒〉梵唄音聲中，書法家杜忠誥在大殿揮毫寫下「心靈環保」與《心經》經文，隨後十公尺高的「心靈環保」巨幅書法布慢冉冉升起，象徵「心靈環保」深植人心，莊嚴開展的意象。

心靈環保，安定的力量

方丈和尚致詞時說明，「心靈環保」是聖嚴師父送給世人最珍貴的禮

在傳燈法會主現場上，眾人雙手合十，逐字宣讀「心靈環保全民宣言」。

物，懇請大眾把這份禮物繼續傳遞下去，用心靈環保來關心自己、成長自己，關心他人、幫助他人，讓我們的家庭、生活、校園、職場、族群與自然環境，因為有了心靈環保，人心更美麗，世界更美麗。

馬英九總統指出，自己曾多次向聖嚴師父請益、對話，師父推動的「心靈環保」不但引起社會廣泛回響，更為臺灣社會帶來一股安定的力量；而政府所推動的政策與「心靈環保」理念是相輔相成的，不貪的心與完整、健全且透明的法規制度都是治國的重要因素，不可偏廢。他盼望全體國人，尤其是公務員，能持續修身，貫徹法律制度。蕭萬長副總統則肯定法鼓山堅持「聖嚴家教、法鼓門風」，致力於提昇人品、建設淨土。

「i接力」啟動儀式中，與會人士除了以數位簽署「心靈環保宣言」，法鼓山也將一句句落實心靈環保的生活智慧「聖嚴法師108自在語」，傳遞給現場大眾；大眾並發願廣傳給周遭親友，以心靈環保來照亮自性並點亮他人的光明，將「心靈環保」無限地分享。

「我」，實踐的重要力量

自1992年，聖嚴師父正式提出「心靈環保」的觀念，並開示「心靈環保」就是佛法，就是心法，也就是心理衛生、心理健康，藉由觀念的改變、行為的調整，使我們清淨、安定，進而影響、協助他人生活愉快。為因應社會變遷和現代人的需要，多年來，法鼓山以「心靈環保」為主軸核心，提出包括〈四眾佛子共勉語〉、「四環」、「心五四」、「心六倫」等各種提昇人品的觀念和方法，成為淨化人心與安定社會的重要力量。

2012年是聖嚴師父倡導「心靈環保」屆滿二十年，法鼓山將本年定為「心靈環保年」，並在師父圓寂三週年之際，啟動「心靈環保i接力」運動，強調每個「我」實踐接力的重要，因為當人人落實推動「心靈環保」，就能傳播幸福、擴散平安，將我們生存的環境，建設成人間的淨土。

心靈環保全民宣言

2002年，在心靈環保推動十週年之際，法鼓山曾邀請各界人士簽署「心靈環保全民宣言」，十年之後，邀請大眾繼續來接力，在生活中、生命中點滴實踐心靈環保。

我願，
從自身做起，從內心出發。

在行為上時時刻刻，用感恩、感謝、感化、感動的心，
認知天地萬物給我們的恩澤。

在生活上隨時隨地，
以知福、惜福、培福、種福的行動，
感念天地萬物給我們的包容。

在生命學習的過程中，
用安心、安身、安家、安業的方法，
來建設人間的淨土。

遇到問題時，
用面對它、接受它、處理它、放下它的決心，
承擔負責、累積經驗。
給自己、給他人，
永遠留一條生路。

正需要人做，而沒人做的事，就由我來學習著做吧！
盡心盡力第一，不爭你我多少。

我願，
以利益他人做為利益自己的方法；
以止惡、行善，來關懷大地的環境。

我願，
以實踐心靈環保，
來做為個人在家庭、生活、校園、自然、職場和族群中的使命和奉獻。

我相信，
心靈環保的推廣，是給自己的大好機會，
是給後代子孫的大好希望，
願人人的品質提昇，
願淨土在人間實現。

i 接力

聖嚴師父曾說：「小小的好可以成就大大的好。」法鼓山「心靈環保 i 接力」運動，強調每個「我」實踐接力的重要，因為人人都是傳播幸福、擴散平安的力量。

1. 分享「聖嚴法師108自在語」

「心靈環保 i 接力」的信物，包括「聖嚴法師108自在語」、「心靈環保存摺」、聖嚴師父所寫的《延命十句觀音經》墨寶，代表著與信眾結緣的一份觀音菩薩的祝福。

可以「聖嚴法師108自在語」，向身旁的親友或有緣的對象，表達感恩，獻上祝福，讓師父智慧法語的分享與祝福，成為一種感動、一種幸福，同時也是一種信賴與期勉。

2. 心靈環保儲蓄存摺

實踐心靈環保，就是在累積、儲蓄我們幸福、平安、健康、快樂的資料。「心靈環保儲蓄存摺」，可以做為自我積極履行、觀照省察的紀錄，法鼓山期望大眾「少提多存」，每天儲存自己做到的善能，在做好心靈環保利己之餘，也隨時分享給周遭的人。

3. 線上簽署「心靈環保全民宣言」

連結「心靈環保 i 接力主題網站」（http://irelay.ddm.org.tw），完成線上簽署後，姓名就會出現在網站的宣言牆上。網站中也可以下載「聖嚴法師108自在語」與「心靈環保儲蓄存摺」。

●02.10～12

傳燈院舉辦首梯中級1禪訓班輔導學長培訓
學習正確服務心態與技巧

2月10至12日，傳燈院於三義DIY心靈環保教育中心舉辦首梯「中級1禪訓班輔導學長培訓」課程，由常乘法師帶領，共有九十八人參加。

楊蓓老師說明「心中的一把尺」是用來檢視自己，而不是與人較量。

參加此培訓的學員，皆是具有初級禪訓班輔導學長的資歷，因此課程安排也以進階禪修為主，內容包括：坐姿八式動禪、按摩等，並以情境模擬，讓學員們練習輔導的技巧，增進帶組禪訓時關懷與分享禪悅的能力，並學習正確的服務心態。

另一方面，課程也安排法鼓大學籌備處人生學院副教授楊蓓講授「每人心中的一把尺」及「傾聽與恰如其分的關懷」。楊蓓老師說明對於修行人來說，心中的一把尺是必要的，但尺是要用來檢視自己，而不是與人相互較量的利刃，在日常生活中，尺跟刀的轉變只在一瞬間，所以更要學著發現這把尺、善用這把尺、隱藏這把尺。

學員表示，透過此培訓課程，更進一步學習當學長的技巧，希望可以幫助更多禪眾，習得放鬆身心的方法。

●02.19

中區法行會年會於寶雲別苑舉行
方丈和尚勉眾以無我的態度奉獻利他

方丈和尚勉勵中區法行會會員，以無我的態度來奉獻利他。

法行會中區分會於2月19日在臺中寶雲別苑舉辦第五屆第一次會員大會，方丈和尚果東法師出席關懷開示，勉眾不僅要做法鼓山的「智庫」，更要以身作則，學習以佛陀的慈悲與智慧，發願行菩薩道，共有一百多人參加。

　　方丈和尚表示，「法行會」意指以法相會並以法行動，如果只是研究佛法而沒有去實踐佛陀的慈悲與智慧，仍是與法不相應；因此，每位會員都應圓滿學習生命每個階段的福德智慧，感恩每次善根福緣的體驗，將每次的因緣際會當成一面鏡子，隨時觀照、明心。

　　由於法鼓山將2012年定位為心靈環保年，方丈和尚不忘勸勉眾人傳承聖嚴師父所提出的心靈環保理念，並身體力行，以健康心態、正面思考來接受、改善現況，從生活中一點一滴建立起心靈環保的處世觀，進而以無我的態度來奉獻利他。

● 02.19～05.20期間

安和分院舉辦《梁皇寶懺》講要課程
僧團法師共同宣講懺法精要

僧團九位法師接力宣講《梁皇寶懺》講要，引導大眾了解懺悔法門的內涵。圖為2月19日第一講，果慨法師講解整部懺法概要。

　　為了讓大眾了解懺文義理，拜懺時能隨文入觀，2月19日至5月20日期間，臺北安和分院於週日舉辦「《梁皇寶懺》講要」課程，共十講，由九位僧團法師接力講授，有三百多人參加。

　　2月19日第一講首先由三學院監院果慨法師主講「懺本概要」，法師說明佛教是一個行動、體驗式的宗教，佛陀講經說法的目的是讓眾生離苦得樂，只要一門通，就能旁攝他門，而經懺佛事是很好的入手處。法師指出，生命就像流水，主導生命的是業力，有善業、有惡業；惡業未止息，不僅無法定心修行，更無法跳出六道輪迴，修懺悔法門是從心底對過去曾犯的錯感到慚愧，並懺悔、發願不再造惡，如實修行，才不會陷入後悔的輪迴中。

　　法師們的講解深入淺出，例如臺中分院監院果理法師指出皈依三寶是學佛者的首要功課，就如同播善種子於良田，但凡夫常常顛倒因果，持續造業，招感苦果，為了讓修行路上少些障礙，必須發露懺悔，洗滌過去的惡因，並發願與眾生廣結善緣，廣發菩提心。

　　農禪寺監院果燦法師教導大家堅固願心的妙方，便是於行住坐臥中常常發菩

提心，念念不忘，念念相續，讓菩提心永不間斷；果高法師則以「命由我立」勉勵學佛人要肯定自我有能力處理問題，更要深信因緣果報，以此面對生命中的每一個抉擇。

許多學員表示，系列課程讓自己對三寶生起信心，明白因緣果報法則，也懺悔過去所犯的錯，提昇生命的品質。

另一方面，普化中心並在每次課程結束後，將講座內容製成數位影音課程，上傳至法鼓山心靈環保學習網、數位電視，以及YouTube頻道播出，與大眾廣為分享。

安和分院《梁皇寶懺》講要課程一覽

時間	課程內容	主講人
2月19日	梁皇寶懺講要（十講之一）：總說	果慨法師
3月4日	梁皇寶懺講要（十講之二）：卷一	果理法師
3月11日	梁皇寶懺講要（十講之三）：卷二	果燦法師
3月18日	梁皇寶懺講要（十講之四）：卷三	果高法師
4月1日	梁皇寶懺講要（十講之五）：卷四	果見法師
4月15日	梁皇寶懺講要（十講之六）：卷五	果旭法師
4月22日	梁皇寶懺講要（十講之七）：卷六	果悅法師
4月29日	梁皇寶懺講要（十講之八）：卷七	果會法師
5月6日	梁皇寶懺講要（十講之九）：卷八	果賢法師
5月20日	梁皇寶懺講要（十講之十）：卷九	果慨法師

● 02.19～06.24期間

紫雲寺開辦菩提子禪藝營
引領學童學習良善生活規範

為建構孩童正向而健全的自我認知概念，並提昇自信心與啟發同理心，高雄紫雲寺於2月19日至6月24日，每週日上午舉辦菩提子禪藝營，有近五十位小一至小五學童參加。

禪藝營隊的規畫，主軸在以心靈環保的觀念，滋養、灌溉菩提

小學員在紫雲寺開辦的禪藝營課程中，歡喜學習。圖為太鼓練習。

小種子，並培養孩童的多元興趣與能力，以豐富其學習經驗與視野。課程內容豐富，包括靜心禪坐、法鼓八式動禪等禪修課程，也安排太鼓練習，以協助手眼協調、增進肢體發展；美語教學則是以簡易的會話或字句，將「聖嚴法師108自在語」的智慧分享給小學員，進而引領認識心靈環保的應用，學習良善的生活規範。

禪藝營隊進行的同時，主辦單位也邀請陪同的家長們參加寺內舉辦的各項禪修、法會活動，或參與耕耘福田的義工行列，讓闔家同沐法喜。

● 02.19～11.03期間

「快樂學佛人」系列課程開辦
學佛新手輕鬆踏上學佛之路

於齋明寺進行的「快樂學佛人」課程，由監院果耀法師為學員介紹法器，並說明法會的意義在於「以法相會」。

普化中心為學佛新手開辦的「快樂學佛人」系列課程，2月19日起於桃園齋明寺啟動，之後於北投雲來寺、臺北安和分院、臺南分院、高雄紫雲寺、臺東信行寺以及海外的加拿大溫哥華道場、香港護法會等地分別展開，提供新皈依弟子或對佛法有興趣的民眾就近參與學習，全年展開十三梯次，共有一千兩百多人參加。

「快樂學佛人」是專為關懷新生佛子所規畫的入門課程，經由輕鬆學習各種基礎修行，對法鼓山的心靈環保與禪修，進行概要的認識。統籌課程的普化中心副都監果毅法師表示希望藉此課程，接引新皈依弟子或有意願參與法鼓山會團共修福慧的信眾，有個輕鬆入門的學習管道。

系列課程分為三次，內容包括：一、認識三寶：認識皈依三寶的意義、認識法會共修；二、認識法鼓山：走入法鼓山、認識禪修；三、踏上學佛之路：認識佛學課程等，內容含括學佛基礎、心靈成長、如何做一個佛教徒，以及實際參與學佛行儀演練、出坡禪等。

不少學員分享表示，透過「快樂學佛人」課程才真正了解三寶、持守五戒的意義，對於佛門行儀也有了基本認識，並且建立起正確的因緣、因果觀，進而生起對佛法的信心。

「快樂學佛人」系列課程，藉由次第完整的內容，授課講師引導學員從日

常生活、修行、關懷等面向切入，進而快樂踏上學佛之路；課程會在海內外地區持續推展。

● 02.25

泰國僧團長老參訪法鼓山
針對建寺理念、修行方法等進行交流

泰國巴吞他尼（Pathumthani）省府僧團主席、法身寺及其他各寺僧團長老一行三十三人，於2月25日至法鼓山園區參訪，由禪修中心副都監果元法師、佛教學院校長惠敏法師代表接待，進行交流。

由於泰國去年（2011年）遭逢半世紀以來最嚴峻的水災侵襲，而法身寺法師在泰國巴吞他尼省府救災不遺餘力；果元法師於佛教學院進行茶敘時，特地代表方丈和尚果東法師表達關懷泰國水患後續救援，並表示從新聞獲知泰國人民即使遭逢災難，仍維持開朗、樂觀的精神，樂天知命的態度相當值得學習。巴吞他尼省府僧團主席對此回應，如果每個國家、每個地方都擁有佛教，就能共同學習佛陀教導的慈悲心，而慈悲能保護世界，希望未來能透過教育把佛法弘揚光大。

惠敏法師則向來賓介紹校園環境、創校理念及招生制度等，雙方也針對建寺理念、修行方法、弘法成效等進行意見交換，希望促進國際經驗的交流，共同續佛慧命。

● 02.26～28

法青悅眾種子培訓營於天南寺舉行
以年輕行動力相續弘法願力

為凝聚悅眾們接引青年的使命感，青年院於2月26至28日在三峽天南寺舉辦悅眾種子培訓營，由常元法師、常灃法師帶領，共有五十多人參加。

第一天的課程，由青年院監院果祺法師主講「悅眾的角色與使命」，法師說明「悅眾，就是讓大眾喜悅的人」，是以自己的心力、體力、智慧和福德來幫助大家獲得快樂和平安，期勉學員提昇對法鼓山理念的實踐；接下來的「團體溝通」課程，邀請「故事島」林宗憲老師帶領，以說故事的方式解析團體溝通的要領，並說明若能發現夥伴彼此的優點，可以讓團隊運作得更順利。

第二天的課程，邀請卓越人生企管顧問公司講師徐培剛講授「用生命實踐夢想」，分享認識自我、設立目標、追求夢想的心路歷程；晚上由僧大副院長

青年院舉辦悅眾種子培訓營，勉勵青年以年輕行動力相續弘法願力。

常寬法師帶領「夜禪」，練習不靠照明，用心留意每個腳步的慢步經行，體驗「活在當下」的自在。

活動第三天上午進行「World Cáfe」，由常澧法師帶領賞析影片《深夜加油站遇見蘇格拉底》（*Peaceful Warrior*）的佛法意涵，並交流對生命的看法；最後播放聖嚴師父2007年於全球法青悅眾培訓營的開示影片，勉眾主動爭取服務奉獻的機會，在奉獻中學習成長，創造生命的價值。

培訓營內容豐富多元，鼓勵青年學子以實際的願力和行動力，共同為佛法的推廣注入活躍的動力。

● 03.01

《法鼓全集》數位隨身版正式上線
大眾隨時隨地與法相會

聖嚴師父著作《法鼓全集》全套一百餘本，出版數位隨身版，3月份起，在智慧型手機上線，提供電信3G或無線網路上網的使用者，隨時隨地領受師父的智慧法語。

「《法鼓全集》數位隨身版」並非提供整部《法鼓全集》下載，而是透過手機上網，在 App Store 或 Market 上搜尋「法鼓全集」，即可隨時在手機上點選閱讀，方便移動中的使用者隨時以聖嚴師父的文章滋養心靈。《法鼓全集》數位隨身版的使用方式類似電子書，字體大小可經由手機附掛的閱讀器程式進行更改，也可以將師父的文章傳送到推特（Twitter），與更多人連結和分享。

《法鼓全集》自1993年開始彙編，蒐集自聖嚴師父已經出版的著作，以及散

見於各報章的文章，2001年因應電子時代的使用需求，進一步以光碟數位版提供閱覽，利用數位平臺的特性，建立關鍵字檢索功能，節省搜尋資料的時間，協助使用者有系統地閱讀師父歷年著作。因應傳播媒體的進化，不同版本的呈現，能提供不同需求的使用者，也使得佛法的推廣方式與時俱進，利益更多大眾。

《法鼓全集》數位隨身版網頁。

《法鼓全集》數位隨身版下載網址：http://play.google.com/store/apps/details?id=tw.org.ddm.books

● 03.01～04　03.08～11

第十七屆在家菩薩戒舉辦
近九百位戒子圓滿受戒

法鼓山第十七屆在家菩薩戒於3月1至4日、3月8至11日，分兩梯次在法鼓山園區大殿舉行，包括男眾一百八十六人、女眾六百八十人，共有八百六十六位在家信眾圓滿受戒。

2012年傳戒會由方丈和尚果東法師、首座和尚惠敏法師、副住持果暉法師擔任菩薩法師。在四天的戒期中，戒子們在悅眾法師的引導下，專注地演禮、懺摩，並觀看聖嚴師父的說戒開示影片，了解菩薩戒的內涵與精神，一如師父親自在現場開示。

本年不但有香港、馬來西亞等海外信眾特地前來參與受戒，也有母女檔、父子檔一起發心求受菩薩戒。有戒子表示，身為佛教徒，除了學習禪修，參與菩薩戒更是在家居士精進修行的最佳管道。

來自臺灣、香港、馬來西亞的戒子，在園區大殿求受菩薩戒，發願共行菩薩道。

● 03.03～04.22期間

清明報恩法會全球展開
民眾虔敬共修 傳達追思

　　法鼓山全球分支道場於3月3日至4月22日期間，分別舉辦清明報恩法會、共修等系列活動，內容包括佛七、地藏法會、三時繫念法會等，以表達慎終追遠，以及對先人恩德的感念，共有逾萬人次參加。

　　在臺灣，南部地區的高雄紫雲寺，首先於3月3至31日期間，舉辦為期近一個月的清明報恩《地藏經》共修活動，每日有兩百多人參加，共有六十人全程參與；並於4月1日舉行地藏法會。臺南雲集寺、臺南分院則接續於3月17至23日、3月25至31日，啟建為期七天的地藏法會，每天都有近三百位信眾參與，表達對親友的追思與祝福，並在圓滿日3月24日、4月1日分別舉行慈悲三昧水懺法會，為所有與會信眾洗滌身心，勉眾在菩提道上更加用功；方丈和尚果東法師則在4月1日親臨臺南分院關懷大眾。

　　中部地區的臺中分院，已連續七年啟建梁皇寶懺法會，本年於3月31日至4月7日在逢甲大學體育館舉行，共有八千多人次與會。在北部地區，北投農禪寺、桃園齋明寺分別舉辦清明報恩佛七、清明報恩佛二暨八關戒齋法會，以精進念佛共修，將功德迴向給眾生。

　　海外地區方面，美國紐約東初禪寺於3月31日舉行清明報恩地藏暨三時繫念法會，上午進行地藏法會，由果明法師帶領；下午進行三時繫念法會，由住持果醒法師主法，法師開示三時繫念雖是淨土念佛法門，但《三時繫念佛事》卻

東初禪寺舉辦清明報恩三時繫念法會，由住持果醒法師主法。

是由元代禪師中峰國師所編寫，廣涵淨土法門及禪修的實踐。

　　另外，加拿大溫哥華道場於4月6日舉辦清明報恩地藏法會，亞洲的香港護法會、新加坡護法會則分別舉辦清明報恩佛一與佛三，傳達報恩孝親的願心。

2012法鼓山全球各地清明報恩法會一覽

地區		主辦單位／地點	時間	活動內容
臺灣	北部	北投農禪寺	4月1日至8日	清明報恩佛七
		臺北安和分院	4月1至15日	地藏法會、禮拜《地藏寶懺》、《地藏經》共修
		桃園齋明寺	3月31日至4月1日	清明報恩佛二暨八關戒齋
			4月21至22日	春季報恩法會：禮拜《地藏寶懺》、誦《地藏經》、三時繫念法會
		臺北中山精舍	3月31日至4月7日	地藏法會、《地藏經》共修
	中部	臺中分院	3月31日至4月7日	梁皇寶懺法會
	南部	臺南分院	3月25至31日	清明報恩地藏法會
			4月1日	慈悲三昧水懺法會
		臺南雲集寺	3月17至23日	清明報恩地藏法會
			3月24日	慈悲三昧水懺法會
		高雄紫雲寺	3月3至31日	清明報恩地藏共修
			4月1日	清明報恩地藏法會
	東部	臺東信行寺	3月29日至4月1日	清明報恩地藏法會
海外	美洲	美國紐約東初禪寺	3月30至31日	清明報恩三時繫念暨地藏法會
		北美護法會新澤西州分會	3月24日	清明報恩三昧水懺法會
		北美護法會伊利諾州芝加哥分會	4月14日	清明報恩地藏法會
		加拿大溫哥華道場	4月6日	清明報恩地藏法會
	亞洲	香港護法會	4月4日	清明報恩佛一
		新加坡護法會	4月12至14日	清明報恩佛三

● 03.03～07.15期間

「2012完全幸福人生」人文講談舉辦
分享聖嚴師父的教法與行誼

由聖基會、法鼓文化、臺中寶雲寺、臺南分院共同主辦的「2012完全幸福人生」人文講談，於3月3日至7月15日期間，分別在臺中分院、臺南分院以及護法會屏東辦事處、潮州辦事處進行，邀請專家學者、僧團法師主講，共有逾兩千人次參加。

二十場講座，主要是分享聖嚴師父的教法與行誼。首場，由文化中心副都監果賢法師主講「人生大願——聖嚴師父的美好禮物」，法師引用師父所說的「生命的目的在受報，意義在盡責，價值在奉獻」，勉眾將心靈環保的觀念應用在生活中，與人分享、幫助他人，以「即知即行」的心來修行；也以「閻羅王的三封信」故事說明生命有限、人生無常，應把握當下，用佛法「感化」自己，用行動「感動」別人。

6月23日的「完全幸福人生」講談中，主持人郭惠芯（右一）為聽眾提問，果醒法師（左一）、葉壽山市長（左二）、周芬姿教授（左三）分享自己的幸福體驗。

針對聖嚴師父的教法，屏東商業技術學院副教授林其賢於4月7日主講的「聖嚴法師人間思想取向」講座中，說明師父倡導人間淨土，唯有成就人道、提昇人品、建設人間，才能成佛的觀念，為佛教現代化提供方向；臺灣師範大學國際漢學研究所助理教授王美秀在4月29日主講「聖嚴法師的旅遊書寫」，解讀師父的旅遊書寫具有古典特質的展現、辨證性敘述的應用等特性；中華佛研所榮譽所長李志夫也在「傳燈續慧三十年——聖嚴法師辦佛教教育的願心」講座中，闡述師父的興學大願。

而法鼓山美國紐約東初禪寺住持果醒法師、屏東市市長葉壽山、屏東縣屏北社區大學校長周芬姿則於6月23日對談為大眾謀幸福的體驗。訪談人郭惠芯老師首先向三位與談人提問：「投身公共事務的人，幸福感從哪裡來？」果醒法師分享聖嚴師父的身教，讓自己明白了生命的意義，如果心裡有不幸福的感受，是因為有太多的分別心；周芬姿校長說明發願為弱勢女性爭取幸福，投入成人教育的推動，讓自己深感幸福；葉壽山市長表示個人的幸福若能擴及社會，就會感受到更大的幸福。

有關個人生命體驗分享的主題，由聖基會董事傅佩芳分別在「放下提起都幸福」、「明亮生命　明白生活」、「女性的自覺之道」以及「絢爛與平靜」等四場講座中，分享學佛的心路歷程及生命經驗；蓮花基金會董事張寶方也在三場講座中，提供深化生命實踐之道，以此開拓了大眾的臨終關懷視野。

此外，「大河一滴水——綠建築的精緻之美」講座則邀請大河文化基金會董事長邱明民介紹環保節能的綠建築；資深花藝老師蔣麗麗也在「聽，花在說話」、「借花獻佛　真大吉祥」講座中，分享花藝的禪悅法喜。

每場講座主講人皆以精彩的講談，與大眾分享個人生命經驗，期盼引領民眾創造真正的幸福人生。

「2012完全幸福人生」人文講談一覽

時間	講題	主講人	地點
3月3日	人生大願——聖嚴師父的美好禮物	果賢法師（法鼓山文化中心副都監）	臺南分院
3月10日	點燈——大人物與小人物都放光	張光斗（《點燈》節目製作人）	屏東辦事處
3月11日	他的身影 我的追憶	張光斗（《點燈》節目製作人）	潮州辦事處
3月24日	大河一滴水——綠建築的精緻之美	邱明民（大河文化基金會董事長）	屏東辦事處
4月7日	聖嚴法師人間思想取向	林其賢（國立屏東商業技術學院副教授）	臺南分院
4月13日	放下提起都幸福	傅佩芳（聖嚴教育基金會董事）	潮州辦事處
4月14日	明亮生命 明白生活	傅佩芳（聖嚴教育基金會董事）	屏東辦事處
4月28日	佛教心理學——認識自己，成就世界	林其賢（國立屏東商業技術學院副教授）	屏東辦事處
4月29日	聖嚴法師的旅遊書寫	王美秀（臺灣師範大學國際漢學研究所助理教授）	臺中分院
5月12日	愛的療癒——臨終有光明	張寶方（蓮花基金會董事）	屏東辦事處
5月12日	女性的自覺之道	傅佩芳（聖嚴教育基金會董事）	臺南分院
5月13日	愛的療癒——臨終有光明	張寶方（蓮花基金會董事）	潮洲辦事處
5月26日	完全保險——創造相對多數的利益	賴清祺（保險發展事業中心董事長）	屏東辦事處
5月27日	傳燈續慧三十年——聖嚴法師辦佛教教育的願心	李志夫（中華佛研所榮譽所長）	臺中分院
6月9日	聽，花在說話	蔣麗麗（資深花藝老師）	屏東辦事處
6月10日	借花獻佛 真大吉祥	蔣麗麗（資深花藝老師）	潮州辦事處
6月17日	人生行旅——死亡的功課	張寶方（蓮花基金會董事）	臺中分院
6月23日	幸福的108條件	郭惠芯（屏東縣屏北社區大學講師） 果醒法師（法鼓山美國紐約東初禪寺住持） 葉壽山（屏東市市長） 周芬姿（屏東縣屏北社區大學校長）	屏東辦事處
6月24日	傳燈續慧三十年——聖嚴法師辦佛教教育的願心	李志夫（中華佛研所榮譽所長） 陳秀蘭（中華佛研所交流中心主任）	臺南分院
7月15日	絢爛與平靜	傅佩芳（聖嚴教育基金會董事）	臺中分院

● 03.08

方丈和尚受邀於臺中澄清醫院演講
分享心靈環保 身心自在

　　方丈和尚果東法師於3月8日受邀至臺中澄清醫院進行專題講座，主講「心靈環保，身心自在」，澄清醫院總院長林高德、院長張金堅，中港院區三位副院長鍾元強、黃仁杰、林哲鈺，及臺中市文化局局長葉樹姍等，與近兩百位就醫民眾到場聆聽。

　　演講中，方丈和尚指出「佛是大醫王，法是良藥，僧是護病者。」相對於

佛教三寶；醫療的三寶，是以醫生為大醫王，周全的醫療作良藥，護理人員則是護病者。對於醫院工作者面對的身心壓力，方丈和尚勉勵從轉念作環保，為生命帶來正面能量，也分享法鼓山推動心靈環保二十年的理念與價值。

方丈和尚勉勵澄清醫院的醫護人員，面對工作壓力要從轉念作環保，為生命帶來正面能量。

方丈和尚從心靈環保的主軸，提出「因果因緣觀」、「活在當下」和「正面解讀、逆向思考」三種認知，勉勵大家建立正確的人生觀；並多次引醫護人員切身遭逢的故事為例，輔以佛法的視角，看醫病互動關係，也援引聖嚴師父開示的人生兩種任務：「償債還債」和「發願還願」，期許眾人即使色身短暫，如夢如幻，仍應藉此難得的身命，完成生命的「起承轉合」，即尊重生命、莊嚴生命、淨化生命、圓滿生命，進而成就無限的智慧生命。

繼1999年，方丈和尚擔任助念團輔導法師期間，首度受邀至澄清醫院演講，此行是第二度應邀前往。這場專題演講是該院八十週年院慶系列重點活動，也納入該院醫學倫理的通識教育培訓課程中。

● 03.10～11

「萬人禪修行前共識營」培訓種子師資
廣邀大眾體驗放鬆　落實生活智慧

法鼓山舉辦「萬人禪修行前共識營」，培訓種子師資。

由禪修中心、傳燈院共同舉辦的「萬人禪修行前共識營」，於3月10至11日在法鼓山園區禪堂展開，參加共識營的種子師資為各地的召委、副召委、禪坐會組長、副組長與法鼓八式動禪講師等，均有多年禪修經驗，共有三百五十多人參加。

禪修中心副都監果元法師表示，2012年是法鼓山推廣「心靈環保」二十週年，也是「法鼓八式動禪」推廣十週年，在這別具意義的年度，法鼓山在5月13日母親節當天，特別規畫在臺北市政府前廣場及國父紀念館舉行「萬人禪修」活動，因此藉由「萬人禪修行前共識營」的舉辦，培訓種子師資，協助大眾體驗身心安定放鬆的益處。

共識營中，傳燈院監院常源法師與常願法師帶領大眾進行八式動禪動作核對，調整錯誤動作；果元法師則帶領進行萬人禪修意象演練，從立姿八式動禪、立禪、經行，之後共同迴向、浴佛觀想儀式，在莊嚴的音樂中，感受「以禪浴心，以心浴佛」的安定與自在。

活動最後，果元法師帶領大眾長跪，共同誦念「普賢菩薩十大願」，堅定彼此推動八式動禪、成就萬人禪修活動的願心。

共識營的舉辦，除歡慶八式動禪十週年，也為萬人禪修盛會凝聚共識，展開行前培訓，希望種子師資能協助大眾體驗身心安定與放鬆。

● 03.11

「社會菁英禪修營共修會」體驗齋明禪心
果品法師帶領練習直觀

法鼓山於3月11日在桃園齋明寺舉辦「社會菁英禪修營第七十二次共修會」，進行戶外直觀一日禪，由僧團副住持兼共修會輔導法師果品法師帶領，關懷中心副都監果器法師、人基會祕書長李伸一、護法總

社會菁英禪修營的禪眾於齋明寺體驗戶外經行、練習直觀。

會副總會長葉榮嘉等也到場關懷，共有七十五位歷屆菁英禪修營禪眾參加。

上午的禪坐共修，在法鼓八式動禪中揭開序幕，接著進行觀看聖嚴師父講解「四念處」、「四聖諦」的開示影片。下午，在果品法師的帶領下，禪眾們在齋明寺古意庭園與新建築交融的景觀中，體驗戶外經行、練習直觀。

正逢齋明寺的吉野櫻盛開，大眾在法師教導下，練習「不給名字、不給形容、不給比較」的直觀修行方法，儘管禪坐在迴廊下觀花、賞花，卻不起第二念，學習看清楚事物本來面目，真實地體驗當下。

● 03.11

臺南分院種植心靈環保綠苗
響應「打造臺南市山海圳綠道」活動

臺南分院提供「聖嚴法師108自在語」，與民眾結緣。

3月11日上午，臺南分院響應臺南市「打造臺南市山海圳綠道」活動，於嘉南大圳堤岸植樹現場，設立心靈環保書展，傳達對自然環境、教育與社區的關懷，共有一千多人參加。

許多民眾在植樹活動後，駐足翻閱聖嚴師父的著作，分院義工也分享「聖嚴法師108自在語」，現場並提供七百份「平安麵」與大眾結緣。許多民眾或自備餐具，或使用分院提供的環保餐具，落實環保生活。

當天，大眾都以惜福的感恩心來愛護自然，並以實際行動實踐環保理念，不僅在山海圳旁種下了綠苗，也在內心播下了心靈環保的種子。

● 03.11～04.28　05.27～07.15

農禪寺舉辦手語帶動唱培訓課程
體驗在律動中的禪悅法喜

3月11日至4月28日、5月27日至7月15日，北投農禪寺每週日於臺北福州會館舉辦「水月揚聲，比劃幸福」手語帶動唱課程，由法鼓山合唱團團本部李俊賢團長及臺北市立啟聰學校手語老師帶領，兩梯次共有一百五十多人參加。

課程內容結合禪修、運動與歌唱，並以〈友誼歌〉、〈法音滿行囊〉與〈我為你祝福〉等歌曲，進行帶動唱手語教學。第一階段由李俊賢團長帶領學員唱誦佛曲，首先進行熟悉基礎樂曲、熟背歌詞，接著體會歌曲的意境，並投入情感演唱，李團長也引用聖嚴師父的開示，勉勵學員藉由修行的體驗，用「心」演唱佛曲，而不只是發出聲音而已。

農禪寺舉辦手語帶動唱課程，體驗在音樂律動中的禪悅法喜。

第二階段邀請啟聰學校洪慧珍老師帶領學習「比」佛曲，洪老師說明如何將唱出來的聲音轉化成手語的表達方式，再將感覺詮釋在表情與動作之間。

農禪寺首次舉辦的手語帶動唱課程，期盼藉由手語的肢體傳「聲」，加上歌唱配樂的音符，融合而成的動中禪修，接引更多人在律動中體驗禪悅和法喜。

● 03.11～05.13期間

「遇見心自己」課程於德貴學苑舉辦
引導年輕族群放鬆身心　覺察自我

3月11、25日，4月1、22、29日，以及5月13日，禪修中心、青年院於德貴學苑共同舉辦「遇見心自己」課程，共六堂，由青年院常願法師帶領，引領年輕學子放鬆身心、認識自我，有近二十人參加。

課程中，常願法師指導放鬆身心的方法，進行大休息、法鼓八式動禪、立姿瑜伽、拉筋、坐中鬆（靜坐），法師請學員

於德貴學苑舉辦的「遇見心自己」課程，引導年輕學員進行自我探索。

們熟記「身在哪裡，心在哪裡，清楚放鬆，全身放鬆」十六字訣，學習覺察自己的身心狀況，是否被許多外在環境影響，心不在當下？

身心放鬆後進行「煩惱轉念體驗」，常願法師發給學員「寫作式靜心操作卡」，請學員們寫下一週來的煩惱，以及自己的身心感受，透過寫作來沉澱並反問自己，練習覺察自己的心；再從「聖嚴法師108自在語」中，找出當下最受用的話，找到讓自己不起煩惱的方法，並且在「心情保管卡」上寫下自己的煩惱，放在保管箱中，待六次課程結束後領回，以對照自己的轉變。

大堂分享時，有上班族學員表示，自己一向將「聖嚴法師108自在語」視為名言佳句，經過寫作式靜心操作卡的練習，更感受到108自在語的受用，可以將其當作日常生活的提醒。

● 03.21　03.22

中國大陸湧泉寺、承天寺方丈參訪法鼓山園區
針對現代化弘法進行交流

中國大陸福建省鼓山湧泉寺方丈普法法師與泉州承天寺方丈向願法師一行，3月21日及22日相繼來訪法鼓山園區，不約而同針對法鼓山現代化弘法作為，

福建省泉州承天寺方丈向願法師（左）一行人訪法鼓山園區，方丈和尚果東法師（右）致贈聖嚴師父「真大吉祥」複刻書法留念。

與方丈和尚果東法師進行交流。

方丈和尚說明，法鼓山是立足於漢傳佛教的禪修道場，以「心靈環保」為核心主軸推動三大教育。方丈和尚表示，無論大學院、大普化或大關懷教育，皆各有任務，也都是法鼓山全面教育的一環。

由於湧泉寺與承天寺均為千年古剎，進入現代社會，硬體環境往往形成課題，因此對法鼓山的現代化建築極為關注，普法法師更對園區的大型活動場地、停車場及文化展示空間，頻頻詢問；有關法鼓山的學院教育、普及弘法以及社會關懷的種種具體作法，也是主客熱烈交流的話題。

● 03.24　04.28

國發處開辦國際公益活動工作坊
培育企畫、演講弘法活動人才

鑑於法鼓山體系組織與法務成長快速，體系內各單位對活動企畫人才的需求殷切，國際發展處於3月24日、4月28日分別在臺北安和分院、北投雲來寺舉辦「國際公益活動」工作坊，培育公益活動人才。

3月24日的課程，邀請如是方知公關副總經理王蓓蓓帶領「國際公益活動企畫人才」工作坊，並進行案例分享，引導學員了解公益活動企畫的內涵，共有四十二位法師、專職、義工參加。

4月28日進行的「國際公益活動演講弘法人才」工作坊，則邀請中華民國國際演講協會林超群、張錫勳、許淑瑜、陳世明等四位講師帶領，說明演說技巧與要領。

課程中，除了講師進行講解，也讓學員充分討論案例，在實際的練習中消化與吸收，以期將上課所學得的知識，運用在未來的實際工作。

王蓓蓓老師帶領國際公益活動「企畫人才」工作坊，進行案例分享。

國發處監院果見法師表示，舉辦工作坊是國發處的年度計畫，目的在培育法師與專職的企畫力，不論是在國內，還是國際上，希望都能為法鼓山規畫出高品質的公益活動。

● 03.30～04.01　06.22～24

青年院舉辦青年禪修護法種子培訓營
學習以心靈環保安頓身心

青年院於3月30日至4月1日、6月22至24日分別在法鼓山園區、三峽天南寺舉辦青年禪修護法種子培訓營，由常元法師帶領學員學習以禪法精神為核心的心靈環保，並以禪修來安頓身心的方法，共有七十八人參加。

培訓營課程內容包括法鼓八式動禪、臥禪、立禪、行禪、戶外經行及出坡禪等，

參與青年禪修護法種子培訓營的學員與常元法師（前排左三）合影。

由授課法師為學員解說禪修的心態、功能與方法。另一方面，營隊也安排小隊輔進行任務與帶領技巧分享課程，透過戲劇單元，分組演出禪修營隊可能發生的種種狀況，讓學員們藉由情境模擬，在輕鬆的氣氛中學習隊輔角色應有的進退態度與作為。

大堂分享時，許多學員表示，種子培訓營以活潑的方式授課，讓人打破以往對禪修的刻板印象，並且能夠體驗到放鬆的感覺，了解到專注當下的力量。

● 04.01～07

臺中分院啟建梁皇寶懺法會
八千多人次參與拜懺　洗滌身心

4月1至7日，臺中分院於逢甲大學體育館啟建「清明祈福報恩暨籌建寶雲寺梁皇寶懺法會」，由關懷中心副都監果器法師等法師分別主法，方丈和尚果東法師多次親臨壇場關懷，臺中市市長胡志強伉儷、彰化縣縣長卓伯源等也參與法會，為大眾祈福，七天共有八千多人次參加。

中部地區民眾參與臺中分院的「梁皇寶懺法會」，藉由精進拜懺，練習斷除煩惱，得清淨智慧。

臺中分院監院果理法師於法會早、晚時段，為大眾講說《梁皇寶懺》要義。法師說明，拜懺時除了誦經、解經，還要親自「行經」，也就是真心懺悔；由於我們都有煩惱的種子，透過懺悔讓煩惱的種子枯萎，才能得清淨安樂。

一般人拜懺多跟隨誦讀，其實懺文處處蘊含禪修方法。果理法師也藉由卷一「挫情折意」一詞，說明當我們內心起了情緒、生起意念，當下即須覺照令其止息，有如禪法的「止觀」。

本年適逢法鼓山提倡心靈環保二十週年，現場特別設置「為眾生祈福，為子孫建寺」籌建專區，介紹臺中寶雲寺的建設藍圖，並邀請民眾寫下好願，祈願寶雲寺早日完工，讓中部地區多一方安頓身心、宣揚佛法的心靈淨土。

● 04.03　04.14

方丈和尚出席師大附中校慶
感恩母校的培育與師長的教導

方丈和尚果東法師4月3日應臺灣師範大學附屬中學校長卓俊辰邀請，出席該校校慶活動之迷你馬拉松賽事，與同為附中校友的新聞局局長楊永明、前新聞局局長蘇俊賓及小提琴家徐錫隆等人，擔任開鑼來賓，慶賀該校六十五週年校慶。

畢業三十七年首度返校的方丈和尚致詞時，表示感恩當年師長的教導，從來只有鼓勵，不給壓力，活潑開朗的校風，培育許多優秀人才；也期勉師大附中為「才庫」，栽培更多學子。

會後，方丈和尚隨同

方丈和尚出席師大附中校慶開幕典禮，感恩當年師長教導。

卓俊辰校長及其他來賓到起跑線前，為參加比賽的選手加油打氣。而方丈和尚也應卓校長邀請，14日再次返回校園，以榮譽校友身分，與行政院院長陳冲、國民黨榮譽主席吳伯雄、中央選舉委員會主任委員張博雅等，出席校慶閉幕典禮。

● 04.07～08　05.26　10.14　12.22

讀書會帶領人培訓基礎課程開辦
學習讀書會推廣的心法

　　為培育心靈環保讀書會帶領人，普化中心於4月7至8日及5月26日，分兩階段在德貴學苑展開為期三天的「2012年讀書會帶領人培訓基礎課程」，提供有志推動心靈環保讀書會的學員，了解讀書會的意涵、心靈環保讀書會的理念，並學習讀書會帶領技巧與閱讀的指南，第一階段有一百四十四人參加。

　　第一階段課程為期兩天，第一天由普化中心常用法師說明「聖嚴師父眼中的心靈環保讀書會」，指出心靈環保讀書會與其

學員在基礎培訓課程中，學習讀書會帶領技巧。

他讀書會的差別，並期勉大眾「讀懂一句、受用一生」，不僅讀「書」也要讀「人」。資深讀書會帶領人王怡然老師則點出「讀書會的意涵」，讓學員深入了解為什麼要參加讀書會，共學與共讀的重要性，以及帶領人的職責與涵養；下午則示範「四層次提問」的帶領技巧，將方法巧妙應用在帶領中，現場學員們興味盎然。

　　第二天，由普化中心副都監果毅法師介紹《法鼓全集》，將聖嚴師父的著作分門別類，整理出必讀與推薦書目，讓大家十分受用。下午由王怡然老師帶領進行實務演練，並引導將過程中發現的問題，進行交叉提問。

　　結束第一階段課程，學員隨即進入實習階段，從實務運作中，練習帶領技巧與方法，並於5月26日進行第二階段的分享回饋，進一步學習如何經營讀書會。

　　另一方面，為深化讀書會帶領人的領導技巧，普化中心也於10月14日、12月22日，分別在臺中分院、桃園齋明寺舉辦讀書會共學活動帶領人培訓課程，由果毅法師、常用法師及王怡然老師帶領，課程主題包括認識聖嚴師父的著作、讀書會的學習意涵、四層次提問等，共有兩百多人參加。

● 04.07～06.02期間

人基會「心六倫宣講團」來到高雄開辦
南臺灣五十位種子師資展開培訓

人基會「心六倫宣講團」來到南臺灣，南部首梯心六倫宣講師資培訓課程於4月7日至6月2日，每週日在高雄紫雲寺開課，有五十人參加。

7日舉行開訓典禮暨首堂課程，方丈和尚果東法師、人基會祕書長李伸一都到場關懷。典禮上，方丈和尚以教室內一幅聖嚴師父的墨寶「駕行般若船苦海普度，常登涅槃山心性不動」，期許參與培訓的學員，要培養自己、成就自己，鍛鍊一顆更穩定的心，以慈悲對待人，用智慧處理事，把握當下做有意義的事，少計較、不比較，一起為提昇人的品質，建設人間淨土而努力。

上午課程由李伸一祕書長介紹人基會和心六倫的內涵，他特別提到，只要人人用心，把倫理當作是一種生活方式、生命態度，透過了解、實踐、推廣心六倫，就可以開啟幸福的密碼。下午課程由僧團副住持果品法師介紹法鼓山的精神願景與發展，並說明法鼓山的使命，是以心靈環保為核心，弘揚漢傳禪佛教，透過大學院、大普化、大關懷教育，以達世界淨化。

心六倫宣講師資培訓課程，自2008年以來，已舉辦了兩期三梯次，2012年首度移師南臺灣開課，共計三十個小時的完整培訓課程，融合心靈環保的理念，以及心五四的實踐方法，期許宣講師在身體力行的同時，並能以講說的方式推廣聖嚴師父提倡的「心六倫運動」。

方丈和尚勉勵南部「心六倫宣講團」首梯五十位師資，把握當下做有意義的事，推廣心六倫利益眾生。

● 04.12　06.29

人基會、法務部推動生命教育專案
於矯正機關舉辦音樂會　提昇社會祥和能量

法鼓山人基會2012年與法務部合作推動「生命教育──心六倫」專案，於4月12日、6月29日分別在臺南監獄、花蓮監獄等矯正機關舉辦音樂會，將正向價值觀和倫理道德帶入矯正教育，提昇社會祥和的能量。

4月12日於臺南監獄舉辦的「聆聽心靈的奇遇」音樂會，邀請音樂工作者齊

豫演唱包括〈心經〉、〈大慈大悲觀世音〉、〈鄉間的小路〉、〈橄欖樹〉等歌曲，引起四百多位收容人的共鳴。齊豫表示，音樂的力量無遠弗屆，是上天給人類最珍貴的禮物，也是鼓勵眾人以感恩的心培養善念，並以宗教信仰找到正確的人生方向。

6月29日於花蓮監獄進行的「心幸福音樂會」，由聲樂家張杏月演唱聖嚴師父作詞的〈在平安裡〉、〈智慧〉和〈慈悲〉等十一首歌曲，引導

在花蓮監獄進行的「心幸福音樂會」，邀請聲樂家張杏月演唱多首聖嚴師父作詞的歌曲。

收容人體驗音樂與身心合一的放鬆與安頓；法務部部長全程參與，不少收容人聽了頻頻拭淚。

人基會祕書長李伸一表示，戲劇及音樂表演最能深入人心，人基會推行「心六倫」運動，即是藉著表演傳達實踐倫理、關懷生命及尊重生命的內涵，希望收容人欣賞後，能有心靈上的感動，進而累積向善、增上的力量。

● 04.15

首場祈福皈依大典於園區舉行
接引近一千四百人成為三寶弟子

法鼓山本年首場祈福皈依大典，於4月15日在法鼓山園區舉行，由方丈和尚果東法師為信眾親授三皈依，有近一千四百位民眾皈依三寶。

方丈和尚開示時指出，眾生皆有清淨的佛性，只因為業力煩惱、妄想執著，而阻斷了成佛的種子；而我們修習佛法，就是要學習佛陀的智慧與慈悲，轉化無明煩惱，還給自己一顆清淨的心；並說明法鼓山以心靈環保為核心主軸，以慈悲與智慧為最高指導原則，基本態度是謙虛，下手功夫是誠心，期盼大眾不只念菩薩、求菩

祈福皈依大典於法鼓山園區舉辦，共近一千四百位民眾皈依三寶。

薩，還要學習做菩薩，在生活中修福修慧、履行悲智雙運，開啟成佛的資糧。

當天有十一位外籍人士報名皈依，其中一位遠從澳洲而來。新皈依弟子中，最年長者為八十七歲，因感念聖嚴師父弘揚正信佛法的悲願，在女兒的陪伴下皈依三寶；也有一對夫妻因2011年陪同子女皈依，感受莊嚴殊勝的氣氛，因此兩人一同報名本屆的皈依典禮，期許自己成為正信的三寶弟子。

●04.18

方丈和尚受邀於移民署演講
與謝立功署長對談公門好行善

方丈和尚與謝立功署長（右）對談，勉勵移民署同仁用正面的態度面對順逆境，自然可以轉化壓力為助力。

方丈和尚果東法師於4月18日受邀至內政部入出國及移民署，以「身在公門好行善」為題，與署長謝立功展開對談，分別從職場、族群等多元面向，與現場一百多位移民署同仁分享正面解讀、逆向思考的佛法心要。

謝立功署長首先談到，移民署長期扮演臺灣對外的窗口，協助新移民融入臺灣社會、輔導就業、關懷新住民家庭等都是重要職務；尤其移民署自警政署獨立出來後，同仁面臨警職與文職角色的轉型，如何在兼顧各項業務之際，還能樂在工作，成為一大挑戰。

方丈和尚對此回應表示，世間每一個現象都是開啟慈悲與智慧的契機，面對逆境時，應「少一些患得患失，多一些精進努力；少一些恐懼憂慮，多一些弘願智慧；少一些你爭我奪，多一些慈悲謙讓；少一些是非猜疑，多一些互助互諒」，自然可以轉化壓力成為助力。方丈和尚也進一步延伸職場倫理的內涵說明，如果能將辦公室同仁視為家人、職場進修的場域當做校園，同事既是家人也是同學，因此在扮演好自己角色的同時，便完成了安心、安身、安家、安業的工作。

講座最後，移民署同仁把握機會提問，包括如何處理辦公室的人我是非、面對大環境變動如何自處、如何將平凡的工作做到不平凡等，方丈和尚幽默親切地一一回應，使得現場掌聲、笑聲不斷。

對談前，傳燈院常願法師也到會場帶領現場大眾體驗動禪心法，透過簡單的

肢體運動，體驗身心清楚放鬆的感覺，為移民署繁忙緊湊的工作氛圍注入一股清涼。

● 04.22　05.06　05.26

合唱團舉辦「法鼓法音教師巡迴列車」
音聲結合修行　分享法音

合唱團舉辦「法鼓法音教師巡迴列車」活動，於4月22日、5月6日、5月26日分別在臺南雲集寺、基隆市議會多媒體室、護法會豐原辦事處舉辦培訓課程，內容包括發聲技巧練習、歌曲教唱及詮釋、佛曲觀摩演唱等，共有三百多人參加。

三場培訓課程分別邀請聲樂家周亞萍、羅明芳、周姮娥授課，指導發聲法及歌唱技巧，並介紹人體發聲的聲帶、三大主要共鳴腔及呼吸

在雲集寺進行的「法鼓法音教師巡迴列車」活動中，由李俊賢團長指導歌曲演唱。

的運用，也示範不同音質的正確發聲。

在歌曲教唱及詮釋單元，由團本部團長李俊賢帶領，李團長以〈菩薩行〉為示範曲，指導學員如何演唱，同時分享聖嚴師父對合唱團的期許，讓合唱團藉由佛曲演唱，分享佛法與法鼓山的理念。

有團員表示，培訓課程帶領學員學習音聲演唱結合修行，與大眾分享法音，深感獲益良多。

● 04.22～05.27期間

全球分支道場舉辦浴佛活動
外浴世尊　內浴自心

4月22日至5月27日期間，法鼓山全球各分支單位舉辦多元的浴佛報恩祈福活動，感恩佛陀誕辰與母親節，包括各分院道場及護法會辦事處、慈基會安心站，總計有二十二處舉辦，共有逾萬人參加。

國內方面，法鼓山園區首先於4月27至29日舉辦「朝山‧浴佛‧禮觀音」活動，藉由親近自然、禮拜大地來感念佛恩；期間在大殿，由法師親領大眾參與

臺南分院浴佛法會，民眾手捧燃燈、香花、鮮果供佛。

法會、誦經祈福及開示浴佛的意義，同時副殿、彌陀殿等地亦設有茶禪及惜福心市場等活動，讓民眾體驗四環之餘又能闔家同樂。

北投農禪寺於5月5日在立農國小舉辦「浴佛法會暨感恩祈福嘉年華園遊會」，結合音樂饗宴、全民祈福、茶禪、遊戲體驗等活動，為民眾帶來溫暖與祝福。

臺東信行寺則在5月3至6日舉行浴佛感恩系列活動，邀請市區五所幼稚園、近五百位小菩薩至信行寺參訪、聽故事，認識佛陀的生平及浴佛的意義；並於6日在寺內舉辦浴佛法會暨園遊會，舉辦兒童讀經班成果展、親子DIY、二胡演奏、品味輕食等活動，包括縣長黃健庭，有近千人參加。

此外，臺北安和分院、三峽天南寺、桃園齋明寺、臺中寶雲別苑、南投德華寺、臺南分院、臺南雲集寺、高雄紫雲寺、嘉義辦事處等，也分別舉辦浴佛活動，除法會外，現場並備有香湯及供花，帶領民眾在浴佛的過程中，發願淨化內心的煩惱塵垢，不僅是「外浴世尊」，也是「內浴自心」。

海外地區，加拿大溫哥華道場除了於4月29日舉辦浴佛法會，5月13日母親節並舉行孝親茶禪活動，當天的四位茶主人穿著正式西裝和禮服，運用禪修方法，向與會小菩薩示範泡茶，再由小菩薩向父母奉茶，並說出平日心中的感恩；亞洲的馬來西亞道場則於5月5日，舉辦以「燈是光明・熱量」為主題的浴佛法會，信眾藉由點燈，祈願燃起心中的光明和智慧，除去黑暗的煩惱。

各地的浴佛活動，引領民眾以香湯清淨身、口、意，表達感念佛恩、母恩；也在誦念浴佛的發願文中，祈願人人得到清淨智慧，法身慧命得以提昇。

2012全球分支單位浴佛節暨母親節活動一覽

地區		主辦單位／活動地點	時間	活動內容
臺灣	北部	法鼓山園區	4月27至29日	朝山・浴佛・禮觀音
		北投農禪寺／北投區立農國小	5月5日	浴佛法會暨感恩祈福嘉年華園遊會——簡單生活創意集
		北投雲來寺	4月25至26日	浴佛法會
		中華佛教文化館	4月22日	浴佛法會
		臺北安和分院	5月19日	浴佛法會
		三峽天南寺	5月19日	浴佛法會
		桃園齋明寺	5月27日	浴佛法會
	中部	臺中寶雲別苑	5月13日	浴佛法會
		南投德華寺	5月27日	浴佛法會

地區		主辦單位／活動地點	時間	活動內容
臺灣	南部	臺南分院	5月6日	浴佛法會
		臺南雲集寺	5月20日	浴佛法會
		高雄紫雲寺	4月29日	浴佛法會
		護法會嘉義辦事處	5月13日	浴佛法會
		高雄三民精舍	5月13日	浴佛法會
	東部	臺東信行寺	5月3至6日	浴佛感恩系列活動
海外	美洲	美國紐約東初禪寺	5月20日	浴佛法會
		加拿大溫哥華道場	4月29日	浴佛法會
		北美護法會加州洛杉磯分會	5月13日	持誦〈大悲咒〉一百零八遍共修
		北美護法會加州洛杉磯分會／南加州佛教界	5月20日	浴佛園遊會
	亞洲	馬來西亞道場	5月5日	浴佛法會
		新加坡護法會	4月28日	浴佛法會
		香港護法會	4月29日	浴佛法會

● 04.24

「與幸福有約」徵文比賽頒獎
收容人、更生人寫出幸福的光明

為提昇收容人、更生人的倫理觀念,深耕生命教育的精神,法鼓山人基會與法務部共同舉辦「與幸福有約」徵文比賽,4月24日於德貴學苑舉辦頒獎典禮,人基會祕書長李伸一、顧問黃石城,以及法務部部長曾勇夫、臺灣更生保護會董事長顏大和均出席頒獎。

曾勇夫部長致詞時,表示希望參賽者透過藝術和文化的潛移默化,從內心

「與幸福有約」徵文比賽獲獎人與頒獎人合影留念。(第一排左四起依序為黃石城顧問、李伸一祕書長、曾勇夫部長、顏大和董事長)

改造自己，自此脫胎換骨、浴火重生；也肯定人基會所倡導的心六倫與矯正機關推動的生命教育，希望收容人能從宗教及多元角度，更深一層地認識生命價值。

李伸一祕書長則指出，法鼓山長期以來透過心六倫宣講師舉辦相關活動，推廣倫理與生命教育的觀念，也得到收容人許多的回響，期盼透過深耕教育，使收容人改過遷善。

「與幸福有約」徵文比賽，共收稿件七百零七件，選出三十一件得獎作品，頒發獎項時，除了邀請更生人組發表得獎感言，現場亦播放收容人組錄製的心得影片，共同分享獲獎的榮耀與喜悅。

● 04.24～2013.01.11期間

普化中心開辦「法鼓長青班」
引導長者歡喜領受美好晚年

普化中心首度開辦「法鼓長青班」課程，於4月24日至2013年1月11日期間，分別在北投雲來寺、臺北安和分院、桃園齋明別苑、基隆精舍展開，各有一百多人參加。

開課典禮於4月24日在雲來寺舉辦，普化中心副都監果毅法師出席關懷，說明長青班是一個豐收、快樂分享、再學習、再向前的園地；法師鼓勵長者多外出走動，而親近道場不但可以認識新朋友、當義工，還有佛菩薩照顧，是修福修慧的好場所。

長青班以八堂課為一梯次，採隔週上課方式，每次上課三小時，內容包括動禪保健、語言學習、新知分享、肢體展演、戶外教學等；也規畫各類人文、醫學、科技新知等講座；每梯次最後一堂課為戶外教學。

長青班課程集學習、健康、活力、分享等特色，有別於階段性的課程或講座，該班沒有結業式，是「活到老、學到老」的終身學習。

未來，普化中心也將接受各地分院、辦事處申請，走入社區開課，讓各地民眾參與課程更便利。

2012法鼓山長青班開課一覽

班別	日期	地點	主辦單位
10101雲來班	4月24日～7月31日	北投雲來寺	普化中心
10102基隆班	5月31日～9月20日	基隆精舍	基隆精舍
10103齋明別苑班	8月9日～11月15日	桃園齋明別苑	齋明寺
10104雲來班	9月11日～12月18日	北投雲來寺	普化中心
10105安和班	9月28日～2013年1月11日	臺北安和分院	安和分院

法鼓長青班開課

特別報導

分齡課程實踐佛法的全人教育

秉持佛教關懷人間的本質，為落實對年長者的整體關懷，普化中心於2012年開辦「法鼓長青班」。在法鼓山創建之初，聖嚴師父就期許，法鼓山不但屬於整體佛教，也是屬於全民教育的一個地方，希望普及對社會大眾從生命初始到終了，各階段、各層面的關懷，而長青班的開辦，可說是法鼓山在全人教育積極落實的重要里程。

人生的黃金時代　活出美好晚年

長青班，是普化中心首度為六十歲以上的長者打造的專屬課程，課程共有八大類，從動禪保健、語言學習、新知分享、肢體展演到戶外踏青一應俱全，內容多元且創意十足；並且舉辦各類講座，介紹人文、醫學、科技等新知，也將廣邀各界人士分享活出精彩人生的祕訣。

統籌課程的普化中心副都監果毅法師表示，隨著年齡增長，長者在體能上也許逐漸走下坡，但許多生命體驗正慢慢累積整合，如同一顆飽滿的稻穗，有許多值得分享的人生歷練。因此規畫課程之初，便期許長青班除了可以學習新知、活化思維，也能成為銀髮族重新與社會連結、互動關懷的起點，引導長者隨著時代的腳步前進，讓視野更寬闊、生命更豐厚。

長青班學員在「綠手指」課堂上，踴躍分享種植小品盆栽的經驗。

著重生活實踐　安住菩提道上

著重生活實用、自利利人，一直是法鼓山普化教育的特色之一，長青班的推廣也以此為方向；所規畫的課程內容，除了幫助長者建立正信、正知、正見的佛法觀念，更著重在生活實踐的向度。

以「長青劇場」來說，課程藉由戲劇演出，引導長者在歌唱、肢體律動

中舒放身心，課後也邀請學員，到聖嚴書院福田班或法鼓山體系的活動中表演，一方面透過舞臺交流學習成果，一方面也拓展生活圈、人際關係及與社會接觸面，保有積極而有活力的生活態度，圓滿人生。

不僅如此，長青班也接引了許多長者學員從中找到適合自己根機與性向的修行方法，打開心胸，進而積極地參加各種共修法會、演講、活動，或是擔任義工。

老菩薩在長青班課程中，專心學習。

領受生命的黃金年代

聖嚴師父曾說：「老年是人生的黃金時代，是人生的豐收季節。」沒有結業式的法鼓長青班，是「活到老、學到老」的終身學習，豐富而多元的課程，呼應年長者的圓滿人生而辦，期能陪伴長者學員在快樂學習中，輕鬆連結時代脈絡，歡喜領受人生的黃金年代。

2012法鼓長青班課程一覽

次	類別	主題	內容簡介
1	動禪保健	法鼓八式動禪	結合禪法的養生操，柔軟、拉筋，健身又安心。
2	早安佛陀	經典朗讀	透過佛經、佛號，沉澱心靈、安定身心，福佑綿延。
3	外語世界	佛教英語	透過諧音記憶、圖像和趣味遊戲，輕鬆學習簡易外語。
4	新知講座	專題演講	吸收網路、人文、科技等新知，與時並進，永遠不落伍。
5	活力講座	名人分享	與不同人物交流，分享他人如何活出精彩豐富的人生。
6	禪藝課程（每梯次不同）	綠手指、素食烹飪、拼布等	藉由接觸植物和大自然，吸納各種充電能量，在園藝、環保、素食各領域中優游，讓身心保持舒暢。
7	長青劇場	歌曲帶動唱	動動、唱唱、笑笑，身體、心靈都運動。
8	心靈茶會	人生新思維	觀看聖嚴師父開示影片《大法鼓》，分享生命經驗，心靈再提昇。

● 04.26～29

臺南雲集寺首場禪三
常源法師勉以四它來化解人生困境

禪堂首次於雲集寺舉辦禪三，常源法師帶領中南部禪眾精進用功。

4月26至29日，禪堂首次於臺南雲集寺舉辦禪三，由傳燈院監院常源法師擔任總護法師、臺南分院監院果謙法師擔任小參法師，共有六十五位來自臺中、嘉義、臺南、屏東的禪眾參加。

由於雲集寺沒有信眾寮房，26日報到當晚，禪眾們住進安置於一樓法堂和地下室的一頂頂個人帳篷，展現眾人精進用功的決心。

此次禪期，除了禪堂內的打坐，還安排戶外禪，在常源法師的引導下，禪眾們走入寺外的農田練習直觀，一路上田野風光映入眼簾，鳥叫蟲鳴，而眾人練習僅聽聲音，不給名字、不給形容、不給比較；法師也時時提醒眾人不管妄念、活在當下，時時清楚、放鬆、用方法。

經行時，常源法師先帶領自然經行，而後快步經行，待眾人快跑而氣喘不已時，隨即放下腳步，進行慢步經行，很多禪眾初次體驗這樣的經行方式，感受十分深刻。

大堂分享時，常源法師以「接緣、集緣、結緣」，說明人際關係的開展，會產生很多因緣和果報；並勉勵眾人廣結善緣，境界來臨時不要逃避，以「四它」應對，勿造惡業受苦。

禪三圓滿後，禪眾法喜與常源法師（中右）、果謙法師（中左）合影。

● 04.28

人基會開拍「心六倫」系列公益廣告
邀請阿基師、沈芯菱代言推廣

為推動聖嚴師父倡導的「心六倫」運動，人基會邀請知名主廚阿基師（鄭衍基）和公益青年沈芯菱擔任「心六倫」代言人，拍攝系列公益廣告，於4月28日開拍。

系列廣告邀請新銳導演葉天倫執導，廣告內容透過阿基師、沈芯菱一老一少的生活化對白，以自然幽默、深入淺出的方式，演繹家庭、生活、校園、自然、職場、族群等六種範疇的「心六倫」內涵。總計拍攝四支「心六倫」影片，並於5月20日起在各大電視頻道、廣播及網路等播出，另有兩支影片置於網路平臺供民眾瀏覽，籲請民眾善用心六倫的內涵，在為自己創造幸福人生的同時，也幫助臺灣社會與人心都能夠淨化、平安、快樂、健康。

人基會邀請阿基師（右）和沈芯菱（左）擔任「心六倫」代言人，推廣心六倫。

阿基師也呼籲民眾一起加入心六倫的行列，鼓勵大家做任何事情，都能秉持三善「心裡存一顆善心、腦中有一個善念、手上有一個善舉」，那麼人間淨土就能夠實現。沈芯菱則感恩有機會擔任心六倫代言人，藉由一個拋磚引玉的方式，聚集更多社會善的力量。

● 04.28～12.20期間

中山精舍舉辦「銀向菩提」系列活動
以講座、茶禪、祝壽傳達對長者的關懷

為了關懷長者的身、心、靈健康及生活品質，臺北中山精舍於4月28日至12月20日期間，舉辦十場「銀向菩提」長者關懷系列活動，內容包括講座、茶禪、祝壽活動等，共有近一千人次參加。

講座方面，包括4月28日、9月22日的健康講座，分別邀請立春堂中醫診所所長蔡旋立、臺北市立聯合醫院仁愛院區中醫科總醫師郭力豪主講「銀髮族常見疾病的預防方法」、「健康保健DIY預防勝於治療」，兩位醫師以多年的行醫

經驗，與百餘位長者分享常見疾病的預防方法，為自己的健康把關。

另外兩場演講，主題為「轉念之間——大呆的超級阿母」、「生命的包容與陪伴」，則分別邀請政治大學會計學系副教授黃金發、法鼓山法緣會創會會長柯瑤碧分享與長者互動的經驗。黃老師表示，

黃金發老師分享照護失智母親十餘年的心路歷程。

照顧失智母親十餘年間，讓自己學會用報恩的心來看待周遭事物；柯瑤碧則說明以慈悲對待病痛的家人，以智慧處理事，多一點關心與陪伴，就會有面對困境的勇氣與力量。

活動並安排兩場大事關懷課程，分別於12月15、20日進行，由法鼓山助念團團長顏金貞介紹大事關懷教育的內涵，資深繪本老師張淑美、黃蕙珍導讀繪本《一片葉子落下來》、《豬奶奶說再見》，帶領長者探討生命的現象與價值，以及如何面對生死大事。

其他活動，尚有6月9日舉辦的「四感茶禪，以心印心」，由義工們為長者「泡杯好茶，喝出禪味」；10月的「長者祈福祝福」，同時結合佛化聯合祝壽，以莊嚴的法會為長者們祝福祝壽；11月安排的「佛國巡禮」，則邀請長者至法鼓山園區，感受大悲心水陸法會各壇場的殊勝莊嚴。

2012中山精舍「銀向菩提」系列活動一覽

時間	主題	主講人／帶領人
4月28日	銀髮族常見疾病的預防方法	蔡旋立（立春堂中醫診所所長）
5月26日	轉念之間——大呆的超級阿母	黃金發（政治大學會計學系副教授）
6月9日	四感茶禪，以心印心	吳甜（法鼓山教聯會資深悅眾）
9月8日	活出自己的如來	楊美雲（法鼓山教聯會前會長）
9月22日	健康保健DIY預防勝於治療	郭力豪（臺北市立聯合醫院仁愛院區中醫科總醫師）
10月6日	長者祈願與祝福	常嘉法師（法鼓山僧團法師）
10月20日	生命的包容與陪伴	柯瑤碧（法鼓山法緣會創會會長）
11月20日	佛國巡禮	李明珠（法鼓山護法會中山區召委）
12月15日	生命的微笑——大事關懷課程（一）	顏金貞（法鼓山助念團團長）
12月20日	生命的微笑——大事關懷課程（二）	顏金貞（法鼓山助念團團長）

● 05.05

農禪寺舉辦「感恩祈福嘉年華」
與社區共同推動簡單綠生活

　　為了歡慶佛誕及禮讚母恩，北投農禪寺於5月5日在立農國小舉辦「感恩祈福嘉年華——簡單生活創意集」活動，法鼓山方丈和尚果東法師、臺北市政府民政局局長黃呂錦茹、北投區區長李美麗親臨祝福，並偕同北投各里里長上臺宣示「珍惜資源‧愛護地球」，共有一千多人參加。

　　黃呂錦茹局長表示，在母親節前夕，希望民眾能用愛護母親、關懷子女的心來守護大地，並從心靈環保開始，選擇簡樸的生活，不過度消費，讓資源回收再利用；也籲請民眾共同響應法鼓山奉行的主張和生活型態，讓社會能更祥和圓滿。

　　方丈和尚與大眾分享表示，只要保持一個簡單的心態，用感恩心接受順逆緣，用報恩心奉獻、結善緣，就能全面提昇正面的能量；並以「掃地掃心地，浴佛浴心佛」鼓勵民眾用慈悲與智慧展現清淨的佛性，用積極的生命觀還願、發願。

農禪寺「水月揚聲‧比劃幸福」學員在「感恩祈福嘉年華」活動中演出手語歌曲。

　　現場嘉年華活動以「感恩祈福」為主軸，除了浴佛祈福，地區學童也帶來擊鼓、森巴樂團等藝文表演；而農禪寺第一期「水月揚聲‧比劃幸福」帶動唱師資培訓活動學員則演出手語歌曲，另有現場的生活創意、遊戲體驗、健康素食等攤位，提供讓民眾實地體驗簡單生活的環保理念。

● 05.05

中部悅眾禪修一日營三義舉辦
心靈充電之旅為生命注入動能

　　臺中分院於5月5日在三義DIY心靈環保教育中心舉辦「悅眾禪修一日營」，由監院果理法師帶領，共有一百六十三位中部地區的悅眾參加。

　　上午的課程，由果理法師帶領禪坐共修、觀看聖嚴師父的開示影片，引領悅眾調節平日忙碌緊張的身心，也重新溫習身為法鼓山悅眾的意義；下午邀請聖

基會執行長暨實踐大學社會工作學系副教授楊蓓分享當義工的體驗與從中成長的心路歷程。

楊蓓老師分享一路走來親近法鼓山的因緣，從禪七體會到簡單的甘甜，又從參與921地震及桃芝風災的重建中，深刻了解心靈環保的意義。楊蓓老師表示，法鼓山的義工生涯讓自己成長，學習到「承擔」就是將自己看成小螺絲釘，若是能在自己的位

楊蓓老師分享當義工的成長，學習到「承擔」就是將自己看成小螺絲釘，體認「我」的安定就是這個社會的安定。

置上安住，就能影響其他螺絲釘的穩定，並從中體認「我」的安定就是這個社會的安定；也勉勵眾人由「難忍能忍，難行能行」的實踐，一起「承擔」如來家業。

這次禪修一日營，帶給悅眾們深度的關懷與學習，享受一場難得的心靈洗滌，為悅眾注入生命動能。

● 05.05～09.22期間

聖基會「這一團」服務演出
陪觀眾探索生命　推廣真誠關懷

聖基會「這一團──一人一故事劇團」於5月5日至9月22日期間，分別在德貴學苑，以及護法會文山、林口、海山、新莊等地辦事處舉辦服務演出，劇情以「情」為主軸，每場有逾四十人參加。

每場演出中，首先由團員演出自己的親情、愛情、道情、友情等小故事，接著由現場觀眾回應，故事一個又一個從內心深處流露出來，有母親的徬徨、埋藏二十多年的一聲對不起、高材生失去生命目標的焦慮。觀眾彼此間的稱呼，也從生疏的「王小姐」、「柯先生」，轉變為親切熟悉的「小莫」、「Lisa」，觀眾與團員共同創作了屬於彼此

聖基會「這一團──一人一故事劇團」藉由演出，讓演員與觀眾共同思索生命故事。圖為5月5日於德貴學苑進行的場次。

「這一團」。

「這一團」（This Group）緣起三年前南臺灣的八八水災，法鼓山啟動四安重建，除了提供緊急援助、慈善關懷，並思考如何延續人與人之間的真誠互動，於是成立了「這一團」，結合了生命教育與「一人一故事劇場」，觀眾訴說親身的感受或故事，由臺上演員融合流動影像、敘事獨白、音樂創作等形式即興演出，並將表演當作一份禮物送給說故事的人，從互動中共同探索生命故事，達到陪伴與關懷的目的。

● 05.06

農禪寺新建大殿上梁典禮舉行
整體建設工程12月底圓滿

農禪寺舉辦大殿上梁典禮，興建中的大殿與佛堂，主體結構已經成形。

北投農禪寺於5月6日舉辦新建工程水月道場大殿上梁祈福典禮，方丈和尚果東法師率同僧團法師、工程建設人員進行灑淨，並由工程人員將一公尺長、懸掛「佛」字紅布幔的鋼筋，安置於大殿頂樓的主梁上。兩百多位到場觀禮的護法信眾，齊心虔誦〈大悲咒〉，祈願新建工程順利完工。

方丈和尚開示時，說明工程結構的圓滿，以及整體興建過程，在在都呈現了佛菩薩的精神；也提到農禪寺的新建工程，匯聚了十方信眾的支持，以及工作團隊的努力，每個人就像施工過程中的每一根小小螺絲釘，以自身小小的好，成就未來大大的好。

新建工程水月道場在大梁安置後，隨即進行佛堂主結構與最後一期的灌漿施工作業。2012年年底即將完工的農禪寺，將繼續在繁忙的都市中，做為大臺北地區民眾的心靈道場，提供更完善的修行場所。

● 05.13

「以禪浴心，以心浴佛」萬人禪修於臺北街頭展開
傳遞淨化人間的安心力量

法鼓山於5月13日在臺北市政府前廣場及國父紀念館舉辦「以禪浴心，以心浴佛」萬人禪修活動，由禪修中心副都監果元法師擔任總護，包括方丈和尚果

東法師、首座和尚惠敏法師，與國安局局長蔡得勝、臺北市民政局局長黃呂錦茹、前政治大學校長鄭丁旺、表演工作者柯有倫等來賓到場參與，並共同擊響法鼓，為活動開場。

除了萬人街頭禪修，為了慶祝佛陀聖誕與母親節，法鼓山同時在國父紀念館前舉辦浴佛活動，期盼大眾皆能以禪浴心、以心浴佛，用佛的智慧水洗滌自心，並以禪修開啟心中的覺性，體悟生命的意義。

儘管當天臺北高溫三十度，但參加民眾在僧團法師、法青會培訓種子人員、各地區禪修師資的帶領下，一起做法鼓八式動禪、立禪、經行現場，形成一股凝聚的攝受力，讓許多經過的路人停下腳步，加入禪修行列，感受由內散發出來的安定力量。

當天一早，每位參加者從家裡出發開始，即全程靜默，無論是搭捷運、坐公車、步行、在現場靜坐等候，都練習著專注當下、清楚知道「身在哪哩，心在哪裡」，時時提醒自己「清楚放鬆，全身放鬆」，以一顆安定的心，將禪修的精神落實在每一個當下。

最後，在方丈和尚與來賓共同參與下，圓滿了整個活動；而禪修的體驗則延續著，禪眾們靜默專注、井然有序地離場，有的將萬人禪修的法喜帶回家，有的則前往國父紀念館，以清淨心參加浴佛活動。

負責規畫此次活動的傳燈院監院常源法師表示，現代人受限於忙碌的工作與時間壓力，身心長期處於緊繃的狀態，萬人禪修活動營造將禪堂搬至臺北街頭的氛圍，希望大眾都能藉此在安定平和的氣氛中與自己的內心溝通，進而落實於日常生活。

法鼓山「以禪浴心・以心浴佛」萬人禪修活動，有近萬人齊聚臺北街頭共同參與。

萬人禪修
推廣生活禪法新里程

匯聚四眾願心　街頭變禪堂

5月13日，在臺北市政府前廣場及國父紀念館，近萬人整齊劃一、弓步向前，緩緩推出了右手，完成法鼓八式動禪最後一式「左右伸展」；無聲中，演繹了「身在哪裡，心在哪裡；清楚放鬆，全身放鬆」的動禪心法。

法鼓山於母親節舉辦「以禪浴心，以心浴佛」萬人禪修活動，匯聚了四眾願心，將禪堂搬到街頭，讓大眾感受共修的力量，並透過網路電視臺現場轉播，方便無法到現場的人們也可以藉著轉播一起體驗。這項活動不僅是走出禪堂的街頭禪修，更是一場沒有空間限制的共修，使得家家、處處都可以是禪堂，具體實踐了法鼓山禪修推廣的理念。

跟隨臺上法師的引導，禪眾們舒緩地弓步向前推出左手，開始八式動禪最後一式「左右伸展」。

推廣漢傳禪法的新里程碑

推廣生活化的漢傳禪法、舉辦萬人禪修，是聖嚴師父的願心之一，也是法鼓山推動心靈環保的重要方向。2012年是師父提倡心靈環保二十週年，也是推廣法鼓八式動禪十週年，而禪是心靈環保的核心，希望透過萬人禪修，提供社會大眾禪修資源，並推廣禪修在日常生活中的運用方法；如此，不僅實現師父的願心，再一次凝聚法鼓山四眾弟子的共識，也為致力推廣禪修的法鼓山，建立新的里程碑。

活動當天，為了紀念佛陀誕辰及慶祝母親節，並在國父紀念館前舉辦浴佛觀想儀式，引導大眾以禪浴心、以心浴佛，觀想用佛的智慧水洗滌自心，從自身做起以顯現慈悲的願力，並透過簡單的禪修練習開啟心中的覺性，體悟生命意義；這正是心靈環保積極落實的表現，在法鼓山提倡心靈環保二十週年之際，更顯意義非凡。

街頭變禪堂　也是心靈環保 i 接力

這場萬人禪修，將禪堂搬到臺北街頭，一方面破除一般人印象中以為禪修要坐在蒲團上的迷思；另一方面，也展現了禪法實用的一面。近萬位參與的民眾從家裡出發到活動結束，都以一顆安定的心，時時融入當下，從中看見自心內的菩提道場。當活動進入禁語共修，做動禪、立禪、經行、迴向時，現場自然凝聚安定的攝受力，不管外境的變化，唯有當下的動作，也就是這份專注、自在，讓經過的路人停下腳步，加入禪修行列，讓一向喧囂熙攘的臺北街頭，頓時呈現靜謐的氛圍，注入安寧祥和的活水。

街頭禪堂禪修活動雖只是短短兩個小時，但為了讓參與者對動禪心法，以及主題「以禪浴心，以心浴佛」有更深入的認識，活動前，主辦單位禪修中心除了透過舉辦兩場共識營，2月中旬並安排傳燈院的法師及禪坐會資深悅眾，前往法鼓山各地分院、護法會辦事處宣講；另一方面，為了接引更多年輕人認識、深入禪修，青年院在4月開辦八場「千心萬募・心靈公益青年」培訓課程，共有近三百位青年投入，擔任萬人禪修的種子人員，成為推廣禪修的生力軍。

匯聚四眾願心　分享禪修利益

將禪修的好處分享出去，是這次參與「萬人禪修」者的共同願心，萬人禪修從法鼓山出發，串連社區與校園，由一個個點擴大成面，再匯聚成萬人禪修的力量。

活動後，禪眾們將十六字動禪心法，落實在日常生活中，無論身在哪裡、手做何事，隨時提醒自己回到當下，既專心又放鬆，讓外在環境隨著內心清淨而安定下來，繼而與人分享，這正是心靈環保的實踐，也是2012年「心靈環保 i 接力」的具體行動，讓禪修的力量不斷地延續，進而成為淨化人間的安心力量。

禪眾們持誦釋迦牟尼佛聖號，跟隨法師在寧靜安定的氛圍中浴佛發願。

法鼓八式動禪

　　十年前，聖嚴師父鑑於現代人普遍生活緊張，常常忘了放鬆，因此與僧團法師研發出平易實用，不需要蒲團，不拘時間地點，不分男女老幼，隨時隨地都可做的「法鼓八式動禪」。

　　法鼓八式動禪融合了禪修心法與瑜伽動作，透過八個簡單的動作，培養專注、觀照自身的覺察力，清楚全身放鬆的感覺，進而達到身心安定；如此可具有健身、將散亂心轉為專心的效果，更能進一步讓心靈更為清明，做人處事更有智慧。

第八式：
左右伸展

第一式：
扭腰甩手

第七式：
膝部運動

第二式：
頸部運動

第六式：
轉腰畫圈

第三式：
腰部運動

第五式：
甩手屈膝

第四式：
擎天觸地

● 05.31

南通市佛教學習文化交流團參訪法鼓山
狼山廣教寺期盼推廣聖嚴師父理念

中國大陸南通市佛教學習文化交流團一行十七人，在狼山廣教寺監院智祥法師帶領下，於5月31日上午參訪法鼓山園區，由方丈和尚果東法師、僧團副住持果品法師代表接待，進行交流。

茶敘時，方丈和尚說明法鼓山大學院教育是以「實用為先，利他為重」

中國大陸南通市佛教學習文化交流團一行於法鼓山園區合影。（前排右起依序為果品法師、方丈和尚果東法師、智祥法師）

做為推動佛教教育的理念，並透過正規教育的養成，造就研究、教學、弘法及專業服務領域中，引導、啟迪大眾觀念的各種專門人才。

交流團一行先後參觀了大殿、開山觀音公園、法鼓禮讚圖、開山紀念館，從中認識、了解聖嚴師父創建法鼓山的理念；也由僧團常哲法師帶領學習經行、法鼓八式動禪等，並體驗園區充滿寧靜法喜、安定自在的禪悅境教。

智祥法師表示，此行既是參訪，也是一趟尋根之旅，收穫豐富；除了心靈獲得充實而圓滿的喜悅，更希望將法鼓山的理念與宗風帶回，以廣教寺為據點，在狼山發揚光大。

● 06.05～29

僧團結夏安居
僧眾充電精進 增長道情

僧團於6月5至29日在法鼓山園區展開一年一度的結夏安居，內容包括兩個禪七及法門研討，總計有近兩百位僧眾參與。

5至12日的僧眾禪七，是2012年結夏安居第一場精進禪七，由紐約東初禪寺住持果醒法師擔任總護，透過觀看聖嚴師父於1998年為僧眾所主持的禪七開示影片，再一次領受師父弘傳的漢傳禪法，而師父諄諄的勉勵，更讓僧眾發起大悲願心，為弘揚中華禪法鼓宗而努力。果醒法師並安排每天晚上的一炷香時

僧團結夏安居第二場僧眾禪七，由繼程法師主七。

間，以禪修Q&A方式讓僧眾提問。

13至22日則進行課程及法門研討，上午由普化中心副都監果毅法師講授「《法鼓全集》導讀」、三學院監院果慨法師主講「戒律與規約的現代精神」；下午是「中華禪法鼓宗法門研討」課程，分別由僧團副住持果暉法師講禪修法門、中華佛研所所長果鏡法師講淨土法門、馬來西亞道場監院常慧法師講觀音法門。

在23至29日進行的第二場禪七，邀請聖嚴師父法子繼程法師主持，東初禪寺監院常華法師擔任總護，除了執事法師，僧伽大學全體八十多位學僧也共同參與；禪期中，繼程法師完整介紹數息、念佛、默照、話頭禪法，方法細膩且貼近禪眾需要。

法鼓山僧團的結夏安居始於1997年，由創辦人聖嚴師父親自講授課程，藉由結夏安居，各地弘化的僧眾齊聚於一堂，共同精進充實與放鬆身心。結夏安居期間，僧眾的交流與討論，也增長了彼此的道情，以及對僧團與法鼓宗的凝聚力；同時更深一層體會師父的行誼、對佛教與建僧的悲心，以及對僧團的殷重期許。

● 06.12

香港中央政策組考察團至法鼓山參訪
體驗園區境教　禪悅法喜

香港政府中央政策組考察團一行，由首席顧問劉兆佳帶領，於6月12日上午參訪法鼓山園區，並與方丈和尚果東法師、僧團副住持果品法師茶敘，雙方就佛教弘化、教育推廣、慈善關懷等議題，進行交流。

會談中，方丈和尚分享心靈環保的觀念，即是使心不受到外在環境衝擊，隨時以健康心態來面

香港政府中央政策組考察團首席顧問劉兆佳（前排中左）一行，參訪法鼓山園區，與方丈和尚果東法師（前排中右）進行交流。

對與處理各種問題。劉兆佳教授表示，法鼓山不僅著重心靈與修行，並能結合社會需求，提供很好的觀摩與學習。

接著，考察團一行透過《大哉斯鼓》影片的欣賞，初步認識法鼓山的理念與精神；並在果品法師陪同下，參觀園區大殿、開山紀念館、祈願觀音殿，對於園區融合自然景觀與人文建築的景緻，及蘊含法喜禪味的境教，留下深刻印象。

● 06.17　07.21

聖嚴書院佛學班中區、北區聯合結業
課程圓滿　學佛正開始

普化中心引導學員次第修學佛法的「聖嚴書院佛學班」，6月17日、7月21日分別在臺中寶雲別苑、北投雲來寺舉辦中區、北區聯合結業典禮，共計近六百人參加。

6月17日於寶雲別苑舉行的中區聯合結業典禮，臺中分院監院果理法師到場關懷，並以聖嚴師父著作《禪的智慧》，嘉勉中區二十一位三年全勤的同學，現場有近兩百位來自臺中、彰化、員林、南投等地的學員參加。

在北區聯合結業典禮上，圓滿三年學習課程的學員們，分享在菩提道上精進向前的喜悅。

北區聯合結業典禮於7月21日在雲來寺進行，普化中心副都監果毅法師說明結業不是結束，而是另一個階段的開始；並期勉學員，能夠修學佛法、親近善知識，是百千萬劫難遭遇的福報，除了感念聖嚴師父傳遞正法，也鼓勵大眾繼續精進，在服務奉獻中成長。

結業典禮上，來自不同地區、不同班級的學員，共同發揮和樂精勤的精神，各班總動員籌備各項表演節目，透過朗誦、合唱、舞蹈、相聲與擊鼓等，分享三年來的修學經歷，讓人感受聖嚴書院大家庭中相互增上的力量。

● 06.22

法鼓山受邀出席現代國民喪禮研討會
推廣環保植存理念

6月22日，法鼓山受邀出席行政院內政部於臺灣大學國際會議中心舉辦的「《現代國民喪禮》新書發表與研討會」，由關懷院果選法師代表參加，法師

除擔任與談人，並發表「當本土靈魂思想遇到環保自然葬」專題演講。

　　會中，果選法師說明新北市金山環保生命園區的創立精神與時代意義。法師表示，法鼓山創辦人聖嚴師父曾開示「人生的價值，在於奉獻」，如何將奉獻的精神落實在生死的大事上，是值得大家深思的課題；因此，以心靈環保為核心精神的植存觀念，具有教育的意義，目的是希望大眾珍惜資源，不污染環境，並用尊敬的態度來面對人生的終點，以身教行誼樹立後世學習的典範。

　　果選法師表示，聖嚴師父以身作則，植存於金山環保生命園區，即是期勉大眾要以健康光明的心態看待死亡，不執著於外在的物質與空間，唯有身教行誼與心靈相連才是真正的永恆存在。

● 06.30～07.01

「2012僧活營」於禪堂展開
老中青僧眾交流　匯聚奉獻動力

　　僧團於6月30日至7月1日在法鼓山禪堂舉辦「僧活營」，共有兩百二十位果字輩、常字輩、演字輩僧眾，以及僧大學僧參加，年齡層從二十多歲至七十多歲，跨越不同世代。

　　兩天僧活營的內容，包括回心家的路、想當年、心的轉捩點、報恩朝山、一路走來、一起向前走等六個單元。規畫僧活營的三學院監院果慨法師表示，期盼透過僧活營，使海內外各地僧眾再次交流與互動，同時能繼往開來。

　　弘化院監院果悅法師、果昌法師在「回心家的路」單元，以情境演出的輕鬆方式，分享聖嚴師父當年親自提點的珍貴身教；「心的轉捩點」由僧團副住持果品法師引領，聆聽一段段事前錄製的僧眾出家因緣，分享跟隨師父出家後，身心世界的轉變。隨後大眾一起感恩禮拜，再次以發願來供養師父。

　　7月1日，在方丈和尚果東法師帶領下，僧眾進行「報恩朝山」；「一路走來」單元，除了由方丈和尚分享出家以來的修行體驗，也由禪修中心副都監果元法師、美國紐約東初禪寺監院常華法師分享在海外弘化時，遭遇困境的轉化心境；另外，北投農禪寺監院果燦法師、臺中分院果理法師則說明了籌建農禪寺、寶雲寺的心路

方丈和尚帶領僧眾進行報恩朝山，前往開山寮的步道上，僧眾們一佛號一腳印，再次感受聖嚴師父對僧團的殷重期許。

歷程，儘管困難重重，七十多歲的果燦法師抱著報師恩的心，堅定目標去完成，果理法師更分享身為聖嚴師父弟子只有不斷努力，才對得起師父和廣大的護法信眾。

僧活營豐富而富有創意力的課程，讓僧眾們增進了彼此的認同與理解，更凝聚向心力，實踐聖嚴師父建設人間淨土

果燦法師（中）、果理法師（左）分享農禪寺、寶雲寺新建工程的心路歷程，讓新世代僧眾更有奉獻動力。右為主持人果傳法師。

的悲願；僧大學僧們則感恩可以參與僧團活動，透過戒長法師與海外法師的分享，了解「想當年」的出家生活、法師們的出家因緣，以及在海外弘化、建設道場的甘苦，讓自己更有奉獻的動力。

● 07.02

第六屆全球僧團大會法鼓山園區舉行
第四任方丈由果東法師續任

法鼓山第六屆全球僧團大會於7月2日在法鼓山園區舉行，共有來自海內外兩百零七位僧眾出席，此次大會通過由現任方丈和尚果東法師續任法鼓山第四任方丈，並遴選出僧團代表及修訂〈法鼓山僧團共住規約〉，都監果廣法師也在會中提出「法鼓山的永續發展」報告。

法鼓山第六屆全球僧團大會於法鼓山園區舉行，與會僧眾們於祈願觀音殿前合照。

僧團大會一開始，方丈和尚致詞強調，自創辦人聖嚴師父圓寂以來，法鼓山在穩健之中繼續成長，所秉持的就是信賴，也就是願心、恆心、耐心，這是因大眾凝聚共識而有的堅定信願，足以做為教界和社會各界的典範。這充分顯示僧團大眾在師父所建立的體制上順暢運作，相互尊重，表達意見，並提出慈悲和智慧的建言和抉擇

另一方面，對於四眾弟子關切的法鼓山永續發展方向，都監果廣法師在大會中強調，以創辦人聖嚴師父提出的「四大堅持」做為法鼓山的使命，確立方向，建立基礎制度，透過三大教育，發展以心靈環保為核心的四種環保，期使「法鼓永續、法鼓長青」，與時俱進，為當代社會提供最好的安定和淨化力量。

依據〈法鼓山寺組織章程〉規定，法鼓山方丈任期為三年一任，第三任方丈和尚任期於2012年9月1日屆滿，在「第四任方丈敦聘委員會」廣納各方舉薦後，提名現任方丈為第四任方丈人選，於本次大會行使同意權通過，並於9月2日在法鼓山園區宣誓就任。對於僧團委以重任，果東法師感恩三寶、聖嚴師父及僧團的成就，並感恩敦聘委員會用心傾聽全體僧眾的建言，成就他繼續學習奉獻。

● 07.03～08.28　09.07～12.28

中山精舍舉辦佛教藝術課程
賞析佛像造型與藝術

7月3日至8月28日，臺北中山精舍每週二舉辦「法相莊嚴」佛像藝術賞析課程，邀請鹿野苑藝文學會講師鄭念雪主講，有近四十人參加。

課程中，鄭念雪老師為學員說明佛教藝術包含了與佛教相關的建築、雕刻、繪畫、文學及音樂作品，而佛像是表現佛菩薩的莊嚴、慈悲法相，令人望而生起仰慕之心。古佛像的線條律動，超越種族、信仰與年齡界線，只要以沉靜之心觀照，便能從中體會佛法意涵，以及生命深層的感動與法喜。

除了運用照片介紹各類佛像雕塑、壁畫，8月份課程並商請鹿野苑藝文學會講師吳文成，帶領學員前往宜蘭傳統藝術中心，參觀敦煌佛窟與古佛像特展，實際體會千年來佛像藝術的演變。

由於回響熱烈，中山精舍於9月7日至12月28日期間，週五續開佛像藝術課程，邀請鄭念雪老師講授中國、印度佛像造型與藝術，有三十多人參加。

鄭念雪老師於「法相莊嚴」課程中，帶領賞析佛像造型與藝術。

穩健根基　開創新局

7月2日講於法鼓山園區「法鼓山第六屆全球僧團大會」

◎果東法師

今天非常歡喜圓滿了「法鼓山第六屆全球僧團大會」。一天的議程，經過上午討論〈僧團共住規約〉，下午行使第四任方丈同意權，並遴選僧團代表，這充分顯示僧團大眾在創辦人聖嚴師父建立的體制上暢順運作，相互尊重，表達意見，並提出慈悲與智慧的建言和抉擇。

當聖嚴師父卸下方丈和尚的角色，而以創辦人身分勉勵大眾時曾開示：「不要隨俗說：『創業維艱，守成不易。』那是不夠正確的。」師父期許我們突破世俗思惟，只要秉持法鼓山的理念、精神、方針與方法，結合內外資源，掌握社會脈動，順勢而為、應時而生，就能開創新的局面，展現出新的氣象。

然而，當我們努力向前走時，也須觀照我們的態度與作法，是否進退得體、處理圓融？除了避免「橫衝直撞」，有時甚至會發現「退步原來是向前」。今天都監果廣法師分享「法鼓山的永續發展」，提醒我們尚有許多需要關注及有待成長的環節，都必須經由凝聚向心力，才能充分建立共識。繁花盛開僅是一時表象，根基穩健才能久遠。從制度、機制上著手，落實三大教育的教育與關懷，才能與社會呼應，真正淨化人心、淨化社會。

最後，以聖嚴師父《拈花微笑》這本書的一段書序，與大家共勉。師父寫道：「我個人，只因得到一些修持佛法的受用，往往能夠處於身心勞累而不厭煩，事雖多而心自寧，氣雖虛而不浮躁，體雖弱而不苦惱的狀態；常懷淨願而少惹私欲，成事不為己，失敗無所損。偶爾仍有煩惱習性在心中現起，幸而我時以慚愧心自勵，故能瞬息消逝。每以聖賢的心行自期，恆以悠悠的凡夫自居。」感恩師父的話，願法鼓永續，法鼓長青，真大吉祥，「僧」大吉祥。

阿彌陀佛！（摘錄）

● 07.04～06　　07.28～29　　08.04～05　　08.11～12

心劇團舉辦「幸福親子體驗營」
親子共學心六倫

人基會舉辦幸福親子體驗營，鼓勵親子共學心六倫。

　　人基會心劇團在暑假期間，於德貴學苑舉辦「幸福親子體驗營」，分別在7月28至29日、8月4至5日、8月11至12日展開，三梯次共有兩百六十位親子共同參與。

　　「幸福親子體驗營」以五歲以下、未就學的孩童為主要對象，內容設計了表演藝術、遊戲勞作、故事分享等多元活動，讓小朋友親身體驗以倫理學習為主軸的內容，自然學習生活禮節，以及孝順、合群、知足、感恩、共享等好品格，本次營隊同時邀請家長一起參與，從戲劇體驗、討論、分享、交流、觀察與聆聽中，共創親子間的心靈記憶。

　　有別於兒童營，「幸福親子體驗營」特別為家長開辦生命教育講座，讓父母從中學習培養親子關係，以及正確的教養觀念。除了聆聽講座，家長同時扮演陪伴者、觀察者的角色，共同參與戲劇體驗、枕邊故事、石頭禪、走路禪、吃飯禪等活動。藉由心劇團活潑的帶動，家長與孩子們在歡笑聲中，感受到心六倫帶來的幸福力量。

　　方丈和尚果東法師也於活動第一天到場關懷祝福，並與大家分享佛教是生命走向覺醒的教育，而親子共學更有益於導正觀念和言行舉止，幫助小朋友的人格成長。

　　為了順利推動體驗營活動，心劇團並於7月4至6日展開三天的隊輔及義工培訓，課程涵蓋身體、口語、心識三大面向，培養義工們看懂、聽懂孩子的能力，讓活動順利圓滿。

● 07.04～08.14期間

法鼓山兒童心靈環保體驗營全臺展開
培育守護地球的世界公民

　　「2012法鼓山兒童心靈環保體驗營」於7月4日至8月14日暑假期間，在法鼓山北、中、南、東各地分院道場，及護法會多處辦事處、法鼓山社會大學等地展開，全臺總計舉辦二十一梯次，共有兩千多位學童參加。

以生活教育、心靈成長為主軸的法鼓山兒童暑期營隊，2012年的課程涵蓋人文、藝術、禪修、環保等，內容豐富且寓教於樂，讓學童在遊戲、歡樂中，體驗「心靈環保」在現代生活的活潑與實用。

各地區的營隊各具特色，其中於法鼓山園區進行的活動，主題緊扣觀音法門，例如「誰是觀世音菩薩？」、「普門品經變圖」單元，藉由繪畫引導小學員們學習觀世音

在法鼓山園區展開的體驗營，學員藉著團康遊戲「一起站起來」，兩兩牽手互助站起，考驗團體合作的能力。

菩薩，建立奉獻利他的人生觀。另一方面，為了引領即將邁入青春期的五、六年級學童，運用佛法學習安心之道，並建立與家人良好互動的溝通方式，第三梯兒童營並邀請實踐大學社會工作學系副教授楊蓓與女兒陳忻、陳懂以「聽懂妳的心」為題，對談家庭生活故事，示範如何分享心事、傾聽家人心聲，學習將家庭倫理的理念實踐在日常生活中。

臺北安和分院特別為在都市中成長的學童，安排於國父紀念館公園濃密的綠蔭下，體驗法鼓八式動禪、立姿禪、經行、托水缽、闖關遊戲等，鼓勵學童赤足接觸大地，對孕育生命的大地表達尊重與感恩；桃園齋明寺規畫了「水的運動會」、「環保小尖兵」、「彩繪自然──葉拓T-shirt」等課程，帶領小學員認識自然生態的多樣性與趣味性。

臺中分院則於8月8至14日在弘光科技大學舉辦兩梯次的兒童心靈環保體驗營，將佛門中的日課與行儀，融入團體的互動與多元課程；並且讓學童在小隊輔細心地陪伴與引導下，了解自己的優缺點，進而學習他人的長處。

高雄紫雲寺的兒童營，於人行廣場禪公園進行戶外探索，讓小學員們透過托乒乓球、托水缽等遊戲，培養在專注中放鬆以及互助合作的能力；臺東信行寺則藉由活潑多元的課程，接引學童體驗禪法，如以故事問答介紹阿彌陀佛的大願，以「法鼓小禪師」講解七支坐法、放鬆數息的技巧等。

臺中分院舉辦的體驗營中，果理法師引導小學員盤腿端坐，體驗「身在哪裡，心在哪裡」的禪法心要。

2012年的兒童營隊活動，

透過禪修體驗、禮儀學習、團體協作、自然探索等多元化活動，讓環保觀念從小、從心扎根，帶領小朋友學習擔任地球的守護者。

2012法鼓山兒童心靈環保體驗營一覽

區域	舉辦單位／地點	舉辦日期	梯次	主要參加對象
北部	法鼓山園區	7月12至15日	第一梯次	國小三升四年級學童
		7月18至22日	第二梯次	國小四升五年級學童
		7月25至29日	第三梯次	國小五升六年級學童
	金山法鼓山社會大學	8月11至8月12日	共一梯次	國小三至六年級學童
	護法會淡水辦事處	7月15日	共一梯次	國小三至六年級學童
	北投農禪寺	7月9至12日	共一梯次	國小升三至五年級學童
	臺北安和分院	7月7至8日	共一梯次	國小三至五年級學童
	臺北中山精舍	7月30至8月1日	第一梯次	國小升二至四年級學童
		8月2至4日	第二梯次	國小升五至六年級學童
	護法會新莊辦事處	7月14至15日	共一梯次	國小二至五年級學童
	護法會海山辦事處／三峽天南寺	7月28至29日	共一梯次	國小三至六年級學童
	桃園齋明寺	7月13至15日	第一梯次	國小一至三年級學童
		7月20至22日	第二梯次	國小四至六年級學童
中部	臺中分院／弘光科技大學	8月8至9日	第一梯次	國小升三至四年級學童
		8月10至14日	第二梯次	國小升四至五年級學童
	護法會員林辦事處	7月21至22日	共一梯次	國小三至六年級學童
南部	臺南分院／安平精舍	7月21至22日	共一梯次	國小二升三年級學童 國小五升六年級學童
	高雄紫雲寺	7月30至8月1日	第一梯次	國小一至三年級學童
		8月3至5日	第二梯次	國小四至六年級學童
	臺南雲集寺	7月14至15日	共一梯次	國小二升三年級學童 國小五升六年級學童
東部	臺東信行寺	7月4至8日	共一梯次	國小三至六年級學童

● 07.05～12

教師心靈環保進階研習營舉辦
勉勵學員覺察妄念、調伏瞋心、回到方法

　　教聯會於7月5至12日在法鼓山園區禪堂舉辦「教師心靈環保進階研習營」暑期禪七，由中華佛研所所長果鏡法師帶領，共有一百零七位教師參加。

　　研習營每天安排觀看三次聖嚴師父開示影片，協助教師禪眾解決禪修的疑惑。果鏡法師並延續師父的教法，帶領禪眾們將「直觀」運用在「不對學生貼標籤」；於禪堂公園經行時，則帶領大家體驗草木的「無情說法」，要老師們好好聆聽學生「傾訴」；回到教學工作後，更要能時時安心、回到當下。

　　深具教學經驗的果鏡法師，十分同理老師們面對教學環境變化的辛苦；小參

時，特別為學員解答禪修方面的問題與生活上的執著煩惱，再次提醒禪眾運用聖嚴師父的「四它」，綿密地回到方法、用方法。

禪期圓滿，果鏡法師更期勉眾人，走出禪堂才是修行的開始，只要覺察妄念、調伏瞋心、回到方法，無時無刻都是在修行。

● 07.08～12.08期間

傳燈院「中級1禪訓班輔導學長培育」系列課程
引領禪修義工服務與成長並進

為了協助禪修義工在服務奉獻中也能同步成長，傳燈院於7月8日至12月8日，在三峽天南寺、德貴學苑舉辦「中級1禪訓班輔導學長培育」系列課程，共六堂，由監院常源法師帶領，有四十多人參加。

此系列課程，是藉由遊戲禪的方式，幫助學員在遊戲中，覺察內心對勝負得失的覺受，體驗用方法、不用方法之間的差別。例如，安排學員分成三人小組，練習坐姿八式

藉由「體驗身體的感覺」，參加培訓的學員從中體驗用方法、不用方法之間的差別。

動禪，體驗心法的內涵，以及身體或鬆或緊、心情自在或窘迫的感覺，並運用「體驗身體的感覺」的方法，接受身心所有的感覺與反應。

課程也安排學員兩人一組，共同演練坐姿動禪的「觀身受法」，感受心的起伏變化，包括擔心、觀心、放心，在每個歷程中，細微地體驗身體每個部位的種種感受。

以往為了推廣禪修，傳燈院為禪修義工舉辦的培訓課程，通常以一次為主，但隨著禪修義工的人數逐漸增加，如何讓義工在服務過程中也能不斷成長，因此特別規畫此系列課程，結合「培訓、發心服務、成長、共修」等內容，不僅凝聚義工們的向心力，也讓大家的解行持續成長，長養樂於服務的菩薩道精神。

● 07.08　07.22　07.29　08.04　08.11

雲集寺舉辦「完全幸福修煉五講」系列課程
探索人間佛教的幸福之道

7月8日至8月11日期間，臺南雲集寺於週六或日舉辦「完全幸福修煉五講」系列課程，共五堂，由聖嚴書院講師郭惠芯主講，有一百多人參加。

完全幸福修煉系列課程的主講人郭惠芯，亦是屏東縣屏北區社區大學生死學講師，授課內容以聖嚴師父的著作《正信的佛教》、《學佛群疑》為基礎，帶領初學佛者與一般社會大眾，一起探索人間佛教的幸福之道。

五堂課的主題分別是「遠行之船的定向儀──智者的生命觀」、「我，最珍貴──現在正好，以後更好」、「轉角遇見貴人──分享的福澤」、「如何生病？──學習慢慢變老」、「美好光明的告別」。郭惠芯老師以涵融心靈環保的生活觀，分享智者的生命智慧，引導學員面對生活各種處境時，都能抱持著「現在正好，以後更好」的態度，學習正向思考，珍惜當下。

課堂中，郭老師也鼓勵學員積極參與提問討論，透過分享交流，共同探討創造幸福人生之道。

● 07.12～09.20期間

紫雲寺舉辦「樂齡Fun輕鬆」課程
陪伴年逾半百長者快樂學習

7月12日至9月20日，高雄紫雲寺於週四為五十歲以上的長者開辦「樂齡Fun輕鬆」課程，邀請各領域的專家學者主講，陪伴長者輕鬆學習、樂活生命，系列課程共九場，每場有六十多位學員參加。

首場課程，邀請屏東教育大學文化創意產業學系教授周德禎帶領大家欣賞由古至今、盛極而衰的馬雅文化、吳哥窟王朝等歷史遺跡影片，說明若能做好心靈環保，少欲知足、珍惜資源、族群融洽相處，文化就不至於滅絕。

九場系列課程中，並有三場以綠化生活為主題，包括7月26日「種下希望種下愛」課程，邀請種子栽培老師陳文章帶領欣賞種子的生命之美，並分享植栽過程的失敗經驗與心得，同時鼓勵長者親自嘗試，讓生活增添綠意；8月9、16日舉辦「禪意花道」，由花藝老師曾拱蓁帶領深入體會花藝的禪意精神。

另一方面，課程也介紹親子關係的經營、鄉土環境、醫學常識等，包括失智症的發現與治療、親子關係成長學習、打狗鐵道故事等，讓長者在終身學習中開拓視野，也提昇對環境的愛護之心、對自然資源的珍惜和感恩心，重新體驗學習的幸福感受，進而活出喜樂而忘齡的人生。

「樂齡Fun輕鬆」課程，7月19日安排學員製作葫蘆。

紫雲寺「樂齡Fun輕鬆」課程內容一覽

日期	課程名稱	授課教師
7月12日	多元文化社會的心靈環保	周德禎（屏東教育大學文化創意產業學系教授）
7月19日	話葫畫葫	龔一舫（葫蘆雕刻工藝師）
7月26日	種下希望種下愛	陳文章（種子栽培老師）
8月9日	禪意花道（一）	曾拱蓁（花藝老師）
8月16日	禪意花道（二）	曾拱蓁（花藝老師）
8月23日	我會永遠記得你	周德禎（屏東教育大學文化創意產業學系教授）
9月6日	親子關係成長學習	卓紋君（高雄師範大學輔導與諮商研究所教授）
9月13日	失智症的發現與治療	陳俊鴻（高雄醫學大學附設中和紀念醫院神經內科主治醫師）
9月20日	打狗鐵道故事	蔡坤守（鐵道文化工作者）

● 07.13起　10.01起

全球資訊網規畫「心靈環保」、「年度主題」專區
重現法鼓山發展脈絡　看見行動願景

　　為了重現法鼓山的發展脈絡，讓大眾深入認識法鼓山心靈環保理念及各項年度關懷活動，本年度，全球資訊網規畫「心靈環保」、「年度主題」專區，分別於7月13日、10月1日正式上線，提供網友於專區網頁，搜尋、查詢相關的資訊。

　　新上線的「心靈環保」專區，包含認識心靈環保、實踐心靈環保、看見心靈環保、心靈環保小祕方、分享心靈環保等五大單元；透過專區提供的資訊，可以重溫聖嚴師父的心靈法語、法鼓山推動四種環保等相關社會運動的影音紀錄和新聞報導。

　　「年度主題」專區，則收錄法鼓山於1989年至今的各項年度主題內容，重現法鼓山的

全球資訊網規畫「年度主題」專區網頁，收錄各年度主題內容，重現法鼓山發展脈絡。

發展脈絡，讓網友從推動心靈環保的足跡中，看見法鼓山對於提昇人品、淨化社會的教育關懷與行動願景。

　　有信眾表示，瀏覽「心靈環保」、「年度主題」專區網站，讓自己回顧起曾經參與的法鼓山各項活動，同時也更加認識心靈環保及主題年活動的精神意涵，希望每年都能跟著法鼓山許下一個好願，並將這份自利利人的祝福與人分享。

　　「心靈環保」專區網址：http://www.ddm.org.tw/event/spirit

　　「年度主題」專區網址：http://www.ddm.org.tw/event/motif/index.htm

● 07.14～09.18

法鼓山社大歡慶創校十週年
展開「發現心靈真善美」系列活動

法鼓山社大十週年活動「閱讀名人講座」，由曾濟群校長（中）與金山地區師生進行書香對談。

法鼓山社會大學慶祝創校十週年，7月14日至9月18日期間，展開一系列「發現心靈真善美」活動，由金山、萬里、石門、三芝的社大學員與北海岸鄉親一同分享十年來法鼓山以「心靈環保」為核心，推廣終身學習課程、參與地方活動、關懷服務的成果。

十週年系列活動包括三場名人講座，以及環保園遊會、音樂會、攝影展等。7月14日首場「藝術名人講座」在萬里舉辦，由當地藝術家林銓居以「滋養心地‧耕耘大地」為主題，分享用稻穀、稻草完成的作品，展現對土地、家鄉及父母的深厚情感，深獲鄉親共鳴；第二場「閱讀名人講座」於8月4日在金山展開，由法鼓山社大校長曾濟群與金山地區學校師生，就閱讀的樂趣、如何培養閱讀習慣、親子共讀等話題，進行書香對談；第三場「音樂名人講座」則於9月1日在三芝埔坪里社區活動中心舉行，由出身三芝、現任國家交響樂團豎琴首席的音樂家解瑄，分享「以音樂滋養一方心天地」。

除了講座，7月28日並於石門尖鹿里活動中心舉辦「來挖寶環保園遊會」，現場的二手書、衣物布料、盆栽、生活用品等，都由社大師生捐出，超過五百人次到場尋寶並參與有獎徵答，一同響應資源再生共享的生活環保；社大二胡班當天也以青山為背景、梯田為舞臺，在「土地進行曲」音樂會上演出，同時祝賀石門嵩山社區百年梯田復耕。

另外，8月18日晚上則在萬里國小舉辦「發現心靈真善美音樂會」，由社大音樂班和當地表演團體共同演出。方丈和尚果東法師到場關懷時，並與民眾分享發現心靈真善美的方法，就是學習放下利害得失心，正面解讀聽到的每句話，用善念關懷他人，便能成就美好的人間淨土。「迎向萬里風情攝影展」也在當天揭幕，展至9月18日，邀請民眾一同欣賞北海地區的自然與人文之美。

法鼓山社會大學十年有成

落實在地關懷　提昇民眾精神品質

法鼓山社會大學創辦十週年了！7至9月間，社大在北海岸地區舉辦一系列「發現心靈真善美」活動，在豐富多元的心靈、藝術與人文饗宴中，與居民共享深耕十年的成果。8月18日，方丈和尚果東法師在「發現心靈真善美音樂會」上表示：「社大十週年慶，是北海岸鄉親凝聚向心力、展現生命力的一刻。」為社大十年有成，做了美好的註解。

陪伴社大創校至今的社大校長曾濟群表示，法鼓山是教育的團體，因此聖嚴師父曾指示，在法鼓大學正式設立之前，應先從社區教育著手，以社會教育來回饋鄰里，同時期許佛法能在總本山所在的金山開花結果。因此，2003年3月金山社大成立之前，還透過問卷調查，廣徵鄉民的意見，開辦契合地方需要的技藝教育、人文關懷、休閒生活、地方特色等四大類課程。

由於課程廣受好評，2005年起，法鼓山社大更擴大辦理，依序在桃園大溪、臺中、臺北市北投區、新北市新莊區設立新校區。多年來，充分發揮了法鼓山與社區民眾交流互動的居間橋梁角色。

在聖嚴師父的規畫下，社大招生對象以非信眾為主，校區設在法鼓山寺院所在地區，學員到社大上課，既能學習謀生技能，提昇心靈品質，也開始「了解」法鼓山，之後在法師與義工的關懷下「親近」法鼓山，得到佛法的利益，進而願意「護持」法鼓山。

每個校區設立之前，社大一定先和當地的居民、店家訪談，了解需求後，開設民眾需要的課程，多以生活實用、自我成長課程為主。社大副主任廖素月說明，只要有需求，儘管在偏鄉，也會開設烏克麗麗、二胡、韓語課、兒童班等，甚至為外籍配偶開設電腦課。

不僅如此，法鼓山社大也已成為地方培育人才的學習機構。以北海岸為例，金山社大的開辦和《金山有情》季刊的發行，為偏遠地區居民培養文化風氣，在課程中學習到奉獻精神，許多學員主動加入法鼓山擔任義工，地方機關也增加了許多志工，例如金山觀光導覽組成員，就是來自社大的學員。

展望未來，社大除了持續與各分院緊密結合，也將與護法體系共同就「人才培育」與「擴展信眾」兩方面加強合作，讓更多社會大眾透過社大接觸法鼓山，得到佛法的受用。

●07.15～21　08.06～12

夏季青年卓越禪修營於法鼓山園區、天南寺展開
啟發青年以禪修超越自我視界

　　由青年院主辦的「2012夏季青年卓越禪修營」，於7月15至21日、8月6至12日，分別在法鼓山園區、三峽天南寺展開，共有兩百四十五位來自臺灣、中國大陸、香港、馬來西亞、美國等地青年參加。

　　有別以往卓越營的課程設計，2012年營隊回歸「禪修」主軸，七天六夜的禪修營活動，希望透過禪修引導生活化的禪法，帶領青年學員超越自我的視界，開拓更寬廣的人生視野。

　　營隊活動內容，包括初級禪訓班課程、學佛行儀、禪坐、經行、禮拜、早晚課誦等學習，並播放2001年聖嚴師父主持大專禪七的開示影片，讓學員聆聽師父的講解開示，再透過禪修練習，開發本具的心靈力量，也進一步認識、體驗法鼓山的心靈環保。

　　另一方面，藉由身心的鬆與緊的體驗、觀察人我覺受的語言傳達遊戲等單元，學員漸次學習如何觀照內心、認識自己，身心也由浮躁、緊繃，漸漸放鬆、自在；營隊也安排出坡清潔工作，引導學員學習感恩生活裡擁有的一切。

　　擔任總護的常元法師表示，身處資訊發達的年代，青年不容易從中找到生命的著力點，身心猶如已達滿載的電腦作業系統，禪修正契合年輕人的需求。法師期許學員學習關注自己的身心覺受，回到當下，並將禪法與人生價值結合，進而認識生命本質，活出卓越人生。

回歸禪修主軸的青年卓越營，帶領學員將禪法與人生價值結合。圖為在園區進行的第一梯次夏季青年卓越禪修營。

● 07.17～08.15

全球資訊網舉辦「尋找101個微笑」活動
用微笑做好「心靈環保」

　　為持續對青少年的關懷，法鼓山於7月17日至8月15日，於全球資訊網上舉辦「尋找101個微笑」公益活動，徵求青少年上傳自己所拍攝之具有「微笑」表情的照片，獲得最多人按讚的前二十名，依活動辦法可獲贈結緣贈品。

全球資訊網上規畫微笑活動專區網頁，提供大眾體驗「微笑禪」的修行方式。

　　活動期間共有近四百多人傳遞出微笑的照片，而在「尋找101個微笑」活動網頁上，有許多青少年經常瀏覽，接受鼓勵、相互讚美的留言，包括「微笑，讓彼此沒有距離。」、「微笑是最好的語言。」、「微笑，讓自己放鬆，也給他人輕鬆！」等。

　　在「尋找101個微笑」活動圓滿後，全球資訊網規畫微笑活動專區，並設計一套微笑螢幕保護程式，以及微笑祝福電子卡片，並且提供體驗「微笑禪」的修行方式，希望大眾逢人面帶微笑、身心常保放鬆，為心靈做好環保。

　　法鼓山全球資訊網微笑活動專區網頁：http://www.ddm.org.tw/event/smile/index.htm

● 07.19

方丈和尚受邀至新北市衛生局談轉念
分享如何保持正念

　　方丈和尚果東法師於7月19日受邀至新北市衛生局演講，以「一轉念，就有生命的能量」為題，分享如何保持正念、面對人生困境，有近兩百位市府員工和民眾參與聆聽。

　　演講開始前，傳燈院常願法師引導聽眾體驗全身放鬆的感覺，在專注安定的氛圍中，展開了當天的演講。方丈和尚首先指出，一般人煩惱的來源，往往是因為習慣用「放大鏡」看別人，卻不能用「透視鏡」看待自己；總以為病、痛、窮很苦，其實心理不平衡，才是真正的苦。方丈和尚表示，其實人生的旅程如同品嘗各種滋味，我們應把在境遇中的各種酸甜苦辣，當成是自我體驗、自我成長的契機。如果能認知人生中的順境、逆境都是「無常」，才能進一步

方丈和尚以苦、空、無我、無常、因緣等佛法觀念，引導大眾學習以正面角度來解讀挫折，運用逆向思考來接受困境。

跨越。

除了不要受外在環境的影響，產生憂悲苦惱的情緒，方丈和尚強調，還要能進一步用感恩的心接受順逆因緣，用報恩的心廣結善緣；也鼓勵現場聽眾學習用禪修的方法，練習心理平衡、培養人格穩定，逐漸讓心從妄念、雜念，轉換成為正念、清淨念的正面能量。

講座中，方丈和尚以苦、空、無我、無常、因緣等佛法觀念，引導眾人透過觀念的轉換，學習以正面角度解讀挫折，運用逆向思考坦然接受困境；勉勵眾人建立因果、因緣觀，盡心盡力，隨緣努力，因緣具足時，自然水到渠成。

● 07.21～24

「教師心靈環保自我成長營」於天南寺舉行
在校園播下希望種子

暑假期間，教聯會於7月21至24日在三峽天南寺舉辦「教師心靈環保自我成長營」，由關懷中心副都監果器法師帶領，共有一百零九人參加。

成長營第一天，果器法師分享清華大學榮譽講座教授李家同撰寫的〈放牛班的考卷〉一文，文中提到一位王老師搶著教別人不肯教的放牛班，而且教得很好，樂在其中，法師以此勉勵大家學習王老師「有教無類、因材施教」的精神，讓每位學生都能有所成長。

第二天晨起，練習法鼓八式動禪「身在哪裡、心在哪裡、清楚放鬆、全身放鬆」，每個動作清清楚楚，心專注在動作上，體驗禪悅樂趣。戶外打坐後，總護常續法師以「人的一生」、「人生如棋」、「轉捩點」三段影片，引領學員省思自覺：除了把握當下、步步為營，更要珍惜生命中的貴人。法鼓大學籌備處助理教授辜琮瑜則運用傾聽、溝通與對話的方式，協助大家打開多元視野，思索「老師為何存在？」的課題，找回初發心。

第三天進行戶外禪，學員們練習把每一步當第一步，並且走好每一步，清楚感受腳掌和地面接觸的感覺。常續法師分享生命自覺之路，便是從認識自我、肯定自我、成長自我到消融自我，一步步走上修行之路；實踐大學社會工作學系副教授楊蓓解析以四種環保、心五四、心六倫等方法，做為心靈環保的具體

落實。

　最後一天安排小組工作坊，學員們分組集思廣益，進行創意教案設計，將心靈環保內涵、法鼓八式動禪融入其中，寓教於樂，陶冶學生性情。

　2012年適逢法鼓山推動心靈環保二十週年，教聯會為了讓心靈環保運動能更深入校園，首次舉辦以心靈環保為主題的營隊，希望引領教師們認識生命價值與教職生涯的使命，在校園播下希望的種子。

● 07.21　07.28　08.05　08.11

弘化院舉辦四場「共修帶領人」培訓
帶領大眾體驗水陸法會的清淨、安定

　弘化院於7月21、28日，8月5、11日，分別在全臺北、中、南、東四地舉辦2012年大悲心水陸法會「共修帶領人」培訓課程，共四場，由僧團法師帶領，計有兩百多人參加。

　課程首先由弘化院監院果悅法師說明，本年邁入第六年的大悲心水陸法會，已進入穩定發展期，在地區的推廣也由「宣講」邁入「共修」，法師鼓勵眾人從「修行自知錄」入手，記錄日常生活的定課與持戒來實踐佛法。

第一場水陸法會共修帶領培訓在寶雲別苑舉行，學員們跟隨法師帶領，體驗水陸共修的力量。

　水陸小組召集人果慨法師在「水陸法會與心靈環保」課程中分享，聖嚴師父一生堅持「提昇人的品質，建設人間淨土」，提昇人品正是「開啟自性大悲」；建設淨土就是「祈願眾生離苦」，與水陸法會的精神相呼應。法師表示，修行的真正下手處，是從自己的「心」開始，再走入家庭、職場中，一棒一棒延續下去，並勉勵水陸共修帶領人以眾生的「心靈領航員」來自我期許。

　水陸參學小組則說明本年水陸法會共修的運作模式，鼓勵地區在念佛或禪坐共修時段加入水陸共修體驗，透過觀看心靈環保數位學習網的水陸法會十壇講座、梁皇寶懺講要等線上課程，進行討論分享，再結合誦經、持咒、念佛等前行功課，大家一起「聞、思、修」做功課，如此更能感受共修的力量。

　課程結束前，共修帶領人一起持誦聖號、繞佛，進行水陸共修體驗，並展開小組討論。圓滿培訓課程的學員，並於9月起在各地分院、護法會辦事處帶領水陸共修體驗，接引大眾感受法會的精進安定力量。

2012水陸法會「共修帶領人培訓」一覽

時間	地點	帶領人
7月21日	臺中寶雲別苑	果慨法師（水陸小組召集人） 果悅法師（弘化院監院）
7月28日	高雄紫雲寺	果慨法師（水陸小組召集人） 果賢法師（文化中心副都監）
8月5日	北投雲來寺	果慨法師（水陸小組召集人） 果悅法師（弘化院監院）
8月11日	臺東信行寺	果慨法師（水陸小組召集人）

● 07.24～25

新浪網「心靈講堂」專題訪法鼓山
為華人地區民眾開展心靈關懷的面向

新浪網「心靈講堂」節目團隊於生命園區進行攝製，果選法師介紹法鼓山的植存理念。

新浪網「心靈講堂」節目團隊於7月24至25日，前往法鼓山園區拜會方丈和尚果東法師，並採訪多位僧團法師與學僧代表，介紹法鼓山的宗教精神及理念，為社會大眾開展心靈關懷的層面。

方丈和尚於受訪時，說明聖嚴師父提倡的心靈環保理念，是協助社會大眾導正觀念、認知自我、化解情緒，學習以健康的心態面對現實，讓人人都能夠盡責盡分，在奉獻中成長，並從消融自我中得到喜悅自在。方丈和尚並提出三項落實心靈環保的具體方法，一是藉由禪修、念佛、持咒等方式，獲得內心的安定；再者要以謙卑的態度反省檢討，時常發起慚愧、懺悔的心；最後，學習以感恩、報恩的心態，面對一切的人、事、物。

受訪的關懷院果選法師，並向節目團隊介紹金山環保生命園區的設立，是結合法鼓山「四環」理念，以落實「節葬、簡葬、潔葬」為目標；園區不立碑、不記名，將骨灰分散植存，打破傳統「據洞為親」的觀念，讓生命回歸自然。

「新浪網」是以服務全球華人社群為主的入口網站，「心靈講堂」節目製作人吳淑慧表示，法鼓山推廣生活化的佛法與禪法，可以引導華人地區民眾進一步開展、重視心靈關懷的層面，也為世界增添和諧安定的力量。

● 07.25

海峽兩岸青年禪文化體驗營學員參訪園區
感受境教的禪悅與法喜

臺北市佛教會理事長明光法師、中國大陸廈門佛教協會副會長淨心法師，於7月25日帶領一百七十多位參加「第二屆海峽兩岸青年禪文化體驗營」的學員與法師，參訪法鼓山園區，方丈和尚果東法師出席關懷。

方丈和尚為學員們介紹法鼓山大學院教育的精神、理念與完備的師資、設施，並歡迎有意進修的僧伽與青年們，到法鼓佛教學院、僧大進行參訪交流，共同為佛法的弘傳而努力。

隨後，一行人在參學室導覽人員的引領下，分組前往大殿、祈願觀音殿禮佛發願，並進行行禪、靜心托缽等禪修體驗。

此行的學員中，多數為首次到臺灣參與夏令營活動，對於園區的現代化設施及與大自然相契合的環境氛圍，留下深刻印象；並且對於在禪修體驗中所學習到的「身在哪裡、心在哪裡」行禪心法，表示獲益匪淺。

● 08.03～09.14期間

全球分支單位舉辦中元法會
以精進共修表達報恩

農曆7月是佛教的教孝月，法鼓山全球十六處分支單位於8月3日至9月14日期間，分別舉辦中元普度報恩相關法會，共有四萬多人次參加。

各地舉辦的活動以地藏法會為主，包括臺灣北部的北投文化館、臺北安和分院與中山精舍、基隆精舍、桃園齋明寺，中部的臺中分院、南投德華寺，南部的臺南分院與雲集寺，以及海外的美國紐約東初禪寺、加州洛杉磯道場、北美護法會新澤西州分會、香港護法會等。

其中，桃園齋明寺於8月20至26日一連七天舉辦地藏法會，圓滿日當天，監院果耀法師為大眾開示《地藏經‧忉利天宮神通

果醒法師主持新州分會舉辦的地藏法會，鼓勵眾人效法地藏菩薩的無我精神。

品》中種種微妙之音——檀波羅蜜音、尸波羅蜜音、羼提波羅蜜音、毘離耶波羅蜜音、禪波羅蜜音、般若波羅蜜音，即是菩薩實踐了布施、持戒、忍辱、精進、禪定、智慧六種德行；藉由解說六度萬行的意義，勉勵大眾精進修行，離開煩惱的此岸，到達智慧解脫的彼岸。

除了地藏法會，農禪寺啟建梁皇寶懺法會，七天共有逾三萬人次參加；而臺南分院、臺南雲集寺、臺東信行寺則另舉辦慈悲三昧水懺法會，其中方丈和尚果東法師出席9月2日臺南分院的法會，勉勵大眾透過慚愧、懺悔，消除自我中心，發菩提心利益眾生，便能與佛法的慈悲和智慧相應。

海外方面，新澤西州分會於8月18日在當地皇冠假日酒店（Crown Plaza Hotel）舉辦地藏法會，由紐約東初禪寺住持果醒法師主法，法師開示時，鼓勵眾人效法地藏菩薩的無我精神，來對待自己的家人，面對一切事情，進而幫助所有眾生。

中元系列法會，引領大眾廣修供養、廣結善緣，並淨化心靈、安定身心，進而達到冥陽兩利。

2012海內外中元系列法會一覽

區域		地點	時間	內容
臺灣	北部	北投中華文化館	8月3～5日	地藏法會
			8月11日～9月15日	《地藏經》共修
		北投農禪寺	8月18～24日	梁皇寶懺法會
		臺北安和分院	8月31～9月14日	地藏法會、《地藏經》共修
		臺北中山精舍	8月26日～9月2日	《地藏經》共修
		桃園齋明寺	8月19～26日	地藏懺法會、地藏法會
		基隆精舍	8月11日～9月16日（8月18～24日暫停）	地藏法會、《地藏經》共修
	中部	臺中分院	8月17～19日	地藏懺法會、地藏法會
		南投德華寺	8月26日	地藏法會
	南部	臺南分院	8月26日～9月1日	地藏法會
			9月2日	慈悲三昧水懺法會
		臺南雲集寺	8月18～20日	地藏法會
			8月25日	慈悲三昧水懺法會
		高雄紫雲寺	8月26日～9月2日	《地藏經》共修、三時繫念法會
	東部	臺東信行寺	8月23～26日	慈悲三昧水懺法會、三時繫念法會
海外	美國	美國紐約東初禪寺	9月8日	三時繫念暨地藏法會
		美國洛杉磯道場	8月19日	地藏法會
		北美護法會新澤西州分會	8月18日	地藏法會
	亞洲	香港護法會	8月12日	地藏法會

● 08.05

臺南分院舉辦悅眾成長營
學習實踐普賢菩薩十大願

臺南悅眾成長營中，林其賢老師期勉學員成為有承擔能力的悅眾，自利利人。

臺南分院於8月5日在臺南雲集寺舉辦悅眾成長營，邀請屏東商業技術學院副教授林其賢帶領，分享承擔各項活動工作的心法，有近一百八十人參加。

林其賢老師從理念思維出發，提醒悅眾辦理任何活動，都須回歸根本理念，而悅眾所扮演的角色就是把工作分配好，使活動能有效率、有次序地完成；並且引用馬斯洛人類需求五層次理論（Maslow's Hierarchy of Needs）、彼得・聖吉（Peter M. Senge）的「學習型組織」（Learning Organization）理論，引導悅眾從生命的格局、系統的觀點、大我的角度，來調整承擔工作的心態。

課程的另一個重點，則從「普賢菩薩十大願」所代表的人格品質出發，林其賢老師將經論中的十大願，對比現代生活不同的倫理項目，並安排小組討論，深入思考現實生活中可能遭遇的挑戰與似是而非的行為態度。有學員表示，透過林老師生活化的語彙說明，感受到普賢十大願並不是高不可攀的境界，而是可以在生活中身體力行。

最後總結時，林老師提醒眾人，活動進行時儘管依照作業程序，仍需要反覆討論和橫向聯繫；並期許眾人透過福業、慧業的修學，培養成為具備規畫力、協調力與執行力的悅眾，如此更能夠自利利人。

● 08.12

中部地區教聯組正式成立
分享融合佛法智慧的教學方案

法鼓山中部地區教聯組成立，8月12日於臺中寶雲別苑舉辦第一次聯誼活動，臺中分院監院果理法師出席關懷，共有五十多位教師參加。

活動中安排播放《他的身影》影片中的〈播下心靈環保的種子〉一集，讓

與會教師們了解，聖嚴師父晚年仍奔波於北京大學、清華大學、廣東中山大學等學府，不遺餘力地於校園宣揚心靈環保。

中部地區成立教聯組，臺中分院監院果理法師到場關懷。

針對如何透過課程設計，將佛法的智慧生活化，感動自己、感化學生的課題，活動特別邀請臺中市重慶國小教師王碧貞解說將「聖嚴法師108自在語」設計成教學方案的方法，進而推展班級經營和品德教育；王老師也分享課程實施後，不僅學生更快樂學習，家長也受益，潛移默化中也進行了社會教育。

最後進行大堂分享，眾人分組討論如何擴大教聯組的服務範圍，包含學校、社區；而對象除了是學生，還有家長及銀髮族長者，期許能將「提倡全面教育、落實整體關懷」的理念，更全面完善地落實。

● 08.18～24

農禪寺啟建梁皇寶懺法會
義工、信眾共同成就　學習觀音精神

北投農禪寺於8月18至24日舉辦中元梁皇寶懺法會，方丈和尚果東法師於法會首日下午到場關懷，一連七天的法會，共有逾三萬人次參加。

方丈和尚出席時，與大眾分享農禪寺新建月道場年底即將落成的訊息，並且

在農禪寺梁皇寶懺法會上，大眾跟隨法師專注唱誦，攝心拜懺。

說明聖嚴師父建設水月道場的悲願，期望眾人在念觀音、拜觀音、求觀音的同時，更要學習觀音菩薩「千處祈求千處現，苦海常作度人舟」的精神。

法會期間，不

論是會場內身著海青的信眾，還是場外隨喜的民眾，皆一心跟隨法師專注唱誦，攝心拜懺；每天上午及下午，並由僧大講師果竣法師為眾人講說《梁皇寶懺》要義，法會在24日晚上瑜伽焰口法會後圓滿。

2012年是農禪寺連續第十六年舉辦梁皇寶懺法會，為了服務廣大信眾，法會前特地開辦優質義工培訓課程，共有兩百多位義工參加。由於農禪寺新建工程正在進行，這次在大業路六十五巷口搭起的臨時大型會場，雖然無法完全容納各地前來參與的信眾，但義工們充分運用空間，在場內的走道、室外大樹下，隨時加放椅子，提供民眾加入共修；香積組則在戶外搭蓋的帳篷裡，通力製作便當。

義工們表示，在服務工作中，更能學習落實「千手護持、千眼照見」的觀音精神，很感恩有此因緣，圓滿了大眾的修行願心。

● 08.24

法鼓山僧俗四眾緬懷單國璽樞機主教
方丈和尚果東法師親往追悼致意

聖嚴師父的跨宗教摯友——前天主教樞機主教單國璽8月22日病逝於臺北耕莘醫院，方丈和尚果東法師在第一時間代表法鼓山僧俗四眾，向天主教臺灣主教團表達對單樞機主教的感念與緬懷；24日並前往天主教臺北總教區主教公署，在單樞機主教靈堂前追思致悼。

方丈和尚向天主教臺灣主教團主席總主教洪山川表示，單樞機主教六年來，不受病苦影響，持續不斷地關懷生命、關懷社會，給予世人很大的啟發；樞機主教在治病過程中，示現不尋死、不怕死、不等死的積極生命觀，是盡形壽、獻生命的最佳典範。

單樞機主教與聖嚴師父的深厚情誼，可回溯至2002年8月，當時樞機主教首度來訪法鼓山，與師父對談「尊重生命」議題，同年9月，樞機主教參與法鼓山心靈環保博覽會，簽署「心靈環保全民宣言」；往後十年間，兩位宗教師陸續就信仰、生命價值觀與生死等議題展開對談，並在臺灣社會發生重大事件時共同發表聲明，安定社會人心。

本年7月，法鼓山人基會舉辦「第四屆關懷生命獎」，決審委員會一致通過，於原先的慈悲、智慧等獎項外，增設「特殊貢獻獎」頒發給單樞機主教，樞機主教於8月13日親自致電方丈和尚表達感謝，並表示：「這個特殊貢獻獎應該頒給聖嚴法師，我只是代他領這個獎。」平易近人、謙卑為懷的芳範，讓人敬佩。

通往永恆的生命——
緬懷單國璽樞機主教
刊載於8月23日《聯合報》「民意論壇」

◎果東法師

　　8月22日晚間，獲悉單國璽樞機主教病逝的消息，心中極為不捨，感懷甚深。還記得7月，法鼓山關懷生命獎通過將「特殊貢獻獎」頒予樞機主教，老人家還特地於8月13日打電話給我，說他願意受獎，只為表達兩重敬意：一是代表法鼓山創辦人聖嚴師父受獎，一是感念過去與師父的友誼，使我非常感動。樞機主教為人謙遜，於平實中顯露關懷，乃是大長者、大善知識的示現，留予世人無盡的啟發。

　　樞機主教與法鼓山的互往，緣於2002年8月首訪法鼓山，與恩師對談「尊重生命」。2004年，臺灣社會值總統大選，氛圍並不尋常，兩位宗教家共同發表「撥雲見日，和平共榮」聲明，呼籲選後回歸平實生活。恩師曾說，偉大的宗教家，往往亦是偉大的教育家，這一席話在兩位先行者身上充分體現。

　　然而，兩位大師最深刻的教導，實為生命的實踐。2008年2月，由《聯合報》促成的「相對論」對談，恩師與樞機主教兩人，是宗教家，也是癌症患者，面對「信仰」、「疾病」及「面對死亡」話題，侃侃而談，毫不避諱；而且把疾病視為成就利他的工具，將死亡看待為通往永恆生命的歷程。在最真實的信心之中，沒有恐懼、沒有顛倒。哪裡需要奉獻，便是宗教家的安身立命之處；哪裡需要平安，便是宗教家奉獻最悲切的道場。

　　2009年2月3日，恩師捨報，樞機主教說他的心與聖嚴師父在一起，也曾於心底對師父說：「老朋友，我們很快就會見面了。」如今，兩位老友在永恆的時空裡重聚了，而留予世人的教導，同樣也是永恆的。

　　近幾年來，樞機主教多次出席法鼓山活動，親身力行跨宗教的融合與對話，是我學習的典範。今年（2012年）4月22日，在樞機主教《划到生命深處》新書發表會上，我很榮幸受邀與會，親炙樞機主教生命中的光與熱，那是由信仰、謙遜產生的溫暖能量。對宗教家來講，生命是實踐信仰的歷程，因為信仰、奉獻，所以幸福。現在，樞機主教已在天主的懷抱裡，只要想起他，心中總映現他那謙遜的笑容，恆如既往，未曾改變。

● 08.26　09.13〜14　09.15

法鼓山2012年剃度大典於園區舉辦
十一位學僧剃度　承擔如來家業

　　法鼓山於9月15日地藏菩薩聖誕日，在園區舉辦「2012年剃度大典」，由方丈和尚果東法師擔任得戒和尚、僧團副住持果暉法師擔任教授阿闍梨，與九位執剃阿闍梨，為十一位求度行者披剃，同時有三十七位行者受行同沙彌（尼）戒，有近六百人觀禮祝福。

　　典禮中，方丈和尚開示說明，剃度即是剃除一切煩惱，度到清淨的彼岸，勉勵新戒法師發願「圓滿無礙出家，頂戴無上福田」，期望求度者能了解佛法不離世間，時時以「但願眾生得離苦，不為自己求安樂」為懷，一點一滴剃除所有煩惱罣礙，幫助自己也成就眾生。

　　在剃度大典前，僧大於8月26日為求請剃度的行者及其家眷親友們，安排拜見方丈和尚。在關懷過程中，方丈和尚懇請家眷們安心、放心，因為出家奉獻即是修行，進入僧團後，不但法師們會相互照顧、彼此扶持，還有護法信眾的協助，更懂得以感恩的心珍惜父母賜予的肉身，成就慈悲、智慧的生命。

　　另一方面，在9月13、14日於園區祈願觀音殿舉辦的「剃度大悲懺法會」，則邀請新戒沙彌、沙彌尼的俗家親眷及十方信眾以精進共修，表達對新戒法師的祝福。

新戒法師們發願學習地藏菩薩的精神，承擔弘法利生的如來家業。

● 08.26〜12.16期間

臺中分院舉辦「遇見完全幸福」寶雲講談
法師、專家學者分享心靈富足之道

　　8月26日至12月16日期間，臺中分院於週六舉辦「2012遇見完全幸福」寶雲講談，共五場，由聖嚴書院講師郭惠芯擔任訪談人，邀請僧團法師、專家學者分享如何追求心靈富足的人生，共有一千多人次參加。

　　8月26日進行首場，邀請財團法人保險事業發展中心董事長賴清祺主講「公門好修行──最保險的人生」，分享如何在公門中善盡社會責任，他認為公務人員應勇於追求公眾理想，如此便能廣培福德；也鼓勵有志從事公職的年輕

賴清祺董事長（左）與聽眾分享如何在公門中善盡社會責任，右為訪談人郭惠芯老師。

人，隨時保持冷靜思考，少一點成敗心，多一點進取心，盡己之力奉獻社會。

文化中心副都監果賢法師在9月23日「轉角遇見幸福」演講中，說明生命的真實面貌。雖然我們不斷努力追逐生活中的各項目標，但所擁有的其實只是「層層剝落」，若能活在諸佛菩薩的護佑之下，從貪、瞋、癡煩惱狀態，回到慈悲智慧的內心自性，才是最究竟的幸福。

10月28日邀請中央研究院歐美研究所研究員單德興分享「用108自在語釀人生」，單教授除了介紹「聖嚴法師108自在語」的緣起，並分享自身運用自在語的體會；也鼓勵忙碌的現代人，將聖嚴法師的108自在語，視為日常的功課，透過每天閱讀，與自己對話，來解決生命過程中遇到的問題。

最後一場講座，由僧團都監果廣法師主講「幸福工作禪」，法師藉由個人在生活、工作中體驗到的幸福感，分享開啟幸福之門的法鑰，勉眾處事以「四它」為圭臬，勇敢面對、坦然接受、智慧處理，最後一定要放下，如此才能成就心靈富足的人生。

2012「遇見完全幸福」寶雲講談系列講座一覽

時間	講題	主講人
8月26日	公門好修行——最保險的人生	賴清祺（財團法人保險事業發展中心董事長）
9月23日	轉角遇見幸福	果賢法師（法鼓山文化中心副都監）
10月28日	用108自在語釀人生	單德興（中央研究院歐美研究所研究員）
11月18日	建設人間淨土——企業界的行動菩薩	吳春山（麗明營造董事長）
12月16日	幸福工作禪	果廣法師（法鼓山僧團都監）

● 08.30

方丈和尚受邀公務人力發展中心演講
勉公務員擔起為社會服務奉獻的使命

方丈和尚果東法師於8月30日上午受邀至行政院人事行政總處公務人力發展中心，以「正面解讀，逆向思考」為題進行專題講座，與現場行政院所屬各機關三十位高階公務人員，分享心靈環保的觀念跟方法。方丈和尚在演講中強調，面對工作中的各種困境，要有危機感，但不要有恐慌感，因為危機即是轉機，只要掌握契機就能創造良機；遇到壓力時必須要「正面解讀，逆向思

方丈和尚與高階公務員分享心靈環保的心法。

考」，善用「面對它、接受它、處理它、放下它」的四它方式，反而能夠在危機壓力中，開創出自己的無限潛力。

為了避免因工作過勞，方丈和尚也分享簡單的禪修方法，包括直觀、提昇覺察力、注重呼吸、身體放鬆等，提醒公務人員「休息幾分鐘，路才會走得更遠」，隨時保持身心靈健康平衡，才能讓自己與他人都能平安、健康、快樂、幸福。

方丈和尚以豁達的佛法智慧，分享面對挫折與困境的方法，期盼與會人員以積極熱忱的態度，擔負起為社會服務奉獻的使命，展現生命的價值。

● 09.01

農禪寺舉辦義工通識培訓課程
培育優質義工　利益更多人

因應年底新建工程落成啟用，北投農禪寺於9月1日在大業路巷口帳篷廣場舉辦義工通識培訓課程，授課主題包括聖嚴師父的理念、農禪寺歷史建物和水月道場的建築理念等，分別由普化中心副都監果毅法師、文化中心副都監果賢法師，以及大元建設建築師李國隆主講，有近五百人參加。

在「聖嚴師父的理念」課程中，果毅法師完整介紹聖嚴師父的思想理念，並分析師父於不同時期，在弘化、教學、禪修、念佛、學術研究各方面，都有深入的體悟和修證。果毅法師特別提醒眾人，師父對弟子的叮嚀，就是敞開胸懷奉獻所學，而且要先努力提升自己，才有

果毅法師在農禪寺義工培訓課程中，完整介紹聖嚴師父的理念。

力量幫助他人。

果賢法師授課時，針對農禪寺空間的變化、歷史建物等進行深入地介紹，說明寺院原有的鐵皮屋，雖然冬冷夏熱，卻是孕育僧才的搖籃。隨著接引的信眾愈來愈多，需要的弘化空間——鐵皮屋也隨順因緣，不斷擴建。寺院的一切改變，皆以眾人的「需要」為前提，如此正是聖嚴師父推動心靈環保落實的最佳寫照。

協助道場建築設計的李國隆建築師，則說明姚仁喜建築師的設計理念，並運用3D動畫模擬實景，翔實介紹道場的環境、屋宇和氛圍；也期盼未來來訪的民眾從進入三門開始，便能藉由四周景物「即景觀心」，沉澱心靈。

課程最後，監院果燦法師期勉學員繼續努力，走入「慈悲門」，在各項義工任務中，發起慈悲心，讓法船向前航駛，利益更多人。

● 09.01～30

法鼓山園區展開「禪修月」活動
逾一萬五千人次體驗禪悅境教

9月禪修月，大眾在法鼓山園區體驗從頭到腳逐一釋放身心的緊繃與壓力，感受禪修的安定覺受。

9月1至30日，弘化院於法鼓山園區展開「禪修月」活動，藉由系列行禪活動，引領民眾放鬆身心，期間共有逾一萬五千人次在心靈導覽員的引導下，參加各項禪修體驗。

「禪修月」活動，規畫認識法鼓山、放鬆引導、走路禪、觀水禪、聽溪禪、托水缽、法鼓八式動禪等多項課程，帶領大眾從走路、吃飯、觀水、聽溪、法鼓八式動禪及托水缽等禪修體驗中，了解「身在哪裡、心在哪裡」，活在當下的生命意涵，並感受處處皆禪法、動靜皆自在的喜悅。

自2009年起至今，已連續舉辦四年的「禪修月」活動，每年都引起熱烈回響，2012年全年接引一百三十餘個團體參與，包括來自歐美及中國大陸、香港、馬來西亞等世界各地的民眾，在走路、觀水、聽溪的當下，逐一釋放身心的緊繃與壓力，感受園區的「境教」功能。

中國大陸「佛教在線」率團至法鼓山園區參學
汲取法鼓山教育理念的推廣經驗

為汲取法鼓山在「提昇人的品質，建設人間淨土」三大教育理念的落實、推廣經驗，由中國大陸最大的佛教網站「佛教在線」所組成的文化教育參訪團一行二十餘人，於9月3日至園區參學，由僧團副住持果品法師代表接待，並進行交流。

果品法師表示，時代不斷地在變化，法鼓山至今仍以學習的態度，面對新生代信眾的需求；由於現代年輕人大多沒有深入接觸佛教，因此法鼓山設立青年院來接引年輕族群，協助青年從活動參與中了解佛教的教育面和關懷面；除了在臺灣舉辦適合青年活動的營隊，也帶領青年學子到四川參與暑期營隊，進行兩岸學生交流，開拓生命的視野。

此次隨團的中國大陸人民大學宗教研究所在學及畢業學僧，多位已是各地寺院的住持，浙江省東陽市法華寺住持淨藏法師表示，大陸有許多年代久遠的道場，亟需有志的僧才努力恢復、持續弘法，此行參訪法鼓山，即是期待能夠實地了解臺灣佛教界在接引信眾的寶貴經驗，以做為日後興建道場的學習方向。

在參學義工的導覽、解說下，一行人對於法鼓山三大教育理念留下深刻印象，也對園區整體清淨的色調、樸實的風格，以及義工盡心維護道場莊嚴，實踐佛法無私奉獻的精神，表達讚歎之意。

中國大陸「佛教在線」網站成員參訪法鼓山，於大殿前合影。

● 09.05

人基會授權「心六倫」公益影片播放
移民署、國教司共同響應推廣

方丈和尚（右二）、李伸一祕書長（左一）至移民署出席「心六倫公益影片授權儀式」，與謝立功署長（右三）、郭玲如科長（右一）、洪有利校長（左二）共同簽署心六倫公益影片授權書。

9月5日，方丈和尚果東法師、人基會祕書長李伸一應邀出席於內政部移民署舉行的「心六倫公益影片授權儀式」，與移民署署長謝立功、教育部國教司科長郭玲如、新北市大豐國小校長洪有利共同簽下心六倫公益影片授權書，期許透過「心六倫」影片的推廣播放，促使社會更加和諧美好與安定。

方丈和尚表示感恩內政部和教育部的回應，給予法鼓山奉獻的機會，並強調新住民是臺灣社會不可或缺的一部分，而學童更是國家未來的主人翁，對新住民與學童多一分關懷，真正受益的是全體社會。

法鼓山推廣「心六倫」運動廣獲各界回響，也獲得內政部移民署與教育部國教司的響應，期望藉由心六倫公益影片的授權播放，將心六倫的關懷，分享給新住民家庭的外籍配偶和學童。

● 09.05～10.20期間

六場水陸共修匯聚善念
延伸自利利他精神於日常生活

9月5日至10月20日期間，弘化院於臺北安和分院、德貴學苑，共舉辦六場大悲心水陸法會共修體驗課程，由參學室室主常統法師及各地區共修帶領人帶領，結合禪坐與念佛的共修力量，啟發生命的慈悲與智慧。

課堂中，首先由地區共修帶領人引導大眾放鬆身心，接著眾人透過觀看影片感受水陸法會的殊勝與精神意涵；常統法師並帶領民眾繞佛，大家雙手合十，口中持誦觀音聖號，同時邁出安定的步伐，在聲聲佛號中，眾人漸能收攝身心，融入莊嚴攝受的氛圍裡。

常統法師說明，2012年水陸法會推動前行共修，是希望以法相會，凝聚大眾的信心願力，彼此相互學習，提起精進的道心，同時藉由前行功課，將水陸法

會自利利他的精神，延伸到日常生活中，讓每天的生命都是在修行。

互動分享時，許多學員表示，透過兩個小時的共修體驗，自己受益良多，希望能學習透過網路用臉書（facebook）隨時掌握水陸共修的訊息；也有學員分享，參與法會共修，更能感受到清淨、精進、安定的修行體驗。

在水陸法會共修體驗課程中，常統法師帶領學員繞佛，體驗身心安定的覺受。圖為9月5日在德貴學苑進行的課程。

● 09.06

大陸國家宗教局來訪法鼓山
張樂斌副局長感佩聖嚴師父創建現代觀音道場

中國大陸國家宗教局副局長張樂斌、普陀山佛教協會副會長道慈法師、中華國際供佛齋僧功德會主席淨耀法師一行三十五人，於9月6日參訪法鼓山園區，由方丈和尚果東法師與僧團副住持果暉法師、果品法師代表接待，進行交流。

茶敘時，張樂斌副局長表示感佩聖嚴師父創建現代觀音道場、培育僧才、弘揚佛法、服務社會，留下心靈環保等資糧；另一方面，也對法鼓山投入四川震災後重建，表達感謝。

方丈和尚果東法師則回應，觀音道場即是「處處觀音菩薩」，度化眾生要有觀音妙智，並且學習觀音「千處祈求千處現，苦海常作度人舟」精神。

● 09.06～12.20期間

「法青哈佛夜」全新改版
系列佛學課程 建立佛學正知見

9月6日至12月20日，法青會週四於德貴學苑舉辦「法青哈佛夜」，內容包括佛教基本認識、佛教基本觀念——正見篇、佛教基本觀念——學禪篇，共九堂課，由青年院常元法師、常灃法師帶領，有近三十人參加。

「法青哈佛夜」是法青會課程中相當受歡迎的一門課，今年九月起改版為學佛系列課程，有三個系列，共九堂課，每次上課兩小時，內容依序介紹佛陀的

一生、四聖諦、三法印、因果因緣觀、十二因緣等。每堂課程都融入了現代創意，例如，將十二因緣與年輕人熱衷討論的十二星座運勢做連結，介紹性格養成、生死流轉等觀念，讓青年朋友了解扭轉人生的力量，便掌握在自己手中。

負責課程設計的常灃法師表示，以往的活動為單堂課，各別探討學業、職場、兩性關係等生活議題，改版後的課程，從佛法基礎觀念到生活應用，更能幫助青年學員對佛教有正確完整的認識。

「哈佛青年夜」改為系列佛學課程，由法師帶領學員討論，建立佛學正知見。

有學員分享儘管皈依三寶已有一段時日，卻是透過課堂問答，才重新建立正信的觀點；而在法師引導下，練習觀察自己被主管或父母責備時的身心狀態，層層追問探索，也讓「四聖諦」變成隨時可以應用的方法。

● 09.09～11.11期間

安和分院舉辦「大悲懺法講座」
果慨法師講述懺悔法門

9月9日至11月11日，臺北安和分院於週日舉辦「大悲懺法講座」，共八堂，由三學院監院果慨法師主講，有近三百人參加。

大悲懺法講座，前六堂課以懺法為授課重點，講授持誦〈大悲咒〉的方法；後兩堂課以行法為主。課堂中，果慨法師簡述大悲懺法的緣起乃依據《法華三昧懺》而來，並針對編寫懺法的智者大師、知禮大師等天臺宗多位祖師做介紹，也援引《大般涅槃經》中所示「勤修苦行，非涅槃因」，說明大悲懺法是理事圓融的懺悔法門，由事懺入理懺，以空性智慧懺除罪業，方為究竟。

法師強調，修行是動詞，非人云亦云，得親自體驗；而大悲懺法是修行得解脫的法門，是成佛之道的方法，必須解行並重，除了透過課程讓大眾了解整部懺法的淵源及要義外，也勸勉學員每日禮拜《大悲懺》、誦持〈大悲咒〉。

11月11日課程圓滿，果慨法師勉眾當珍惜因緣、用功精進，恆抱大悲心、利樂眾生，將佛法的利益分享給他人，幫助世人轉煩惱為菩提，共同往成佛之道邁進。

●09.09～2013.06.30

臺中分院舉辦「華嚴世界寶雲基石展」
三百顆基石映現中部信眾的護法願心

臺中分院於9月9日至2013年6月30日舉辦「華嚴世界寶雲基石展」，展出三百顆自寶雲寺建築基地出土的石頭。揭幕儀式於9月9日舉行，包括中區法行會創會會長彭作奎、現任會長蔡瑞榮，共有兩百五十多人參加。

當天的揭幕式在大眾齊心誦持《心經》

後展開，除了安排小提琴演奏、茶禪等活動，還邀請護持信眾在佛前祈願，請抽寶雲基石卡，每張卡片的編號，都對應著聖嚴師父的法語祝福。

「華嚴世界寶雲基石展」展出三百顆自寶雲寺建築基地出土的石頭。

臺中分院監院果理法師表示，這次展出的三百多顆寶雲基石，是寶雲寺興建工程挖到地下三層地基時，由法師和護法信眾撿選上來的。這些從地湧出的石頭，默默支撐大地、莊嚴國土，就像《法華經・從地湧出品》中從地湧出的菩薩，發心在娑婆世界護法弘法；而寶雲寺是觀音道場，這些石頭象徵了菩薩成熟眾生的精神，正是大眾要學習和效法的。

興建中的寶雲寺，目前已完成地下三層、地上三層的建築主體。揭幕式當天一早，果理法師特地率同建築工程團隊、護法信眾，為興建中的寶雲寺舉辦「出土祈福法會」。法師開示時，期勉眾人要經常念觀音、學觀音、做觀音，這正是寶雲寺做為觀音道場的精神所在。

而三百顆自寶雲寺建築基地出土的石頭，更是映現了中部地區信眾堅石般的護法願心；而一顆顆基石，也象徵著每個安定的自心，以積石成山的力量，成就人間淨土的實踐。

●09.10起

法鼓山網路電視臺製播《心靈環保・心視野》
多元面向分享心靈環保的應用實踐

本年為法鼓山推廣心靈環保二十年，法鼓山網路電視臺特別製播新節目《心靈環保・心視野》，由佛教學院助理研究員辜琮瑜主持，9月10日至10月18日

期間，每週一、四播出最新一集節目，共十二集。12月9日起，並在教育廣播
電臺臺東分臺（FM100.5）《志工彩虹橋》節目播出。

每集節目以聖嚴師父著作為主題，邀請法鼓佛教學院校長惠敏法師、美國紐
約東初禪寺住持果醒法師、禪修中心副都監果元法師、文化中心副都監果賢法
師，以及書法家杜忠誥、罕見疾病基金會創辦人陳莉茵、表演工作者柯有倫、
聲樂家張杏月等十二位來賓，從不同的領域和面向，暢談心靈環保理念的應
用，並與人分享的心路歷程。

首集由果賢法師談《好心‧好世界》，法師彙整了聖嚴師父有關心靈環保的
開示與文章，從基本定義延伸至禪修、生活，以及世界的觀點，幫助觀眾更了
解心靈環保，以及如何落實在生活中。

《心靈環保‧心視野》網路節目的製播，是希望藉由各領域人士的分享，引
導大眾對心靈環保有更深一層的體會，並活用於日常生活中。法鼓山網路電視
臺並提供VOD隨選視訊的服務，讓無法準時收看或希望溫習內容的觀眾，隨選
觀看已播出的影片。

● 09.10　09.24

法鼓山五單位獲績優宗教團體表揚
公益慈善、社教事業受肯定

鑑心長老尼（右）代表文化館，接受李鴻源部長頒獎。

由內政部舉辦的101年宗教團體表揚大會，
9月10日於臺北市國軍文藝活動中心舉行，法
鼓山佛教基金會、北投農禪寺、文化館、雲
來寺以及臺東信行寺等五個單位，獲績優宗
教團體殊榮，由文化館鑑心長老尼、僧團女
眾副都監果舫法師、果南法師、常貫法師以
及常恩法師代表出席，接受內政部部長李鴻
源頒獎。

李鴻源部長致詞時，肯定宗教團體帶給社
會安定人心的力量，並致力於推廣全民環保、端正傳統禮俗、及文化扎根，對
社會風氣的改善具有正面影響與重大意義，因此期許各個宗教團體將這股愛的
暖流與力量傳播國際，讓世界認識臺灣的真、善、美。

另一方面，農禪寺、文化館也獲「100年度臺北市績優宗教團體獎」肯定，9
月24日上午，臺北市政府民政局上午於臺大醫院國際會議中心舉辦頒獎典禮，
由鑑心長老尼與常及法師代表出席，接受市長郝龍斌頒獎。

2012法鼓山五個單位獲選為績優宗教團體,顯見法鼓山在公益慈善與社會教化事業的推動,受到政府及社會各界的肯定;並自勉將繼續為社會服務奉獻,與世人分享愛與溫暖。

● 09.12～30期間

法鼓山海內外分支道場慶中秋
結合獎助學金頒發、祝壽、禪悅體驗　共度佳節

慶贊中秋佳節,法鼓山於9月12至30日期間,分別在各分支道場舉辦中秋活動,活動結合百年樹人獎助學金頒發、聯合祝壽和晚會等,安排各式說唱表演及音樂欣賞,廣邀大眾體驗禪悅、歡度團圓佳節。

國內方面,三峽天南寺、桃園齋明寺、高雄紫雲寺、臺東信行寺分別在29日中秋節前夕舉行晚會,其中信行寺的音樂茶會,內容包括當地社區二胡樂團演奏、原住民傳統舞蹈表演,常越法師並帶領大眾品茗,體驗禪悅法喜。

法鼓山園區於30日舉辦中秋晚會,方丈和尚果東法師出席關懷,並開示表示,充滿溫馨法喜的中秋佳節,象徵月圓人團圓,萬事皆圓,處處圓融無礙;中秋夜只有一晚,之後還要將

法鼓山園區於祈願觀音殿外水池旁舉行中秋晚會,共賞清涼明月。

慈悲圓融的意涵延伸,化為淨化人心、淨化社會的行動,學習慈悲救苦救難的精神。

而慈基會為關懷金山、萬里地區的低收入家庭,也於9月17至30日期間,由當地慰訪義工前往一百五十五戶家庭致贈中秋物資,傳遞祝福與溫暖。

海外方面,美國紐約東初禪寺於12日舉辦中秋聯誼晚會,近八十位民眾扶老攜幼歡聚一堂,並由住持果醒法師帶領體驗「賞月禪」,為中秋增添禪意。法師引導大眾放鬆身心,透過眼睛觀看銀幕上的月亮,再闔眼定下心來想像月亮的樣貌,如果心中的月亮忽有忽無或忽大忽小,就是代表心念雜亂,當心中的月亮逐漸清晰穩定,呈現出一輪明月掛高空時,也就體驗到心的清淨與安定了。

法鼓山各地舉辦的中秋活動,多元而溫馨,帶領社會大眾體驗法喜禪悅,度過一個不一樣的中秋佳節。

2012法鼓山中秋活動一覽

	地區	舉辦單位	時間	活動主題（內容）
臺灣	北區	桃園齋明寺	9月29日	中秋晚會（佛曲合唱、國劇、地方民俗舞蹈和團體活動遊戲）
		三峽天南寺		中秋晚會（禪修闖關、茶禪體驗）
		北投農禪寺	9月30日	農禪好心願中秋晚會
		法鼓山園區		中秋晚會（誦經祈福、品柚賞月）
	中區	南投德華寺	9月23日	中秋關懷
		臺中寶雲別苑	9月30日	花好月圓——法青中秋聚會
	南區	高雄紫雲寺	9月29日	佛化聯合祝壽暨中秋晚會
		臺南雲集寺	9月30日	佛化聯合祝壽暨中秋晚會
	東區	臺東信行寺	9月29日	月光禪會（茶會、音樂演奏、才藝表演）
海外	美洲	美國紐約東初禪寺	9月12日	中秋聯誼晚會、月光禪

● 09.13

武漢報祖寺本樂長老參訪法鼓山
禪堂打坐　開示禪法心要

本樂長老於禪堂打坐，並開示禪法心要。

中國大陸武漢報祖寺本樂長老率領僧眾、信眾一百餘人，於9月13日至法鼓山園區參訪，由方丈和尚果東法師、僧團副住持果暉法師代表接待。

高齡九十六歲、身為太虛大師學生的本樂長老，視禪法為佛教的精髓，果暉法師特地陪同前往禪堂，感受選佛場中寧靜安定的禪境氛圍。本樂長老並與一同參訪的僧眾和居士們在禪堂共同打坐一刻鐘，同時開示禪法心要；也和果暉法師交流兩岸在禪修推廣上的經驗。

隨後本樂長老一行也參訪開山紀念館，逐一細看館內對於禪宗歷代祖庭，以及對太虛大師、東初老人、靈源老和尚和聖嚴師父的介紹，並向大眾述說太虛大師的風範，指出將禪宗視為中華佛教的實質，是大師對於佛教界最偉大的貢獻之一。

本樂長老表示，將佛法普及於世間的法鼓山創辦人聖嚴法師，可謂當代佛教界的代表性人物，尤其法師所創建的園區，處處充滿禪悅境教的人文氣息，更讓他讚歎不已。

● 09.15

讀書會帶領人充電交流坊舉辦
學習閱讀帶領技巧

普化中心於9月15日在北投雲來寺舉辦心靈環保讀書會帶領人充電交流坊，主題是「解讀材料有妙方」，由常用法師、資深讀書會帶領人方隆彰帶領，有近八十位讀書會帶領人參加。

方隆彰老師首先強調，課程要謹慎選擇教材，符合成員的期待，讓每個成員都能參與，大家互相腦力激盪，才能產生新的智慧；並說明閱讀書籍前可先看目錄，了解架構，開始讀內文時則先看

方隆彰老師（站立者）帶領學員學習閱讀帶領技巧。

每段第一行，留意主題的基本脈絡，以了解作者的本意，讀出書中的內涵。

有學員表示，在充電課程中開啟了許多的新思維，增進了帶領讀書會的功力與信心，更期許自己能讓更多人「讀懂一句、受用一生」。

● 09.20～23

方丈和尚訪中國大陸多所寺院
分享理念 傳遞關懷與祝福

隨著兩岸佛教界交流日益頻繁，方丈和尚果東法師於9月20至23日，在護法總會副總會長黃楚琪陪同下，到訪中國大陸深圳弘法寺、廣州光孝寺、青島湛山寺及海南三亞南山寺等寺院，除了分享法鼓山三大教育的核心理念，並就兩岸教界推動佛法、禪法的經驗，分享交流。

方丈和尚首先於20日抵達廣州禪宗古剎光孝寺，該寺方丈明生法師親領全體僧眾迎接；兩位方丈除了敘談法鼓山與

方丈和尚參訪光孝寺，由住持明生法師（左）親自接待。

光孝寺的互往因緣，對於光孝寺為推廣佛學教育，而興辦居士進修班、國學班、菩提樹下對話等各種接引活動，方丈和尚深表讚歎。方丈和尚也致贈聖嚴

師父的佛學著作及簡體版《聖嚴法師108自在語》予光孝寺，期盼兩岸共同為人間化、現代化與生活化的佛法教育，同行勉力。

21日，方丈和尚抵達青島湛山寺，向16日捨報示寂的中國佛教協會副會長、山東省佛教協會會長明哲長老表達追思緬懷。明哲長老與法鼓山的因緣，可回溯至2002年12月，當時聖嚴師父率四眾弟子將阿閦佛首送回山東神通寺四門塔，並為此辦了一場灑淨開光儀式，明哲長老是當時三位主法長老之一；之後，明哲長老並曾三度造訪法鼓山，給予關懷開示。

方丈和尚並於22日折返海南三亞南山寺，出席該寺方丈印順法師晉院陞座大典，與來自世界各地的諸山長老，共同為新任方丈傳遞祝福。

● 09.22　10.14　11.17　12.22

臺南分院舉辦四場「2012人文講談」
引領聽眾認識生命、追求心靈富足

許永河教授於成功大學主講「行經生命的轉彎處」，與三百多人分享學佛心路歷程。

9月22日至12月22日期間，臺南分院於週六或日舉辦「2012人文講談」，共四場，共有一千多人次參加。

首場於9月22日在臺南分院展開，邀請成功大學醫學院神經科教授賴明亮主講「認識安寧療護」，介紹安寧療護的發展歷史，並說明安寧療護是全人全家全隊全程的照顧，療護團隊由醫師、護士、志工所組成，照顧病患也照顧家屬，讓生命更有尊嚴；賴教授鼓勵大眾互相見證，即席簽署「安寧緩和醫療意願書」，預約自身臨終安寧的品質。

10月14日於成功大學力行校區進行的講談，邀請實踐大學社會工作學系副教授楊蓓主講「中年看見自己」。演講中，楊蓓老師說明中年是充滿希望的，也提供檢視中年問題的方法，並分享豐富的實例，共有四百三十多人參加。

第三、四場分別在11月17日、12月22日於臺南分院、成功大學展開，邀請財團法人保險事業發展中心董事長賴清祺主講「保險舵手——談最保險的人生」，以及成功大學經濟系教授許永河主講「行經生命的轉彎處」。賴董事長強調追求公眾理想，善盡社會責任，追求心靈富足才是最保險的人生；許永河教授則與一百多位年輕人分享學佛的心路歷程。

● 09.30

「2012農禪好心願中秋晚會」舉辦
同時頒發〈水月頌〉主題詞曲徵選紀念獎

9月30日中秋節晚上，北投農禪寺於大業路巷口廣場舉辦「2012農禪好心願中秋晚會」，安排藝文表演、茶禪、柚子彩繪等活動，邀請社區居民、信眾、義工一起「低碳」過中秋，方丈和尚果東法師到場關懷，共有一千多人參加。

在樂音悠揚的晚會中，安排了豐富的節目內容，包括羅東法鼓隊、農禪小鼓隊、話頭班樂團，以及農禪寺日

羅東法鼓隊於農禪寺中秋晚會上演出。

文班、聖嚴書院學員的音樂、舞蹈等表演，還有柚子彩繪、溫情品茗、祈願寶樹等活動，希望人人用好心成就好願。

方丈和尚到場關懷時，祝福大眾月圓心團圓，還特別感謝、讚歎義工及表演團體的奉獻精神。在月圓時分，方丈和尚也做了一席開示：「皎潔的明月不會因雲雨而消失，如同佛性本來具足」，藉此提醒眾人藉景觀心，覺察心中的無明煩惱。中秋是團圓的日子，有些人無法回家團聚，但只要「心」在一起，常保聯繫，才是「家」與「團圓」的意涵，而農禪寺水月道場將落成，不僅是「新家」，更是「心家」，也就是如來的家，歡迎大家時常回來團圓。

當天晚會並頒發「農禪寺〈水月頌〉主題詞曲徵選」紀念獎，由方丈和尚頒給創作得獎人康吉良。由康吉良創作的〈水月頌〉，旋律優雅易於傳唱，文詞饒富宗教情懷，歌詞中「千古月映落千江水」、「心如水寂照映空月」，點出「水」、「月」，引導世人參透生命的究竟，也呈現農禪寺未來的景觀氛圍，這首〈水月頌〉將於農禪寺落成啟用大典時正式發表。

● 10.03

新書《抱願，不抱怨》、《活出增值人生》聯合發表
分享「心靈環保」的關懷與實踐內涵

方丈和尚果東法師第一本著作《抱願，不抱怨》，在有鹿文化與法鼓文化的促成下，於10月出版；並於3日在德貴學苑舉辦新書發表會，由有鹿文化總編

輯許悔之主持，包括法務部部長曾勇夫、前中央選舉委員會主任委員黃石城、
《人間福報》副總編輯妙熙法師、台積電志工社社長張淑芬、國立教育廣播電
臺臺長陳克允，以及法鼓山人基會祕書長李伸一、法行會會長張昌邦等都到場
祝福。

　　發表會上，方丈和尚說明《抱願，不抱怨》一書的出版，是期望展現法鼓山
團體歡喜和合的精神，並與社會大眾分享自己在僧團學習成長的歷程。張淑芬
社長也分享方丈和尚不論頭銜如何變化，不變的是平易近人、親切關懷、溫暖
人心的特質，因此書如其人，篇篇精彩，值得細細體會。

　　另一本新書《活出增值人生：二十位名人通往幸福的大路》，由法鼓山人
基會與教育廣播電臺策畫、有鹿文化出版，亦於同日發表；書中彙集了二十位
名人精彩的生命故事，包括阿基師（鄭衍基）、鄭石岩、李建復、劉君祖、黃
平璋等不同領域的專業人士，分享通往幸福之路的體悟。書中主角之一的李建
復，也在現場分享自己不按牌理出牌的人生，而目前最想做的是奉獻所學，多
做對社會有意義的事。

《抱願，不抱怨》、《活出增值人生》舉行聯合新書發表會，作者與各界來賓合影。左起依序為：
陳克允、李建復、黃石城、李伸一、方丈和尚果東法師、張淑芬、曾勇夫、黃平璋、劉君祖。

● 10.05

施振榮率兩岸企業家參訪法鼓山
學習心的覺醒之道

　　智榮文教基金會董事長施振榮帶領十二位「王道薪傳班」的兩岸企業家，
於10月5日參訪法鼓山園區，展開一日心靈淨化之旅，體驗禪修帶來的輕安與

自在。

企業家們與方丈和尚果東法師茶敘時，施振榮表示，「王道薪傳班」的企業經理人培訓課程著重將中華文化融入企業經營之中，為了讓企業主能深入宗教、人文、藝術內涵，本年首度規畫體驗行程，而法鼓山是他們首選學習的第一站。

方丈和尚回應企業「王道精神」表示，佛教談「心王」，是認識心的分別作用，從而轉化、淨化，是心的覺醒之道；面對

在常遠法師（前一）的帶領下，施振榮（前二）與「王道薪傳班」的兩岸企業家在園區步道體驗戶外經行。

外境波動，心如何保持平靜安定？方法就是回到呼吸。方丈和尚分享，念頭是生住異滅、變化無常，如果起了煩惱就練習轉化，從一念清淨開始，把每一念都當作新的開始，每一念都是現成的、每一念都是圓滿的。

與會企業家也把握機會向方丈和尚請益，包括：禪的本質、企業如何在「趨利避害」與「放下利害」之間做抉擇？在追求物質生活的大環境下，如何持續修行？方丈和尚一一回應並殷切提醒：取之於社會、用之於社會，「諸惡莫作，眾善奉行」才是人生一貫的價值基礎。

茶敘後，眾人在常遠法師的帶領下，展開禪修體驗，從法鼓八式動禪開始，依序練習立禪、打坐、吃飯禪、戶外經行等，體驗禪法就在平常日用中。之後，一行人也參觀大殿和祈願觀音殿等建築，感受園區的境教氛圍。

● 10.06　10.16

方丈和尚出席真華長老追思讚頌會
感恩對法鼓山大學院教育的肯定

聖嚴師父的法門師友、埔里中道學苑開山方丈暨前福嚴佛學院院長真華長老，10月5日在四眾弟子念佛聲中，於中道學苑安詳捨報，世壽九十一歲，僧臘七十八。方丈和尚果東法師代表法鼓山僧俗四眾，於6日前往追悼，並出席於16日舉行的追思讚誦會。

青年時期的真華長老曾參學中國大陸南方各大道場，閱歷1940年代部分佛教寺院寂落式微的景象，蔚成長老日後發表《參學瑣談》一書的題材，聖嚴師父當年受邀為此書作序時，曾寫道：「真華法師是一位直心直口人，所以他的文章，也是直來直去地專說直話，『直心是道場』，正是佛教徒的本色。所以，本書的價值，應該是在於『真實』二字。」

長老一生重視佛學教育，對聖嚴師父的興學理念極為肯定，曾多次陪同弟子至法鼓山與師父晤談。方丈和尚表示，從中華佛研所時期到現今的法鼓佛教學院，始終都有長老的弟子參與共學，很感恩長老對法鼓山大學院教育的肯定。

● 10.06～11.09　11.11～23

法鼓山「水陸季」體驗活動展開
體驗六度波羅蜜、佛國巡禮

參學員為民眾介紹水陸季「六度體驗」的行程，引導民眾認識六度波羅蜜的修行內容。

弘化院參學室於10月6日至11月23日期間，在法鼓山園區規畫「水陸季」系列活動，主要包括六度波羅蜜修行體驗、佛國巡禮等活動，結合參學行程，帶領大眾感受水陸法會的大悲精神與修行利益。

其中，六度波羅蜜修行體驗行程，以「來迎觀音」為起點，大眾禮佛、繞佛與發願後，帶著朝聖的虔敬心，以走路禪或朝山方式，進入園區第二大樓，先進行誦念「南無觀世音菩薩」聖號及「心靈環保全民宣言」簽署發願。由於本年是心靈環保二十週年，此六度修行體驗行程中特別安排了此項「心靈環保全民宣言」簽署發願活動。

接著於活動大廳展開法會體驗，進行念佛、繞佛、發願，把共修的功德迴向眾生，並體驗「忍辱」、「精進」與「禪定」的殊勝，也藉由多元的解行引導，感受水陸法會的大悲精神與修行利益

11月11日起則展開「佛國巡禮」活動，由導覽義工帶領民眾巡禮壇場，透過壇場境教、參學導覽解說，以及戶外修行體驗，感受如同置身佛國淨土的莊嚴，並深入了解水陸法會「開啟自性大悲，祈願眾生離苦」的精神。

● 10.10

法鼓山受邀參與國慶升旗典禮
帶領臺北市民體驗八式動禪

10月10日雙十國慶日，法鼓山應邀在臺北市政府前廣場舉辦的雙十國慶升旗典禮中，帶領民眾學習法鼓八式動禪，體驗「身在哪裡，心在哪裡，清楚放

鬆，全身放鬆」的動禪心法。

在資深動禪講師、前行政院農業委員會主任委員陳武雄的帶領下，十六位動禪義工在臺上、臺下排開、示範，現場民眾依著陳武雄的口頭引導，跟著扭腰甩手、擎天觸地、轉腰畫圈、左右伸展，在藍天、旗海、晨光映照中，逐漸收攝浮躁的心念，專注感受全身的緊與鬆，享受當下每一個動作。

這次法鼓山受邀在雙十國慶升旗典禮教授法鼓八式動禪，緣於5月13日舉辦的萬人禪修，當時民政局局長黃呂錦茹也在場體驗，被大眾整齊安定的力量所攝受，後來還邀請臺北中山精舍動禪義工講師到市府大廳示範法鼓八式動禪。這次雙十國慶，民政局再度邀請法鼓山前往教授，希望讓更多市民體驗有益身心的動中禪。

在雙十國慶升旗典禮上，法鼓山帶領民眾學習法鼓八式動禪。

● 10.12

法鼓山園區地址變更為法鼓路
園內道路路名寓意法源　仍保留原稱

配合新北市政府戶政門號更新政策，將法鼓山園區所在道路命名為「法鼓路」，相關地址於10月12日起正式變更。

變更的相關地址，包括法鼓山園區：「20842新北市金山區三界里七鄰法鼓路555號」；佛教學院：「20842新北市金山區西湖里法鼓路620號」；佛教學院教職員生宿舍：「20842新北市金山區西湖里法鼓路650號」。

「法鼓路」原名為「雙面觀音路」，為法鼓山園區的聯外道路、法鼓山園區的主要道路之一；在「雙面觀音路」過三門前的法鼓一橋後，承接兩條主道路，一條是東側的「法印路」，順法印溪往上，經男寮可抵教育行政大樓、圖書資訊館、中華佛研所、僧伽大學、佛教學院，為修學與傳承正法人才的大學院教育場域。另一條是西側的「曹源路」，通往女寮、禪堂等；由於中國禪宗始於六祖惠能大師，而六祖當年駐錫的廣東南華禪寺就是臨曹溪而住，此路以「曹源」為名，即寓意漢傳禪法的法脈源遠流長，源源不絕。

園區內的道路，皆由聖嚴師父命名，基於飲水思源、歷史傳承性的考量，同時抱持著珍惜與感恩之情，各條路名均保留原稱。

●10.13

《人生》雜誌出席佛教期刊研討會
主編梁金滿分享辦雜誌的使命與任務

由東初老人創刊、聖嚴師父復刊，走過六十三年歷史的《人生》雜誌，10月13日受邀參與伽耶山基金會、香光尼眾佛學院圖書館於印儀學苑舉辦的「佛教期刊發展研討會」，《人生》雜誌主編梁金滿以「《人生》一甲子回顧與展望」為題，分享《人生》經歷創刊、停刊、復刊、改版的歷程和階段特色，並和與會人士交流編輯和發行經驗。

回顧雜誌歷年內容，梁金滿主編指出《人生》在思想弘傳上，可看出從「人生佛教」到「人間淨土」的推展脈絡。在教界大德、法鼓山教團支持下，《人生》一路蛻變成長，回應讀者需求，現今雜誌內容更聚焦在漢傳佛教的修行生活上，並朝清淨、實用、多元的專業佛教雜誌邁進。

成功大學歷史系教授陳玉女，則肯定非學術期刊保存佛教歷史的功能，她認為掌握發聲權的佛教期刊，是研究佛教歷史的第一手資料，也是教界與學界的溝通媒介。

梁金滿主編（中）在研討會上分享《人生》經歷創刊、停刊、復刊、改版的歷程。

香光尼眾佛學院圖書館館長自衍法師，整理1949年至今的臺灣佛教期刊，共三百四十八種，目前仍在臺發行的，以1920年創刊的《海潮音》最悠久，《人生》則為戰後在臺首創的佛教期刊，其他超過三十年且仍發行中的有十二種。

參與研討會的期刊，除了《人生》，還包括《慧炬》、《慈濟月刊》、《香光莊嚴》、《明倫》、《慈雲》等，都是創刊逾三十年且持續發行的佛教刊物。

●10.13

教聯會舉辦電影禪
常續法師帶領賞析《在天堂遇見的五個人》

教聯會於10月13日在北投文化館舉辦「電影禪──從『心』看電影」活動，賞析影片《在天堂遇見的五個人》（*The Five People You Meet in Heaven*）的佛法意涵，由信眾服務處監院常續法師帶領，有近七十人參加。

上午首先由教聯會義工老師帶領學員做法鼓八式動禪,體驗扭腰甩手、擎天觸地、轉腰畫圈,體驗清楚放鬆、全身放鬆的覺受;接著進行經行,學員練習走就是走、看就是看、聽就是聽,不要有分別心,也不被內在的妄念和外在的環境影響,清楚感受足下踏實的每一步。

下午,常續法師帶領賞析影片《在天堂遇見的五個人》,並進行分組討論。法師引導學員思索影響自己最深的五個人,再從「纏與禪」、「誤與悟」的觀點深入討論;也就電影主角在天堂中遇到的五個人,以及個人的自我探索、生涯規畫、人我關係、生命的意義與價值等觀點,進行探討。

● 10.17～12.01期間

心劇團「轉動幸福」巡演起跑
進入校園分享生命教育的意涵

人基會心劇團展開「轉動幸福」巡演計畫,演出2012年的新作品《世界一花──花花的幸福種子》,自10月17日起至12月1日期間,深入臺東、屏東、高雄等因八八水災受創而重建的學校與社區,共進行兩場戶外公演、十場校園展演,以戲劇方式喚醒人類對土地的連結與認同,並從大自然生生不息的力量中,教導學童學習敬仰與感恩,也和地區居民展開體驗交流。

「轉動幸福」在臺東大王國中啟動校園巡演,與師生分享生命教育的意涵。

「轉動幸福」計畫是以「心靈環保」教育為核心,以「行動」為主軸,內容包括「校園巡演」、「生根活動」兩大元素,不只到偏鄉學校進行「校園巡演」,同時也發展「生根活動」,帶領學子練習節奏感、進行肢體開發,引導發展故事中各角色的更多可能性,最後由孩子上臺表演,體驗「看戲、作戲、演戲」的表演過程,為學子建立知福、惜福、培福、種福的觀念。

2012年演出的新作品《世界一花》,講述一位小女孩從熟悉的花園展開一段旅程,來到雲的國度、風的國度,遇見充滿力量的雷神及可愛的水母,並獲得三樣珍貴的禮物,帶給她不一樣的生命態度,作品呈現大自然的豐富多樣,蘊含族群、自然倫理等生命教育內涵,還有生生不息的希望。

10月17日首場於臺東縣太麻里鄉大王國中演出,團員以繽紛的造型,展開充

滿熱情、趣味的演出,與大王國中全校近三百五十名師生分享生命的意涵;為了加深戲劇體驗及落實生命省思,師生輪流上場與演員進行互動遊戲,也齊心拉著長達六公尺的花朵裙襬,為全世界與彼此相互祈福祝禱。

由於「轉動幸福」計畫關懷偏鄉學童,深獲原民團體認同,在11月3日的戶外公演開場時,並安排由三十位布農族兒童合唱團以八部合音獻上祝福。

2012人基會心劇團「轉動幸福」巡演一覽

時間	地點	演出形式
10月17日	臺東縣太麻里鄉大王國中	校園巡演
10月23日	臺東縣大武鄉大鳥村廣場	戶外公演
10月24日	臺東縣大武鄉大武國小	校園巡演
11月1日	臺東縣金峰鄉賓茂國小	校園巡演
11月3日	臺東大學附設實驗國小	校園巡演
11月7日	屏東縣新埤鄉餉潭國小	校園巡演
11月13日	屏東縣林邊鄉仁和國小	校園巡演
11月14日	屏東縣滿州鄉永港國小	校園巡演
11月18日	高雄市甲仙區小林國小、甲仙國小	校園巡演
11月26日	高雄市仁武區竹後國小	校園巡演
11月27日	高雄市六龜區寶來國小	校園巡演
12月1日	高雄市旗山區公共體育場	戶外公演

● 10.19～21　10.26～28

青年院舉辦青年禪學二日營
增進學員了解禪修法義

10月19至21日、10月26至28日,青年院分別於臺南雲集寺、臺中寶雲別苑舉辦青年禪學二日營,由常元、常灃、常義法師帶領,兩場各有二十七人、三十三人參加。

二日營的作息同一般禪二,內容包括打坐、

青年學員在禪學二日營中,體驗放鬆身心。圖為在雲集寺進行的場次。

瑜伽、跑香、戶外經行等活動,另增加法師開示單元,為學員講解禪修法義、介紹禪宗語錄精華等。其中,於雲集寺舉辦的二日營中,常元法師以《永嘉證道歌》為開示主題,透過豐富而幽默的實例,說明無常、無我的觀念;並勉勵

眾人將每炷香都當作是新的開始,不要管過去如何,而是珍惜每一次的開始。

有學員表示,法師的開示生動活潑,特別是內容提到的「不除妄想不求真」觀念,讓自己省思常陷於某些習慣而不自知、無法捨棄過往經驗的比較心理,並體會到對「我」的執著,其實是不必要的。

● 10.28～11.04

齋明寺首次舉行初階禪七
禪眾體驗無言之法

10月28日至11月4日,禪堂首次於桃園齋明寺舉辦初階禪七,由常啟法師擔任總護法師,共有九十四人參加。

禪七期間,在法師們引導下,無論室內或室外、動態或靜態的禪修活動,禪眾皆練習著專心致志,將心安住在當下,感受

禪眾於齋明寺禪堂外,感受寧靜之聲、無言之法。

寧靜之聲、無言之法;也安排觀賞聖嚴師父的開示影片,適時地為禪眾們提供精神資糧、提昇精進的力量。

解七當天進行心得分享,常啟法師以約旦河流經的加利利湖和死海為比喻,勉眾將學到的禪法用出來、流出去,就像加利利湖滋養萬物,切莫像流進死海一樣只進不出,成為一灘死水。

有禪眾表示,參加這場禪修活動,心靈深受啟發,不僅對禪法有更深一層體會,並發起向上向善的心。

● 10.31

中國大陸學僧及學者參訪聖基會
認同並將推廣聖嚴師父的思想與理念

正在法鼓佛教學院參學的中國大陸甘肅天水滲金寺會明法師、湖北黃石弘化禪寺智維法師、甘肅蘭州報恩寺洪宣法師、四川峨眉山伏虎寺寬恒法師、演顯法師,以及西北大學歷史研究所副教授李海波等一行,於10月31日前往

楊蓓執行長（後排中）、傅佩芳董事（後排左三）與來訪的中國大陸學僧合影。

聖基會會所參訪，由執行長楊蓓、董事傅佩芳代表接待，進行交流。

傅佩芳董事為一行人介紹聖基會的成立宗旨及法鼓山智慧隨身結緣書的推廣因緣和發展，來訪的法師們深感認同，並且表示在結束參學後，也將在當地寺院推廣，共同弘揚聖嚴師父的思想與理念，讓大陸民眾在生活中學習運用佛法智慧。

楊蓓執行長也致贈一套《法鼓全集》予弘化禪寺結緣典藏，希望與中國大陸民眾共同分享聖嚴師父思想的精神與內涵。

● 11.01

法鼓八式動禪有助提昇生活品質
獲得醫學研究證實

法鼓八式動禪有益身心建康，獲得醫學研究證實。11月1日出刊的《中西醫結合護理雜誌》上，刊登〈法鼓八式動禪對年長者平衡能力及生活品質影響之探討〉論文，作者為國立臺北護理健康大學中西醫結合護理研究所研究生林錦蘭、由章美英教授指導，以社區六十歲以上的年長者做為研究對象，三十七人為實驗組，進行每週三次、每次三十分鐘，共十二週的八式動禪練習；三十一人為對照組，則不做任何練習。

兩組於研究前、後，分別進行平衡能力，包括：張、閉眼單腳站立、功能性前伸、三十秒坐椅站立、計時起走測驗，以及生活品質「SF-36量表」檢測，結果實驗組於閉眼單腳站立、計時起走測驗、SF-36量表等測驗上，達到顯著差異。依據研究結果，作者建議可針對年長者推廣法鼓八式動禪，以增進平衡能力、預防跌倒，提高生活品質。

「法鼓八式動禪」包括八個簡單動作，是一套不拘時間、不拘地點的「動中禪」，只要能勤加練習，在行、住、坐、臥之中，都能以動禪的修行方式，清楚享受身心放鬆的感覺，進而安定自在。

● 11.03

國際禪坐會舉辦禪修討論會
外籍人士體會禪法的利益

法鼓山國際禪坐會（International Meditation Group, IMG）於11月3日在德貴學苑進行的每週六例行禪坐共修中，進行了一場禪修討論會，由僧大常展法師帶領，除了練習法鼓八式動禪、禪坐、經行，並探討禪修的概念與精神，共有二十多人參加。

討論會中，常展法師分享禪修的正確態度，及打坐前要做好放鬆的準備，而不是一心要達到理想的境界或狀態。法師舉例說明，假如禪修的目的是要砍倒一棵大樹，那麼「放鬆」就是手裡拿的那一把鋸子；並且強調先觀察好當下身心的狀況，再自然而然進入禪修的方法中。

法師進一步說明，儘管每個人的種族、文化、信仰不同，但法鼓山所推廣的漢傳禪法，內容可深可淺，具有廣大的包容性與適應性，各國人士皆可修學。此次參與的一位德國禪眾也分享提到，面對繁忙的工作與生活壓力，禪修的確可以協助放鬆身心，非常適合西方人學習。

● 11.05

齋明寺新建禪堂獲臺灣建築首獎
評審團讚譽「如新詩般，一招到位」

臺灣建築專業刊物《建築師》雜誌於11月5日公布「2012臺灣建築獎」得獎名單，桃園齋明寺新建禪堂，在兩百多件作品中獲得首獎，並獲評審團讚譽：「如新詩般，一招到位」。

齋明寺增建以減法、單純、低調的手法進行，讓新建築如背景一般，凸顯古剎的歷史風華。

位於桃園縣大溪鎮的齋明寺，是具有百餘年歷史的三級古蹟，1998年由法鼓山承接法務，為因應日漸成長的弘化事業，2004年規畫增建，邀請建築師孫德鴻設計，於老建築旁增建禪堂、齋堂及寮房。孫德鴻表示，「蓋少一點，蓋低一點」是聖嚴師父對齋明寺增建的期許，因此規畫時以減法、單純、低調的手法進行，不僅刻意降低禪堂屋簷，還運用清水混凝土、迴廊等元素，讓新建築如背景一般，凸顯百年古剎的歷史風華，並與老建築產生空間對話。

新禪堂自2011年10月落成以來，陸續舉辦法會、禪修、佛學課程等活動，接引桃園地區民眾修學佛法；簡約、質樸的建築風格，引領大眾領受清淨安定的修行氛圍。

● 11.10

方丈和尚受邀頒發罕見疾病獎助學金
讚歎罕病學子是菩薩示現

方丈和尚果東法師應罕見疾病基金會之邀，於11月10日出席「2012罕見疾病獎助學金頒獎典禮」，除頒發獎助學金，並致詞勉勵。

方丈和尚致詞時指出，罕病兒童就像小天使現身說法，讓我們了解生命自有起承轉合，不論順逆因緣，若能以同理心、正面思考來面對生命中的逆境，進而學習承擔生命、轉化生命，便能展現慈悲，體諒包容一切，為生命「解毒」。

這場頒獎典禮於臺北福華飯店舉行，共有三百四十六位罕病學生受獎，教育部部長蔣偉寧、衛生署國民健康局局長邱淑媞、臺北市社會局局長江綺雯也與會頒獎，共同為罕病學子鼓勵。

● 11.11

臺中分院舉辦中部悅眾禪修營
在街頭精進修行

中部悅眾跟隨常續法師，走入街頭，練習將心安住在腳下每一步。

11月11日，臺中分院於寶雲別苑舉辦悅眾禪修營，由監院果理法師、信眾服務處監院常續法師帶領，共有一百四十位來自中部地區七個辦事處的悅眾參加。

不同以往，這次活動特別規畫一趟戶外禪行。果理法師表示，往常大家都在禪堂內打坐修行，體驗放鬆與安定，這次安排禪行，是希望能將這份放鬆安定的氛圍帶到街頭，為都會地區民眾注入一股安心力量。

出發前，常續法師為大眾開示「捨」字，寓意放下所有執著及包袱，期勉專心一意體驗每個當下。禪行路線從寶雲別苑至東海大學，眾人身著義工服，頭戴斗笠，依序由常續法師、果雲法師、常朗法師、常勳法師帶領，分成四隊前行，並由外護義工協助維護周邊安全，果理法師則在隊伍最後照顧所有禪眾。

禪行至東海大學，常續法師為大眾進行禪修指引說明，並帶領眾人練習以直觀、經行、法鼓八式動禪等方式修行，體驗在大自然中禪修後，隊伍再回到寶雲別苑。

午齋後的電影禪，由常續法師帶領眾人觀賞影片《在天堂遇見的五個人》。禪修營圓滿前，常續法師為悅眾開示「提」字，勉勵眾人提起願力，將自己在法鼓山受益的法寶——佛法、禪修、理念、方法，分享出去，利益他人。

● 11.11

臺南分院舉辦「青少年親子自在營」
增進親子交流　在互動中成長

為激發青少年追求夢想的熱情、也鼓勵父母支持孩子的夢想，臺南分院與臺南市新興國中於11月11日共同舉辦「青少年親子自在營」，內容包括團康活動、影片觀賞等，有近六十位親子參加。

活動於體驗法鼓八式動禪後展開，親子分成兩組進行課程。青少年組的學員首先在

臺南分院於新興國中舉辦「青少年親子自在營」。圖為青少年組的共學活動。

「人生價值大拍賣」單元中的熱絡氛圍下，寫出最想追求的人生價值，課程並透過熱情追夢的人物——倒立環島先生黃明正的故事分享，帶領學員思索如何築夢、追夢；也安排觀看「心六倫微電影」，引導青少年認識心六倫。

成人組的學員，在心六倫種子教師的帶領下，共同探討「青少年心理」、「青少年成長」、「青少年需要」、「青春期的危與機」等課題。

作業分享時，有青少年分享提到，過去心中不曾有目標，藉由此次活動，夢想正點滴匯聚；參與活動的家長也表達高度肯定，感恩法鼓山提供難得的親子互動，拉近了彼此距離，也從中學會要更了解孩子們的想法，以包容來支持孩子。

● 11.20

新北市中和國中設置祈願池
以「108自在語」安定校園與社區

新北市中和國中打造了一座電子祈願池，載滿「聖嚴法師108自在語」，成了師生與社區居民的安心法寶。

新北市中和國中校園進行圍牆改造工程，設置電子祈願池，於祈願池前的互動式電子牆輸入「聖嚴法師108自在語」，並自11月20日起開放啟用。

站在半月形祈願池前，牆頭的燈會自動亮起，啟動石牆上的潺潺流水，此景如同法鼓山園區祈願觀音殿的後方水幕；隨後，使用者可在心中祈願，或訴說心中煩惱，十秒後牆上的螢幕即顯現相應的自在語，並能傳輸至手機，隨時自我勉勵。

中和國中校長丁澤民提到當初設置祈願池的因緣，是有一次參訪法鼓山園區時，從臨溪朝山步道走上祈願觀音殿，此行讓他留下美好印象；年初，學校與相鄰的興南國小，共同進行校園圍牆改造，於是發揮創意，將祈願觀音殿轉化為電子祈願池，並沿著兩校大門圍牆，打造出約兩百公尺的生態走廊，希望把法鼓山的境教氛圍帶入社區。其中的電子祈願池互動式電子牆，特別徵得聖基會同意，輸入兩百組「聖嚴法師108自在語」。

丁校長說明，中和國中有許多學生來自新住民家庭，附近社區也有許多榮民、獨居長者、新住民，因此期盼藉由分享「聖嚴法師108自在語」，帶給學生和社區居民心靈寄託與安定的力量。

● 11.24～12.01

第六屆「大悲心水陸法會」於園區啟建
藉由共修力量　引導大眾修福修慧

11月24日至12月1日，法鼓山於園區啟建「第六屆大悲心水陸法會」，共設有十二個壇場，涵蓋多種修行法門；八天七夜的法會，在法師、信眾、義工

的共同成就下，共有三萬兩千人次在園區參加共修。法會期間，也有來自全球三十六個國家，包括臺灣、中國大陸、歐美、東南亞、日韓、澳洲等地區民眾，透過網路線上共修、參與法會。

本屆水陸法會特別加強各壇法師說法的時段，引導大眾理解經文義理、認識法門次第，在唱誦、靜閱、禪觀、念佛時，更能掌握修行法要。而在網路共修方面，除了延續「家家是道場，世界成淨土」的理念，更鼓勵大眾前往附近的道場或辦事處共修，不僅臺南分院、高雄紫雲寺，及護法會嘉義、花蓮辦事處等地開放連線，美國紐約東初禪寺、加拿大溫哥華道場、馬來西亞道場也同步舉行。

方丈和尚果東法師在12月1日的送聖儀式上，藉由全新製作的「但念無常、慎勿放逸」的動畫片尾，引導大眾從「佛國淨土」返回「人間淨土」，也提醒與會者，應將在法會期間精進修行的精神，融入落實在家庭、工作職場中，在日常生活時時扮演觀音菩薩普門示現、聞聲救苦的角色，用感恩心面對順逆緣、用報恩心奉獻結善緣，身行善、口言善、意念善，當下就能成就淨土。

法會最後，巨幅投影螢幕上出現聖嚴師父的身影與勉勵：「人間是永遠有希望的，也有我的祝福與期許。」方丈和尚期勉大眾承接師父推動「心靈環保」的願力，為人間創造更美好的未來。

送聖儀式最後，投影螢幕上出現聖嚴師父的身影和勉勵，期勉大眾共同承續師父推動的心靈環保，為人間創造更美好的未來。

佛國淨土　人間展現

12月1日講於法鼓山園區「水陸法會送聖」

◎果東法師

　　諸位法師、諸位菩薩、諸位善知識大德，以及參與網路直播線上共修的諸位菩薩，阿彌陀佛！

　　今年（2012年）是法鼓山第六年舉辦「大悲心水陸法會」，連續八天七夜的法會，總計有三萬二千人次進入壇場精進，以及來自全球三十六個國家的菩薩，參與網路共修。此外，紐約東初禪寺、溫哥華道場、香港護法會及馬來西亞道場等地，也以「佛七」的方式，透過網路直播，參與共修。所以，我們舉辦水陸法會，也是一種可以幫助現代人「不居三際，可遍十方」修持的方便法門。透過網路串連、凝聚全球各地的善心願力，讓國外的佛子也都能身歷其境，體驗各壇會場的無上莊嚴與攝受。

　　其次，感謝僧團法師們及義工菩薩的奉獻，還有諸位的參與，才能共同成就這一場莊嚴的勝會。

　　這八天來的精進共修，處處法音宣流，人人安詳和樂、法喜充滿，就如同置身於佛國淨土之中。剛才大家觀看的動畫影片，片尾除了「佛國淨土」，另有兩隻臺灣藍鵲及丹頂鶴於空中飛翔，即象徵人間淨土——法鼓山。這就如同八天來諸位菩薩的精進共修，透過莊嚴攝受的佛事、悠揚清遠的梵唄，滌淨身心的經文，宛若置身佛國淨土中清涼自在；透過修行、懺悔、禮拜的共修力量，以及諸佛菩薩的慈悲願力加持，使得身心非常安定詳和，看到的一切都是如此美好。

　　然而，從「佛國淨土」返回「人間淨土」時，佛菩薩也提醒我們「但念無常、慎勿放逸。」要將這八天來的精進用功，延續在往後的日常生活中，時時刻刻如同「佛國淨土」般的清涼自在、安定詳和。許多大乘經典均提到，只要人的心念淨化，進而行為淨化，便可體驗到世界如「佛國淨土」。

以「心靈環保」為核心　建設人間淨土

　　請諸位不要以為，建設「人間淨土」，就是把信仰中的十方佛國淨土搬到人間，或把《阿彌陀經》、《藥師經》所說的淨土景象，展現在我們居住的地球上。法鼓山創辦人聖嚴師父曾說：「建設人間淨土是用佛法的觀念，來淨化人心，用佛教徒的生活芳範來淨化社會，通過思想的淨化、生活的淨化、心靈的淨化，以聚沙成塔、滴水穿石的逐步努力，來完成社會

環境的淨化和自然環境的淨化。」這也就是法鼓山所提倡的理念：「提昇人的品質、建設人間淨土。」

人間淨土不是口號，也不是幻景和夢想，而是人人能夠在現實生活中體驗的事實。諸位參加水陸法會精進用功，就是在提昇人的品質，就是在建設人間淨土。水陸法會又稱「法界聖凡水陸普度大齋勝會」，集合了「消災、普度、上供、下施」諸多不可思議的殊勝功德。就如同經典所說：「身行善、口言善、意念善，身、口、意三業都做好事，則淨土就在我們面前。」所以，參加水陸法會改變自己的身、口、意，並且精進用功，努力修行，就是在幫助自己，提昇自己的品質，建設清淨的淨土。如此由個人推展至家庭、團體，漸漸成為淨土的世界，為這個世界傳播一分善的力量。

實踐「人間淨土」 開創光明美好未來

尤其現在，全球過度開發與污染，暖化現象愈來愈嚴重，各地皆面臨氣候異常所帶來的各種天災地變。此外還有一種災害，就是人心的貪婪所造成環境與經濟上的損失。社會經濟不景氣，失業人口增加，衝擊到許多家庭的經濟，人心因此浮動，造成各種社會亂源、負面現象層出不窮。

臺灣社會近年充斥種種暴力事件，不斷發生在我們生活周遭，這些現象

第六屆大悲心水陸法會送聖儀式最後，大螢幕呈現出夕照中，萬道光芒遍灑法鼓山上每一棟建築、每一株草木，宛如人間淨土。

要怎麼改善？必須從觀念改變做起。聖嚴師父在二十年前便已提出「心靈環保」，呼籲社會大眾，「只要我們每個人心念一轉或是心裡某種觀念一改變，社會便會受到不同的影響，如果再加上身體力行所表現出來的行為，所產生的影響力就會更大了。」

今年（2012年）適逢法鼓山推動「心靈環保」二十週年。「心靈環保」的理念在法鼓山的努力推廣下，已逐漸深入一般社會大眾的印象中，廣受國際社會的重視。未來，法鼓山仍將全力推動「心靈環保」的核心觀念，秉持著「提昇人的品質、建設人間淨土」的理念，與大眾共同建立一個永續而快樂、健康、平安的世界。因此，「心靈環保」的推動不是階段性的任務，而是一項無止盡的行動，更是僧團的重責大任。如何結合僧俗四眾的力量，將正信正見正行的佛法，以各種現代化的型態，為廣大的社會，做適時適所的宣導示範及關懷服務。

現在請大家共同來發願，為人間發一個好願，為人間儲存一份至善的心願。如果不發願，事難竟成；只要發願，就一定能心想事成。大家共同來為建設更美好的「人間淨土」而努力。

最後，本人謹代表僧團感恩並祝福大家身心健康、法喜自在。

阿彌陀佛！

第六屆大悲心水陸法會

特別報導

涵攝教育與修行　跨時空共創人間淨土

　　邁入第六年的法鼓山大悲心水陸法會，2012年於11月24日至12月1日在園區展開，秉承聖嚴師父「一場理想的佛事，是積極的修持化導，而非消極的經懺謀生」的指示，持續賦予經懺佛事在教育與修行面向的時代功能，也朝向符合現代化生活型態、趨勢方向，進行改革創新。

法會內容　具足教育與修行

　　本屆法會啟建前，僧團法師從春季開始，就在分支道場弘講水陸法會懺儀中的《梁皇寶懺》及《大悲懺》，加強教育功能；接著透過各地「水陸共修」課程——「水陸法會十壇講座」共讀和前行功課共修，引導大眾深入認識水陸法會，並體驗共修的力量，落實前行功課的實踐，讓教育與共修形成善的循環。

　　法會期間，十二個壇場空間融入漢傳禪佛教的藝術特色，以環保簡約為原則，讓大眾在莊嚴清淨的壇場及境教中專注修行。除了梵唄唱誦，本屆水陸法會還加強各壇法師的說法時段，包括「焰口壇」與「華嚴壇」於本年也開始安排說法，形成各壇都有法師開示經教修行，引導大眾理解經文義理、認識法門次第，在唱誦、靜閱、禪觀、念佛時，更能掌握修行法要。

　　例如，本年新增的兩場焰口壇說法，由美國紐約東初禪寺住持果醒法師開示，提到「超度餓鬼眾生之外，也要超度自己心中的餓鬼——貪、瞋、癡。」法師提醒大眾，可以修學六度波羅蜜來超度自己，練習去除「能」、「所」的分別，以「平等心」面對外境，

壇場場布也是境教的一部分，讓信眾身心宛若置身佛國淨土，圖為藥師壇。

好的不喜歡、壞的不討厭，這才是將焰口施食的觀念，運用到日常生活的修行中。結合禪修方法與焰口施食觀念的說法開示，讓聞法的信眾法喜充滿。

壇場跨時空　新時代修行法門

升級版的「網路共修」，也是本屆法會一大特色。延續「家家是道場，世界成淨土」的理念，本屆共有來自兩岸三地、歐美、東南亞、日、韓、澳洲等三十六個國家的民眾上線共修，參與人次遠超過法會現場。本屆更首創先將臺灣法會現場錄影，再將影片傳送到不同時區國家播放的作法，讓海外信眾毋須顛倒作息，真正做到線上共修「零」時差。

除了自行上網點選虛擬壇場共修，法鼓山也鼓勵大眾前往住家附近的分支道場或辦事處參與網路共修。走進各分院大殿，殿堂布置莊嚴、獻花供果，還有引禮義工接待，彷彿置身水陸法會現場，頗能攝心精進用功。不僅臺南、高雄、嘉義、花蓮等地開放連線，美國、加拿大、馬來西亞等分支道場也同步舉行。

全球各地信眾跨越時空，隨著視訊畫面唱誦、禮拜，使得這場水陸法會成為現代人「不居三際，可遍十方」修持的方便法門。

建設淨土　處處是修行道場

大悲心水陸法會圓滿了，但修行的道路沒有結束。正如同方丈和尚果東法師所開示的，「『但念無常，慎勿放逸』」，要將這八天來的精進用功，持續地安住於往後的日常生活中，讓生活能夠時時刻刻都如同『佛國淨土』般清涼與自在。」不僅如此，更要在眾生需要的地方，運用佛法的智慧給予關懷協助，展現水陸法會自利利他精神，共創美好的「人間淨土」。

臺南分院大殿裡，南部信眾藉由網路畫面同步感受與現場一同共修的力量。

● 12.01

《108自在語・自在神童3D動畫》發行第二集
為品德教育扎根

由聖基會統籌製作的《108自在語・自在神童3D動畫》，廣受全國師生、家長好評，12月1日出版發行第二集。

第二集的三十則動畫以「聖嚴法師108自在語」為精神主軸，取材更為廣泛，除了日常生活的寫照、廣為流傳的寓言故事，也探討關於校園、財富、戀愛、婚姻、職場、生死等主題，在生活教育中，融入心靈環保的精神，讓大眾從平易實用的生活化佛法中，運用智慧過生活。

聖基會出版發行《108自在語・自在神童3D動畫》第二集，為兒童品德教育貢獻心力。

首集《108自在語・自在神童3D動畫》於2011年獲教育部「全國優良教育影片徵集機關推薦組入選」，本年發行的第二集是由法鼓山僧團指導，聖基會統籌，邀請各界菁英與動畫團隊共同合作，發行了國語、臺語、英語、粵語以及簡體字共五種版本，期望透過數位動畫形式，將心靈環保的觀念與方法，與更多人分享。

● 12.01、08

法青會召募「心潮鼓手」
鼓勵青年投入心靈公益的推廣

法青會於12月1、8日在德貴學苑舉辦「心潮鼓手」說明會，召募青年鼓手，共有四十多位有志習禪學鼓的青年參加，了解培訓活動的內容。

說明會上，資深法青悅眾說明心潮鼓手培訓的內容，包括禪修、擊鼓與拳術等，課程除了「優人神鼓」劇團的每週擊鼓教學外，還將學習具有心靈環保精神的生活禪法，如山水禪、動禪等必修課程，希望能培訓具有音律涵養、禪心默契的團隊。

心潮鼓手預計培訓的時間為2013年上半年，同時也規畫拍攝紀錄片，記錄青年鼓手們在禪修、擊鼓中的心靈成長與轉變；引導青年展現生命的力量，投入心靈公益的推廣。

● 12.08

農禪寺舉辦護法會感恩聯誼茶會
邀請新竹以北地區歷任轄召、召委

北投農禪寺新建水月道場啟用前，於12月8、9日各舉辦一場感恩聯誼茶會，感恩早期護法信眾、義工多年來持續護持與奉獻。方丈和尚果東法師、美國紐約東初禪寺住持果醒法師、農禪寺監院果燦法師、護法總會總會長陳嘉男均出席8日的茶會，共有四百多位來自護法會新竹以北地區歷任轄召、召委參加。

茶會上，方丈和尚開示表示，農禪寺新建工程展現了聖嚴師父的悲願，師父期許農禪寺可以成為一座景觀道場，讓大家在日常生活中將農禪樸實的精神，對應在所面對的各種人、事、物上，並且於各種因緣境際上都能夠善用佛法、禪法、心法來觀照自己的起心動念，疏導各種無明煩惱。

陳嘉男總會長則特別感念團體中每位悅眾發願、發心的協助，圓滿完成勸募各項任務，並勉勵大眾：硬體建設有完成的時間表，但法鼓山理念、心靈環保的推動，則需長期持續地深耕。

茶會中，也安排了法鼓山合唱團演唱與「水月揚聲──比劃幸福」手語表演；大堂分享時，有悅眾分享親近法鼓山的因緣，也有悅眾表示，法鼓山從農禪寺鐵皮屋發展成世界佛教教育園區，到新建水月道場即將落成，都是眾人追隨、承繼聖嚴師父悲願所成。

北區悅眾歡喜回到農禪寺，迎接新建工程水月道場落成的喜悅。圖為果醒法師與悅眾歡喜合影。

● 12.08～2013.09.01

開山紀念館舉辦「法相重現」特展
紀念阿閦佛頭聚首十週年

為紀念法鼓山捐贈中國大陸山東神通寺阿閦佛頭聚首十週年，12月8日至2013年9月1日，法鼓山園區開山紀念館舉辦「法相重現──阿閦佛頭流轉・聚首十週年特展」。

展覽的內容包括介紹阿閦佛和神通寺四門塔的歷史、阿閦佛的法門及國土、致贈阿閦佛頭的籌備過程回顧、佛頭回到山東的修復紀實，以及阿閦佛與法鼓山大殿佛像的殊勝法緣等。

法鼓山開山紀念館舉辦「法相重現」特展，回溯當年阿閦佛首流轉聚首的因緣。

2002年，山東神通寺四門塔被盜的阿閦佛首流轉至法鼓山，聖嚴師父親自率眾將佛頭送回，使古佛恢復原貌，樹立了保護佛教文化遺產的典範，也是兩岸文化交流的創舉。2012年適逢佛首捐贈十週年，法鼓山除了於開山紀念館舉辦特展外，並在《人生》雜誌352期製作「阿閦佛——教你不生氣」專題，介紹阿閦佛的法門與悲智願行。

● 12.09

農禪寺舉辦開拓悅眾感恩茶會
回顧追隨聖嚴師父創建法鼓山的故事

接續12月8日的感恩聯誼茶會，北投農禪寺於12月9日舉辦第二場茶會，方丈和尚果東法師、農禪寺監院果燦法師、護法總會總會長陳嘉男、副總會長周文進等出席關懷，共有一百多位二、三十年來一路跟隨聖嚴師父、護持法鼓山的開拓悅眾，齊聚農禪寺，回憶當年跟隨聖嚴師父篳路藍縷、創建法鼓山的故事，同時分享水月道場落成的喜悅。

茶會中，三十多年前即追隨聖嚴師父、護持中華佛研所的黃詹愛、謝黃麗月、楊黃玉淑，法鼓山草創時期的開拓悅眾謝淑琴、陳柏森、施建昌、林顯正、林政男、熊清良、李純恩、陳照興等，經由主持人資深悅眾陳秀梅、護法會第一位辦事員廖今榕的介紹，一一起身向大家揮手問候。

隨著大螢幕播放的一張張回顧照片，包括鐵皮大殿內進行的護法會會員大會、勸募會員聯誼會、齋堂或佛堂中的會團成長課程，以及入慈悲門下、照壁前的合影，每一位照片中的

方丈和尚與果燦法師（右）繞行感恩會場，向護法悅眾表達感恩。

護法悅眾跟著導覽義工解說，巡禮農禪寺新建工程水月道場，耳目一新的景觀，是眾人願心願力凝聚的成果。

年輕主角，如今都已是法鼓山的資深護法。在主持人邀請下，有多位護法悅眾上臺分享追隨聖嚴師父學佛護法的因緣。

上午的活動，特別播放1990年聖嚴師父於農禪寺宣講〈四眾佛子共勉語〉的開示錄音，重溫當年「最難忘的一堂課」；並安排中華佛研所果鏡法師及多位僧團法師帶領體驗茶禪，讓悅眾在沉澱攝心後，回味當年的感動。

下午，方丈和尚到場關懷，感恩悅眾的護持，並分享水月道場的興建，是聖嚴師父淨化人間的願心，也是成就人間淨土的歷程；並勉勵大家是開拓者，更是開心者、開展者，也期許眾人將師父未完成的事，繼續共同完成。果燦法師表示，農禪寺是眾願所成，感恩護持信眾與義工一直以來的協助和關懷，還帶領大眾祈福發願。

茶會最後，在導覽義工導引下，眾人共同走入新建水月道場，巡禮當年學佛成長的心靈家園，發願要將東初老人、聖嚴師父傳續下來的農禪家風，發揚光大。

● 12.12

文基會、聖基會獲教育部肯定
獲頒101年度績優教育基金會團體獎

法鼓山文基會、聖基會分別獲教育部頒發「101年度績優教育基金會」特優及優等團體獎，文化中心副都監果賢法師、聖基會主任呂理勝12月12日代表出席在教育部舉辦的頒獎典禮，由教育部社會教育司司長羅清水頒發。

果賢法師表示，文基會為順應現代人使用網路習慣的潮流，特別採取「知識銀行」概念，將出版品數位化，透過網路推廣數位學習，並持續出版書籍、雜誌，強化心

果賢法師（右）代表文基會，接受羅清水司長（左）頒發「101年度績優教育基金會」特優團體獎。

靈、生活、禮儀、自然環保等「四環」理念，希望促進人間社會的平安快樂。

呂理勝主任則指出，聖基會長期補助聖嚴師父思想學術研究，提供碩、博士論文獎助學金，並規畫出版心靈環保、心五四、心六倫等動畫，以及彙整翻譯成各國語言進行跨文化的傳播，透過數位方式推廣佛學教育，期使佛法廣為現代人的生活所運用。

● 12.16起

法鼓山推動「電腦編號條碼貼紙」
響應「個人資料保護法」

為了保護個人資料、簡化知客櫃臺服務的作業流程，法鼓山推動身分識別條碼的「電腦編號條碼貼紙」，自12月16日起開放申請。

凡是法鼓山的護法信眾，都可至全臺各地分院領取「電腦編號條碼貼紙」，貼紙上印有個人專屬的電腦編號條碼、姓名，為便於使用及妥善保管，可黏貼於隨身攜帶的卡套、筆記本等物品。

運用條碼捐款護持及參與活動報名時，不但能節省資料輸入、比對查詢的時間，使用方便，也更能有效保護個人資料。

● 12.16

臺東信行寺舉辦佛法講座
果醒法師分享心的智慧

臺東信行寺於12月16日舉辦佛法講座，由美國紐約東初禪寺住持果醒法師以「心心相映‧心心相印」為題，闡述佛法對心的詮釋，有近一百六十人參加。

果醒法師說明，記憶和外境都是一種影像，卻不斷被拿來執取，被誤認為是真實的，也因此起了妄想分別，於是就產生痛苦，生命也跟著不停輪迴；心本來應該像平靜的湖水一樣，具有映照的功能，可以清清楚楚看見，而不會留下痕跡，但我們的心往往在「起自他想」之後，產生了「能所」，因此湖面失去平靜、映照的功能，也無法與眾生本自具足的佛心相印。

果醒法師於信行寺分享心的智慧，有近一百六十人參加。

最後，法師勉勵大眾多當義工，尤其要挑自己最討厭的事情來做，才能「藉境鍊心」。果醒法師表示，放下「能所」、人我對立，培養「好的不喜歡，壞的不討厭」的態度，自然而然能自我消融，體驗到無限的自在。

● 12.21

方丈和尚受邀出席阿閦佛聚首10週年紀念活動
感恩當年「流轉‧聚首」因緣

佛首復歸十週年紀念活動中，神通寺住持界空法師（左）致贈一座四門塔模型給方丈和尚果東法師（右）。

方丈和尚果東法師應邀參加12月21日在中國大陸山東省神通寺舉辦的「四門塔阿閦佛首回歸十週年」紀念活動，與該寺住持界空法師、教界多位法師、濟南市佛教協會會長陶書童、濟南市民族宗教局局長米俊偉等，共同出席慶典祈福法會。

方丈和尚在慶典儀式中致詞表示，感恩界空法師成就此次活動，讓法鼓山能再次為四門塔參與奉獻，並感恩阿閦佛流轉的因緣，間接促成法鼓山大殿三寶佛以阿閦佛為造像藍本，而與許多人結下善緣、法緣；也引用聖嚴師父的話表示，當年阿閦佛「流轉‧聚首」因緣，凝聚了兩岸的善意與祝福，讓佛首圓滿復歸，具有更深的「因緣教育」意義。

界空法師致答謝詞時指出，十年前在阿閦佛首復歸法會上擔任長老侍者，看著明哲、明學、聖嚴三位長老，在風雪中主法，無比感動，深覺佛教法業傳承的重要，促使他發願復興神通寺。

會後，方丈和尚與十年前促成阿閦佛首復歸的濟南市文化局前局長鄒衛平、國務院臺灣事務辦公室謝愛民會面時，除感恩兩人當年的大力協助，也希望因著阿閦佛的因緣，處處都有阿閦佛的無言教法，讓無瞋、不動、妙喜的阿閦佛法門，帶給兩岸、人間、世界永遠的平安。

鄒衛平則感念聖嚴師父無私的智慧，將阿閦佛首送回神通寺四門塔，並建議將十年前師父送回佛首的12月17日，定為濟南市的「文物資產保護紀念日」，且獲得與會者的肯定。

「流轉‧聚首」十週年

12月21日講於中國大陸山東省神通寺
「阿閦佛首復歸十週年」祈福法會

◎果東法師

諸位法師、諸位貴賓：

感恩住持界空法師善巧成就這次活動，讓法鼓山能夠再次為四門塔參與奉獻。

十年前的今天，法鼓山創辦人聖嚴師父親自帶領僧俗四眾，將一度失竊的四門塔東壁門阿閦佛首像，從臺灣護送回神通寺，在這裡舉行了阿閦佛重生祈福典禮，當時我是隨行人員之一。

在這十年之間，尤其是2005年10月，臺灣法鼓山世界佛教教育園區落成以來，阿閦佛「流轉‧聚首」的因緣，幾乎每天都被談起。因為法鼓山大殿上的三尊大佛，其造像藍圖，就是根據四門塔的阿閦佛所得的靈感。世界各國人士只要來到法鼓山，一定會到大殿表達禮敬或者祈願。

在佛教道場來講，大殿是寺院的信仰中心。法鼓山大殿上的三寶佛，至今已與全世界無數的人結下善緣、法緣，從我們內心來講，這份法緣、善緣，應該要迴向給四門塔的阿閦佛像，乃至四門塔，乃至神通寺。

阿閦佛首自1997年失竊後，一度成為古董市場的商品文物，之後輾轉由法鼓山信眾請購而得，並且打算捐贈給法鼓山，做為永久收藏。當聖嚴師父得知這個消息以後，第一個反應是：查出這件古文物的出處，來自什麼地方？以便送古文物回家。

恩師認為，任何一件宗教古文物，都具有兩種意義，一種是文化上的意義，一種是宗教上的意義。

「流轉‧聚首」的三重意義

以阿閦佛像來講，它興建於東魏武定二年，西元544年，至今已超過一千四百多年。一件文物能夠歷經一千四百多年，代表著它被不同時代的人所需要，也被世世代代的人所保護，故能不被時代的長河所淹沒，而見證過去、現在，乃至未來的人類歷史。這是古文物所具有的文化價值。

此外，宗教古文物也必然具有宗教上的意義。比如當年鑄造之時，來

自鑄造者或者護持者賦予的願心，或許與個人生命有關，或許與民族的文化、民族的精神和民族的信心有關，這股蘊藏於宗教古文物背後的願心，是非常令人動容的一股力量。

除了這兩種意義之外，恩師進一步指出，阿閦佛「流轉・聚首」的因緣，尚具有第三重意義，那就是從整件事情的過程中，凝聚兩岸的善意與祝福，而讓事情往更好的方向發展。這層意義，便是因緣教育的意義。

從佛法來講，佛說法的地方，就是一所學校；如果能從因緣之中，體驗到事情的本來面目，那就是體會了佛法的教導。「本來面目」，也就是「法住法位」，意思是說，在適當的時間點，做應當做的事，每個人都盡心盡力，以成就他人，來成長自己。

有關「法住法位」，在法鼓山推動生活化、現代化與人間化的佛法實踐中，我們提出了另外一個名詞，叫作「心靈環保」。心靈環保，是把環境中的一切人事物，都當成是我們自己，如同己身一般的保護，除了避免使人受到傷害，更要避免傷害他人；除了保護、愛護自己，更要保護善待他人與環境。如此生命共同體，當環境整體改善了，我們自己也一定是水漲船高的受益者。

法鼓山的理念是以「心靈環保」為核心主軸，今年（2012年）正是法鼓山推動「心靈環保」屆滿二十年。能於歲末重訪四門塔，再度聆聽阿閦佛的無言說法，再次溫習「法住法位」的一堂因緣課，法鼓山特別感恩。

十年前，恩師曾為阿閦佛的歸鄉之路寫下兩句祝福；十年之後，果東的祈願仍與恩師相同，那便是：「願兩岸永遠平安，願世界永久和平。」

祝福大家，阿彌陀佛！

12.23

人基會舉辦法鼓山親子一日樂遊
與新住民學童及家長分享「心六倫」

12月23日，人基會邀請北海岸地區中角、大坪、老梅等三所國民小學的新住民學童及其家長，於法鼓山園區進行一日樂遊活動，有近一百人參加。

活動內容包括參觀園區、體驗禪修與親子共學，以及感受園區四種環保的境教等。行程

近百位新住民在一日樂遊活動中，共同體驗「心六倫」的意涵。

中，安排了一段「心六倫」分享時間，邀請蓮花基金會董事張寶方主持，透過熱情的互動關懷、影片觀賞，帶領全場家長及學童，學習用感恩心、寧靜心看待並珍惜生命中的每一段順逆因緣，及珍惜人生中每一刻人與人相聚的時光。

活動最後，安排心劇團表演《世界一花──花花的幸福種子》，小朋友在觀賞演出過程中，流露歡喜開心的笑容，綻放了生命的蓬勃生機。

人基會舉辦親子共遊活動，寓教於樂，希望帶領親子共學，讓倫理教育融入日常生活中。

12.24

法鼓山、廣教寺展開佛教文化交流
廣教寺讚譽法鼓山教團弘化創新

方丈和尚果東法師一行人在參加中國大陸山東神通寺舉辦的「四門塔阿閦佛首回歸十週年」紀念活動後，於12月24日前往江蘇南通拜訪廣教寺，參觀位於廣教寺內的「聖嚴法師弘化成就展示館」，並以「法鼓山、狼山兩岸佛教文化交流」為主題，進行交流座談會。

這場座談會由該寺住持俊才法師主持，與會者包括：江蘇省宗教局副局長沈祖榮、江蘇省佛教協會副會長兼祕書長暨蘇州寒山寺方丈秋爽法師、南通市民族宗教事務局局長馬建清等近二十人。法鼓山則由方丈和尚、僧團副住持果品

法師、國際發展處
監院果見法師等代
表出席。

座談會上，雙方
就「聖嚴法師與狼
山佛教」、「聖嚴
法師弘化成就展
示館的新提昇」、
「南通佛教與法鼓
山佛教文化交流的
途徑與方式」三個

方丈和尚一行人與廣教寺住持等人進行佛教文化交流座談，與會人士回
響踴躍。

主題，進行交流。沈祖榮副局長並期盼狼山與法鼓山能建立定期的交流，藉以
學習法鼓山的精神和理念；也強調，學習不僅僅是學其外在形式，更包括文化
精神和內涵，因此需要有堅定的信仰和長期而穩固的努力。

當天，與會者對聖嚴師父致力於漢傳佛教的弘傳，以及弘法利生的悲心弘願
多所感懷，並肯定師父所建立的法鼓山教團，在人才培育、弘化創新、禪法推
廣、組織制度等方面，都足以為當代佛教團體學習的典範。

● 12.29

農禪寺新建水月道場落成啟用大典
邁向嶄新弘法歷程

農禪寺新建水月道場落成啟用，方丈和尚帶領大眾巡禮。

法鼓山的發源地
——北投農禪寺，
特別選在阿彌陀佛
聖誕，12月29日舉
辦新建水月道場落
成啟用大典，包括
佛教界今能長老、
明光長老、全度法
師，以及前副總統
蕭萬長、建築師姚
仁喜、新北市副市
長許志堅等各界來

賓，與方丈和尚果東法師、僧團法師、護法信眾等，有近萬人參加。

啟用大典上，方丈和尚致詞感念創辦人聖嚴師父的度眾悲願，並感恩姚仁喜建築師，以佛學底蘊及創意擘畫，讓農禪寺在千年道場與時代精神之間，從建築上做出完美詮釋；同時感恩工程團隊、法鼓山四眾弟子的奉獻，共同成就農禪寺新建工程。

代表護法信眾致詞的前副總統蕭萬長表示，農禪寺不僅保留開山農舍、入慈悲門，並將新舊建築融合一起，蛻變創新，這就是農禪精神，也是法鼓山的精神，更是聖嚴師父悲願的完成；期許農禪寺啟用後，接引更多人親近佛法。

在揭幔儀式、開光法會、點燈供燈儀式後，首度公開演唱的〈水月頌〉，透過臺北愛樂青年管弦樂團、法鼓山各地合唱團、農禪寺手語隊的演繹，向所有護法信眾獻上音樂禮讚。

最後，方丈和尚帶領大眾持誦觀世音菩薩聖號，一同巡禮傳承創新的農禪寺。新建的大殿、L型多功能建築，完成修復的開山農舍、入慈悲門，不同年代的建築座落寺內，傳續著東初老人建立的農禪家風，以及聖嚴師父度眾化眾的悲願。

（左五起依序）前副總統蕭萬長、惠敏法師、今能長老、方丈和尚果東法師、明光長老，與建築師姚仁喜（左一）等各界來賓，共同參與農禪寺新建水月道場啟用大典。

農禪家風　開啓新頁

12月29日講於北投農禪寺新建水月道場落成啟用大典

◎果東法師

蕭前副總統、今能長老、明光長老，諸位政府長官、諸位賢達大德、各界貴賓、護法菩薩，大家早安，大家阿彌陀佛！

果東首先代表法鼓山，感恩諸位多年來的護持，感謝諸位撥冗蒞臨指導。

法鼓山農禪寺新建水月道場的落成啟用，從硬體來講，代表農禪寺從過去的鐵皮屋時期，蛻變為煥然一新的水月道場；從奉獻來講，則是法鼓山以「心靈環保」為核心主軸，用理念來關懷教育人心、奉獻成就大眾的一個重要里程碑。

我們都知道，農禪寺是由師公東初老人所創建，而由恩師聖嚴師父發揚光大，過去三十七年來，不僅育成了法鼓山這個團體，接引了無數大眾對佛教的正信因緣，也興起了在人間建設淨土的普世風潮，更開啟了以「心靈環保」帶給人間和平幸福的普世價值。

農禪寺是我們心靈的家，就像母親的搖籃一樣，於您我都有一份深厚的情感。許許多多的菩薩大德即是在農禪寺和聖嚴師父結下法緣，親近三寶，從而開展學佛、護法、弘法的學佛之路。

新建水月道場的使命

一個道場的存在，自有其使命。農禪寺新建水月道場落成，我們的使命有二。其一是承續聖嚴師父的悲願，繼起法鼓山僧俗四眾對自己和眾生的承諾，也就是把佛法的好，分享給現在和未來的人類，並且透過對法鼓山理念：「提昇人的品質，建設人間淨土」的實踐，為當下及未來的世界，創造永久的平安與幸福。

另外，從地緣來講，農禪寺位於臺北市北投區，拜大眾運輸捷運系統之便，從臺北車站至農禪寺所在的奇岩站，不到二十分鐘車程，這是相當大的優勢。

聖嚴師父期許，農禪寺能夠成為大臺北都會區具代表性的景觀道場，清雅、樸實、幽靜、明朗，兼具觀光與接引、弘化的功能，成為臺灣佛教文化的新地標，以接引更多的大眾，來學習慈悲與智慧的佛法。

景觀道場，顧名思義，是以景觀作為接引修行的一種工具。對於景觀與

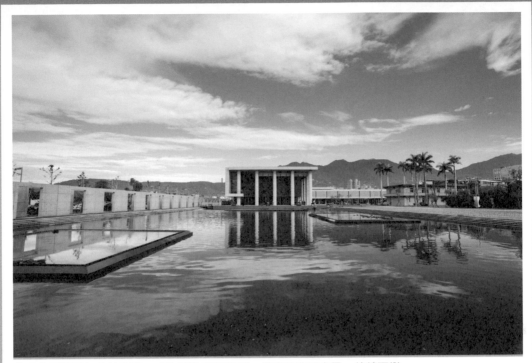

農禪寺歷經兩年多的改建，成為新的景觀道場，樸實的農禪家風，傳續不變。

修行之間，聖嚴師父說過：「經由對空間經驗、對環境氛圍，讓我們憶起佛法僧、憶起佛陀給我們的教導，利用這樣來轉化人心」。

因此，農禪寺的景觀，不論是建築規畫，或者落實大地觀的精神，都是別具用心。

例如，此刻我們所在的大殿，就是以節能綠建築的作法融入創意，讓鏤空的《心經》，透過自然變化的光影投射，映灑在大殿的空間，當人沐浴在漢字美學的光影中，自然產生對《心經》的感恩和感動。

又如大殿外的蓮池水月、禪堂外五千多字的《金剛經》牆，以及從過去保留到現在的「入慈悲門」及開山農舍等等，都是帶給人心禪悅、清淨法喜的環境景觀。在這裡，我們要特別感恩建築師姚仁喜的佛學底蘊，感謝他的創意與精心擘畫，讓農禪寺在千年道場與時代精神之間，從建築上做了最完美的詮釋。

「即景觀心」的功課與祝福

而我們更期盼看到的是，當每一位菩薩在農禪寺的空間移動、佇足或落座時，除感受環境空間的清淨之外，更能夠在人與人的互動之中，即景觀心。從農禪寺的一沙一石，一草一木，體驗到步步道場、六時吉祥，當下即是人間淨土。從處處觀音菩薩，聲聲阿彌陀佛的心念之中，感受到每個

人的心都是自在的，都是感恩歡喜、平安幸福的。

從禪悅境教之中，學習「入慈悲門，即景觀心」，生起自身莊嚴、自在清淨的內心景觀，體現森羅萬象，都是佛菩薩淨土的智慧與慈悲。這便是師父對於景觀道場的深切期許。

因此，農禪寺最美好的景觀，是在我們每個人與自己相處，與他人互動，乃至與社會、與自然環境之間的和敬、和諧與和平，相信這是聖嚴師父所說「即景觀心」，所要帶給我們的功課與祝福。

聖嚴師父期許我們，「在面對自我內外所有的因緣情境時，都能回到初心，入慈悲門，人人大悲心起，處處人間淨土。維持自性本質的清淨禪悅，所看到的，感受到的，必然都是天國淨土般的美好無礙。這樣子，人類必能免於災難，減少衝突，祥和安樂。我們這個人間，就是一個人間淨土了。」

回首農禪寺已曾走過的三十七年，在成住壞空的歷程中，現在有了新的風貌和量體。今天，農禪寺的新建工程，改變的是硬體建築的風貌，不變的則是我們和師父願願相續的傳承與初心。

祈願我們，藉著農禪寺的地利之便，經常親近水月道場，讓我們時時歡喜共修，處處一起成長，在學佛路上相互扶持，互為菩薩道侶，為我們自己帶來永世的平安，為我們的社會祈願和平吉祥。如此，便能夠「得心自在」：「心自在，身自在。身心自在，福慧自在。」進而契入佛菩薩的自在境界。

祝福大家，感恩大家。

即景觀心　水月映大千

農禪寺新建水月道場落成

「空中花，水中月」，依循創辦人聖嚴師父悲願而建的北投農禪寺新建水月道場於2012年12月29日落成，昔日的層層鐵皮屋蛻變為創新的景觀道場，開山農舍、大殿、水池、《金剛經》牆等景觀，歡喜迎接十方大眾「入慈悲門」，體驗「即景觀心」的禪悅法喜，並感受法鼓山「農禪家風」的法脈源流。

對臺北市而言，農禪寺是僧俗四眾安身立命、淨化心靈的道場，是富含人文意義、具有珍貴文化記憶的歷史建築；對臺灣佛教及法鼓山的發展來說，農禪寺，不僅是漢傳佛教的弘法重鎮，更是法鼓山的弘法發源地。

弘法重鎮　富含人文意義

農禪寺是東初老和尚於1975年所創建，為效法唐代百丈禪師創立的叢林制度，期許弟子以務農、禪修生活為家風，故名「農禪寺」。1978年聖嚴師父接任住持，至今已有近四十年弘化歷史，是許多人學習佛法、禪修的開端和福慧雙修的菩薩道起點。

1989年，由於農禪寺所在地被納入「關渡平原保護區」，農禪寺面臨了拆遷問題。為祈求問題可以順利解決，同年3月，聖嚴師父在寺中帶領近一千位信眾共同虔誦〈大悲咒〉二十一遍，不久後，隨即在當年的臺北縣金山鄉找到法鼓山園區現址，法鼓山的出現，使農禪寺的遷建問題得以暫緩。

直到2004年4月，經臺北市文化局專案小組古蹟委員會決議，農禪寺內的「開山農舍」、「入慈悲門」通過登錄為臺北市歷史建築，表彰師父在此推廣心靈環保，對淨化人心、淨化社會的重大影響；值此因緣，農禪寺基於歷史建築的保存維護，獲准改建寺內的臨時建物和景觀，全新發展的契機，由此展開。

景觀道場　悲願所成

隨著法鼓山落成開山，農禪寺圓滿了孕育角色，弘化的腳步，調整再邁出。2010年，農禪寺在眾多因緣促成下，啟動改建計畫，實踐聖嚴師父「做空花佛事，建水月道場」利益眾生的悲願。

落成後的農禪寺新建工程水月道場，蘊涵了深刻的佛法理念，以及聖嚴

師父深切的度眾悲願。擔綱設計的建築師姚仁喜說，2006年籌建之初，師父曾提到，有鑑於臺灣許多寺廟逐漸變成專辦法會的場所，因此希望把占地面積不大的農禪寺建設成一座「景觀道場」，讓社會大眾來到這裡時，就能感受到專屬於寺院空間的殊勝氛圍——即「景」「觀」心，進而啟發正念，浸沐佛法。

農禪寺「水月道場」之名，出自虛雲老和尚之言：「空花佛事時時要做；水月道場處處要建。」老和尚隨緣度眾生，一生之中修復十幾處已成廢墟的古道場；聖嚴師父承續老和尚度眾化眾的道心，以水月道場作為農禪寺新建工程的主題。依師父的構想，新建工程看似立於虛無縹緲的空中，又像影子倒映於水中的明月；虛幻中似乎為實景，實景中又蘊涵佛法理念。改建後的農禪寺建築，和諧地融攝在水、倒影和大屯山景間。

弘化使命　全新開展

為了迎接農禪寺新建道場的啟用，2013元旦連續假期期間，農禪寺舉辦「入慈悲門——農禪寺新建水月道場」啟用大典暨系列活動，以接續不間斷的弘法活動，廣邀社會大眾來寺，以祈福皈依、體驗禪修、跨年感恩朝山親近大地，為新的一年帶來清淨的祝福。

蘊藏了法鼓山僧俗四眾共同成長記憶的農禪寺，新建工程落實了聖嚴師父「做空花佛事，建水月道場」利益眾生的理念；不僅含攝「空有不二」的佛法，更具足了簡約、質樸的法鼓宗風，在一石一柱、一花一樹、一窗一景的景觀境教中，也重塑了大眾對寺院道場的定義，讓民眾在此觀景的同時，也能夠同時在境教中觀心修行。

延續著昔日層層鐵皮屋時期的農禪家風，農禪寺將持續接引人們安頓身心、修行成長的使命，啟沃更多都會心靈，照見心中的淨土。

開山農舍：一頁法鼓山發展史

從大度路進入農禪寺，放眼望去，十棵高大的大王椰子樹，圍繞著一棟灰色洗石子牆面的兩層樓建築，那是農禪寺最早的建築「開山農舍」，是聖嚴師父的恩師——東初老人率領弟子建造而成，為1970年代臺灣鄉村典型的農舍建築。

開山農舍被臺北市政府登錄為「臺北市歷史建築」，表彰聖嚴師父在此推廣心靈環保，對淨化社會具有重大貢獻的歷史意義。

目前開山農舍規畫為展示空間，內部的擺設大多回復原貌保存。一樓供奉農禪寺鐵皮屋大殿的西方三聖聖像；右邊為簡介室，以圖文、影像、影片、複刻文物，帶領參訪者走過農禪寺昔日的弘化歷史；左邊是聖嚴師父昔日的會客室以及照片牆。

拾階而上，二樓有東初老人設置的文殊殿、僧眾圖書區，以及聖嚴師父的寮房、東初紀念室與史料研究室等。

綠色琉璃瓦下的「入慈悲門」，期許大眾學佛、護法，以慈悲心為出發，利益一切眾生。

入慈悲門

佇立在大殿後方的入慈悲門，原是農禪寺的入口（三門），為聖嚴師父於1982年左右為區隔寺院內外所建。取名「入慈悲門」，是期許眾人學佛、行菩薩道，要以慈悲心為初發心，對任何人及所有眾生，都能以包容、平等的心相互對待。

● 12.30

農禪寺新建工程啟用系列活動──皈依大典

近三千民眾發願皈依成佛子

把握難得因緣,近三千位民眾在農禪寺參加新建工程啟用後第一場皈依大典,踏出學佛修行的第一步。

北投農禪寺舉辦新建工程啟用系列活動,於12月30日上午進行「皈依祈福大典」,由方丈和尚果東法師親授三皈依,有近三千位民眾,在法師和觀禮親友的祝福下,成為三寶弟子,開啟修福修慧的學佛之路。

典禮中,方丈和尚講授皈依三寶與受持五戒的意義,說明皈依三寶就如同在學佛這所學校註冊,讓我們向佛菩薩學習慈悲與智慧,開啟本有的清淨佛性;也勉勵眾人建立因果、因緣觀,隨時運用佛法,化解煩惱,在日常生活中,不論任何時候、任何地方、接觸到任何的人,都是修學菩薩道的契機。

新皈依弟子中,不少民眾把握水月道場啟用的因緣,前來皈依;也有民眾,因為參加2012年的水陸法會,在法會中感受到妄念減少的清淨與平和,因而報名皈依。

皈依大典圓滿後,眾人步行進入農禪寺,參訪全新的景觀道場,認識這處心靈的新家。

● 12.30

農禪寺新建工程啟用系列活動──千家禪修

大眾體驗各式禪修　感受佛法妙用

北投農禪寺舉辦新建工程啟用系列活動,於12月30日晚上進行「禪意、禪藝‧千家禪修在水月」,共有一千多人次參加。

「千家禪修在水月」活動,包括「茶話禪室」、「禪音宣流」、「動禪饗

法鼓隊、心劇團帶來禪藝劇場表演,引領民眾融入話頭禪的情境,參生死疑團、破除心中煩惱。

在「茶話禪室」中，法師和義工將茶水注入民眾手中的茶杯，也注入了清淨安定的茶香禪味。

宴」等三種不同的禪修體驗。其中，「茶話禪室」於新大殿舉行，由美國紐約東初禪寺住持果醒法師帶領進行茶香和禪法開示，法師提醒眾人清楚每個動作，並將其延伸到日常生活的行住坐臥間。

二樓禪堂則進行「禪音宣流」，禪眾在僧團果興法師的引導下，從聆聽小提琴的樂音旋律中，觀照浮動的身心逐漸安定；而第二佛堂的「動禪饗宴」，由禪修中心副都監果元法師帶領禪眾練習法鼓八式動禪、坐姿動禪，練習觀身、觀受、觀心，體驗清楚與放鬆。

禪修活動最後，所有禪眾帶著安穩的身心，經行前往六十五巷廣場帳篷，觀賞由心劇團與法鼓隊聯合演出的節目，結合鼓樂、舞蹈、戲劇與佛法內涵的藝術表演，讓全場觀眾充滿感動與讚歎。

全家人一起參與「動禪饗宴」活動的信眾表示，深深被禪修帶給心靈的安定感觸動，因此希望能把禪法帶進生活中，也讚歎結合藝術與佛法的演出，是給孩子最好的教育與生命經驗；也有民眾分享，在茶禪體驗中，忙碌的身心能夠暫時回歸安定。

這場多元、輕鬆的禪修活動，讓許多首度接觸禪修的民眾，感受到禪法的活潑妙用。

● 12.31

法青會舉辦跨年祈福點燈
以感恩心、發好願 迎接新年

法青會12月31日於德貴學苑舉辦「大悲心起‧跨年祈福點燈」活動，以感恩心迎接新年，由青年院監院果祺法師帶領，有近一百五十位學子參加。

活動首先進行大悲懺法會，由青年梵唄班的同學引領，當天多數與會者都是首次參加大悲懺法會，在監香的解說、引禮組的協助、梵唄班的引導下，共同跟隨齊聲唱誦出和諧的法音，現場清淨莊嚴。

法會後，眾人一起寫祈福卡、點燈發願。果祺法師為大眾說明，每個人都有一盞心燈，要靠發願讓心燈不滅；聖嚴師父的悲願，傳承給僧團，再由僧團傳

給信眾，願願相續，希望透過每個人的願力，共同完成建設人間淨土的理念。

法青會舉辦的這場點燈活動，融入了修行法門，並由青年學員主動發願承擔，期能將佛法傳遞給更多需要的人。

法青會在德貴學苑舉辦「跨年祈福點燈」活動，青年學員在大悲懺法會中，齊聲唱出和諧的大悲法音。

● 12.31～2013.01.01

農禪寺新建工程啟用系列活動──跨年朝山
人人朝禮自心佛

北投農禪寺舉辦新建工程啟用系列活動，於12月31日至2013年1月1日，以「溯源、感恩、行願」為主題，舉辦三場跨年感恩朝山，共有三千多人參加。

12月31日上午第一場朝山活動，在「南無大悲觀世音菩薩」聖號聲中，方丈和尚果東法師及僧團法師帶領兩千多位來自各地的民眾，分別從開山農舍、入慈悲門出發，以三步一拜的方式，環繞甫落成啟用的農禪寺。

另一方面，農禪寺並於第二佛堂設置「發心萬行，做空花佛事」特展，透過老照片、影片，以及照壁、八角亭的場布，帶領大眾回到當年稻田竹林中的鐵皮屋，聽法師說故事，重溫農禪家風。

有信眾勉勵同行的子女，朝山之行也像人生，途中難免有各種挫折，如果能回到初發心、堅持下去，就會漸入佳境；也有信眾指著老照片裡自己年輕時學佛的模樣說道，聖嚴師父圓寂了，但法鼓山精神還在，看著僧團茁壯、學佛的人愈來愈多，覺得非常感動。

方丈和尚、僧團法師帶領民眾三步一拜，繞經開山農舍，感念當年東初老人創建農禪寺。

實踐

貳【大關懷教育】

從生命初始到生命終了，
以「心靈環保」出發，
落實各階段、各層面的整體關懷，
安頓身心、圓滿人生，
實現法鼓山入世化世的菩薩願行。

2012
法鼓山年鑑
194

總論

安心工程
深耕臺灣
行腳世界

安心工程
深耕臺灣行腳世界

全球打造安心工程，是2012年大關懷教育的藍海策略，
透過災難救援、社會慈善、信眾關懷、
校園陪伴等領域的具體實踐，深耕臺灣、行腳世界；
大關懷以安心工程的啟建，帶領大眾從中看見希望，
沛然匯聚為前進的動力，建構心安平安、知福幸福的願景。

走過平安的2012年，法鼓山大關懷教育的工作重點在於積極推動各項生命教育、陪伴關懷等活動，讓四安、心五四等理念能在生活中具體實踐，成為安心的力量；而在信眾關懷、校園扎根部分亦持續以相關課程、營隊及各項活動的舉辦，與大眾分享心靈環保的美好，並從中看見希望、創造快樂、擁抱幸福。

災難救援 四安工程讓心更靠近

2012年，法鼓山大關懷教育持續以「四安」為方法，在救援關懷中延伸安心與教育的功能，於全球遭逢急難、亟待援助的地區，打造安身、安家、安業、安心的四安工程，長期關懷陪伴受災民眾，超越地域、族群、宗教等藩籬，引領大眾建設心靈的防禦措施，保持平靜、穩定、自主、自在的心境，在困境中猶能對人存有一份關心，對未來存有一份希望，點亮盞盞心燈，也讓心更靠近。

在國內，有關莫拉克風災重建區的後續關懷，始於新春期間針對獨居老人、隔代、單親等關懷家庭送幸福年菜的活動；自2月起，並安排系列春遊、公益探索、親子互動等全年不斷的活動，讓大眾能在大自然中放鬆身心，獲得舒壓及喘息；援建的高雄市六龜區龍興段、桃源區樂樂段永久屋分別於2、4月啟用，協助民眾展開四安「心生活」。正因為安心工程的啟建，在風災屆滿三週年之際，2012年8月，法鼓山榮獲行政院肯定，由總統馬英九頒贈「特殊貢獻獎」；另外，高雄市長陳菊也頒發感謝狀。

在海外，2011年12月菲律賓民答那峨島（Mindanao Island）因瓦西

（Washi）颱風造成嚴重水患，慈基會於5月和臺灣駐菲代表處經濟組、菲律賓臺商總會、糧食人道援助行動委員會合作，將七千兩百份臺灣愛心包送抵該地；而為表達感謝之意，菲律賓臺商總會總會長施明星於7月前來園區拜會方丈和尚果東法師，並

秀水一小校園是學童最喜愛的活動空間，第二期工程暨幼兒園落成啟用典禮當天，學童們用歡喜、燦爛的笑容迎接新校園。

遞交菲律賓眾議院第258號決議文，感謝法鼓山的人道援助。

對於中美洲國家海地首都太子港（Port-Au-Prince）於2010年發生的地震災情，在評估各援助方案後，2012年1月，慈基會與跨國醫療組織nph德國分會（nuestros pequeños hermanos deutschland），簽訂「青少年職業訓練學校合作備忘錄」，支援該校進行學科訓練所需的物資，包括教材、師資、電腦及相關技術設備、課程研發等，共有一百六十位學生在此學習一技之長，靠自己的力量改善生活。

回顧四年來法鼓山在中國大陸四川地震災區的援助，自2008年從急難的「安身」開始，協助家園重建的「安家」、「安業」從無間斷，2012年6月，援建的綿陽市安縣秀水鎮秀水第一中心小學第二期工程、幼兒園落成

揭幔，秀水鎮民興中學圖書館也同時舉行破土動工典禮；9月，派遣第十四梯次醫療團前往進行義診，共服務近一千兩百人次。除了硬體陸續完工啟用，慈基會也透過各項心理重建座談、生命教育課程的開辦，為民眾開發內在正向能量，並結合在地社群團體，舉辦基礎禪修、心靈茶會讀書會，協助建立互相支援、成長的社區關係網絡，讓民眾得以透過安心工程找到安住身心的方法。

社會慈善 利益眾生的整體關懷

以「利益眾生」為著力點，大關懷教育在社會慈善領域打造安心工程，落實從生命初始到終了，各階段、各層面的整體關懷。本年在大型活動上，於9月展開第四屆「2012關懷生命獎」頒獎及「關懷生命論壇」，除見

證法鼓山對推廣生命教育的努力與重視，也期望透過廣傳單國璽前樞機主教（特殊貢獻獎）、陳榮基醫師（個人慈悲獎）、陳伙華教授（個人智慧獎）、陽光社會福利基金會（團體大願獎）等得獎者的行誼，提醒大眾尊重、珍惜生命，活出生命價值；而邀請方丈和尚果東法師與國泰慈善基金會董事長錢復、點燈文化基金會董事長張光斗、心六倫行動大使沈芯菱共同參與的論壇，則以「心在平安裡」為主題展開對談，與社會分享面對無常生命、保有平安的心法。

在年度系列活動中，首先以「100年度法鼓山歲末大關懷」吹響號角，至2012年1月底，陸續於各地分院、護法會辦事處展開，全臺十六個關懷據點，共關懷一千六百餘戶家庭；而端午及中秋重陽的年節關懷，則分別於5、9月在全臺舉辦三十六、二十七場，關懷人數均達二千餘人。

此外，元旦於臺北市圓山花博公園舉辦第十七屆佛化聯合婚禮，共有一百零八對新人，創下參加人數最多的紀錄；至於佛化聯合祝壽則於9至11月間在全臺展開三十一個場次，共有三千一百多位長者與陪同的家屬參與。

信眾關懷 揭櫫究竟可靠的平安

2012年，大關懷教育在信眾關懷上，透過舉辦各項分享、聯誼、成長等凝聚向心力的活動，及為提昇悅眾、義工與專職的本職學能而展開的緊急救援教育、慰訪關懷教育訓練等，引領信眾藉由心念的調適與轉變，進而安頓身心，再將這份安定力量漸次擴展至家庭、職場及社會，終能圓滿人生，尋得究竟可靠的平安。

首場活動是護法總會與各地分院於1月共同舉辦的「真大吉祥‧2011年歲末感恩分享會」，方丈和尚果東法師透過視訊向海內外六千多位信眾表達祝福，感恩僧俗四眾的發願與奉獻。為提昇助念團成員了解圓滿莊嚴佛事的意涵，3至7月在全臺展開四場「助念團悅眾成長營」，共有七百多人參加。「正副會團長、轄召、召委聯席會議」則於6月舉行，方丈和尚期勉到場的一百六十五位護法悅眾精進參與佛學課程，在募人募心的道業上，更有著力點。「勸募會員授證」於9、10月舉辦三場，共有近四百位新勸募會員承接護法、弘法的使命。

在緊急救援、慰訪關懷教育方面，慈基會於2、8月展開「小林義工培訓工作坊」、「長者關懷課程義工培訓工作坊」，邀請專家學者帶領學員進行專業技巧的演練及深度自我生命探索；自2012年初起，在全臺展開多場救災說明會、座談會與演習，其中，8月於中壢辦事處舉行「慰訪員初階訓練」，包括慰訪工作主要工具與技巧、慰訪的身心口儀，由專職及悅眾帶領，以角色扮演方式提醒學員以「同理心」進行關懷與互動；9月於臺南分院進行「雲嘉南地區救災演習」，則由一百

零五位悅眾分享救援過程、物資及人力動員等問題，並進行分組演練，培育義工專業救災能力。

對於大事關懷課程的推動，2012年分別在臺南分院、香港護法會圓滿初階、進階課程的推廣工作，透過助念團、護法體系、地區悅眾的積極參與，帶領學員認識生命實相。

校園扎根　探索自我開拓心視野

有鑑於聖嚴師父對教育的重視，也為強化法鼓山做為教育團體的使命，大關懷教育在校園的深耕扎根始終不輟，2012年更深入各級學校開辦生命關懷與倫理教育課程，陪伴學子安心成長，也以頒發獎助學金、心靈環保體驗營、感恩分享卡創意比賽等活動構築校園安心工程，引領學子探索自我，開拓心視野。

其中，為各級學子辦理的營隊活動於暑期展開，在南臺灣，慈基會林邊、六龜、甲仙三個安心站共舉辦三梯次活動，包括屏東山海國中探索營、兒童心靈環保體驗營、兒童成長探索營等，共有近二百位學子參加；在中國四川，什邡、秀水兩地安心站及什邡高中、民興中學等五校，共舉辦八梯次「生命教育心靈環保體驗營」，由僧團副住持果品法師帶領來自臺灣、香港、加拿大等地的法青會成員與當地大學生志願者共同為營隊服務，共有近兩千一百人參加。透過活潑的學習課程，學子從中探索如何

從自我肯定進而達成自我成長，也體驗身心放鬆與活在當下的感動。

而十餘年來守護清寒或遭逢變故學子得以完成學業的「百年樹人獎助學金」，今年在全臺舉辦八十六場頒發活動，共有三千一百多位學子受益；在中國大陸頒發的「川震獎助學金」也嘉惠了三百五十八位學子。

秉承聖嚴師父對獎助學金「深化、精緻化」的期許，頒發典禮均用心安排結合各種融入佛法關懷的活動，期望讓愛伴隨學子們成長，走出失學的憂慮，更能體會法喜的滋味。以在今年圓滿的菲律賓土石流山崩事件七年援助計畫為例，關懷中心副都監果器法師於10月前往當地關懷受援的三十一名災後孤兒學童，在發放最後一期獎助學金及生活費後，同時帶領參訪當地的孤兒院和老人院，提供白米及民生物資，帶領受助學子從中學習正確而健康的觀念及心態，生起面對未來生活的勇氣與智慧。

結語

大關懷教育的目標，是以人間化的佛法，普遍而平等的關懷社會大眾，2012年適逢師父提出心靈環保理念二十週年，在全球打造安心工程的藍海策略，正是心靈環保的落實，也可說是法鼓山入世化世、菩薩願行的實踐，不僅在從事關懷他人的行動之中，感化、奉獻、成長自己，也以慈悲、智慧成熟眾生、莊嚴人間淨土。

● 01.01

第十七屆佛化聯合婚禮元旦舉辦
一百零八對新人圓滿吉祥緣

1月1日，法鼓山於臺北市圓山花博公園舞蝶館舉辦第十七屆佛化聯合婚禮，共有一百零八對新人參加，創下參加人數最多，以及搭乘捷運到會場等紀錄。

婚禮由方丈和尚果東法師為新人們親授三皈五戒與祝福開示，伯仲基金會董事長吳伯雄擔任證婚人、法行會會長張昌邦伉儷擔任主婚人，法鼓山人文社會基金會祕書長李伸一伉儷擔任介紹人。新人中有擔任人基會「心劇團」顧問的表演工作者張世、臺南法青會會長莊佳智等多位在法鼓山學佛、護持的信眾。

方丈和尚致詞時表示，婚姻是人生重要的里程，也是成就修福修慧的好資糧，在揭開新婚面紗的那一刻，看到彼此的「本來面目」，即是要看到雙方內心的美好，同時記得承諾幸福的初發心；方丈和尚也建議新人相處要「三點」不漏──「說話輕一點」、「度量大一點」及「微笑大一點」。

十七屆「全勤」的證婚人吳伯雄帶領新人宣讀結婚證詞，並勉勵新人運用智慧相處，當意見不合時，建議另一方裝聾作啞，降低衝突，並改編歌曲〈你儂我儂〉的歌詞為「你聾我聾」獻唱。介紹人李伸一則送給新人「三千萬」大禮，即「千萬健康、千萬平安、千萬幸福」。

為了響應節能減碳，力行環保，法鼓山廣邀新人搭乘捷運至婚禮會場，當天上午，共有二十一對新人偕同親友從北投捷運站搭乘捷運幸福列車，抵達圓山站後再轉搭幸福巴士至舞蝶館。

二十一對參加佛化婚禮的新人，與觀禮親友一同搭乘捷運幸福列車，以實際行動，響應心靈環保。

● 01.01～31期間

100年度歲末大關懷全臺展開
合計關懷一千六百餘戶家庭

慈基會舉辦100年度「法鼓山歲末大關懷」系列活動，自2011年12月10日起至2012年1月31日期間，陸續於全臺各地分院、護法會辦事處展開，匯集民眾

的愛心，並結合地區資源，共同關懷當地低收入戶、獨居老人、受災重建區關懷戶、急難貧病等民眾，合計十六個據點，共關懷一千六百餘戶家庭。

德華寺舉辦歲末大關懷，提供物資給關懷戶。

慈基會在各地進行慰問金及物資提供之餘，許多關懷點均同步舉行祈福法會或念佛共修，以此引領大眾安定身心。

另一方面，各地的關懷活動也結合在地特色多元呈現，例如桃園齋明寺提供義剪服務、南投辦事處結合當地衛生單位舉辦健檢活動，讓民眾備感溫馨；南投德華寺則舉行傳燈活動，象徵接續佛法的慈悲與光明；而高雄紫雲寺則規畫活潑表演與「有獎徵答」等趣味活動，傳遞「心靈環保」的理念。

系列關懷活動中，臺中分院及護法會多處辦事處更提供「關懷到家」服務，由義工直接將關懷物資送到關懷戶家中，並進行慰訪關懷。

延續已五十餘年之久的法鼓山歲末大關懷活動，慈基會透過物質與精神上的扶持，希望讓關懷家庭感受到佛法與社會的溫暖。

100年度「法鼓山歲末大關懷」活動一覽

區域	時間	活動地點	活動內容	關懷地區（對象）	關懷戶數
北區	2011年12月10日	北投農禪寺	祈福法會、致贈禮金與物資	臺北市、新北市關懷戶	391
	2011年12月17日	法鼓山園區	祈福法會、致贈禮金與物資	北海岸四地區低收入戶、基隆關懷戶	245
	2011年12月24日	桃園齋明寺	祈福法會、致贈禮金與物資	桃園縣關懷戶	138
	2011年12月25日至2012年1月15日	護法會宜蘭辦事處	關懷送到家	宜蘭縣市關懷戶	8
	2012年1月8日	護法會羅東辦事處	關懷送到家	宜蘭縣羅東鎮關懷戶	25
中區	2011年12月25日至2012年1月15日	護法會彰化辦事處	關懷送到家	彰化縣市關懷戶	31
	2011年12月28日至2012年1月10日	護法會豐原辦事處	關懷送到家	臺中市豐原區關懷戶	28
	2012年1月1至31日	臺中分院	關懷送到家	臺中市關懷戶	84
	2012年1月2日	南投德華寺	念佛、傳燈活動	南投縣埔里鎮關懷戶	40
	2012年1月2日	護法會南投辦事處	念佛、園遊會	南投縣市關懷戶	120

區域	時間	活動地點	活動內容	關懷地區（對象）	關懷戶數
中區	2012年1月2日	護法會員林辦事處	關懷送到家	彰化縣員林鎮關懷戶	79
	2012年1月2日	護法會東勢共修處	念佛、音樂饗宴	臺中市東勢區關懷戶	88
	2012年1月8日	南投縣國姓鄉鄉公所	念佛、園遊會、致贈禮金與物資	南投縣仁愛、魚池、國姓鄉關懷戶	160
	2012年1月15日	護法會苗栗辦事處	關懷送到家	苗栗縣市關懷戶	12
南區	2012年1月23日	高雄紫雲寺	祈福法會、藝文表演、致贈禮金與物資	高雄市關懷戶	130
東區	2012年1月4至13日	護法會花蓮辦事處	關懷送到家	花蓮縣市關懷戶	61
	2012年1月9日	臺東信行寺	念佛、法師開示、致贈禮金與物資	臺東縣市關懷戶	46
總計					1,686

●01.08

「歲末感恩分享會」各分院道場同步舉行
鼓手齊聚分享真大吉祥

　　護法總會與各地分院共同舉辦的「真大吉祥‧2011年歲末感恩分享會」，於1月8日在法鼓山園區、北投農禪寺及雲來寺、三峽天南寺、桃園齋明寺、臺中大理高中、臺南分院、臺南雲集寺、高雄紫雲寺、臺東信行寺以及護法會花蓮辦事處等十一個地點同步展開，海外馬來西亞道場也加入視訊連線。方丈和尚果東法師出席天南寺活動主現場，透過視訊連線向六千多位參與信眾表達關懷與祝福。

　　當天上午十一點，全臺十一個現場視訊連線，眾人以一聲「阿彌陀佛」互相問候，跨越時空傳送彼此的祝福。方丈和尚開示時，首先感恩所有僧俗四眾過去一年的發願與奉獻，也勉勵眾人，珍惜聖嚴師父的教導，以及在法鼓山學佛修行的因緣，學習觀音菩薩大慈大悲的精神，以慈悲光、智慧光，點亮心燈。

　　各地分享會現場，均充滿團聚的歡喜。在法鼓山園

桃竹地區五百五十多位護法信眾齊聚齋明寺新禪堂，在法師帶領下，一同祈福發願。

高雄、屏東、潮州等地區鼓手於紫雲寺展現十足的熱情活力。

區，有北七轄區的護法鼓手表演話劇、演奏長笛、口琴，還有趣味的比手畫腳。齊聚農禪寺的北一、北二轄區鼓手們，各自帶來創意隊呼，激發起全場的「萬行力量」，社子、三重蘆洲、大同、士林等地區義工，則接力表演音樂演奏、「千手千眼觀世音」舞蹈、「向前衝」帶動唱。

在紫雲寺，來自高雄、屏東、潮州等地區的鼓手，以及助念團、法青會等會團帶來精彩的「進場秀」，展現十足的熱情活力；信行寺則安排托乒乓球競賽、〈我為你祝福〉手語歌、原住民舞蹈帶動跳等，增添現場歡樂氣氛。在歡喜熱鬧之餘，也有溫馨動人的分享，例如天南寺、齋明寺、臺南分院是由資深悅眾、勸募會員與大眾分享生命中的學佛點滴故事。

本年臺中分院假大里高中舉辦「歲末感恩分享會」，由勸募會員第二代年輕音樂家，帶來提琴、鋼琴演出，象徵法鼓薪火相傳，會場並播放《2011中部菩薩大事記》影片，其中〈寶雲身影〉單元呈現多位菩薩以生命實踐佛法，不分你我、只為一份願心的動人故事，令人動容。

● 01.22

八八災區安心站到宅送幸福年菜
與二十三戶家庭分享社會溫暖

法鼓山持續關懷八八水災受災地區，新春期間，慈基會林邊、甲仙、六龜等三個安心站，針對獨居老人、隔代、單親等弱勢家庭，於1月22日除夕當天，舉辦送暖活動，由義工將幸福年菜送到關懷戶家中，共有二十三戶家庭受益。

為了準時將年菜送到家，高雄紫雲寺香積組義工於除夕清早便在三民精舍準備，在上午十一點前將二十三份年菜備妥，讓送年菜的義工們準時出發。由於甲仙、六龜有些關懷戶住在較偏遠的山區，為了不耽誤關懷戶家庭謝天祭祖的時間，

獨居的長者收到法鼓山送來的年菜時，歡喜感恩來自社會的溫暖祝福。

三個安心站共規畫六條路線，動員二十位義工，將年菜、年糕即時送達。

　　參與送年菜的義工表示，當看到關懷戶收到法鼓山送來的「愛心年菜」時所流露出開心的笑容時，深深感受到這雖然只是小小的付出，卻很有意義。

● 02.02～07期間

慈基會為八八災區民眾規畫春遊
開發內在正向能量

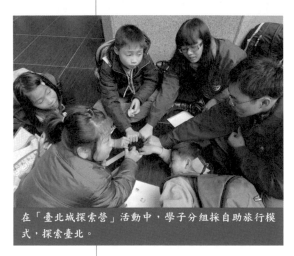

在「臺北城探索營」活動中，學子分組採自助旅行模式，探索臺北。

　　為持續推展對八八水災受災地區的關懷，法鼓山慈基會與廣達集團、廣達文教基金會合作，於2月2至7日期間為重建區學子安排春遊活動，包括舉辦「勇敢、希望、101；快樂、感恩、向前行——臺北城探索營」、高雄義大世界的參訪等活動，共有近三百五十人參加。

　　2至4日進行「勇敢、希望、101；快樂、感恩、向前行——臺北城探索營」活動，採自助旅行的模式，全程讓學生依探險指示信和城市探索地圖，完成指定的任務，例如：前往花博夢想館、臺灣科學教育館、臺北市立動物園、總統府、貓空纜車等地參觀，並蒐集展示資料，鼓勵學子們藉由探索臺北，學習面對未知狀況及環境的勇氣，共有一百位六龜高中和小林國小的學生參加。

　　7日進行高雄義大世界及佛光山佛陀紀念館參訪，有近兩百五十位林邊、甲仙、六龜地區居民參加。許多民眾在紀念館中，透過數位互動遊戲，體會、了解各個佛教節日的意義。

　　春遊活動不僅開拓了參與民眾的視野，也打開了他們的心；慈基會期盼藉此建立起災區民眾的自信心，開發內在正向的能量，進而勇敢迎向未來的生活。

● 02.07～09　03.28～30　09.27～10.24

法鼓山持續於四川提供獎助學金
期勉學子安心就學

　　法鼓山持續關懷中國大陸四川震災災後重建工作，3月28至30日、9月27至10月24日，分別於綿陽中學、南山中學、什邡中學、民興中學、秀水第一中心小學舉辦第七期與第八期川震獎助學金頒發活動，共有三百二十四人受益。

僧團副住持果品法師在活動中，感謝學校師生對法鼓山慈善工作的支持，更感恩學生參與活動後給予的回饋；法師表示，所有的肯定與心得都是我們進步、學習的動力與機會。果品法師也鼓勵同學開發對人、對己有益的潛能，懷抱自在踏實的心態，對目前擁有的一切也會更珍惜與感恩。

在每場獎助學金頒發活動

法鼓山3月28日於四川綿陽市南山中學進行獎助學金頒發活動，果品法師（第一排左四）與受獎學生合影。

前，並進行「生命教育」心靈環保營隊活動，由安心服務站專職透過團康遊戲，帶領年輕學子探索自我的潛能，並從中體會生命的意義。

另一方面，2月7至9日，慈基會也於綿陽中學舉辦「512汶川地震大學獎助學金頒發」活動，由果品法師、常炬法師、常琛法師、常澂法師帶領，並與將進入大學的學子們分享心靈環保的意義與內涵；在9日的獎助學金頒發活動中，果品法師向眾人傳達了來自臺灣的關懷與祝福；綿陽市宗教局副局長李彬、綿陽中學副校長陳治國，則對法鼓山長期以來在四川地區所做的各項關懷工作，表達感謝。

● 02.12

慈基會舉辦「義工培訓工作坊」
擴大關懷內涵與能力

慈基會於2月12日在高雄紫雲寺舉辦「小林義工培訓工作坊」，邀請嘉南藥理科技大學嬰幼兒保育系助理教授邱敏麗、崑山科技大學幼兒保育系助理教授曾仁美帶領，共有十五位甲仙安心站慰訪義工參加，進行深度自我生命探索。

上午的課程中，邱敏麗老師藉由「沙盤遊戲治療法」（Sandplay Therapy），邀請學員以象徵性的玩具在沙盤中呈現出心中的圖像，引導學員分享自己的生命故事，並進行自我對話。

下午的課程由曾仁美老師帶領，解說在陪伴關

學員在義工培訓工作坊「沙盤遊戲治療法」課程中，進行自我對話。

懷過程中,如何放下自我,用同理心、提起觀照力體會孩童的感覺與情緒,再引領學習與人相處,培養一個健全的人格。最後的分組討論中,學員透過經驗交流,提昇個案關懷能力。

由於課程結合理論與實務,許多學員表示不僅加深了對自我的了解,也拓展未來在關懷過程的內涵與能力。

● 02.23

臺南市政府至生命園區觀摩植存
果選法師分享植存理念及生命教育

果選法師為臺南市政府一行人介紹生命園區的理念。

臺南市政府祕書長陳美伶、民政局局長鄭國忠等七人,於2月23日參訪法鼓山園區,並觀摩金山環保生命園區及其植存作法,方丈和尚果東法師除表達歡迎之意,並分享法鼓山2012年心靈環保年的理念與精神,關懷中心副都監果器法師及關懷院果選法師則向眾人介紹生命園區的理念及運作方式。

果選法師以心靈環保為核心,分享植存理念及生命教育,並以法鼓山推動的四種環保說明節葬、潔葬與簡葬的意義。法師指出,環保自然葬有助於保持生態環境的平衡,確保人類生活空間的共存共榮,同時保留入土為安的精神,化為春泥,回歸自然,更蘊含宗教慈悲奉獻的價值觀。

法師說明,截至2011年底,在總量管制下,金山環保生命園區共完成兩千兩百多位往生者植存,其中非佛教信仰者占近百分之六十五,非法鼓山信眾亦占近八成,顯示法鼓山長期推廣環保自然葬已獲社會廣泛認同與回響。有鑑於植存需求不斷攀升,果選法師也呼籲殯葬管理相關單位,能推廣植存風氣,在各地成就莊嚴美景合一的生命園區,讓人生的價值更慈悲、圓滿。

實地參訪過後,陳美伶祕書長對法鼓山推動心靈環保,淨化人心的努力感到無比感動;鄭國忠局長亦希望借鏡法鼓山的經驗,讓更多人了解並接受環保自然葬的理念,真正體現生命的意義與內涵。

● 02.25

法鼓山援建六龜區龍興段基地永久屋落成
十七戶災區部落居民歡喜入厝

慈基會持續關懷八八水災重建區，援建的高雄市六龜區龍興段基地永久屋於2月25日落成啟用，行政院莫拉克風災重建會執行長陳振川、高雄市副市長陳啟昱、立法委員許智傑等來賓出席祝福，並與方丈和尚果東法師共同為紀念碑揭幔。

方丈和尚致詞時表示，八八水災之後，房子雖倒了，但心沒有倒，並以「新開」二字勉勵大眾，從今天起就是新的開始，希望居民能夠把心打開，學習接受順逆因緣，時時抱持感恩心、奉獻心，就能真正把心放下。

典禮由龍興國小的太鼓表演及社區阿嬤的啦啦隊獻舞揭開序幕，接著由慈基會祕書長果器法師主持祈福儀式，帶領大眾誦念〈大悲咒〉；隨後方丈和尚、陳啟昱副市長分別贈交永久屋鑰匙、入住禮金給居民，新開部落重建協會理事長潘星貝和十七位入住居民代表則向每位來賓獻上火鶴花，表達感恩。

八八水災後，新開部落居民堅持「離災不離鄉」，經過與政府多次協商，獲得行政院國軍退除役官兵輔導委員會無償提供土地〇・六三公頃，以及法鼓山的援建，永久屋工程於2011年4月2日動土，2012農曆年前完工，十七戶居民也陸續遷入新家。

方丈和尚果東法師（前排左四）與陳振川執行長（前排左二）、陳啟昱副市長（前排左五）共同祝福新開部落居民在永久屋社區展開新生活。

● 03.04　05.04　05.19　07.08

助念團舉辦悅眾成長營
接引大眾一同做觀音

果選法師於悅眾成長營中，介紹大事關懷服務的觀念和方法。圖為在寶雲別苑進行的場次。

　　為提昇助念團成員了解圓滿莊嚴佛事的深層意涵，助念團於3月4日、5月4及19日、7月8日，分別在北投雲來寺、高雄紫雲寺、臺南雲集寺、臺中寶雲別苑舉辦「2012法鼓山助念團悅眾成長營」，由關懷院果選法師主講，期間播放聖嚴師父的開示影片，並安排走路禪的體驗，引導悅眾放鬆身心。四場共有七百多人參加。

　　此次課程主題為「雕您似一尊觀音」，果選法師引用實例，介紹大事關懷的觀念和方法，表示誦念並非唯一的關懷方式；對悅眾而言，建立正確觀念、實踐自利利他的菩薩道精神，才能落實真正的關懷。法師並提醒眾人，進行關懷時要注意六點：不說粗俗話、低俗語、流俗語，要用尊敬語、勸勉語、讚美語，同時要以佛陀的圓滿人格來期許自己，以初發心的嬰兒菩薩來惕勵自己；除了自己做悅眾，也鼓勵別人一起來做悅眾。

　　至於如何具備接引大眾歡喜修行的能力？果選法師提到法鼓山悅眾須學習三個要件：入如來之室、著如來之衣、坐如來之座，即是長養大慈悲心、柔軟忍辱心，並能體會諸法空性。法師勉勵眾人以「利益眾生、廣結人緣」為初發心，學習〈四弘誓願〉的菩薩心行，這也是法鼓山悅眾必須具備的精神。

　　在本年舉辦的四場成長營課程中，並與悅眾分享《法鼓山大事關懷手冊》觀念篇、實用篇兩本手冊，勉勵大眾投入大事關懷服務，抱持著讓往生者安詳、讓家屬安心的願心，具足財施、法施、無畏施三種布施，是真正利人利己的菩薩行。

● 03.16～19　05.10～15

慈基會援助菲律賓瓦西颱風災區
傳送安心力量

　　2011年12月16日及17日，菲律賓的民答那峨島（Mindanao Island）北部沿海地區因瓦西（Washi）颱風造成嚴重水患，其中以卡加延德奧羅（Cagayan de

Oro）和伊里甘（Iligan）兩市災情最為慘重。慈基會於2012年3月16至19日派遣慰訪義工至當地勘災，並於5月10至15日，由總幹事江弘基及專職共四人前往，進入災區表達對民眾的關懷。

江弘基總幹事（右）於受災地區發送愛心包，表達法鼓山的關懷。

江弘基總幹事等一行人於11日進入卡加延德奧羅市和伊里甘市的災民收容區，進行物資發放活動；14日，則和駐菲代表處經濟組人員、菲律賓臺商總會總會長施明星、糧食人道援助行動委員會執行長齊偉能，在卡加延德奧羅市的市政府廣場升旗典禮中，將臺灣愛心包移交給市長艾馬諾（Vicente Emano）。

此行共準備七千兩百份愛心包，內含毛毯、不鏽鋼鍋、奶粉、鹽等生活物資，以及「聖嚴法師108自在語」英文版。發放過程中，有民眾立即翻閱「聖嚴法師108自在語」，並且相互討論；也有民眾不斷表達感謝。

● 04. 08～05.27期間　10.14～11.18期間

第二十、二十一期「百年樹人獎助學金」頒發
嘉惠全臺逾三千位學子

慈基會於4月8日至5月27日、10月14日至11月18日期間，在全臺各地舉辦第二十、二十一期百年樹人獎助學金頒發活動，全年共八十六場，共三千一百多位學子受益。

在各地的頒發活動中，除了頒獎典禮，更結合法鼓八式動禪、母親節或中秋節的節慶活動、影片欣賞等共同進行。由於2012年適逢法鼓山推行心靈環保運動二十週年，有地區特別結合「心靈環保」的主題舉辦團康，為頒發活動增添不少熱鬧活潑的氣氛，也藉此傳達法鼓山的理念和關懷。

其中，4月28日於護法會員林辦事處進行的頒贈典禮，活動結合「聖嚴法師108自在語」，搭配「抽抽樂」和「一字禪」等單元，寓教於樂；5月12日的北五轄區聯合頒發活動，則是先安排到新竹市立動物園參訪，之後前往玻璃工藝館舉行頒贈典禮。

5月6日於臺南分院舉行的臺南地區頒發活動中，監院果謙法師出席致詞時感

恩各界的護持,幫助學子可以持續就學;並說明布施不僅利人而且利己,而布施的方式也不局限於錢財,法布施甚至無畏施都更有意義。這場頒獎典禮還結合浴佛法會、母親節獻花活動共同進行,現場充滿溫馨氣息。

下半年,臺東地區的頒發活動於10月14日在臺東市森林公園舉行,內容結合了精進修行與戶外活動,由信行寺監院果增法師帶領法鼓八式動禪、吃飯禪及出坡禪,讓學生及家長共同體驗動禪帶給身心的放鬆感受。

10月28日在高雄紫雲寺進行的場次,於活動開始前,首先播放《108自在神童3D動畫》影片,以活潑的動畫內容傳遞「心靈環保」、「心六倫」的精神;慈基會副祕書長常法法師勉勵學子,遇到逆境時要先把心安定下來,進而轉念為正向思考。活動中穿插說明「高中、大學生學習服務原則」,也藉此培養學子感恩惜福之心,並獲得自我成長的助力,勇敢面對人生。

另一方面,為鼓勵南部八八水災地區學子努力向學,慈基會南部六龜、林邊、甲仙等三處安心站,也分別於3月31日至4月8日、9月28日至10月21日舉辦獎助學金頒發典禮及心靈環保關懷活動,其中4月8日甲仙安心站於屏東科技大學舉辦的場次,以「祝福」為主題,由義工以溫馨的戲劇表演,演出佛經中「割肉餵鷹」的故事,喚起眾人愛護眾生的心。

慈基會長期舉辦獎助學金頒發,協助家庭遭逢劇變的學子們,並期望他們可以持續就學、精進成長,將來回饋社會,幫助更多需要的人。

高雄地區「第二十一期百年樹人獎助學金」受獎學子於紫雲寺合影。

2012百年樹人獎助學金發放人次一覽

期別／學別	國小	國中	高中	大學（專）	總人數
第二十期	565	374	354	236	1,539
第二十一期	473	413	376	305	1,567
合計	1,038	787	740	541	3,106
百分比（%）	33.4	25.3	23.8	17.5	100

● 04.21

法鼓山八八水災長期援建工程圓滿
高雄桃源區居民入住樂樂段永久屋

由法鼓山捐建高雄市八八水災受災戶的永久屋重建工程，桃源區樂樂段永久屋於4月21日舉行落成典禮，行政院莫拉克風災重建會執行長陳振川、原住民委員會副主委夏錦龍、高雄市副市長李永得與慈基會祕書長果器法師出席祝福。

果器法師將永久屋模型交予桃源區勤和部落，由住民代表接受，象徵永久屋工程援建圓滿。（左起依序為陳振川執行長、果器法師、李永得副市長、勤和部落代表及夏錦龍副主委）

落成典禮由桃源區樂樂段原住民的歌舞揭開序幕，建山國小學童森巴鼓隊擊鼓迎賓，布農族傳統八部合音、獻詩，接著由牧師祈福，表達對各界援助的感謝，也祝禱災區居民能夠在此落地生根。

果器法師致詞時表示，在422世界地球日前一天舉行入厝，格外具有意義，正好提醒大眾對環境保護及和諧的重視，也以「樂樂」二字，祝福部落居民能平安、快樂、幸福地在此落地生根、世代綿延。

2009年8月，莫拉克風災重創高雄市桃源區勤和部落，經多次協調，部分部落族人同意遷往樂樂段安居，由法鼓山援建二十戶永久屋。21日桃源區居民入住樂樂段永久屋，為法鼓山在莫拉克風災後的長期援建工程，畫下圓滿句點。

● 05.09

法鼓山獲頒斯里蘭卡總統褒揚獎座
果器法師代表出席受獎

由於對南亞海嘯災後持續的關懷與協助，法鼓山獲斯里蘭卡政府所頒總統褒揚獎座。5月9日在該國總統府舉辦頒獎典禮中，由關懷中心副都監果器法師代表接受總統馬欣達‧拉賈帕克薩（Mahinda Rajapakse）所頒獎座。

2004年底，南亞大地震引發強烈海嘯，造成鄰近國家如印尼、斯里蘭卡等地區嚴重災難。慈基會除在第一時間組成救援團隊，進入斯里蘭卡、印尼等受災地區，提供醫療與物資援助，並依「四安」理念，進行重建救援計畫，包括成立安心站、派遣義工常駐受災地區，提供支持安心力量等，於斯里蘭卡展開五年重建及兩年後續關懷，並於2011年12月圓滿。

● 05.15～06.30期間

北、中、南、東部展開端午關懷
全臺近三千人歡度佳節

慈基會於5月15日至6月30日期間，在全臺各地分別展開系列端午關懷活動，除了結合獎助學金頒發，或舉辦念佛法會、義剪等活動，並發放應景素粽及關懷物資，也安排義工前往關懷家庭表達祝福，共計關懷逾一千一百戶，與近三千人共度端午佳節。

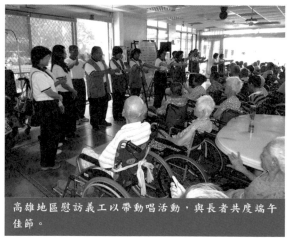

高雄地區慰訪義工以帶動唱活動，與長者共度端午佳節。

北部地區，首先是護法會苗栗辦事處自5月15日起提供「關懷到家」服務，由義工直接將關懷物資送至家中，並進行慰訪關懷。

北六區的義工們則在6月13日由羅東合唱團暨念佛組成員一同前往羅東「聖嘉民老人長期照護中心」關懷一百餘位長者；先由合唱團進行演唱，之後在彼此打拍子中，拉近雙方的距離，並由念佛組帶動念佛，最後在祝福聲中，結束關懷行程。

中部埔里地區的端午關懷則於6月17日在德華寺舉辦，除了安排義剪，也帶

領大眾唱誦「觀世音菩薩」聖號，並致贈民生物資。由於考量到有些關懷家庭成員年紀較長、行動不便，義工們在活動結束後，便將物資直接送到家中，以表達關懷。

高雄北區的端午活動於6月3至22日期間展開。3日，有二十一位義工前往新吉祥養護之家進行關懷，邀請五十位老菩薩們一同虔誠念佛，藉由念佛的功德迴向給大眾；也伴隨著佛號聲的節奏，帶動老菩薩們活絡筋骨。

東部地區的關懷活動，則於5月29日至6月30日進行，由臺東地區慰訪義工將關懷物資送至關懷家庭，讓兩百戶關懷戶感受到社會的祝福。

此外，已行之有年的臺北文山地區義工們與馬明潭、忠勤三莊獨居榮民長者的端午關懷活動約定， 2012年在6月19、20日進行，除了協助製作艾草香包，並以手語帶動唱〈掌聲響起〉，喚起了長者的回憶與共鳴。近中午時分，慰訪義工與社區志工共同致贈餐點、素粽，並逐一奉茶；長者也在歡笑聲中，感受到社會的溫暖。

● 06.06　09.09　10.01起

方丈和尚受邀拍攝防治自殺宣導短片
與新北市政府合作推廣關懷生命

應新北市政府之邀，方丈和尚果東法師為防治自殺公益宣傳代言，並於6月6日在法鼓山園區進行公益短片的拍攝。

透過訪談鏡頭，方丈和尚鼓勵社會大眾，當面臨挫折、逆境時，內心難免受到負面情緒的影響，身心會感到不自在，像是被沉重的壓力束縛住，這時候，要試著將這種狀況當成是一種心靈的「重力訓練」，並以正面的態度去處理情緒，讓身心靈獲得平衡；一旦突破「重力」的困迫，身心便能獲得輕鬆自在，即使面臨各種人生的難題，也都能夠迎刃而解。

透過鏡頭，方丈和尚勉勵社會大眾以正面的態度去處理負面情緒，讓身心靈獲得平衡，難題就能迎刃而解。

有鑑於自殺死亡一直是新北市十大死因之一，且接獲通報企圖自殺的人數也逐年增加，新北市衛生局邀請各宗教領袖共同呼籲民眾珍惜生命，方丈和尚則是首位拍攝該系列公益短片的主角。該部宣導短片《轉念》於9月9日首映，有三十秒及三十分鐘兩種版本，10月1日起並於電視、廣播及新北市醫療院所、

捷運站等地播放,希望透過媒體、宗教的力量,鼓勵遇到困境的民眾,運用正面的態度面對問題,生命就會有轉機。

● 06.07

什邡安心站舉辦「心的體驗」活動
清掃馬祖村環境　注入禪悅清涼

什邡中學學生合力清理馬祖村環境,體驗做義工即是鍛鍊和學習的過程。

法鼓山設於中國大陸四川省的什邡安心站,於6月7日舉辦「心的體驗」活動,內容包括觀看影片、托水缽、馬祖村環境維護等,共有二十三位什邡中學愛心社同學參加。

活動首先觀看《寶山尋寶記》影片,引領學員們如影片中的主角,在法鼓山展開尋寶之旅;接著,於戶外進行「托水缽」活動,體驗「身在哪裡,心在哪裡,清楚放鬆,全身放鬆」的禪修心法。最後,在安心站義工帶領下,同學們戴上手套、拿起掃帚、夾子、畚箕,清掃馬祖村禪心湖畔周圍的環境。

儘管烈日當空,在懂得運用禪修心法後,同學們不僅感到放鬆與身心自在,也讓打掃後煥然一新的馬祖村,更添禪悅法喜的清涼。

● 06.10

護法總會舉辦「正副會團長、轄召、召委聯席會議」
方丈和尚勉眾成就護法道業　不忘自我成長

由護法總會主辦的「2012年法鼓山正副會團長、轄召、召委聯席會議」於6月10日在臺中寶雲別苑舉行,方丈和尚果東法師、護法總會輔導法師果器法師、副總會長黃楚琪均到場關懷,共有一百六十五位護法悅眾參加。

會議中,播放聖嚴師父2007年提出的「法鼓山的四大堅持」開示影片,從師父的叮嚀中,悅眾們再度體會法鼓山的理念、三大教育、四種環保、漢傳禪佛教,此「四大堅持」是法鼓山對世界不變的關懷。方丈和尚關懷時表示,雖然目前景氣低迷,但護法悅眾並沒有停下腳步,在精進參與普化中心開辦的各種

佛學課程之餘，同步也在募人、募心、募款；並勉勵悅眾透過佛學課程的參與、分享，成就彼此的成長，在募人募心的道業上，也更有著力點。

當天的議程安排包括：法鼓山榮譽董事會執行長連智富報告「百萬百人募款計畫說明」，聲樂家張杏月帶來《心在平安裡》CD的音樂分享，與法鼓山合唱團共同演唱〈心安平安〉、〈慈悲〉等樂曲，以及資深悅眾李子春以「我的初發心、我的浮沉心──菩薩！菩薩！」為題，分享個人的學佛歷程心得，引領學員體會到分享佛法不能單靠「論理」，而是要透過實際的體驗與行動去感動他人。

方丈和尚讚歎護法悅眾在參與佛學課程、自我成長之餘，同時募人、募心成就道業。

會議圓滿前，果器法師鼓勵悅眾在生活中，實地運用聖嚴師父的一本書、一句話、一個觀念、一個方法，就能幫助他人安身立命；能夠幫助他人與自己，就是法鼓山教育的成效。

● 06.11～30期間

慈基會援助6月豪雨受災地區
提供民生物資、協助清理校園

6月中下旬，全臺受到梅雨鋒面及西南氣流帶來的豪大雨影響，各地傳出災情，慈基會除於事前提醒各分寺院、辦事處做好防災、備災，也即時關懷受豪雨影響的六龜山區及新開部落居民，並慰訪罹難的巡山員與學生家屬。

豪雨過後，楊梅鎮瑞坪國中積水嚴重，法鼓山中壢地區義工協助學校進行清理工作。

豪雨期間，六龜安心義工前往高雄市六龜山區及新開部落，關懷永久屋住戶，以及撤離至六龜社福中心安置所的七十多戶居民；並以機車接駁等機動方式，提供夏被、飲用水等物資。

其中，一位不慎跌落水位暴漲的大排水溝，因而罹難

的六龜國中生，是慈基會百年樹人獎助學金的受助學生，安心站義工第一時間前往慰訪，並帶領班上同學為他助念。此外，東勢共修處義工也主動慰訪因土石流而不幸遇難的兩名林務局巡山員，安排結緣誦念與後續關懷。

6月15日，楊梅鎮瑞坪國中嚴重積水，中壢地區十多位義工隨即動員支援，隔日即將該校清理完畢，避免病媒蚊孳生，還給學校師生一處清淨的學習環境。

● 06.24　06.30

桃園、高雄北區辦事處舉辦勸募聯誼會
凝聚護法共識　感受發願生命力

高雄北區辦事處於大崗山風景區舉辦勸募聯誼會，眾人分享學佛心得。

為凝聚護法共識，護法會桃園、高雄北區辦事處分別於6月24、30日舉辦勸募聯誼會，共有一百八十多位勸募鼓手參加。

6月24日於桃園辦事處舉行的勸募聯誼會，活動從觀看《您的遠行》音樂影片開始，接著是《芒鞋踏痕》，鼓手們隨著影片再度走進聖嚴師父的內心世界；分組討論時，許多人分享勸人學佛、募人護法的心得，有鼓手更發願要深耕生命的價值，在慈悲智慧的引導下，活出生命的光彩。

高雄北區辦事處的勸募聯誼會則於6月30日在大崗山風景區舉辦，除了進行戶外禪，並布達護法總會會務、紫雲寺法務；眾人也分享個人的勸募經驗、學佛及擔任義工的心得等，有近八十人參加。

● 06.27　10.08～12

法鼓山持續關懷海地震災後重建
捐贈醫療器材、職校教學設備等

法鼓山持續關懷中美洲國家海地首都太子港（Port-Au-Prince）於2010年1月發生的強烈地震災情，經過評估各援助方案後，慈基會先於2012年1月與跨國醫療組織nph德國分會（nuestros pequeños hermanos deutschland），簽訂海地震災重建之「青少年職業訓練學校合作備忘錄」，並於10月派員前往了解執

行進度。

「青少年職業訓練學校合作備忘錄」的內容，主要是支應海地青少年職業訓練學校，進行學科訓練所需的物資，包括教材、師資、電腦及相關技術設備、課程研發等。10月8至12日，慈基會總幹事江弘基等更前往海地，

江弘基總幹事（左）參觀nph德國分會於海地設置的學校，與學子歡喜合影。

深入了解學校實際執行狀況，並研議後續方案合作的可能性。目前學校已經招收一百六十位學生，教授水管工程、木工、通訊以及護佐等課程，期望可以幫助海地人民學習一技之長，靠自己的力量改善生活。

江總幹事此行，也與nph德國分會一起受邀參加臺灣駐當地使館於9日舉辦的國慶晚會，向協助法鼓山賑災的外交人員及僑胞表達感謝；並準備多國語言版的「聖嚴法師108自在語」，以及聖嚴師父的著作，和當地民眾分享心靈環保的理念。

另一方面，法鼓山北美護法會則於6月27日在佛羅里達州邁阿密市將一批醫療器材捐贈海地醫學中心（Centre Haïtien de Recherche en Sciences de la Sante）。該批器材於7月7日抵達海地後，即分送至沛尼爾（Pernier）、薩巴瑞（Cabaret）、林貝（Limbe）等地的分院，讓醫護人員能為當地貧病患者提供更好的醫療照顧及服務。

● 06.28

法鼓山於四川打造四環安心校園
秀水一小、民興中學喜迎新校舍

由法鼓山援建的中國大陸四川省綿陽市安縣秀水第一中心小學，繼2010年6月校園主體建築啟用後，第二期工程與幼兒園於6月28日上午舉行「第二期工程暨幼兒園落成啟用典禮」；秀水鎮民興中學圖書館的援建工程，也在當天下午舉行動土典禮。

方丈和尚果東法師、副住持果品法師、美國紐約東初禪寺住持果醒法師，以及中國大陸國家宗教局、四川省宗教事務局、綿陽市各級地方政府代表與什邡市羅漢寺方丈和尚素全法師等來賓都蒞臨觀禮，一同迎接、分享安心校

園的喜悅。

上午在秀水一小舉行的落成典禮上，來賓均致詞感謝法鼓山對於汶川地震的援助。方丈和尚則感恩各界給予法鼓山奉獻和學習的機會，也鼓勵大眾一同學習佛菩薩的慈悲、智慧、大願和大行，共同淨化人心、淨化社會，讓彼此的真情在綿陽市持續綿延。

方丈和尚果東法師（左二）、副住持果品法師（右二）、中國大陸國家宗教局外事司副司長趙建政（左一）、四川省宗教局局長姚斌（右一）共同完成揭幔及剪綵儀式。

下午進行民興中學圖書館的動土典禮，方丈和尚於典禮中指出，圖書館是蘊藏人類文明、知識、內涵等精神寶藏之處，此特質正好呼應法鼓山要開啟人人心中寶山的理念，因此動土典禮就是要啟動人間淨土，成就佛國淨土，只要人人心中有此信念，所立足之地就是淨土，希望大家一起在此安心、安身、安家、安業。

兩項典禮在眾人的感恩與祝福中圓滿結束，大眾都期待從幼兒園到中學的優質人文教育環境，能為秀水鎮帶來更多的平安與祝福。

秀水一小校園由臺灣姚仁喜建築師設計，結合川西村落的建築風格，並融入自然環保的概念；本年落成的第二期工程，包括兩棟可容納近八百名學童的宿舍樓、運動場及幼稚園。民興中學則是2008年5月法鼓山馳援汶川震災時，最早設置關懷醫療站的據點；當天動土的圖書館，未來將是一棟兩層樓的建物，完工後將成為學生們充實自我、閱讀學習的地方。

● 07.04～08.19期間

慈基會安心站舉辦暑期心靈環保營隊
學習成為四環行動者

7月4日至8月19日期間，慈基會於南臺灣設立的林邊、六龜、甲仙三個安心服務站共舉辦三梯次的暑期心靈環保營隊，引領學員學習成為四環行動者，感受生命樸實與圓融的自在力量。

林邊、六龜安心站首先於7月4至6日，在屏東恆春半島墾丁國家公園舉辦「2012屏東山海國中探索營」，由副祕書長常法法師帶領，共有七十七位國中生參加，並有二十位小隊輔隨隊輔導，以及十多位義工全程協助。

探索營以「四種環保」為主題，展開各項單元，例如「炊事競賽」，學員從採買食物、估價、理財以及烹調的過程，學習體驗互助合作，共同完成任務；「定向越野運動」引導學員學習放下個人主觀想法，凝聚團體動力與共識；「護蟹過馬路」、「夜訪螢火蟲」、「海中浮潛」則是分享生態保育觀念，讓小學員更深刻地體驗生命教育、建立護生觀念。最後一天的「淨灘活動」，學子們懷持感恩的心參與淨灘、友善環境，以實際行動回饋社會的關懷。

7月9至11日，甲仙安心站於高雄市杉林區成功社區舉辦「2012法鼓山兒童心靈環保體驗營」，營隊活動活潑多元，包括藉由遊戲引導，學習「用齋禮儀」；利用撿拾的落葉，DIY造紙，引導學員落實四種環保；透過「野炊樂」體驗自己動手洗、切及炒菜的過程，進而感恩父母持家的辛勞。

甲仙安心站並於8月19日舉辦「兒童成長探索營」，主要是帶領曾經參與2011年「暑期快樂成長營」的小學員們，回顧自己這一年成長的軌跡；探索營的活動內容活潑，安排了多項闖關遊戲，藉由遊戲情境，引導學童學習安定身心，建立正確的價值觀。活動最後，小學員在隊輔的帶領下，每個人都在菩提樹下寫下2012年的願望，互勉要更加努力，明年再相聚。

甲仙安心站舉辦的兒童心靈環保體驗營，藉由搶答遊戲，帶領小學員快樂學習環保觀念。

● 07.07　08.12

林口、海山辦事處舉辦助念成長營暨聯誼會
分享關懷與成長

護法會林口辦事處、海山辦事處分別於7月7日、8月12日舉辦助念成長營暨聯誼會，關懷院常健法師、常捷法師以及助念團團長顏金貞、副團長黃欣逸、陳慈光等也出席關懷，共有兩百多人參加。

海山辦事處舉辦助念成長營暨聯誼會，兼具關懷與教育的內涵，與會者分享感動和成長。

在林口辦事處進行的聯誼會中，常捷法師為大眾說明助念的正確觀念和態度，並援引實例，讓眾人更加了解生命的無常。下午分組討論時，學員們分享參與助念後，對自我修學佛法的幫助與成長；也有學員分享，因為感受到助念團團員的關懷，進而投入關懷他人的心路歷程。

8月12日於海山辦事處展開的活動中，首先透過觀看聖嚴師父對助念關懷的開示影片，讓眾人了解法鼓山所做的助念關懷，主要是希望藉由至誠念佛，使臨終的人保持正念，生起正信、正知、正見，發願往生西方。顏金貞團長、黃欣逸副團長也介紹法鼓山的助念關懷、臨終關懷申請流程等內容；常健法師則適時提醒大家，遇到問題時應學習平心靜氣，才能找到最好的解決方法。

● 07.22

高雄北區、南區分別舉辦勸募聯誼會
果器法師勉眾延續聖嚴師父願心

護法會高雄北區、南區辦事處分別於7月22日上、下午，在高雄紫雲寺舉辦勸募聯誼會，各有一百四十六、一百一十四人參加，關懷中心副都監果器法師、紫雲寺監院果迦法師、護法總會主任陳高昌等到場關懷。

在上午的北區聯誼會中，果器法師引用《華

在高雄南區勸募聯誼會中，果器法師期勉眾人延續聖嚴師父願心，永不退轉。

嚴經》經文來闡釋「菩提心、菩薩行」，期許大眾發菩薩心，不斷地發願，如此就能不退心。果迦法師則勉勵眾人「只有願力能超越業力，因為有願就有力」，並帶領祈願、許願、還願。

會中並播放聖嚴師父的開示影片，眾人互勉持續「認識、體驗、運用、推廣」法鼓山的理念，以發揚漢傳禪佛教為志業，共同淨化世界、建設淨土。

聯誼會中也安排小組討論，會員彼此分享勸募方法與心得。果器法師也在下午南區聯誼會最後，以聖嚴師父的三大願：求菩薩成就利人的願心、求弟子發恆常心利人利己、求眾生精進學佛解脫煩惱，期勉眾人延續師父願心，願願相續、永不退轉。

● 07.23

菲律賓臺商代表拜會方丈和尚
轉遞菲國眾議院感謝法鼓山決議文

菲律賓臺商總會總會長施明星一行三人，於7月23日至法鼓山園區拜會方丈和尚果東法師，並遞交菲律賓眾議院第258號決議文，內容為感謝臺灣在菲辦事處、臺商總會與法鼓山等慈善單位，對菲國瓦西颱風風災的人道援助。

施明星總會長表示，為了感念臺灣民眾及法鼓山等民間團體發揮人道精神，陸續提供大量救援物資，援助菲律賓因瓦西颱風受災的人民重建家園，

施明星總會長（左）拜會方丈和尚，遞交菲國眾議院感謝臺灣人道救援的決議文。

菲律賓眾議院議長貝爾蒙特（Feliciano Belmonte, Jr.）於日前在該院全席會議上宣讀感謝臺灣人道援助決議文，期盼傳達該國對於臺灣善心救援的感謝。

茶敘時，方丈和尚首先感謝菲律賓臺商總會的協助，讓法鼓山能夠順利完成此次在菲律賓救災學習的經驗，也說明許多人恐懼面對災害，然而應以聖嚴師父所說的「救苦救難的是菩薩，受苦受難的是大菩薩」心態，來啟發自己的慈悲與智慧，將受難者當成是示現的菩薩，心中自然就不會留有陰影。

方丈和尚同時提醒大眾，現在全球各地出現氣候極端變化，是大自然給予世人的一種警惕，我們應反思如何讓大地休養生息，與自然共存。

● 07.23～08.13期間

生命教育心靈環保體驗營於四川展開
帶領近兩千一百位學員認識自我和生命

法鼓山持續關懷中國大陸四川震災心靈重建工程，7月23日至8月13日期間，慈基會於什邡、秀水兩地安心站及什邡高中、民興中學等五校，共舉辦八梯次

於綿陽中學展開的高中營隊，由來自兩岸三地和加拿大的法青同學
及當地大學生志願者擔任隊輔。

的「生命教育心靈環保體驗營」，以中小學、大學學生為對象，由僧團副住持果品法師、僧大副院長常寬法師、常慶法師等帶領來自臺灣、香港、加拿大等地的法青會成員與當地大學生志願者共同為營隊服務，共有近兩千一百人參加。

其中國小營於7月23日至8月13日期間共舉辦四梯次，每梯次為期二至四天。在7月29至30日於秀水第一中心小學舉辦的營隊中，常寬法師鼓勵學童放鬆身體、放鬆心情、專心做事，還要耍得快樂，耍得歡喜，耍得無憂又無慮；常慶、常輪法師則帶領進行佛曲教唱、觀賞《108自在神童3D動畫》影片、托水缽、闖關遊戲等活動，在歡樂中學習四環。

於民興中學舉辦的初中營，以「從心起、做自己」為主題，透過具有啟發性及互動性的活動，引導學員認識自我、學習尊重他人與環境，也藉著製作感恩卡表達對自己與親友的感謝與祝福。

高中營隊共有兩梯次，分別在綿陽中學、什邡中學進行，活動以「閱讀‧生命的樂章」為主軸，展開「閱讀書」、「閱讀人」、「閱讀環境」三面向的多元活動，例如：以貼近生活的實例、影片及歌曲做為引導，介紹心靈環保的內涵；「大地遊戲」融入四安、四要、四福、四它、四感的內容，讓學員以團隊合作的方式，共同達成闖關的任務。各單元活動以輕鬆、開放的方式，帶領學員思考、體驗心靈環保，並了解自我與生命。

為大學生舉辦的營隊活動，則於8月4日至8日在峨嵋山大佛禪院進行，活動以「遇見‧生命中的自己」為主軸，帶領五百二十位學員探索如何從「自我肯定」進而達成「自我成長」，同時透過放鬆身心的活動，更深一層地認識自我與生命的本質與內涵。

自2010年暑期起，法鼓山於四川各級學校舉辦「生命教育心靈環保體驗營」活動，希望透過活潑的學習課程，豐富學子們的生活，也透過活動參與，體驗身心放鬆與活在當下的感動。

2012中國大陸四川暑期「生命教育心靈環保體驗營」一覽

類別	日期	地點	主題內容
國小營	7月23至26日	什邡安心服務站	讓我們的心飛揚一夏
	7月23至26日	秀水安心服務站	
	7月29至30日	秀水第一中心小學	
	8月10至13日	秀水安心服務站	
初中營	7月30至31日	民興中學	從心起、做自己
高中營	7月23至26日	綿陽中學	閱讀・生命的樂章
	8月10至13日	什邡中學	
大學營	8月4至8日	峨嵋山大佛禪院	遇見・生命中的自己

● 07.31　08.08

桃園縣政府觀摩金山生命園區
推廣環保自然葬法

　　法鼓山應桃園縣民政局之邀，於7月31日在縣政府舉辦的「殯葬管理業務研習班」課程中，由關懷院果選法師擔任「環保自然葬法」講師，介紹法鼓山提出結合四種環保、蘊含生命教育的植存理念，包括民政局副局長徐喜廷，共有八十多位該縣鄉鎮市公所殯葬業務人員、殯葬業者參加。

　　為了實地觀摩法鼓山落實環保所推動的植存方法，縣政府並在8月8日，由徐喜廷副局長帶領各鄉鎮市公所殯葬業務人員一行二十九人，至法鼓山園區內的金山環保生命園區實地參訪，由果選法師就生命園區的理念及實際運作方式，進行導覽與說明。

　　徐喜廷副局長表示，在多元葬法中，環保自然葬由法鼓山首開風氣之先河，相當值得政府積極推動；尤其在此次實地參訪後，受益頗多，更希望擴大推廣，讓民眾在人生最後一段旅程中，因慈悲奉獻而更圓滿。

● 08.07　08.08

法鼓山獲頒八八水災特殊貢獻獎
四年安心陪伴計畫獲各界肯定

　　在莫拉克風災三週年之際，方丈和尚果東法師、慈基會祕書長果器法師與總幹事江弘基於8月8日下午，出席行政院莫拉克重建會在臺大醫院國際會議廳舉辦的「愛・奉獻──莫拉克災後重建三週年民間貢獻獎頒獎典禮」。方丈和尚並代表法鼓山，接受總統馬英九頒贈「特殊貢獻獎」紀念獎座及獎狀。

方丈和尚代表法鼓山，接受馬英九總統親頒「特殊
貢獻獎」紀念獎座及獎狀。

方丈和尚表示，援助八八水災是眾多因緣和合，感恩各界成就法鼓山學習、奉獻的機會，法鼓山的獲獎，實應歸功社會各界對法鼓山的信任，以及政府單位對法鼓山的肯定；未來也將秉持著謙卑學習的態度，展現無緣大慈、同體大悲的精神，為社會持續地服務和奉獻。

八八水災後，法鼓山於各重建區設置安心服務站，持續投入永久屋援建，以穩健踏實的步伐，落實為期四年的陪伴計畫；8月7日法鼓山也於鳳山大東藝文活動中心舉辦的「愛與勇氣、啟動未來」莫拉克三週年紀念活動中，獲高雄市長陳菊頒發感謝狀。

● 08.18

慈基會舉辦「長者關懷課程義工培訓工作坊」
提昇八八災區長者關懷活動內涵

8月18日，慈基會於高雄紫雲寺舉辦「長者關懷課程義工培訓工作坊」，邀請屏東縣屏北區社區大學講師郭惠芯、美和科技大學老人事業服務管理學系副教授周芬姿、屏北社區大學主任吳孟如等授課，慈基會副祕書長常法法師到場關懷，共有四十五位高雄、屏東地區的義工參加。

周芬姿老師於工作坊中帶領「活動方案規畫的方法與步驟」課程。

課程首先由郭惠芯老師分享「佛法中的生老病死」，郭老師以《快樂頌》影片，引導學員思考每件事皆是眾緣和合，才能共譜美麗的樂章。周芬姿及吳孟如老師則共同講授「活動方案規畫的方法與步驟」，利用理論和實際案例，說

明透過細膩的事前籌備、規畫的活動，更能貼近服務對象的需求。

課程最後，常法法師感謝義工平日的付出，並讚歎眾人精進的學習精神，以成就他人來成長自己。

有學員表示，過去在推展活動時，僅思考到活動形式，卻常忽略活動意涵；經過此次的課程培訓，將會運用課程中習得的觀念與方法，持續投入八八災區長者關懷活動，讓長者的身心更安定與自在。

● 08.25～26　09.12

法鼓山關懷屏東、臺東天秤颱風災情
提供物資、佛法祝福傳達關懷

中度颱風天秤8月來襲，造成屏東與臺東兩地嚴重災害。慈基會除了於8月25至26日，為幫忙清理家園的國軍官兵，以及現場救難人員提供熱食及飲水，並在颱風第二次侵襲東臺灣後，立即和臺東太麻里鄉公所聯繫，了解當地所需的援助。

9月12日，臺東信行寺監院果增法師率同義工們，一同將社會大眾愛心集聚的物資送往太麻里

屏東地區義工為幫忙清理家園的國軍官兵提供熱食及飲水。

鄉。太麻里鄉鄉長程正俊表示，臺東連續遭到蘇拉和天秤兩個颱風侵襲，非常感謝法鼓山能夠及時伸手協助，緩解當地的受災情形。

除了為鄉民帶來祝福與關懷，慰訪過程中也和大眾分享「聖嚴法師父108自在語」，希望災區民眾獲得心靈的慰藉。

● 09.02　09.16　10.06

2012勸募會員授證典禮舉行三場
勸募新鼓手 i 接力　接棒擊法鼓

護法總會於9月2、16及10月6日分別在北投雲來寺、臺南雲集寺及臺中寶雲別苑舉辦2012勸募會員授證典禮，方丈和尚果東法師、關懷中心副都監果器法師，以及護法總會總會長陳嘉男、副總會長周文進、黃楚琪、楊正雄到場關

方丈和尚關懷新進勸募會員，勉勵大眾安住勸募任務。

懷，共有近四百位新勸募會員承接護法、弘法的使命。

典禮中，安排觀看聖嚴師父開示影片。在影片中，師父說明勸募要以募心為目標、募錢為方法，將法鼓山的理念及調心的方法告訴別人；勸募也是幫助自己及他人修福修慧，把功德存到無盡藏銀行。師父的勉勵，給了新勸募會員莫大的信心和鼓舞。

方丈和尚開示時，鼓勵大家學習做觀音菩薩，隨時發心、隨念淨念、隨處觀音、隨聲應身、隨緣迎接、隨力奉獻、隨遇而安、隨喜自在；並指出新勸募會員的「新」字，代表發願當勸募會員就是一個新的生命里程，所接引的人也是新的生命，所以每分每秒都要「日新又新」，自己出離煩惱罣礙，也幫助眾生離苦得樂。

除了觀看聖嚴師父的影片，每場活動還安排合唱團佛曲演唱、生活佛法宣導劇團演出、資深悅眾的分享與現身說法等。黃楚琪副總會長也在寶雲別苑進行的中區授證典禮上，分享「聖嚴師父108自在語」中的幸福人生「三Q」。

在眾人祝福下，新鼓手們蓄積了更多學法、護法、弘法的能量與願力，願攜手同行菩薩道，發揮募人募心的力量，接棒擊法鼓。

● 09.09

法鼓山2012關懷生命獎頒獎
肯定獲獎者以慈悲智慧溫暖社會

人基會於9月9日上午在臺北市公務人力發展中心福華文教會館舉辦「2012關懷生命獎頒獎典禮」，邀請前副總統蕭萬長、衛生署署長邱文達、教育部部長蔣偉寧、新北市市長朱立倫擔任頒獎人。本年得獎名單包括，「特殊貢獻獎」前天主教樞機主教單國璽、「個人慈悲獎」蓮花臨終關懷基金會董事長陳榮基、「個人智慧獎」中央大學網路學習科技研究所講座教授陳攸華、「團體大願獎」陽光社會福利基金會。

方丈和尚果東法師致詞時，肯定本年關懷生命獎的獲獎者都是尊重、珍惜生命，更活出生命價值的人，每一位都是普門示現。前副總統蕭萬長也在致詞時表示，在世界自殺防治日前夕舉辦頒獎活動，讓人體會法鼓山的用心，並希望大眾將得獎者的行誼廣為流傳，讓更多人受到啟發和鼓舞。

　　為了緬懷頒獎日前辭世的單國璽樞機主教，典禮前，全體為樞機主教默哀致意。代表領獎的天主教高雄教區劉振忠總主教，感念單樞機主教最後六年生命，每天都在為國家、世界所有人祈禱，期盼未來有更多人活出主教的大愛精神，為人間的平安喜樂盡一份力。

　　創辦「佛教蓮花臨終關懷基金會」、積極推動〈安寧緩和醫療條例〉立法的陳榮基醫師，對於此次獲獎，首先感恩聖嚴師父的指導與支持，也期盼醫療法令的健全，能幫助所有人在有尊嚴的狀況下安詳往生佛國。

　　獲「個人智慧獎」的陳攸華教授，因先天軟骨發育不全，身高僅有一百二十公分，然而父母的無悔付出，以及她教學的熱情，讓她走出自艾自憐，學會用智慧去關懷人，她將自己比喻為點燈者，期許更多人活出生命的意義。

　　榮獲「團體大願獎」的陽光社會福利基金會，由董事長闕河淵代表領獎，闕河淵董事長表示，社會公益是條難行的路，這些病友看似身體受傷，但每一位病友都代表一個家庭可能面臨破碎的危機。他呼籲社會大眾正視口腔癌的防治，同時幫助患者獲得更多的接納與關懷。

　　典禮在心六倫行動大使張杏月的樂聲中圓滿。典禮後，方丈和尚、國泰慈善基金會董事長錢復、點燈文化基金會董事長張光斗與心六倫行動大使沈芯菱，共同參與關懷生命論壇，以「心在平安裡」為主題展開對談，分享面對無常生命、保有平安的心法。

「法鼓山2012關懷生命獎」獲獎者與頒獎人合影。左起依序為蔣偉寧部長、李伸一祕書長、錢復董事長、闕河淵董事長、陳攸華教授、方丈和尚果東法師、前副總統蕭萬長、劉振忠總主教、陳榮基教授、朱立倫市長、邱文達署長。

讓生命的光與熱普照人間

9月9日講於臺北福華文教會館
「2012關懷生命獎」頒獎典禮

◎果東法師

感恩諸善知識示現生命的光與熱，成就由法鼓山人文社會基金會舉辦的第四屆「國際關懷生命獎」，本人謹代表法鼓山全體僧俗四眾，向所有獲獎的個人與團體，致上最崇高的敬意。

本屆「國際關懷生命獎」，獲獎的個人及團體有：「大願獎」財團法人陽光社會福利基金會、「個人慈悲獎」佛教蓮花臨終關懷基金會創辦人暨董事長陳榮基醫師、「個人智慧獎」中央大學網路學習科技研究所教授陳攸華，並且將「特殊貢獻獎」頒予我們所敬愛的單國璽樞機主教。

單樞機主教雖已於8月22日晚間，安息於天主懷抱，但他生前已接受了這個獎。

8月13日上午，我接到樞機主教電話，他說從個人來講，接受這個獎實不敢當，然而他願意接受這份心意，原因有二：一是代表法鼓山創辦人聖嚴師父接受，一是為了感念與師父深厚的友誼。接到電話以後，我非常感動。身為師父的弟子，師父的恩澤與影響力，總是時刻照護我們，常使我們與有榮焉，卻也因此更形慚愧。樞機主教的身教亦使我動容，他常說：「成功不必在我。」謙沖自牧，把自己放的很小、很低，低到隱沒於人群之中，而時時為人讚歎、處處為人隨喜。如此襟懷，給予我們許多啟發。

為關懷生命典範喝采

2006年，樞機主教經檢查發現罹患肺腺癌，剛開始雖有疑惑，但在一次禱告以後，樞機主教感受到，這是天主的一項「計畫」，「讓我用宗教信仰來面對疾病，接受它，不但不排斥它，而且把它當成守護我的『小天使』，時時刻刻提醒我：『人生賽事將至終點，要分秒必爭，向前衝刺，利用生命最後的每秒每分來幫助人。』」

樞機主教認為，自己有個使命：「就是面對死亡，如何用信仰來超越它，同時把自己的經驗告訴人，讓家屬、病人，甚至是醫生，都能夠受益。」因此2007年起，展開「生命告別之旅」，赴全臺灣各地，以校園、監獄和宗教團體為重點，分享生命的積極意義。在過去五年之中，已有

無數的人，親炙樞機主教身上所散發的光和熱。面對疾病與死亡的這一堂課，樞機主教是最好的老師，社會大眾則是共同受課的學生。

單樞機主教是天主教臺灣地區，第一位被教宗任命的樞機主教，一生獲獎無數，「國際關懷生命獎」能獲樞機主教生前同意受獎，是我們的榮幸，讓我們有機會表達感恩。這個獎，樞機主教已親自接受了。感恩。

財團法人陽光社會福利基金會創會三十年來，對於顏面損傷及燒傷者的關懷服務，不遺餘力，並且為口腔癌病友提供社工、生理復健、就業服務及經濟補助等資源，從身心關懷到生活照顧，均細心設想，非常感佩。

恩主公醫院前院長陳榮基醫師，本身也是佛教蓮花臨終關懷基金會創辦人暨董事長，在其擔任臺大醫院副院長任內，不僅首創臺大醫院緩和醫療病房，並且積極參與完成安寧緩和醫療條例立法，對於推動國內安寧緩和醫療照顧，使安寧病友有尊嚴地走完人生最後一程，功不可沒。

中央大學陳攸華教授，雖然身高不高，但其學術成就及奉獻公益的大愛，使我們必須抬頭仰望。陳教授積極幫助罕見疾病患者與創世基金會等團體，並且透過演講，將自己的生命歷程分享社會大眾，激勵人心向上、向善，如同觀世音菩薩示現。

生命的意義與價值，不在於身分的貴賤，不在於生理條件的強弱，而在於是否能夠運用有限的肉體生命，對自己盡責，對他人奉獻。這便是「國際關懷生命獎」諸位獲獎者及團體所示現的光與熱。

法鼓山人文社會基金會「國際關懷生命獎」，是由恩師法鼓山創辦人聖嚴師父首於2006年發起，並於2007年首次舉辦，今年（2012年）已是第四屆，活動以「尊重生命，珍惜生命」為宗旨。因此，我要再次感恩諸位獲獎者的奉獻，也感謝所有認同「國際關懷生命獎」的各界人士，這個獎，緣於社會，屬於社會，法鼓山人文社會基金會僅是扮演其中的「輸送管」角色，我們所做的，微不足道。

我們的社會，雖然天天見到令人痛心、惋惜的新聞，然而，散發生命光與熱的人間溫暖，才更貼近我們的生活。臺灣是個非常有福報的地方，有許許多多的人，心存善意、說好話、做好事，大家都在共同轉好運。「國際關懷生命獎」將會持續舉辦下去，讓生命的光與熱，照耀人間更多角落，也敦請各界持續給予我們批評指教。

「2012關懷生命論壇」對談「心在平安裡」

分享「心安就有平安」的真義

方丈和尚果東法師（右二）、錢復董事長（中）、張光斗董事長（左二）、沈芯菱（左一）對談「心在平安裡」。右一為主持人葉樹姍。

人基會舉辦的「2012關懷生命論壇」，9月9日下午於臺北市公務人力發展中心福華文教會館進行，論壇邀請國泰人壽慈善基金會董事長錢復、點燈文化基金會董事長張光斗以及心六倫行動大使沈芯菱，與方丈和尚果東法師，以「心在平安裡」為主題進行對話，彙集宗教、慈善、社福等觀點，與社會大眾分享從生活中找出平安之道的心法。論壇由臺中市政府文化局局長葉樹姍主持。

錢復董事長說明，身體的平安是不讓自己處於危險或疾病之中，但是心靈的平安就比較難，他分享表示自己每天睡前都會自我反省：今天是否白過？有無做對社會有意義的事？確認一天沒有白過，就能安心入睡。他希望大家一起關懷生命、關懷社會，許好願、做好事，把更多的好心與人分享，即是保有心靈平安的永恆方法。

張光斗董事長引述聖嚴師父的法語「利人就是利己」和大眾共勉勵，說明當我們為別人點亮一盞燈的同時，燈火的溫暖與光明，也會同時照耀我們自己。

從事公益十年的沈芯菱則認為平安的「平」，是在心念的「過」與「不及」之間達到平衡與自在，用達觀的心態面對一切，如此能達到真正的平安。

方丈和尚則表示唯有了解色身有生老病死之苦、心有生住異滅、世界環境有成住壞空的歷程，加上正確的三世因果觀念，才能讓我們自在無礙地面對現象的變化，心不受影響，就能心安而有平安。而且心安就是平安，只要以利益他人為出發點，並抱持以「奉獻自己，成就大眾」的心量，做有意義的事，讓生命更有價值，如此就能心在平安裡，時時都平安。

● 09.09～11.04

第十九屆佛化聯合祝壽全臺舉辦

帶動孝親風氣 逾三千位長者接受祝福

　　法鼓山「2012佛化聯合祝壽」活動，自9月9日至11月4日期間，於全臺各地分院、辦事處陸續展開三十一個場次，共有三千一百多位長者與陪同的家屬參與各項祝壽活動，接受祝福。

　　首場「聯合祝壽」於9月9日在臺北安和分院展開，正值該院《地藏經》共修期間，特別進行「長者祈願與祝福暨祝壽」活動，由僧團女眾副都監果舫法師帶領近五百位長者和家屬精進共修，方丈和尚果東法師也到場關懷，勉勵老菩薩以感恩心包容順逆因緣，以無常觀成就慈悲智慧的生命，必能時時自在無礙，邁向福祿壽喜的圓滿人生。

　　北部地區舉行的祝壽活動中，9月29日於北投文化館舉行的場次裡，許多老菩薩把握難得因緣，在文化館住持、高齡九十歲的鑑心長老尼祝福下，歡喜皈依三寶，祈願在「夕陽無限好」的人生階段，踏上「前程美似錦」的學佛大道。

　　南部地區方面，高雄紫雲寺、臺南雲集寺則分別於9月29、30日舉行結合中秋節的聯合祝壽活動，共有兩百多位長者參加。其中於雲集寺進行的場次中，監院果謙法師除了一一為長者獻上祝福，開示「多念佛，少念子孫」，也安排臺南長青讀經班的長者們，代表大眾燃燈供佛，並帶來《延命十句觀音經》的手語表演，為大眾祝福。

在文化館的舉行祝壽活動中，長者們接受高齡九十的鑑心長老尼的祝福。

　　另外，10月14日在護法會文山辦事處舉辦的祝壽中，關懷中心副都監果器法師到場祝福，並主持感恩誦經祈福法會；活動安排感恩孝親奉茶儀式，由晚輩為家中長輩奉茶，表達平日心中的感恩，場面溫馨感人。

　　最後一場佛化聯合祝壽於德貴學苑舉辦，由關懷院常健法師領眾誦念「阿彌陀佛」聖號祈福，並對長者們關懷開示，平常要給子女盡孝心的機會，少煩、少惱，身體才會健康。

2012法鼓山佛化聯合祝壽活動一覽

地區	活動日期	舉辦單位	活動地點
北區	9月9日	臺北安和分院	臺北安和分院
	9月22日	護法會新竹辦事處	新竹辦事處
	9月23日	護法會中壢辦事處	中壢辦事處
	9月29日	護法會北投辦事處	北投中華文化館
	10月6日	護法會中山辦事處	中山辦事處
	10月7日	護法會新莊辦事處	新莊辦事處
		護法會三芝、石門、金山、萬里辦事處	法鼓山園區
	10月14日	護法會淡水辦事處	淡水水碓活動中心
		護法會文山辦事處	文山辦事處
		護法會林口辦事處	林口辦事處
		護法會宜蘭辦事處	宜蘭市安康托兒所
		護法會羅東辦事處	羅東市冬山國小
	10月17日	護法會三重蘆洲辦事處	三重蘆洲辦事處
		護法會松山辦事處（第一場）	松山辦事處
	10月20日	護法會海山辦事處	三峽天南寺
	10月21日	護法會石牌辦事處	石牌辦事處
		護法會蘆洲共修處	蘆洲共修處
		護法會社子辦事處	社子辦事處
		護法會大同辦事處	臺北市春天素食
		護法會基隆辦事處	基隆市仁愛國小
	10月22日	護法會松山辦事處（第二場）	松山辦事處
	11月4日	護法會大安信義南港辦事處、中正萬華辦事處、內湖辦事處	德貴學苑
中區	10月20日	護法會員林辦事處	員林辦事處
	10月21日	護法會彰化辦事處	彰化辦事處
	10月27日	護法會豐原辦事處	豐原辦事處
南區	9月29日	高雄紫雲寺	高雄紫雲寺
	9月30日	臺南分院	臺南雲集寺
	10月14日	護法會屏東辦事處	屏東辦事處
	10月21日	護法會潮州辦事處	潮州辦事處
東區	10月21日	臺東信行寺	臺東信行寺
		護法會花蓮辦事處	花蓮辦事處

● 09.23

慈基會「雲嘉南地區救災演習」於臺南分院舉辦
建立跨地區救災整合能力

　　慈基會9月23日於臺南分院舉辦「雲嘉南地區救災演習」課程，臺南分院監院果謙法師、慈基會總幹事江弘基出席關懷，共有一百零五人參加。

果謙法師說明，這場救災研習課程，希望引導學員學習五明——內明、因明、醫方明、工巧明、聲明的知能及慈悲胸懷，圓滿菩提資糧，並將習得的技能與方法，善用於日常生活中利益眾生。江弘基總幹

在臺南分院進行的「雲嘉南地區救災演習」，學員分組分享救災經驗。

事表示，雖然不希望有災害來臨，但要做好萬全準備，未來萬一有狀況發生，即使是小水果刀也能發揮大作用，幫助更多的人。

一天的研習課程，上午由悅眾分享在救援過程中的物資調度及人力動員等問題，並進行分組演練，培養義工的專業救災能力；下午進行大堂分享，由各組學員分享心得及討論、建議，同時建立共識。

「雲嘉南地區救災演習」為慈基會舉辦的多項教育訓練之一，期望能建立指揮系統的一致性及跨地區協調整合能力，未來能以整體的救災步調，適切地投入救助工作。

● 09.25～30

第十四梯次四川醫療義診展開

醫治病痛　慰藉心靈

第十四梯次四川醫療團在法鼓山所援建的陳家壩衛生院，展開五天義診活動。

法鼓山持續關懷中國大陸四川地震災後重建工作，9月25至30日，慈基會派遣第十四梯次醫療團至四川省北川縣陳家壩鄉衛生院金鼓村門診部，進行五天的義診活動，共服務近一千兩百人次。

醫療團成員包括醫師、藥師及義工，在義診期間提供各式醫療協助，遇到特殊案例，即尋求醫療轉介與安排後續醫療協助，並提供自願加入的四川醫護人員許多資訊和

接續服務，例如為腦性麻痺和瘖啞孩童安排專業醫療與復健，不但在醫病之間建立了更友善的關係，也帶動當地醫療從業人員的服務熱忱。

民眾感謝醫師看診的細心與對病人的關心與尊重，陳家壩的村民們說，法鼓山醫療團不只醫治了他們的病痛，更帶來心靈的慰藉，甚至影響當地居民對待人與環境的態度，如今，陳家壩環境也較過去更整潔，人與人之間更友善；且對於法鼓山在震後持續至今的關懷行動，表示感謝。

● 10.02

臺港生死教育團隊參訪生命園區
讚歎以植存回歸自然的環保概念

四十多位來臺參加由臺灣安寧照顧基金會主辦「生死教育團隊——臺灣學習之旅」的香港醫護人員，於10月2日前往法鼓山園區「金山環保生命園區」參訪，實地了解聖嚴師父提倡的四環理念與環保自然葬。

參訪過程中，僧團果選法師說明，生命園區的植存，並沒有限定宗教信仰，也沒有特殊的宗教儀式；法鼓山所提倡的植存，並不是要廢除或破壞傳統的倫理價值觀，而是希望能推動「心靈環保」，改善社會風氣，建立正確的生死觀念，讓民眾以更健康光明的心態，看待生死。關懷院常捷法師也為參訪團說明植存的理念以及佛教的生死觀。

常捷法師於生命園區為臺港生死教育團隊說明法鼓山推廣的植存理念。

團員們對於聖嚴師父以身示範面對生命、處理死亡、放下身後的作法，十分敬佩；也對植存保留傳統文化「入土為安」的精神，同時兼具環保概念，讓人體回歸自然，隨土地生態循環再利用，留下深刻印象。

● 10.26

援菲土石流山崩事件七年計畫圓滿
果器法師期許受助學子回饋社會

法鼓山援助菲律賓土石流山崩事件七年計畫圓滿。10月26日慈基會祕書長果器法師、顧問曾照崧前往菲國，關懷與祝福當初援助的三十一名學生，也感謝

這些年來給予協助的團體與義工，共同圓滿了這個跨越國界的救援活動。

當天，由果器法師發放最後一期獎助學金及生活費，同時帶領受助學生參訪當地的孤兒院和老人院，提供白米及民生物資，並且期望受助學生了解除了接受社會大眾的關懷，當自己有能力時也要懂得回饋社會。

2006年2月菲律賓中部發生嚴重土石流山崩事件，慈基會在第一時間前往關懷、提供相關救濟物資，並且透過菲華商會得知當地有三十一位災後孤兒亟需援助，便全額援助學童的學雜費及生活費至今。2012年，這些學生全數自大學畢業。七年來，慈基會除了持續捐款，每年也進行慰訪，關懷受助學生的生活和學習狀況，並提供協助。

援助菲律賓土石流山崩事件七年計畫圓滿，果器法師（前排左五）、曾照崧顧問（前排左六）於菲律賓頒發最後一期獎助學金，並與受助學子合影。

● 10.27

林邊安心站舉辦FUN鬆趣親子戶外活動
大、小朋友放鬆身心　體驗自然環保

慈基會林邊安心站10月27日於臺東縣池上鄉伯朗大道舉辦「大腳丫・小腳丫一起FUN鬆趣」親子戶外活動，共有來自林邊、佳冬地區的新住民、單親及隔代教養等家庭的一百二十五位大、小朋友參加。

行程首先搭乘南迴線鐵路火車至臺東，安心站義工於車程中為大家解說鐵路依山傍海、沿途穿越中央山脈，工程人員逢山挖洞、遇水架橋的艱辛鋪築過程，並介紹大自然景觀，引領大、小朋友體認自然環保的重要性。

抵達臺東後，於伯朗大道上進行環鄉單車遊，於田野中放鬆身心。下午進行「諾亞方舟」親子趣味競賽活動；以及聽聲辨人、按摩、奉茶等增進彼此

互動的親子活動，也讓孩童向長輩們表達感恩。活動在大家的歡喜聲中，圓滿結束。

慈基會持續關懷受八八水災影響的居民，此次特別舉辦親子戶外活動，希望讓長者在大自然中放鬆身心，獲得心靈上的舒壓及喘息，也增進親子間的情感、互動。

林邊安心站於臺東舉辦環鄉單車遊，於大自然中放鬆身心。

● 11.11

慈基會甲仙安心站帶領青少年投入關懷
在奉獻與服務中肯定自我

慈基會甲仙安心站於11月11日舉辦「公益探索」服務之旅，在安心站專職與高雄法青帶領下，二十九位來自甲仙與杉林國中的學生，前往專為照護身心障礙者而設的屏東伯大尼之家關懷院生。

學生們初次與院生接觸，顯得有些靦腆，經過熱情有趣的「讚美操」後，彼

甲仙、杉林國中學生前往伯大尼之家關懷院生，並贈送貼滿手繪卡片的大花做為祝福。

此漸漸打開心房。接著,大家一起到有機檸檬園鋤草,為園區盡一分心力;午齋後,學生們陪伴院生開心打籃球,最後並贈送一朵貼滿手繪卡片的大花,做為對院生的祝福。

為落實四安關懷,甲仙安心站自2012年3月起,持續為受到八八水災影響的國中生開設心靈陪伴課程,本學期以「公益探索」為主軸,引導學子們以感恩的心來回饋社會,在奉獻與服務中建立自我肯定的價值觀。

● 11.17

中山區勸募鼓手齊聚天南寺
聚合願力再出發

護法會中山辦事處於11月17日在三峽天南寺舉辦勸募交流分享活動,信眾服務處監院常續法師出席關懷,共有近一百二十位鼓手參加。

活動由天南寺常品法師帶領大眾放鬆、禪坐共修;並安排觀看聖嚴師父的開示影片,讓鼓手們更了解如何「認識、體驗、運用、推廣」法鼓山。

中山區勸募鼓手藉由彼此的交流分享,為心靈注入再出發的動力。

分享交流時,有悅眾表示加入勸募的因緣,是源於受人滴水之恩與真誠關懷,因此將勸募視為自我成長、利人利己的終身志業;也有悅眾分享自己從電話關懷做為勸募的起步,再以微笑、開口的方式走入人群,積極募人、募心,接引更多人來學佛護法。

最後,常續法師期勉眾人,先用佛法感化自己,再以行為感動他人,將佛法的利益傳遞給更多人,廣邀大眾一起種福田。

● 12.15　12.16

法鼓山園區、農禪寺舉行歲末大關懷
傳遞各界的關懷與祝福

慈基會匯聚社會愛心,以「舞動生命,擁抱幸福」為主軸,於全臺各分支道場及護法會辦事處展開「2012歲末大關懷」,首場於12月15日在法鼓山園區舉

辦，新北市政府社會局局長李麗圳、鄰近各區區長也到場關懷，共有金山、萬里、石門、三芝與基隆地區兩百六十戶關懷戶參加。

活動首先進行祈福儀式，由僧團常哲法師主法，法師以「掌握內在的天氣」期勉眾人保持身心平靜，不受外境影響，並鼓勵大眾常為他人與社會祝福，當周遭環境平安，自己也會平安。李麗圳局長表示，法鼓山的歲末關懷不只提供有形物資，更有法師的智慧法語、各界的善心，這份宗教的力量，讓人更有勇氣面對無常與困境。

當天，也安排新北市三芝國小學童表演舞獅、掌中劇，及大坪國小的擂鼓表演，震天鑼鼓展現了豐沛的生命力。

16日於農禪寺進行的歲末關懷活動，臺北市社會局副局長黃清高、北投區副區長陳銘國，皆到場表達對法鼓山的感謝，共有四百五十五戶大臺北地區關懷戶參加。

活動並邀請「鳥與水」舞集演出，肢體障礙的團員突破身體困境的表演，令人感動。農禪寺監院果燦法師藉此勉勵眾人「天生我材必有用」，只要常懷感恩心，多做善事、少抱怨、多微笑，遭逢困難時，勉力克服、堅持下去，就會有突破困境的一天。

12月15日於園區進行的歲末大關懷活動，新北市大坪國小帶來擂鼓表演。

實踐

參【大學院教育】

涵養智慧養分的學習殿堂，
以研究、教學、弘法、服務為標的，
培養專業的佛學人才，
開啟國際學術交流大門，
朝向世界佛教教育園區的願景邁進。

整合方向　啟動新契機

2012年的大學院教育，以會議、課程、觀摩互訪、講座、
簽署協議、論文發表等多元方式，開啟國際學術交流大門；
在整合辦學方向之際，同時繼起諸多開創步履，
集中資源、發揮所長，成就世界佛教教育的願景；
以涵養慈悲智慧的學習殿堂，培育專業的佛學人才。

「法鼓佛教學院和法鼓人文社會學院兩校，將朝合併方向邁進！」2012年1月8日，方丈和尚果東法師藉由「歲末感恩分享會」的機緣，向法鼓山海內外信眾宣布這項大學院教育的重要大事。未來的法鼓大學，將由兩校合併，傳續創辦人聖嚴師父的興學願心。

在整合辦學方向的同時，大學院各教育體系培育佛教人才、推廣漢傳佛教研究的腳步，仍不斷積極進行，在傳承當中，更踏出許多開創性的步履。

法鼓佛教學院

創校五週年的法鼓佛教學院，本年首度招收博士生，加上已招生的學士班、碩士班，完整的佛教教育體系金字塔具體成形。甫完成第一屆博士班招生，佛教學院隨即依博士班課程內容，主辦「佛教禪修傳統國際研討會」，邀集海內外各國學者共同探討佛教禪修主題，提昇師生的研究視野。

在辦學上踏實深耕，佛教學院除了舉辦學術研討會，更廣邀國內外不同領域學者來校講座，包括：清華大學生命科學系教授李家維、中華科技大學通識教育中心副教授蘇美文、臺灣大學社會學系教授林端、中國大陸廣州中山大學佛學研究中心主任龔雋、日本青山學院大學國際政治經濟學院教授陳繼東、前華梵大學校長隆迅法師、日本京都大學教授船山徹等，從生物、教育、社會、歷史、科學、翻譯等角度分享研究成果，豐富師生跨領域的學習和研究。

學術講座之外，11月還邀請緬甸帕奧禪師（Pa Auk Sayadaw）演講止觀禪修的要點與次第，並帶領師生體驗南傳佛教的上座部禪法；12月則邀日本經濟學者幸泉哲紀、精神科醫師幸泉久子，分享日本福島災後心理重建的經驗，不僅拓展師生的宏觀視野，也長養學子關懷國際的慈悲心。

本年與各國學術界、佛教界持續進

行交流。來校訪問交流的包括：韓國學中央研究院前來簽署合作協議，成為第十八所姊妹校；美國莊嚴寺方丈法曜法師前來學術訪問；日本本納寺與龍王寺、達賴喇嘛基金會、越南佛學院，也都先後前來交流辦學經驗、觀摩臺灣佛學教育現況。

師生前往各國研討交流的則有：8月，校長惠敏法師一行出席杭州「中國禪宗文化國際學術研討會」，並至杭州佛學院分享佛教學院的研究與教學概況；11月，惠敏法師赴日參加佛教論壇、主持「安寧照顧」臨床宗教師培訓工作坊，並到京都龍谷大學、母校東京大學演講；12月，惠敏法師於馬來西亞「佛教當代關懷研討會」上，講述佛教如何因應數位時代的社交網路。頻繁的國際交流互動，也說明了佛教學院出色的辦學成果和學術實力。

另一方面，本年度畢業典禮上，畢業生首度身著海青、搭菩薩衣，由師長以傳燈方式表達祝福，這場深具漢傳佛教特色的典禮，融合了傳統與創新，也展露佛教學院強調研究修行並重、悲智願行的精神。

法鼓山僧伽大學

漢傳佛教宗教師的搖籃——法鼓山僧伽大學，本年邁入建校第十一年，在4月邀請臺大醫院金山分院院長黃勝堅，來校演講「從現代醫學看生死——如何預防病人與家人受苦」；12

月邀請日本經濟學者幸泉哲紀、清華大學經濟系教授蔡攀龍、政治大學經濟系教授王國樑等近三十位學者，對談「佛教與經濟學」。二場講談主題，皆扣合現代社會的需求和發展，強化學僧的關懷視野與思考廣度。

例行活動方面，由學僧自行籌辦的生命自覺營，本年舉行第九屆，共有一百九十八位海內外青年參加，人數為歷屆之最；結合僧活二日營舉辦的招生說明會，除了為有志出家的青年提供相關說明，並藉由禪修、誦戒等體驗，引導與會青年學習安住當下，近三百位青年藉由二場活動，認識漢傳佛教、找到生命方向。

進入第四屆的講經交流會，是培養學僧弘講能力的重要活動，本年新增「即席演講」，增進學僧的臨場應變能力；6月進行畢業製作成果發表會，本年首次有禪學系學僧發表專題研究報告；而10月出版第四期《法鼓文苑》，以「心·遊記——〇～三六〇度的旅程」為主題，呈現學僧們從初出家的覺醒，蛻變為承擔如來家業的修行歷程。每個歷鍊過程，皆能感受到學僧時時思考如何實踐所學、發揮宗教師弘化能力的用心。

另外，於6月舉辦的「第二屆法鼓山信眾論壇」上，十多位「常」字輩的僧大畢業生擔任發表人，除了發表畢業論文，並就領職所屬的範疇，與信眾分享法鼓山在大普化、大關懷教育，以及聖嚴師父禪法在東西方的開展現

況,學僧們侃侃而談、真誠交流,展現僧大培育現代弘化人才的成果。

中華佛學研究所

繼去年(2011年)與法鼓佛教學院聯合主辦「IABS第十六屆大會」後,中華佛學研究所持續在國際間拓展深耕,本年除了舉辦二場講談、應邀出席日本佛教大學創校一百年慶典,並贊助多倫多大學開設漢傳佛教相關課程。

3月底舉行的「日本學界看漢傳佛教研究的新趨勢」座談會,邀請日本駒澤大學講師林鳴宇、郡山女子大學教授何燕生、青山學院大學國際政治經濟學院教授陳繼東、中研院中國文哲所研究員廖肇亨等學者與談。四位學者分享多年的觀察,啟發師生不同的學習研究視野。

10月初的校友會專題講座,邀請第一屆校友果祥法師、第十八屆校友許書訓,分享「心靈環保的運用實例」,主題包括:寬恕是唯一的解藥、臺灣農人保衛生態的成效,不論是與心理學結合,或是關懷自然生態,都展現了校友們實踐心靈環保的具體行動,也讓人看見佛教人才對社會的奉獻。

在國際交流、合作方面,5月與多倫多大學合作開辦「佛教、心理學與心靈健康」課程,透過為期兩年、四個半年制的課程內容,期使加拿大的大學生進一步認識漢傳佛教,開啟研究和應用的興趣。而與佛研所交誼深厚的日本佛教大學,10月底舉行創校百年紀念慶典,所長果鏡法師出席祝賀,與各國學者進行交流,延續兩校逾二十年的情誼。

法鼓大學(法鼓人文社會學院)

籌備多年的法鼓大學,本年度的辦學方向有了新發展。因應社會需求、時代趨勢、政府法規調整,在教育部鼓勵下,法鼓大學朝合併法鼓佛教學院、法鼓人文社會學院兩校邁進。未來的法鼓大學,將於集中資源、發揮所長的利基上,以佛教學院為主體,整合法鼓人文社會學院通過核定的四個學位學程,開創出以佛教教育為主體、兼具研究與實踐的大學。

除了辦學方向的新發展,校園硬體工程也有新進展,金山校區第一期工程:行政及教學大樓、體育館、禪悅書苑等建築,已開始進行內部施工,在兼顧安全、品質、實用的原則下,各項設施正逐一完工,招生之日可期。

為了汲取更多辦學經驗,6月底,大學院教育團隊由佛教學院校長惠敏法師帶領,組成參訪團,前往國際學生居日本之冠、強調與在地企業結合的立命館亞洲太平洋大學,了解該校在軟、硬體方面的實務經驗,提供籌辦法鼓大學的參考。

而在學術活動和教育推廣方面,接續2011年「禪文化入門」講座,本年邀請臺灣大學哲學系副教授蔡耀明主講;而「哲學家的咖啡館」講座,則由辜琮瑜老師帶領,透過傾聽、表達、分

享、溝通，引導學員學習觀照、解決問題的方式。

開展漢傳佛教國際化步伐

從1990年起的「中華國際佛學會議」，到2012年「第十六屆IABS國際佛學會議」，法鼓山藉由舉辦國際性會議，將漢傳佛教推向世界，步伐愈見穩健。本年舉行的「第四屆聖嚴思想國際學術研討會」，參與的國別、人數、發表論文，

「聖嚴思想國際學術研討會」已成為國際學界研究漢傳佛教重要的對話與交流平臺。

皆超越往年；與會學者提出多元、開創性的研究角度，也是歷年少有，凡此都彰顯出國際學界在研究漢傳佛教上，「聖嚴思想國際學術研討會」已成為一處重要的對話與交流平臺。

舉辦國際會議，是推動漢傳佛教國際化的方式之一，而與國內外各大學合作，開設課程、設立講座、提供獎學金，更是將漢傳佛教推向國際的重要方式。繼美國哥倫比亞大學、佛羅里達大學之後，本年首度與國內的政治大學簽署「聖嚴漢傳佛教學術發展專案」，鼓勵碩、博士生投入漢傳佛教的研究；與北京大學第三度簽署的「法鼓人文講座」，則持續於中國大陸校園推廣心靈環保及人文思想；而與多倫多大學合作開辦「佛教、心理學與心靈健康」課程，更是在西方校園推廣漢傳佛教的一項新嘗試。

匯集不同傳承的漢文佛典，是研究佛教重要的資料基礎，本年中華電子佛典協會（CBETA）獲得元亨寺授權，製作並發行數位化《漢譯南傳大藏經》，完成之後，將提供各國研究者及全世界民眾使用，對於漢傳佛教的研究，也會有相當助益。

結語

法鼓山信眾論壇中，僧大畢業生發表論文、分享三大教育的推動；佛研所校友會上，歷屆校友分享實踐心靈環保的行動。這些活動中，可看出大學院教育培養出的人才，不僅從自身做起，並結合法鼓山的理念，在各領域發揮影響力。

法鼓佛教學院招收博士班，完備了佛教教育體系的金字塔；未來法鼓大學正式招生後，大學院教育將培育出更多切合社會與世界所需的人才，引領大眾一起落實「提昇人的品質，建設人間淨土」的理念。

● 02.02～10

僧大「第九屆生命自覺營」法鼓山園區舉行
各國青年共同體驗出家生活

感恩之夜的傳燈活動，學員們學習聖嚴師父感恩奉獻的精神，發願要以佛法利益自己、利益別人。

僧大「第九屆生命自覺營」於2月2至10日在法鼓山園區舉行，本年共有一百九十八位來自海內外的學員參加，創下歷屆參與人數最多的紀錄。

自覺營由僧大學僧籌辦，課程著重於出家人的威儀與心性，包括由兩位副院長果光法師、常寬法師分享高僧故事的「高僧行誼」，啟發見賢思齊的宗教情操；普化中心副都監果毅法師在「如何找尋自己人生的價值」課程中，以動畫作品《人的一生》、電影《駭客任務》（*The Matrix*），引導學員思考生活與生命意義。

除此，三學院監院果慨法師介紹梵唄的歷史、功能和發展，同時帶入專注、放鬆的禪修方法，帶領學員唱誦〈迴向偈〉，祈願更多人聽聞梵唄法音；自覺營總護果竣法師則於「出家與在家」課程中，播放聖嚴師父講太虛大師行誼的開示，以此勉勵有志出家的青年發起弘法利生的大悲願心。

自覺營正授前，佛教學院校長惠敏法師，以及果通法師、常元法師分別為學員說戒。惠敏法師說明「戒」具有行為、習慣、性格等意義，而非一般觀念中的束縛；好習慣稱善戒，壞習慣稱惡戒，受戒者藉由跪拜、合掌等儀式，表達建立好習慣的信願心。

正授當天，由方丈和尚果東法師擔任得戒和尚、副住持果暉法師為教授阿闍黎，學員們威儀齊整，乞求納受清淨戒體，方丈和尚期勉眾人把握九天的學習，珍惜難得的出家因緣。

自覺營期間，適逢聖嚴師父圓寂三週年暨心靈環保二十週年活動在園區舉辦，學員們除了觀看《他的身影》影片，學習師父一生感恩奉獻的精神，也透過視訊連線全程參與，同步傳燈、接受信物、簽署「心靈環保全民宣言」，並許下心願：願將心靈環保的理念，傳遞給更多人。

● 02.11

佛教學院博士班2012年首度招生
培植與世界接軌的「心靈環保」優秀人才

佛教學院首屆博士班於101學年度（2012年）開始招生，2月11日在法鼓山園區舉辦考生輔導說明會，進行博、碩士班暨學士班考生輔導入學說明，共有八十多位有志報考者參加。

說明會由校長惠敏法師、行政副校長果肇法師、副校長蔡伯郎、學士班系主任果暉法師，以及多位教師和一年級學生，進行入學解說，回答校園生活、學費及研究計畫等各方面提問。由於2012年首度招收博士班，惠敏法師特別提到，與歐美、日本相比，目前臺灣的佛學研究還在起步階段，法師鼓勵報考博士班的同學，未來能為全世界提供最好的研究成果，也希望新一代研究者接棒傳承。

首屆博士班預計錄取三名，修業年限二至七年，將培養「具備融會各佛教傳統研究與禪修能力，並善用佛學資訊的現代科技，落實社會關懷與開拓全球視野的佛教學者、宗教師與社會菁英」。招生說明會當天，有十三人到場了解報考資訊，多是國內外具備佛學、法律、宗教、經濟、中英語文等專業知識與能力的人才；有考生表示，法鼓山長期以來推動的理念，對現代人很有幫助，希望自己也能藉由研究與方法的學習，來回饋社會。

佛教學院博士班以「佛教禪修傳統與現代社會」為發展特色，為國內第一所獨立宗教研修學院博士班，2012年招生後，將與碩士班及學士班共同形成完整的佛教教育體系金字塔，為世界培養更多優秀的高等佛學研究與教育人才，深入研究與發揚正信佛教。

（右至左）果暉法師、蔡伯郎教授、惠敏法師、果肇法師、見弘法師等，為有志報考佛教學院者進行解說。

● 02.23

中華電子佛典協會獲元亨寺授權
製作並發行數位化《漢譯南傳大藏經》

中華電子佛典協會（Chinese Buddhist Electronic Text Association,CBETA）獲元亨寺授權，製作並發行數位化《漢譯南傳大藏經》。2月23日，雙方於法鼓

佛教學院簽署授權書，由身兼CBETA主任委員的佛教學院校長惠敏法師，與元亨寺方丈和尚淨明法師代表簽署。《漢譯南傳大藏經》主編吳老擇居士、元亨佛學院教務長會忍法師、會常法師，與佛教學院副校長蔡伯郎、學士班系主任果暉法師等共同參與簽署儀式，方丈和尚果東法師也到場關懷。

現年八十二歲的吳老擇居士表示，有感於《南傳大藏經》有英、日、德、泰等譯本，獨缺華文版本，因此自1987年起，費時十一年才編集、校對完成，他感恩如今能有數位化的機會，希望能廣為全世界使用，並期待藉這個平臺，提昇翻譯品質與價值。

為了將《漢譯南傳大藏經》製作為電子文字資料庫（Text-Database），元亨寺並提供中華電子佛典協會一套紙本《漢譯南傳大藏經》七十冊，供數位化作業參考使用。

元亨寺版《漢譯南傳大藏經》約一千四百萬字，包含經、律、論三藏以及藏外佛典，完成數位化後，CBETA電子佛典將是超過兩億字的漢文佛典集成。

身兼中華電子佛典協會主委的惠敏法師（中），與元亨寺方丈和尚淨明法師（右）、《漢譯南傳大藏經》主編吳老擇居士（左），共同推動《漢譯南傳大藏經》的數位化。

● 03.02

佛教學院、韓國學中研院締結姊妹校
拓展師生國際交流

法鼓佛教學院校長惠敏法師與韓國學中央研究院（Academy of Korean Studies）院長鄭正佶，於3月2日在法鼓山園區第三大樓海會廳共同簽署學術交流合作備忘錄，締結為國外第十八所姊妹校，這是繼東國大學、佛教金剛大學之後，在韓國的第三所姊妹校，未來雙方將就學者、研究員、學生、學術出版品及研究計畫等，進行交流合作與資源共享。

同行來訪的來賓包括該院研究中心主任李鍾徹、國際交流中心主任鄭承娟。其中，執教東方佛教哲學並擔任所有研究計畫總負責人的李鍾徹教授，是惠敏法師就讀日本東京大學時期的同學，也是這次學術合作案的介紹人。

鄭正佶院長介紹該院時說明，佛教長久以來影響韓國的精神文化，研究韓國就必須從佛教的精神中尋找根源；並表示，兩校的景觀環境和學術氛圍非常相似，希望未來能與法鼓佛教學院密切往來與交流。

當天，佛教學院圖書資訊館館長洪振洲並介紹數位專案研究成果，引起與會來賓的高度興趣，現場交流熱絡。這次的締約拓展了雙方交流範圍，佛教學院期待未來在學術、資訊技術與佛學交流上，能建立更實質及深化的合作關係。

韓國學中央研究院成立於1978年，主要致力於下一代韓國學學者的培養，研究範圍涵蓋韓國的人文、歷史、文學、社會等領域，歷年研究成果不僅具有學術價值，更被視為是引領韓國發展的新動力。

佛教學院校長惠敏法師（左）與韓國學中央研究院院長鄭正佶（右二），共同簽署學術交流合作備忘錄，右一為李鍾徹教授。

● 03.11～10.17期間

「佛教學院研修中心講座」全年舉辦四場
開拓學生視野、啟發思考

3月11日至10月17日期間，佛教學院研修中心於圖書資訊館舉辦四場專題講座，邀請各領域學者分享研究成果，藉以開拓學生們的視野，並啟發思考、擴大關懷層面，每場皆有五十多人參加。

首場演講於3月11日進行，邀請清華大學生命科學系教授李家維主講「拯救瀕危的植物王國」，說明地球生命可能在短時間發生滅絕的訊息，也介紹各國科學家搶救保存物種的努力成果。

全程在場聆聽的佛教學院校長惠敏法師表示，認識科學與生命，如同佛法的緣起觀，了解到生物之間原是平等而且相關聯，希望佛教學院的學生透過此一認知，培養正知、正見，匯出正念，進而把所學的佛法，延伸到各類議題進行廣泛思考。

21日邀請中華科技大學通識教育中心副教授蘇美文，以「佛教與女性」為題進行演說，蘇美文老師說明佛陀提出女性有「九惡法」、「三部十惡」，用意不在指責女性缺點，而是具有教化意涵；並強調，唯有不以過去的緣起當作現在的緣起，才符合佛法所說「緣起性空」，諸法皆在因緣中生滅，男女相是不實有的幻相，一切諸法，非男非女。

4月25日則邀臺灣大學社會學系教授林端講說「臺灣的宗教與社會」，林端

李家維教授在「拯救瀕危的植物王國」講座中，介紹各國科學家搶救保存物種的努力成果。

教授以華嚴世界的「一多相容」來形容臺灣宗教發展成果，並列舉出臺灣宗教現象的多項特色。他認為宗教團體如法鼓山的心六倫運動，是積極投入社會參與的表率，這些現象恰恰是「一中有多，多中有一」的體現。

最後一場講座於10月17日進行，邀請前華梵大學校長隆迅法師演講「科學發展與佛法」。身為化學博士的隆迅法師表示，佛法兼具宗教、教育、哲學與科學的特性，卻又超越這些學科，不過「佛法在世間，不離世間覺」，科學也可當成現代社會度眾的一種善巧方便。法師融合了科學專業與修習佛法的體驗，詼諧風趣地講解二者相應之處，讓人透過科學的視野對佛法生起信心。

● 03.16

美國莊嚴寺方丈法曜法師與佛教學院交流
發表「佛教禪修傳統的根本與差異」演說

　　美國佛教會莊嚴寺方丈法曜法師於3月16日至法鼓佛教學院進行學術訪問，並在法鼓山園區第三大樓階梯教室發表「佛教禪修傳統的根本與差異」演說，共有五十多人參加。

　　法曜法師在演講中，從人對「老、病、死」的痛苦與煩惱，談到如何運用禪修方法斷除「貪、瞋、癡」，觀照五蘊皆空。法師表示，禪定能讓思惟更清楚，透過看清自我與一切的幻相，就能解決內在的煩惱與問題，並以自身在南傳國家居住十年的經歷，解說南傳佛教與大乘佛教在禪修上的根本與差異。

　　演講最後，僧大副院長果光法師提問對於西方國家以心理學與禪修結合發展的看法。法曜法師表示，心理學是現代

美國佛教會莊嚴寺方丈法曜法師於法鼓佛教學院主講「佛教禪修傳統的根本與差異」。

的語言，西方人用科學的角度研究禪修，跳脫玄深的宗教思惟，更能接引年輕世代接觸禪修，是值得我們學習之處；但他也強調，除了內在科學的探討，西方國家對於佛教「解脫」的概念，也必須要能深刻理解。

法曜法師於1987年在斯里蘭卡出家，通曉中、英、巴利、梵、日、法文等多種語言，曾遊歷世界各地，對亞洲及歐美佛教文化均有相當的了解。

● 03.16～17

僧大二日營於法鼓山園區舉行
七十多位學員探索生命著力點

僧大於3月16至17日在法鼓山園區舉辦二日營，以禪修、出坡、念佛等共修方式，體驗出家生活，共有七十多位有意報考僧大的學員參加。

僧大二日營透過實際的「僧活」體驗，包括禪修、上殿、過堂、出坡作務等，啟發學員的菩提願心。學員除了親自體驗學僧生活，也參與討論與分享課程，並踴躍

參加二日營的學員參與早晚課，體驗出家生活。

提出各類問題，特別是關於「在家」與「出家」生活的差別，以及如何在平常生活中維持修行的心態與品質等，最受關注。

僧大法師一一為學員解答疑惑，也說明出家與在家的關鍵在於心態，如能時時保持一顆修行的心，善加維護個人的身、口、意三業，即能擁有「真正的快樂」。

二日營除了接引社會青年體驗出家生活、了解現代僧伽教育的意義與使命，也引導學員從禪修、誦戒的體驗中，學習如何把心安住當下，透過佛法的實踐找到生命的方向。

● 03.18

僧大舉辦招生說明會
鼓勵青年學子找到生命方向

僧大於3月18日在法鼓山園區第三大樓階梯教室舉辦101年度招生說明會，身兼僧大院長的法鼓山方丈和尚果東法師、副院長果光法師均出席關懷，共有七十多人參加。

僧大學僧為參與招生說明會的學員,講解僧大的教育理念,並分享應考準備。

　　方丈和尚表示,僧團的建立是正法住持的典範,也是聖嚴師父一生的悲願,透過僧大的教育,任何人都可以培養成為安己安人的人天師範,期勉學員只要有信心和願心,成就僧團淨化人心與社會的行列,就是在成就大孝,使父母安心,也令自己安身立命。

　　說明會上,果光法師也分享出家近二十年的心得,當年他身為經濟學者,常思索如何幫助人解決問題,並為世界帶來改善,而聖嚴師父從禪修中提出現代人可接受、可運用的方法,正是今後世界人類共同需要的智慧財產。

　　最後,果光法師也表示感恩選擇了出家的道路,雖然過程並不輕鬆,卻是最值得走的路,以此與前來參加招生說明會的學子共勉。

● 03.19

隆迅法師來訪法鼓山
交流辦學心得　盼佛法與科技相融

　　在前政治大學校長鄭丁旺教授引介下,前華梵大學校長隆迅法師一行十六人於3月19日參訪法鼓山園區,方丈和尚果東法師、中華佛研所所長果鏡法師代表接待,交流辦學心得。

方丈和尚(坐者右二)與隆迅法師(坐者左二)一行人茶敘,交流辦學心得。(左一為果鏡法師,右一為鄭丁旺教授)

　　方丈和尚為來訪者介紹園區設計理念，在於強調境教功能，除宗教信仰，還要藉環境來淨化自己與社會人心；並說明法鼓大學籌備的進度及因緣，指出未來將以人文學院與宗教學院為主，為國家社會培養具有慈悲心與智慧的人才。

　　對此，隆迅法師回應表示，法鼓山佛教教育與其他佛教團體的大眾教育，各有其辦學的方向與特色，而將宗教精神融入一般社會教育，並在佛法中吸收科技觀點，繼而產生不同化學變化，將是佛教興辦大學教育的一項挑戰。

　　茶敘後，一行人前往大殿禮佛，並參觀圖資館，瀏覽館中《大藏經》等藏書，體驗佛法無盡的寶藏。

● 03.22

佛研所舉辦中日學術交流座談會
從日本學界看漢傳佛教研究趨勢

　　中華佛研所舉辦的「日本學界看漢傳佛教研究的新趨勢」座談會，3月22日上午在法鼓山園區教育行政大樓舉行，由佛教學院校長惠敏法師主持，邀請日本駒澤大學講師林鳴宇、郡山女子大學教授何燕生、青山學院大學國際政治經濟學院教授陳繼東，以及正在東京大學客座的中央研究院中國文哲所研究員廖肇亨等學者與談。

在惠敏法師主持下，四位在日本學界教學、研究經驗豐富的學者，分別就研究領域的中日學術交流提出分享。

　　四位學者分別來自中國大陸與臺灣，都曾在日本求學並在日本各大學授課，透過他們在日本研究的專長領域及觀察，分別就宋代天臺、日本禪宗、明清佛教、晚清佛教的中日學術交流進行對話，提供佛教學院師生不一樣的視野。

　　本身是日本曹洞宗僧侶的林鳴宇，為大眾介紹京都泉湧寺仍保有宋代以後所遺失的天臺懺法，例如《金光明懺》、《彌陀懺法》等，只可惜因為宋代古音的關係，只能做為寺院僧侶的修行，無法開放給大眾修行。何燕生教授則透過日本曹洞宗始祖道元禪師的傳記，回溯八百年前禪師留學中國時，禪宗已是「臨濟天下」的情況。

　　有別於其他學者著重於梵語、德語研究佛學，具中文系背景的廖肇亨教授勉勵學子掌握華語詮釋漢傳佛教的話語權。陳繼東教授則以較被人忽視的晚清佛教，提醒大眾近代佛教乃是承先啟後，開創現代佛教的關鍵。

● 03.22～23

香港東蓮覺苑弘法精舍青年訪德貴學苑、僧大
認識法鼓山對人文教育的關懷

參加香港東蓮覺苑弘法精舍所主辦「LCS領袖才能與溝通技巧培訓課程」的三十一位青年學員，於3月22至23日分別參訪德貴學苑、僧大，由各單位執事法師等代表接待，進行交流。

一行人於22日參訪德貴學苑，青年院常元法師首先向來賓介紹法鼓山世界青年會，分享如何接引年輕人親近佛法與學習禪修；人基會主任張麗君、心劇團團長蔡旻霓，則透過簡要的說明與精彩的短片，讓香港青年認識法鼓山對文化教育的關懷；法鼓大學籌備處助理教授辜琮瑜則為來訪者導覽籌備處的圖書館館藏特色與環境。

接著，由常元法師、法青會悅眾帶領進行「茶禪」體驗，法師引導學員將茶禪體驗與生活經驗相結合，例如：一次只做一件事，以感恩心接受當下的因緣。有學員分享，平常鮮少有機會用心體驗茶水的滋味，此次喝下的「三聚淨茶」與「平常心水」，似乎特別甘甜、特別感動。

23日，一行人參訪僧大，由僧大副院長常寬法師代表接待，並介紹僧大的學習環境與辦學理念；下午，僧大四年級學僧引領學員進行禪修體驗，也進行交流座談。座談時，不少學員表示，透過這兩天的參訪，感受到法鼓山對人文教育的關懷，獲益良多。

香港東蓮覺苑弘法精舍學員於德貴學苑合影留念。

● 03.24

法鼓大學「禪文化入門」講座
蔡耀明講授禪修之於生命的意義

法鼓大學籌備處於德貴學苑舉辦禪文化入門講座，3月24日邀請臺灣大學哲學系副教授蔡耀明主講「如何通過禪修以思考與實踐生命之意義」，共有六十多人參加。

講座中，蔡耀明老師指出生命世界的有情，流轉於無常乃至困苦的生命歷程，其主要癥結在於未能正視生命歷程的無常乃至困苦，而不斷產生追逐或攪動的情意，以及持續造作相互傷害的事、行。當這些癥結，造成生而復死的有情和顛沛流離的身心時，則反向操作，訴諸善業、禪修、智慧的學習，將可助益於生命超脫與身心安頓。

蔡老師說明，將禪修做為生命超脫與身心安頓的一道法門，有助於正視身心和合的生命現象；如果禪修者對「生命」及其「意義」有深廣的省思和洞察，則可通過禪修以思考與實踐「生命之意義」。

● 04.08～14期間

佛教學院舉辦五週年校慶系列活動
蕭萬長副總統肯定法鼓山興學弘法

佛教學院於4月8至14日期間，擴大舉辦五週年校慶，結合心靈環保、禪修及人文藝術，分別在法鼓山園區、臺大醫院金山分院展開校慶週活動。副總統蕭萬長、教育部政務次長林聰明、臺大醫院金山分院院長黃勝堅、桃園創新技術學院校長王春源等來賓，均蒞臨8日上午的開幕典禮，分享佛教學院成長與茁壯的喜悅。

開幕典禮上，校長惠敏法師以「五世其昌」祝福學校發展昌盛，期許成為華人地區第一所以佛教學院為主體的大學。法鼓山方丈和尚果東法師致詞表示，佛教學院成立五年來，在佛法生活化、佛學人性化、佛教人間化的實踐上，已開展出法鼓山大學院教育的里程，現在

蕭萬長副總統蒞臨法鼓佛教學院五週年校慶典禮，肯定法鼓山以興辦教育的方式弘揚佛法。

正是承先啟後的轉捩點。應邀致詞的副總統蕭萬長則表示，一向認同聖嚴師父以辦教育的方式發揚佛法精神，服務公職滿五十年、即將卸任的副總統，也許諾退休後將到法鼓山擔任義工，繼續服務貢獻。

典禮後，由師生共同籌畫的校慶活動接續展開，首先是「春日幸福茶會」，由佛教學院學生擔任茶主人，邀請貴賓接受感恩奉茶，在茶禪體驗中，收攝平日忙碌的身心。而惠敏法師的藝術家友人張春發，並邀集各地茶藝、陶藝、紙藝、曲藝、書藝等藝術家，展演一場百花齊放的藝術饗宴，展現中國文人的生活美學，佛教學院學生與活動贊助團體，也共同獻上歌舞與曲藝。

延續校慶傳統，9日當天全校師生前往金山中角沙灘淨灘，並為水陸眾生祈福迴向，落實尊重萬物、愛護大自然的「四環」精神；10日起陸續進行桌球運動競賽，梵、巴、藏、中、閩等五種語言的朗誦與歌曲競賽；14日則在臺大醫院金山分院展出推廣中心禪韻國畫班的作品，藉由各種活動，為淨化人心、淨化社會盡一份努力。

●04.11

日本本納寺住持森部達彥訪法鼓山園區
象徵本納寺與法鼓山法緣綿延第三代

本納寺森部達彥住持一行來訪法鼓山。（右起依序為惠敏法師、森部達彥住持、方丈和尚果東法師、福山賢晃住持、果暉法師、果鏡法師）

日本日蓮宗本納寺住持森部達彥、龍王寺住持福山賢晃於4月11日參訪法鼓山園區，方丈和尚果東法師、佛教學院校長惠敏法師、僧團副住持果暉法師，以及中華佛研所所長果鏡法師等代表接待，並交流佛教辦學經驗。

方丈和尚說明，法鼓山不是一般寺廟，而是從建築形式到理念弘化，均以教育做基礎，以世界佛教教育園區為藍圖建成的；其中的法鼓佛教學院，便是法鼓山整體教育的一環。

森部住持則以日蓮宗立正大學為例指出，佛教培養人才與延攬人才之間，尚有努力的空間。而如何讓學院培養的人才，繼續服務於寺院體系，以更新穎、更現代的弘化方式來接引信眾，既是辦學理想，也是實際環境所需。

本納寺位於日本東京池袋,森部住持的丈人暨本納寺前住持,乃是聖嚴師父立正大學的學友桐谷征一教授,而桐谷教授的岳父兜木正亨博士在擔任本納寺住持期間,對師父相當關照。此行來訪,象徵本納寺與法鼓山的法緣綿延第三代。

● 04.12

黃勝堅院長於僧大演講
主講「從現代醫學看生死」

黃勝堅院長與僧大師生分享如何做好善終關懷。

僧大於4月12日在法鼓山園區舉辦專題講座,邀請臺大醫院金山分院院長黃勝堅主講「從現代醫學看生死——如何預防病人與家屬受苦」,提供進行善終關懷時更周全的思考面向,共有一百多位法師、學僧參加。

講座中,黃院長說明在二十多年接觸神經重症患者的經歷中,經常看著醫病雙方在救與不救之間拉鋸、掙扎,使得病人和家屬均感痛苦;他強調,醫療科技雖然能救命,但多數的結果只是延長心跳停止的時間,唯有家屬放下、醫生放手,病人才能好走。黃院長認為,病人不是器官、數據的集合體,醫生也不應只是醫「生」,還要顧「死」,醫療的局限讓他反思生命的尊嚴,積極投入臨終照護與悲傷輔導的工作。

黃勝堅院長並且說明,醫療團隊應善盡傾聽、尊重、陪伴的角色,而每個人也應在自己能做決定的時候做好安排,例如預先簽署DNR(Do Not Resuscitate,不施予心肺復甦)意願書,做好準備,無常到來時才能善終,才有機會向家人道愛、道謝、道歉、道別。

一反生死議題的刻板嚴肅,演講中黃院長以感性幽默的口吻,分享了許多至情至性的真實遭遇,除了藉此釐清簽署DNR是建立臨終前的照護計畫,而非自殺聲明書之外,也探討了器官捐贈、無效醫療、安寧緩和醫療條例二度修法等議題中常見的兩難困境。

有學僧表示,生死課題也許沒有正確答案,但每一個生命末期的故事皆發人深省,尤其華人社會避談死亡的現象,讓人重新認識生命教育的重要,以及宗教師如何在醫病關係中進一步幫助病人安頓身心。

● 04.16

達賴喇嘛基金會訪佛教學院
觀摩交流辦學經驗

智慧光佛學研究會倉忠仁波切（右三）、達賴喇嘛基金會陳明茹（前排左二）等一行來訪佛教學院，由方丈和尚（前排右二）、惠敏法師（前排右一）等分享法鼓山大學院教育規畫，交流辦學經驗。

智慧光佛學研究會住持倉忠仁波切、達賴喇嘛西藏宗教基金會諮議委員陳明茹一行人，於4月16日參訪法鼓山園區，並觀摩法鼓佛教學院辦學經驗，以做為該基金會在臺灣興辦藏傳佛教三學研修學院的參考，由方丈和尚果東法師、佛教學院校長惠敏法師、僧大副院長果光法師代表接待，進行交流。

陳明茹表示，現階段有許多藏傳道場來臺推廣藏傳佛教，但由於缺乏系統整合，師資也有所不足，因此正在臺灣籌備成立一個完整的藏傳佛教三學研修學院，協助有心學習藏傳佛教的民眾認識正法。

方丈和尚說明，法鼓山的大學院教育，從中華佛研所到法鼓佛教學院獲教育部認可，可授予正式學位，乃至僧伽大學的僧伽教育以及籌備中的法鼓大學，均是宗教推廣大學院教育最好的實例；雖然興學過程難免遇上困境阻力，但因緣轉折很微妙，每個過程都有契機存在。方丈和尚以聖嚴師父所開示的「有信仰就有願力」，鼓勵到訪來賓，以弘揚正法為依歸，以願力克服興學過程的種種阻力。

惠敏法師表示，站在佛教教學研究、交流的角度，欣見藏傳佛教三學研修學院的籌備成立，可以帶給臺灣佛教教育更多元的開放性；法師也說明佛教學院的興學歷程，同時介紹佛教學院的課程架構、師資規畫以及興學立案申請等教育行政流程。

分享交流後，倉忠仁波切一行前往大殿、圖書資訊館、開山紀念館與祈願觀音殿參觀，進一步了解法鼓山園區的軟、硬體設施規畫，汲取更多辦學的經驗與智慧。

● 04.21起

佛教學院教職員發起成立環保社團

為金山磺溪出海口淨灘

佛教學院教職同仁於4月21日在網路上發起成立「淨心淨土，金山環保」社團，於每月26日的前一個週六，在金山磺溪出海口進行淨灘，共同清理、維護海洋生態環境。

佛教學院教職員和學生投入「淨心淨土」淨灘行列。

每次的淨灘活動，都是透過網路臉書號召網友參加，除此，更有許多佛教學院學生、畢業校友的共同參與。舉凡行前探勘、號召聯絡、查詢天氣、準備工具等，全由淨灘成員發心承擔，出資出力。淨灘時，成員依照個人體力、能力，有人穿上青蛙裝，前往污泥區掏垃圾，疏通溪流出海口；有人在沙灘區撿拾卡在沙中的瓶蓋、魚網、浮標、打火機、保麗龍等；遇上動物大體，便就地掩埋，持誦〈三皈依文〉、〈往生咒〉迴向祝福；有人則在消波塊區，清理夾縫中的海洋垃圾。隨著一次一次的淨灘行動，磺溪口的自然生態逐漸恢復，盼能成為鳥類歡喜造訪的淨土。

參與活動的成員認為，在淨灘活動過程中，不僅是清理垃圾，還可以練習淨化心靈，且更懂得在生活、工作中用佛法轉化心念，進而化解困境；也有佛教學院學生表示，以淨灘祝福地球眾生，祈願受污染的環境能夠清淨一分，眾生的心也能同時淨化一分。

「淨心淨土，金山環保」社團的成立，緣起於2012年3月26日，當時金山地區發生稀有冬候鳥黑頸鸊鷉因吞食垃圾而亡，佛教學院會計部主任張振華、賴心萍等人感於環境污染對於自然生態的威脅，因此在臉書上發起成立；為紀念這個日子，遂於每月26日前一個週六進行淨灘，於金山磺溪出海口清理環境。近一年來，淨灘行動持續進行，且獲得愈來愈多的支持與參與。

facebook社團「淨心淨土，金山環保」：https://www.facebook.com/groups/115999778533150

● 04.25

佛教學院澄心禪社舉辦禪學講座
楊蓓老師解析人際關係的「參、纏、慘、懺」

佛教學院澄心禪學社於4月25日舉辦禪學講座，邀請實踐大學社會工作學系副教授楊蓓主講「禪在人際互動中——參、纏、慘、懺能否為人際關係解套？」，共有六十多人參加。

「參、纏、慘、懺」四個字聲調不同，卻巧妙呈現人際互動的不同情境。楊蓓老師說明，緣於過去的生命經驗，我們每個人的心中都建構了一套根深柢固的法則，並用此法則來衡量他人；正因為每個人的法則不同，人與人之間的衝突、對立和糾纏便無法避免，這些糾纏，常讓自己感覺很慘，從而陷入纏與慘的景況中。

楊蓓老師進一步解析，「懺」，是改變的關鍵點，唯有真正懺悔，才可能扭轉人際關係的慘狀，從原本以為是他人的錯，到覺照一切問題都是自己所致，不再認定都是別人的錯，這時才是開始「參」的時候。如果還認為是別人的錯，懺悔便不會產生效果。

最後，楊蓓老師指出，所謂「積習難改」，要改變真的很困難，不過，禪修的轉化、超越，也就是聖嚴師父所說的認識自我、肯定自我、成長自我、消融自我，可以讓我們練習打破自己的法則，扭轉人際關係的慘狀。

● 05.05～06

僧大舉辦第四屆講經交流會
新增「即席演講」 展現靈活應變

僧大「講經交流會」新增「即席演講」，展現學僧靈活應變的能力。

僧大第四屆「講經交流會」於5月5至6日在法鼓山園區展開，由副院長果光法師、常寬法師，及僧大常哲法師、常順法師、大常法師、常慶法師擔任講評，共有二十二位學僧參加。

這次「講經交流會」弘講內容，除了講解佛教經典、介紹法鼓山的理念、聖嚴師父，另新增一項「即席演講」單元，讓學僧們練習臨場應變的能力，發揮平日所學。參加者在上臺前十分鐘抽題目，每一題並設定演講對象、年齡與內容。其中，演薰法師抽到

的題目是介紹聖嚴師父與法鼓山，弘講對象是退休老師；常展法師以三十五至四十五歲的企業專員為對象，介紹「禪修與法鼓山」；常獻法師則是以親切的閩南語，帶領大學佛學社團學生認識僧大。三位即席演講的學僧反應靈活，與臺下聽眾互動融洽。

本年交流會，學僧講經方式各有特色，有採一般講經方式、有親身體驗分享，還有扣緊時事的議題，例如演捨法師從令人矚目的戰爭問題談起，講述「從心靈環保談國際衝突之解決」；常燈法師則以「移民局」做比喻，帶領聽眾進入阿彌陀佛的極樂世界，並鼓勵眾人發願「移民」極樂淨土。

果光法師在總結致詞時表示，本年交流會讓人感受到海會雲集的氣勢，講經內容的廣度與深度，以及活潑的呈現方式，在在讓人驚喜。法師期勉學僧，要做一個好的弘講師，除了展現在學習儀態、知見、觀念，還必須了解自己的優點和長項、深入修行法門，並能夠與大眾分享自己的生命故事，讓更多人得到佛法的滋潤。

● 05.18

中華佛研所、多倫多大學新學院開展交流
合作開設漢傳佛教課程

僧團女眾副都監果鏡法師、國際發展處監院果見法師及北美護法會輔導法師常華法師，5月18日在北美護法會加拿大安省分會召集人林顯峰伉儷陪同下，前往多倫多大學（University of Toronto），拜會與中華佛研所有學術合作關係的「新學院」（New College）院長伊夫斯・羅伯治（Yves Roberge）教授，就佛研所本年初贊助該學院開設的漢傳佛教相關課程進行了解。

多倫多大學在《時代》（TIME）雜誌2011年公布的全球高等教育名校中，排行第十九名，是全球頗負盛譽的高等學府，全校計有七個學院，「新學院」是其中之一。此次佛研所與該院合作開辦的「佛教、心理學與心靈健康」課程（Buddhism, Psychology and Mental Health Programs），是為期兩年、四個半年制的課程，內容涵括「禪的精神」、「大乘佛教思想」、「心識的鍛鍊」、「佛教倫理」等四項重點，期使漢傳佛教在加拿大的推廣向前邁進。

除了解該課程的內容方向，法師們並與該院師生展開交流座談。師生們對佛研所的贊助，表達了誠摯的感謝，並邀請果見法師為眾人介紹法鼓山，增進彼此的了解。除介紹法鼓山的整體概況，果見法師並鼓勵師生們在課程內容上，多結合法鼓山的理念與資源，做為教材的參考，雙方也可舉辦相關的講座與活動，並邀請師生到臺灣法鼓山參訪，與大學院教育各單位進一步交流。

● 06.01

聖基會、政大簽署「聖嚴漢傳佛教學術發展專案」
設立講座、博碩士獎學金與短期訪問研究獎助

聖基會蔡清彥董事長（右）與政大吳思華校長（左）共同簽署「聖嚴漢傳佛教學術發展專案」。

6月1日，在「第四屆聖嚴思想國際學術研討會暨第二屆法鼓山信眾論壇」開幕式上，聖基會董事長蔡清彥與政治大學校長吳思華共同簽署「聖嚴漢傳佛教學術發展專案」，內容包括設立「聖嚴漢傳佛教講座」、「聖嚴漢傳佛教博、碩士獎學金」與「聖嚴漢傳佛教年輕學者短期訪問研究獎助」等三大項目，這是繼美國哥倫比亞大學（Columbia University）、佛羅里達州立大學（Florida State University）之後，首度捐贈國內大專院校成立漢傳佛教的研究專案。

聖基會執行長楊蓓表示，政大設立聖嚴漢傳佛教講座，不僅將聖嚴思想帶入高等學府、有系統地培養漢傳佛教的研究人才，對漢傳佛教的傳承與創新，別具意義；而學術網絡的建立，讓教界與學界的互動更為靈活，未來除了兩年一度的國際學術研討會，也能到各國學府進行交流，將漢傳佛教的種子在全世界廣為傳播。

聖基會自2007年成立聖嚴漢傳佛教講座教授、獎助博碩士論文以來，在歷屆的國際學術研討會上皆可見到年輕學者和博士生的參與，本年也不例外，例如：哥倫比亞大學史瑞戈（Gregory A. Scott）從聖嚴師父的英文著作談佛教出版社的意義；加拿大的融道法師，從民初學僧參與公共事務的角度，探討佛教現代化的軌跡等。

年輕學者不僅為研討會帶來活力與嶄新的研討主題，也刻畫當代佛學研究的樣貌及未來趨勢，而這也彰顯出法鼓山在國際間弘揚漢傳佛教開啟新頁。

● 06.01～02

「第二屆法鼓山信眾論壇」舉辦
僧團法師分享法鼓山的成長與願景

由聖基會、法鼓山僧團主辦的「第二屆法鼓山信眾論壇」，6月1至2日於臺灣大學集思國際會議廳展開，方丈和尚果東法師出席致詞，共有十多位僧團法

師發表法鼓山推動禪修、教育、弘法與關懷工作的現況、願景等相關研究。

本屆論壇主題，以大學院、大普化、大關懷三大教育的推展現況說明為主，另有「中華禪法鼓宗的開展」及「法鼓山的永續發展」等共五個主題，由僧團果字輩法師帶領常字輩法師分享法鼓山的成長及反思。內容從禪修、文教到慈善公益，不僅彰顯法鼓山弘化的特色，也是法鼓山參與時代社會、服務奉獻的著力點。

例如：普化中心從共學活動到分齡課程、從實體教室到數位學習的各項弘法活動規畫，呈現了法鼓山推動信眾教育的軌跡。禪修中心的常護、常啟兩位法師，除了回顧聖嚴師父所教授禪法的演變，也透過西方法子在歐美推動漢傳禪法的現況，提出國際弘化的反思。

大學院教育是由八位僧伽大學畢業學僧發表論文，無論是教理的爬梳或生活佛法的推廣，形式多元且論述紮實，展現僧伽教育的開創性與活潑性。法師們從書信、教學、寫作、國際弘化等面向論述聖嚴師父的學思歷程，也讓與會大眾再一次領受師父的言教與身教。

「法鼓山的永續發展」則由僧團都監果廣法師主講，透過聖嚴師父於2007年提出「四大堅持」的開示影片，重申法鼓山的核心理念與定位。

最後的綜合座談中，與會人士紛紛提出多項建議，包括增設居士論壇、規畫新的主題等，臺上列席的法師也一一做出回應。僧俗四眾藉此論壇真誠交流，共同思考如何積極推動法鼓山的理念；同時也讓信眾深入了解僧團、法鼓山發展的各個階段，在切磋、討論中求進步，進而繼續發展。

2012年的信眾論壇以三大教育推展現況為主，由僧團法師進行分享與反思。

三種成長

**6月1日講於臺灣大學集思國際會議廳
「第二屆法鼓山信眾論壇」**

◎果東法師

非常歡喜有此殊勝因緣，與諸位法師、諸位居士，共同參與第二屆法鼓山信眾論壇。信眾論壇與聖嚴師父的學術研討會，屬於同一個研討會，而以信眾論壇居前，學術研討會在後，這象徵著推動聖嚴師父倡導的法鼓山理念，必須由內而外，從團體內部的凝聚開始。

法鼓山信眾論壇，是在2010年，法鼓山創辦人聖嚴師父圓寂後的第二年首度舉辦。大家都很關心師父圓寂之後，法鼓山僧俗四眾如何同心同願把法鼓山整體的力量展現出來，奉獻給時代社會。值得欣慰的是，當第一屆論壇圓滿，主辦單位收到許多回饋，信眾及法師們都很感動，覺得活動深具意義，也感受到法鼓山對當代社會產生的價值與奉獻。

一般人都說，從○到一，是最艱鉅的突破，我們已有好的開始；而從一至二，則具有殊勝的意義。法鼓山信眾論壇從第一屆邁入第二屆，具有以下三種意義。

第一：論壇的成長

一個活動，只舉辦一次，或者成為延續性活動，往往第二場是分野。信眾論壇今年舉辦第二屆，並非偶然，而是籌設初期即有的規畫。我們的目標，是每兩年舉辦一次，隨時掌握法鼓山成長進度，並且即時報告法鼓山的發展現況。

雖然論壇尚只是第二屆，然而從「一」累進至「二」，讓我們看到了這項活動的延續與發展，這也代表未來還將有第三屆、第四屆、第十屆、無數屆，不斷延伸。換句話說，往後每隔兩年，我們都會舉行論壇，透過分享，了解法鼓山的成長。

第二：僧團的成長

大家都知道，1978年聖嚴師父返回臺灣以後，馬上著手的兩件事，一件是興辦佛教高等教育，另一件是建僧。

師父創建的僧團，至2000年以前，在師父座下出家的法師都屬於「果」字

輩，果字輩法師的僧教育，多半在農禪寺直接親炙師父的言教與身教。2001年以後出家的「常」字輩法師，則由法鼓山僧伽大學養成，至2011年以後，已有「演」字輩學僧進入僧伽大學。常字輩法師親炙師父的機會，雖然少於果字輩法師，但學院式僧教育的涵養，則讓他們從法義薰習，直接領受師父的教導，這是另一種深刻的學習。特別向大家報告，現在法鼓山僧團人數近三百人，其中已在僧團領執奉獻的法師，則將近兩百三十人。

論壇有一個特色，由果字輩法師擔任主持人，帶領常字輩法師進行發表。這兩天，將有十五位常字輩法師輪流上臺，發表法鼓山推動禪修、教育、弘法與關懷工作的近況，這是僧團的成長，也是團體的成長，敬請大家關注也關懷常字輩法師們發表的內容。

第三：團體的成長

這次論壇主題，以法鼓山三大教育（「大普化」、「大關懷」，及以「僧伽大學優秀畢業論文」帶出大學院教育的辦學成果）為主，另有「中華禪法鼓宗」及「法鼓山的永續發展與未來」，共五個主題。這五個主題，實際上已涵蓋法鼓山團體的特色，從禪修、文教到慈善公益，換個角度來講，從這五個面向，也正是法鼓山參與時代社會、服務奉獻的著力點。

聖嚴師父曾說：一個團體，假使不能對時代社會產生奉獻，就將會被時代所淘汰。我們的時代，雖然佛法已成為一般人生活之中垂手可得的共同資產，但仍有許多的人還不知道有佛法，尚未接觸法鼓山的理念。因此，我們必須再接再厲，從我們自己開始，經由僧俗四眾充分的交流與討論，共同來思考如何更積極推動法鼓山的理念，以奉獻給我們的時代社會，把佛法分享給更多的人。

感恩信眾論壇的持續舉辦，讓我們感受到活動本身的成長，也看到僧團成長及團體的成長。最後祝福大家，凝聚向心力，展現生命力，有願就有力，彼此共勉力。阿彌陀佛！

● 06.03～04

聖基會舉辦「第四屆聖嚴思想國際學術研討會」
多元觀點深入漢傳佛教及聖嚴師父思想核心

「第四屆聖嚴思想國際學術研討會」以「聖嚴法師與當代漢傳佛教的回顧與前瞻」為主題,一百多位專家學者從不同面向展開討論。

由聖基會、法鼓山僧團主辦的「第四屆聖嚴思想國際學術研討會」,6月3至4日於臺灣大學集思國際會議廳展開,會議以「聖嚴法師與當代漢傳佛教的回顧與前瞻」為主題,共有來自美國、日本、英國、新加坡、臺灣、中國大陸等八個國家、一百多位專家學者與會,發表六十二篇論文,是歷來參與人數最多、論文發表最豐富的一次。

方丈和尚果東法師在開幕典禮上致詞表示,信眾論壇和聖嚴思想國際學術研討會是一體兩面,僧團法師繼起師父的腳步,透過學術研討會,與國際接軌、與世界佛教對話,讓人看見的不只是論壇的延續,還有僧俗四眾參與社會、奉獻服務的成長。

本次研討會,論文在質與量上皆有明顯的成長,主題從禪法、經濟、環保、旅行書寫或人格特質等面向來探索聖嚴師父的思想,同時又從急難救助、有機農業、企業倫理、生命教育等角度,解讀法鼓山理念及漢傳佛教的時代意義;研究面向廣博新穎,在繼承傳統之餘,又能突破創新,為聖嚴研究注入源源不絕的活水。

除了各國學者的積極參與之外,本年僧團也有十一位法師發表論文,展現大學院教育豐厚的學術實力,其中又以常字輩法師備受矚目,例如常慧法師發表〈從《心的詩偈──〈信心銘〉講錄》探討聖嚴法師早期禪法特色〉、常諗法師發表〈當代女禪師的培養與弘化──以法鼓山比丘尼僧團為例〉、常慶法師的〈聖嚴法師對「無」字話頭之觀點與實踐〉等,皆獲得與會學者的肯定及好評。

將佛法介紹給當代社會

方丈和尚語

6月3日講於臺灣大學集思國際會議廳
「第四屆聖嚴思想國際學術研討會」

◎果東法師

諸位學者、諸位法師、諸位大德,阿彌陀佛!

首先,歡迎及感恩諸位參與第四屆聖嚴思想國際學術研討會。諸位都是學術界的優秀學者,而培育人才,也是法鼓山創辦人聖嚴師父一生的職志。本人謹代表法鼓山全體僧俗四眾,感恩諸位的用心與發心,並期待接下來兩天,與諸位分享的智慧成果。

同時,聖嚴教育基金會也將舉行政治大學宗教所「聖嚴漢傳佛教學術發展專案」捐贈締約儀式,這是繼美國哥倫比亞大學、佛羅里達州立大學之後,第三所推動漢傳佛教專案研究的重點學府。

質量並昇　締寫新頁

這次研討會,主要有三項議題,分別是「聖嚴法師與法鼓山研究」、「漢傳佛教、聖嚴思想與當代佛教的比較研究」、「當代漢傳佛教學術發展的思考與批判」。聖嚴教育基金會執行長楊蓓老師很歡喜地告訴我,本屆研討會,與會學者人數及論文投稿件數,都寫下新的紀錄。共有來自亞、歐、美、非洲,八個國家,一百多位學者參與,較歷屆成長許多。投稿的論文件數則超過百件,經過篩選,最終入選有六十二件,篩選率近五成,學術水準之高,值得讚歎。

將佛法介紹給現代社會

恩師將其一生,奉獻給佛法,奉獻給眾生。在住世八十年、說法四十九年的人間行腳中,與東西方社會無數的人,結下深厚的法緣,所產生的影響,廣大深遠。

誠如大家所知,對於大眾的接引,恩師的身分是多重的,既是禪師、學者、作家、教育家、思想家,也是宗教師和大眾的心靈啟蒙老師。此外,如諸位學者所知,恩師同時具有社會運動家的身分,像是恩師提倡的四種環保、心五四、心六倫,都是當代社會的創新,這在這次學者的論文題目中也可以看到。而恩師晚年以世界宗教領袖的身分,前往世界各地,傳遞

世界和平的消息，也在各不同宗教的精神領袖心中，留下永恆的身影。

雖然身分多重，弘法面向多廣，然而恩師的每一種身分，都是為眾生與佛法之間，當一座接引的橋梁。在2006年第一屆聖嚴思想學術研討會，恩師表示：「我所做的每一件事、推動的任何一項工作，目標都是相同的，那就是藉由不同的面向，將佛法介紹給現代社會。」同年，在一次與中華佛學研究所師生談話時，恩師也說：「我這一生所做的，就是如何使漢傳佛教與現代社會及世界佛教互通，提供貢獻，這是我一輩子做的事。」

傳承創新　實用為先

傳承與創新，是恩師對於當代佛教的寄望，也是恩師一生的貢獻。今天諸位學者聚集於此，相信是受恩師的願心感動而來。對於學術研究，恩師則尚有期許，那就是在繼起傳統的創新之上，更要「實用為先，利他為重」，將學術研究的成果，奉獻給當代社會，讓一般大眾也能共享。

從大會資料，我看到諸位的研究主題，面向多廣，角度新穎。例如從禪法、環保、經濟、建僧、旅行書寫或人格特質來探索恩師的思想；又從經典、倫理、災難救援、有機農業，來解讀法鼓山理念及漢傳佛教的時代意義，成果相當令人期待。

最後，除了感恩諸位智慧的奉獻，我也要勉勵在座的青年學者，透過研究聖嚴師父的思想、理念及弘化方式，為當代佛教提供新的創見，為人間佛法注入源源不絕的活水。

祝大會圓滿成功，阿彌陀佛！

活絡漢傳佛教的多元對話與反思

第四屆聖嚴思想國際學術研討會

　　聖基會所舉辦的「第四屆聖嚴思想國際學術研討會暨第二屆法鼓山信眾論壇」，參與的國別、人數，發表的論文皆為歷年之最，展現漢傳佛教豐厚創新的內涵，也為未來的研究趨勢奠下紮實的基礎。

　　本屆研討會仍以「法鼓山信眾論壇」和「國際學術會議」兩大部分進行，首先展開的是「法鼓山信眾論壇」，本年以論析大學院、大普化、大關懷三大教育的推展現況出發，加入「中華禪法鼓宗的開展」及「法鼓山的永續發展」等共五大主題，將禪修、文教及慈善公益緊緊相扣，不僅彰顯法鼓山弘化的特色，也是法鼓山參與時代社會、服務奉獻的著力點。僧俗四眾在論壇上真誠交流，在切磋中增長認同與理解，凝聚向心力，共同為建設人間淨土而努力。

批判性觀點　提供反思空間

　　隨著研究角度趨於多元，本屆國際學術研討會的一大特色就是批判性觀點的提出。與會學者拋出開創性的見解，藉由對話與交流，凸顯出研討會做為漢傳佛教研究與對話平臺的意義。

　　例如在〈「人間淨土」的反思〉一文中，中山大學哲學研究所副教授越建東提出「人間淨土與佛國淨土有何異同？」、「心淨與土淨是否為衝突的概念？」、「提昇人品與建設淨土是同時並進？或有先後次第？」等問題，試圖從佛教義理

第四屆聖嚴思想研討會的研究角度多元，除了傳統佛學研究，還兼具回應時代的特質。

檢視人間淨土的建設所能達成的目標與限制。

對此,玄奘大學宗教學系主任昭慧法師抱持肯定的態度指出,有些思想、理念因為大眾過於熟悉反而失去對話的可能,他以〈聖嚴法師對「淨念相繼」與「入流亡所」的詮釋〉、〈聖嚴禪教之安心法門:「看話禪」與「無住」思想是融貫的嗎?〉兩篇論文為例,說明這些具有張力的主題,正好提供大眾反思的空間。

跨領域研究　回應時代脈動

本屆國際學術研討會的另一項特色,是漢傳佛教的當代應用。會中發表的六十二篇論文,主題除了從佛學研究的角度出發,例如淨土思想、禪法、華嚴思想、天臺教觀、唯識學、終極關懷等,並跨足社會科學領域,涵蓋文學、哲學、環保、經濟、心理、生命教育、社會公益等;研究面向廣博新穎,傳統與創新兼具,顯示漢傳佛教和聖嚴思想的研究,不再局限於理論或文本上的討論,還兼備回應時代脈動的特質,並與國際接軌。

年輕的面孔　嶄新的觀點

不論是學術研討會或是信眾論壇,論文發表人的年輕化正象徵著「傳承」。自2007年聖基會在美國設立漢傳佛教講座、獎助博碩士論文之後,歷屆研討會可見年輕學者的參與,為大會帶來活力與新的研究主題。例如哥倫比亞大學(Columbia University)宗教系博士候選人史瑞戈(Gregory A. Scott),從聖嚴師父的英文著作談佛教出版文化的意義;來自加拿大的融道法師,從民初學僧參與公共事務的角度探討佛教現代化的軌跡;在歐柏林大學(Oberlin College)擔任訪問學人的芮哲(Justin R. Ritzinger),則從克魯泡特金(Peter Kropotkin)的互助論,闡述佛教與科學之間的互動及轉用。這些主題不盡然與聖嚴思想直接相關,卻反映近代漢傳佛教的發展脈絡。

各國學者在會議中熱烈交流,凸顯聖嚴思想研討會做為漢傳佛教研究與對話平臺的意義。

時代性的議題研討、跨領域的研究方法、新生代學者的參與、開創性見解的論析,在本屆的研討會與信眾論壇中一一展現,除了彰顯出漢傳佛教豐厚的內涵,足以為當代大眾提供更豐富的精神資糧外,也透露著聖嚴思想正深入海內外高等學府、有系統地培養研究人才,更象徵著法鼓山在國際間漢

傳佛教的傳承、開展與創新上，扮演著不可或缺的推手角色。

　　一如聖嚴師父2008年在第二屆會議的閉幕式上所說的，學術研究雖然是小眾的事，但他從未放棄，因為透過學術的交流互動，無形中也刻畫著當代佛學研究的樣貌及未來趨勢；透過有系統的學術研究，與社會各領域的對話，積極地讓人間淨土的理念深入現代社會的實踐，這也正是聖嚴思想國際學術研討會持續舉辦的意義所在。

2012第二屆法鼓山信眾論壇議程

日期	主題	主持人／發表人
	開幕式：方丈和尚果東法師致詞	
	簽約儀式：捐贈國立政治大學「聖嚴漢傳佛教學術發展專案」 　　　　蔡清彥（聖嚴教育基金會董事長）、吳思華（政治大學校長）共同簽署	
6月1日	**主題：大普化教育** 1.法鼓山佛法普及教育概說 2.共學活動 3.推廣課程 4.聖嚴書院 5.數位課程	發表人： 1.果毅法師 2.常用法師 3.常用法師、常林法師、常惠法師 4.常用法師、常林法師、常惠法師 5.常林法師
	主題：修福修慧──大關懷 1.關懷與修行 2.慈善基金會的回顧與前瞻	發表人： 1.常捷法師 2.江弘基（法鼓山慈善基金會總幹事）
	主題：僧伽大學優秀畢業論文發表 1.正語之道──以聖嚴法師講解「沙彌律儀」的內容為主 2.從《法華經》〈安樂行品〉中論述「心靈環保」的實踐方法 3.試從「緣起性空」探討修行之路──以《中論》為主 4.法鼓山的臨終關懷──臨終場域的修鍊	主持人：常寬法師 發表人： 1.常順法師 2.常源法師 3.常續法師 4.常統法師
	主題：僧伽大學優秀畢業論文發表 1.高僧的學習典範──以聖嚴法師「高僧行誼」課程為中心 2.現代僧才的學思典範──以《聖嚴法師學思歷程》為主 3.從書信看聖嚴法師的建僧與弘化 4.聖嚴法師國際宏觀的開展與實踐──以僧教育為主	主持人：果光法師 發表人： 1.常慶法師 2.常格法師 3.常澧法師 4.常藻法師
6月2日	**主題：承先啟後的中華禪法鼓宗──其禪風的開展** 　子題：聖嚴法師禪法在東西方的開展與弘化（對談與討論）	主持人：果品法師 發表人：果元法師、常護法師、常啟法師
	主題：法鼓山的永續發展──心靈環保・漢傳禪佛教・三大教育・世界淨化 1.法鼓山永續發展方向 2.法鼓山永續發展機制	發表人： 1.果廣法師 2.果傳法師
	綜合座談	主持人：果賢法師 與談人：果暉法師、果廣法師、果光法師
	閉幕式：楊蓓（聖嚴教育基金會執行長）致詞	

2012第四屆聖嚴思想國際學術研討會議程

◎6月3日

地點	論文主題暨發表人	主持人／回應人
	開幕式：方丈和尚果東法師致詞	
	專題演講：聖嚴法師與人間淨土思想 主講人：三友健容（日本立正大學佛教學部教授）	主持人：惠敏法師（法鼓佛教學院校長）
	回應與綜合討論	回應人：于君方（美國哥倫比亞大學宗教系教授）
國際會議廳	**1.從聖嚴法師的禪修經驗探討開悟的共通過程與身心反應之可能** 發表人：果暉法師（法鼓山副住持） **2.在禪宗和淨土之間：找出永明延壽的禪菩薩模型** 發表人：魏雅博（Albert Welter）（加拿大溫尼伯大學宗教及文化系主任）	主持人：惠敏法師（法鼓佛教學院校長） 回應人：丹尼爾・蓋茨（Daniel Getz）（美國布萊德利大學哲學與宗教研究學系副教授）
	1.復活了玄奘：一個中世紀僧侶的現代旅行 發表人：班傑明・布羅斯（Benjamin Brose）（美國密西根大學漢傳佛教助理教授） **2.聖嚴法師與紐約市的法鼓出版社——1982至1997** 發表人：史瑞戈（Gregory Adam Scott）（美國哥倫比亞大學宗教系博士候選人）	主持人：果暉法師（法鼓山副住持） 回應人：丹尼爾・史蒂文生（Daniel Stevenson）（美國堪薩斯大學宗教研究學系教授）
	1.太虛法師「人生佛教」之理論基礎 發表人：艾瑞克・古德（Eric Goodell）（美國維吉尼亞大學宗教研究所博士） **2.民國學僧公民意識之形成與發展** 發表人：融道法師（加拿大麥基爾大學宗教研究學系博士候選人） **3.民國初期之臨終助念** 發表人：林穎（美國哥倫比亞大學博士候選人）	主持人：莫里歐・波斯吉（Mario Poceski）（美國佛羅里達州立大學宗教學系副教授） 回應人：羅貝卡・那多斯特（Rebecca Nedostup）（美國波士頓學院歷史學系副教授）
	分組討論	
蘇格拉底廳	**1.聖嚴法師對蕅益智旭《教觀綱宗》的解讀角度探析——聖嚴法師對禪與天臺教觀之融會** 發表人：王晴薇（臺灣師範大學國際華語與文化學系助理教授） **2.「人間淨土」的反思** 發表人：越建東（中山大學哲學研究所副教授）	主持人：杜保瑞（臺灣大學哲學系教授） 回應人： 1.陳平坤（中山大學中國文學系助理教授） 2.林建德（慈濟大學宗教與人文研究所助理教授）
	1.智旭與《四書蕅益解》——從聖嚴法師的《明末中國佛教之研究》說起 發表人：龔雋（中國大陸中山大學哲學系教授） **2.聖嚴法師旅行書寫中的歷史特質研究** 發表人：王美秀（臺灣師範大學東亞學系助理教授）	主持人：周伯勘（佛光大學佛教學系教授） 回應人： 1.徐聖心（臺灣大學中國文學系教授） 2.丁敏（政治大學中國文學系教授）
	1.培力與相互調適：社會企業關懷弱勢就業者之職場心倫理探究 發表人：李禮孟（輔仁大學社會企業研究中心與企業管理學系助理教授）、宋明德（輔仁大學社會企業研究中心與企業管理學系學生） **2.關於佛教徒設立之大學** 發表人：蔡金伶（英國布里司托大學神學與宗教研究學系博士候選人）	主持人：丹尼爾・蓋茨（Daniel Getz）（美國布萊德利大學哲學與宗教研究學系副教授） 回應人： 1.張英陣（暨南國際大學社會政策與社會工作學系副教授）

地點	論文主題暨發表人	主持人／回應人
蘇格拉底廳	**3.省思對話與禪修：法鼓山禪眾志工在多倫多地區發展大學校園禪坐社團之紀實** 發表人：石玫玉（Chyleen Mei Yu Shih）（加拿大多倫多大學博士候選人）、凱斯・布朗（Keith Brown）（加拿大作曲家）	2.羅梅如（Mariam Levering）（美國田納西大學宗教研究學系榮譽退休教授） 3.丹尼爾・蓋茨（Daniel Getz）（美國布萊德利大學哲學與宗教研究學系副教授）
	分組討論	
柏拉圖廳	**1.聖嚴法師的華嚴思想** 發表人：黃國清（南華大學宗教學所助理教授） **2.再探聖嚴法師的淨土思想——有無二相的念佛觀** 發表人：果鏡法師（中華佛學研究所所長）	主持人：果光法師（法鼓山僧伽大學副院長） 回應人：陳劍鍠（屏東大學中國語文學系教授）
	1.有機農業的理念與心靈環保的精神 發表人：孔健中（法鼓大學籌備處博士後研究員） **2.規畫法鼓山成為金山／北海岸地區面對複合性災害之區域急難救助公共空間——落實整體關懷計畫** 發表人：商能洲（鋒霈環境科技股份有限公司副總經理）、邱明民（財團法人大河文化基金會董事長）	主持人：果祥法師（法鼓山普化中心資深講師） 回應人： 1.果光法師（法鼓山僧伽大學副院長） 2.張菁芬（臺北大學社會工作學系副教授）
	1.法鼓大學志工參與動機之研究 發表人：吳正中（法鼓大學籌備處公益學院助理研究員） **2.以聖嚴法師思想與理念建構生命教育核心價值之初探——探討修心四層次對生命教育教師「修行」歷程之實踐意義** 發表人：辜琮瑜（法鼓大學籌備處生命學院助理教授） **3.法鼓山安心服務站服務模式之研究：以莫拉克風災為例** 發表人：常法法師（法鼓山慈善基金會副祕書長）、黃曉薇（大仁科技大學社會工作系助理教授）、陳宜珍（大仁科技大學社會工作系講師）、滿春梅（大仁科技大學社會工作系兼任講師）	主持人：江明修（政治大學公共行政學系教授） 回應人： 1.陳圭如（臺北大學社會工作學系兼任助理教授） 2.王增勇（政治大學社會工作研究所副教授） 3.王增勇（政治大學社會工作研究所副教授）
	分組討論	
洛克廳	**1.當代漢傳佛教學術發展的思考與批判：關於1949年以來臺灣本土佛教史學與思想變革詮釋問題的探索** 發表人：江燦騰（臺北城市科技大學通識教育中心兼任教授） **2.聖嚴於漢傳佛教諸宗教判之判攝研究** 發表人：施凱華（輔仁大學哲學系助理教授）	主持人：黃柏棋（政治大學宗教研究所副教授） 回應人：李豐楙（政治大學宗教研究所講座教授）
	1.聖嚴法師與《維摩詰經》 發表人：涂艷秋（政治大學中國文學系教授） **2.當代女禪師的培養與弘化——以法鼓山比丘尼僧團為例** 發表人：常諗法師（中華佛學研究所助理研究員）	主持人：趙碧華（東吳大學社會工作學系副教授） 回應人： 1.陳英善（中華佛學研究所研究員） 2.昭慧法師（玄奘大學宗教學系教授）
	1.聖嚴法師對「淨念相繼」與「入流亡所」的詮釋 發表人：陳劍鍠（屏東大學中國語文學系教授兼系主任） **2.聖嚴法師創建法鼓山之時代意義——以「四個環保」思想為對象之研究** 發表人：胡健財（華梵大學中國文學系副教授） **3.聖嚴禪教之安心法門——「看話禪」與「無住」思想是融貫的嗎？** 發表人：陳平坤（中山大學中國文學系助理教授）	主持人：昭慧法師（玄奘大學宗教學系教授） 回應人： 1.越建東（中山大學哲學研究所副教授） 2.越建東（中山大學哲學研究所副教授） 3.涂艷秋（政治大學中國文學系教授）
	分組討論	

地點	論文主題暨發表人	主持人／回應人
阿基米德廳	**1.聖嚴法師人間佛教思想在漢傳佛教中的歷史地位** 發表人：繆方明（中國大陸南京農業大學講師） **2.漢傳佛教西方傳人——約翰・克魯克教授學佛傳法的歷程** 發表人：常純法師（英國布里司托大學宗教研究所博士候選人）	主持人：杜正民（法鼓佛教學院教授） 回應人：俞永峯（美國佛羅里達州立大學聖嚴漢傳佛學講座助理教授）
	1.試論聖嚴法師的人格特質對其弘法事業的發展與影響 發表人：常元法師（法鼓山僧團成員） **2.聖嚴法師大普化教育的實踐——以聖嚴書院課程規畫為例** 發表人：林其賢（屏東商業技術學院副教授）	主持人：蔡源林（政治大學宗教研究所副教授） 回應人： 1.賴賢宗（臺北大學中國文學系教授） 2.蔡源林（政治大學宗教研究所副教授）
	1.從《六祖壇經》〈無相頌〉談「心六倫」思想與大乘佛法之入世與實踐精神 發表人：林妙貞（南華大學哲學與生命教育學系兼任助理教授） **2.聖嚴法師的「觀音法門」思想** 發表人：譚惟（中國大學北京大學哲學系博士生） **3.聖嚴法師對「無」字話頭之觀點與實踐** 發表人：常慶法師（法鼓山僧團成員）	主持人：黃國清（南華大學宗教學所助理教授） 回應人： 1.黃國清（南華大學宗教學所助理教授） 2.果鏡法師（中華佛學研究所所長） 3.陳英善（中華佛學研究所研究員）
	分組討論	

◎6月4日

時間	論文主題暨發表人	主持人／回應人
國際會議廳	專題演講：法鼓宗立「宗」的意義 主講人：俞永峯（美國佛羅里達州立大學聖嚴漢傳佛學講座助理教授）	主持人：于君方（美國哥倫比亞大學宗教系教授）
	回應與綜合討論	回應人：丹尼爾・史蒂文生（Daniel Stevenson）（美國堪薩斯大學宗教研究學系教授）
	1.聽聞絕對之聽聞：《楞嚴經》中的觀音圓通章的各種詮釋以及其現代哲學含義 發表人：任博克（Brook Ziporyn）（美國西北大學宗教研究學系教授） **2.民國初期對於唯識學正統理解的建構** 發表人：朱倍賢（美國西來大學佛教與宗教研究學系助理教授）	主持人：羅貝卡・那多斯特（Rebecca Nedostup）（美國波士頓學院歷史學系副教授） 回應人：莫里歐・波斯吉（Mario Poceski）（美國佛羅里達州立大學宗教學系副教授）
	1.互助緣起：論民國佛教界對克魯泡特金之互助論的轉用 發表人：芮哲（Justin R. Ritzinger）（美國歐柏林大學訪問助理教授） **2.主題：性別化口感：環保意識時代的精神性飲食** 發表人：艾靜文（Jennifer Eichman）（美國理海大學講師）	主持人：蔡耀明（臺灣大學哲學系副教授） 回應人：羅梅如（Mariam Levering）（美國田納西大學宗教研究學系榮譽退休教授）
	1.弘揚漢傳佛教環境主義：探討聖嚴法師環保思想 發表人：谷永誠（Seth DeVere Clippard）（美國亞歷桑那州立大學博士） **2.心靈環保、漢傳禪法與當代漢傳佛教全球化：以法鼓山為例** 發表人：王宣曆（美國哥倫比亞大學宗教學博士候選人）	主持人：羅梅如（Mariam Levering）（美國田納西大學宗教研究學系榮譽退休教授） 回應人：于君方（美國哥倫比亞大學宗教系教授）

時間	論文主題暨發表人	主持人／回應人
國際會議廳	3.履踐教育的修行團體：透過實際修行開展佛學新紀元，培育優秀的新世代佛教青年（**Implementing Communities of Practice Through Education: Opening a New Era of Buddhist Studies through Practice:Educating Outstanding Buddhist Youth in a New Generation**） 發表人：杜瑞德（Daniel R. Tuzzeo）（美國佛羅里達州立大學宗教學系博士候選人）	主持人：羅梅如（Mariam Levering）（美國田納西大學宗教研究學系榮譽退休教授） 回應人：于君方（美國哥倫比亞大學宗教系教授）
	分組討論	
蘇格拉底廳	1.「心靈環保」經濟學──二十一世紀的心經濟主張 發表人：果光法師（法鼓山僧伽大學女眾部副院長） 2.聖嚴法師的如來藏教法與當代實踐 發表人：杜正民（法鼓佛教學院教授）	主持人：龔雋（中國大陸廣州中山大學哲學系教授） 回應人： 1.徐偉初（政治大學財政學系兼任教授） 2.果暉法師（法鼓山副住持）
	1.默照禪修中促進轉化的心理機制探析 發表人：楊蓓（實踐大學社會工作學系副教授） 2.瓦礫與真金──談《禪門三要》之「作勢禪」 發表人：翁麗雪（嘉義大學中國文學系副教授）	主持人：蕭麗華（臺灣大學中國文學系教授） 回應人： 1.許文耀（臺灣大學心理學系兼任教授） 2.林義正（臺灣大學哲學系教授）
	1.讓佛教回歸眾生──試論聖嚴法師「心靈環保」視角下的漢傳佛教 發表人：張森（中國大陸曲阜師範大學政治與公共管理學院哲學系副教授） 2.以願力成就僧寶──聖嚴法師對建設當代中國佛教的啟示 發表人：李虎群（中國大陸政法大學哲學系副教授） 3.禪修傳統的復興與東西交流──以聖嚴法師為例 發表人：李玉珍（政治大學宗教研究所副教授）	主持人：陳美華（南華大學宗教學研究所副教授） 回應人： 1.李玉珍（政治大學宗教研究所副教授） 2.丹尼爾‧史蒂文生（Daniel Stevenson）（美國堪薩斯大學宗教研究學系教授兼主任） 3.陳美華（南華大學宗教學研究所副教授）
	分組討論	
柏拉圖廳	1.從《楞嚴經》看心五四的三層次 發表人：果醒法師（法鼓山美國紐約東初禪寺暨象岡道場住持）、常華法師（法鼓山美國紐約東初禪寺監院） 2.當代大陸義淨律學研究之回顧與思考 發表人：馮相磊（中國大陸中國人民大學哲學院佛教與宗教學理論研究所博士生）	主持人：羅因（臺灣大學中國文學系副教授） 回應人： 1.胡健財（華梵大學中國文學系副教授） 2.王惠雯（華梵大學人文教育研究中心副教授）
	1.聖嚴法師社會關懷弘化之時空研究 發表人：趙碧華（東吳大學社會工作學系副教授） 2.漢傳佛教在中國大陸少數民族地區傳播現狀和發展趨勢研究──以新疆為例 發表人：彭無情（中國大陸新疆師範大學法經學院宗教學教研室主任講師）	主持人：胡健財（華梵大學中國文學系副教授） 回應人：游祥洲（佛光大學生命與宗教學系副教授）
	1.生之價值與死之沉思──聖嚴法師的淨土思想與臨終關懷 發表人：劉建平（中國大陸西南大學文學院副教授） 2.從《佛遺教經》看佛教的終極關懷及其對當代生活文明的啟示 發表人：劉見成（弘光科技大學通識學院教授） 3.涅槃極樂：佛教對本體美的獨特肯定 發表人：祁志祥（中國大陸上海政法學院國學研究所所長）	主持人：果鏡法師（中華佛學研究所所長） 回應人： 1.果鏡法師（中華佛學研究所所長） 2.澈定法師（元亨佛學研究所所長） 3.黃英傑（華梵大學東方人文思想研究所助理教授）
	分組討論	

時間	論文主題暨發表人	主持人／回應人
洛克廳	**1.當聖嚴vs.印順：《歸程》與《平凡的一生》二師自傳敘事探析** 發表人：陳美華（南華大學宗教學研究所副教授） **2.論聖嚴法師對「禪」之承傳和轉化：以印順法師觀點為對比之考察** 發表人：林建德（慈濟大學宗教與人文研究所助理教授）	主持人：涂艷秋（政治大學中國文學系教授） 回應人： 1.陳平坤（中山大學中國文學系助理教授） 2.蔡耀明（臺灣大學哲學系副教授）
	1.聖嚴法師的環境哲學思想 發表人：程進發（中央大學哲學研究所博士後研究員） **2.當代大學生的生命教育能否和如何借用佛教思想資源** 發表人：陳潔（中國大陸北京理工大學人文學院講師）	主持人：邱明民（財團法人大河文化基金會董事長） 回應人： 1.林朝成（成功大學中國文學系教授） 2.黃英傑（華梵大學東方人文思想研究所助理教授）
	1.人間佛教思潮下的禪宗開展——以臺灣聖嚴「中華禪」大陸淨慧「生活禪」為視角的比較省察 發表人：姚彬彬（中國大陸武漢大學哲學學院博士候選人） **2.聖嚴法師所倡「心靈環保」的淨土思想維度** 發表人：楊洋（中國大陸南京大學哲學系宗教學專業博士研究生） **3.從《心的詩偈——〈信心銘〉講錄》探討聖嚴法師早期禪法特色（1990年代中期以前）** 發表人：常慧法師（法鼓山馬來西亞道場監院）	主持人：越建東（中山大學哲學研究所副教授） 回應人： 1.郭朝順（華梵大學哲學系副教授） 2.郭朝順（華梵大學哲學系副教授） 3.涂艷秋（政治大學中國文學系教授）
	分組討論	
	綜合討論	主持人：蔡清彥（聖嚴教育基金會董事長） 與談人： 1.于君方（美國哥倫比亞大學宗教系教授） 2.果暉法師（法鼓山副住持） 3.龔雋（中國大陸廣州中山大學哲學系教授）
閉幕式：蔡清彥（聖嚴教育基金會董事長）致詞		

● 06.16　07.14　08.25

法鼓大學舉辦「哲學家的咖啡館」
以聆聽和對話省思人生課題

6月16日、7月14日及8月25日，法鼓大學籌備處於德貴學苑舉辦三場「哲學家的咖啡館」講座，由助理教授辜琮瑜帶領，每場有近三十人參加。

第一場的主題是「承諾與犧牲」，辜琮瑜老師引領每位學員探討承諾與犧牲的真義，援引實例說明如果捨棄原先的期待與想望，重新耕耘，就是超越承諾與犧牲的另一種可能。

7月14日第二場的主題是「改變與創造」，辜老師帶領學員在對話、回應、討論的過程中，共同思考改變與創造的內涵與價值；第三場於8月25日進行，探討主題是「facebook的如幻與擬真」，辜老師引導學員思索虛擬社交網路的普及，是創造出角色的新模式？還是提供更清晰的覺察平臺？

參與學員表示，藉由在講座中的傾聽、表達、分享、溝通過程，學習了觀照與解決問題的另一種可能性。

● 06.19

僧大學僧發表畢業製作暨禪修專題
全校師生展開歡喜知性的法義交流

僧大於6月19日在法鼓山園區第三大樓階梯教室舉辦「100學年度畢業製作暨禪修專題發表會」，院長方丈和尚果東法師、副院長果光法師出席關懷，共有五位應屆畢業學僧參加。會中邀請指導老師講評，並開放全校學僧參與討論，展開一場歡喜知性的法義交流。

方丈和尚果東法師在開場致詞中，肯定畢業製作能開發潛能、展現能力、累積奉獻實力，及增長慈悲智慧；也期許學僧將畢業製作與專題報告，視為一種學習與充電的方式，並勉勵學僧依循聖嚴師父提出的「實用為先、利他為重」原則，做為學習指標。

專題發表內容形式多元，涵蓋中英論文、教案設計、書籍編輯等，包括佛學系常楨法師發表〈漢傳佛教法相宗的實踐理論——五重唯識觀之研究〉，從唯識的論點探討如何

僧大學僧在畢業製作暨禪修專題發表會上，展現優異的弘化能力。

從凡夫一步一步成為菩薩、成就佛道；常遂法師和常麓法師共同發表〈慈雲懺主淨土文資料整理與教案設計〉，各自以教案形式發表，做為未來領執入眾的授課參考和進修資料。

禪學系學僧則是首次發表禪修專題報告，常藏法師整理聖嚴師父著作《聖嚴法師教話頭禪》與《虛空粉碎──聖嚴法師話頭禪法旨要》二書中的禪法重點，製作了一本名為「話頭」的參考用書；常鑑法師以英文撰述〈聖嚴法師的止觀法門──以中階禪七為例〉，分享師父教導的止觀法門與修行次第，並融入自己的生活與修行體驗。

果光法師總結時表示，畢業製作就像領執前的重要培訓，希望每位學僧運用有限的學習時光，思考如何實踐所學，展現宗教師的弘化能力。

● 06.22

僧大、佛教學院首創漢傳佛教畢業典禮
身著海青、袈裟登壇　搭菩薩衣傳燈發願

僧大暨佛教學院於6月22日上午在法鼓山園區國際會議廳舉辦畢結業典禮，共有三十三位畢結業生首度穿著袈裟、海青登壇，以「搭菩薩衣，傳燈發願」等具漢傳佛教特色的儀程，在〈佛寶歌〉、〈菩薩行〉、〈法鼓頌〉等佛曲中，共同圓滿莊嚴殊勝的典禮。

有別於一般大學傳統的畢業典禮，僧大暨佛教學院以「菩薩心行‧法鼓燈傳‧勇健啟航」為名，規畫舉辦專屬於漢傳佛教的畢業典禮。在僧大院長方丈和尚果東法師勉勵畢結業生「結業是結束無明煩惱惡業，畢業是畢竟圓滿福業與慧業」之後，畢結業生中出家眾著袈裟、在家眾著海青，依序登壇就位，由師長為他們搭上菩薩衣、點亮手中的菩薩行燈，象徵佛法智慧燈傳無盡，並勉勵畢結業生發願以菩薩心行，勇敢承擔成就眾生的任務。

佛教學院校長惠敏法師表示，傳統大學的學位袍、四方帽淵源於西方基督宗教的僧侶禮服，法鼓山大學院的學位服改為以海青、袈裟、菩薩衣，一來表達佛教教育「研究與修行」並重的意義，也代表諸佛子「悲智願行」的菩薩精神。法師希望這一兼具佛教精神與傳統意義的畢業儀典，可以成為東方文化的

僧大與佛教學院師長為畢結業生搭上菩薩衣，點亮菩薩行燈，勉勵學生發願以菩薩心行，利益眾生。

特色之一，也能提醒畢結業生持續發揮深智廣行，利益眾生。

　　佛教學院學士班淨善法師與如一法師代表畢業生致詞時，感念聖嚴師父的無盡悲願、僧團的護持與師長們的教導，使學生們能在如人間淨土般的學習環境中，與諸上善人俱會一處；代表僧大致詞的常地法師，則特別邀請俗家母親到場觀禮，他感謝父母給予色身，而僧大孕育了法身慧命，尤其感恩師父創辦僧大，讓自己在出家奉獻中，將「提昇人的品質」理念與生命結合在一起，讓人生有了明確方向。

● 06.23～27

惠敏法師率大學院教育團隊訪日本APU
法鼓大學汲取辦學經驗

　　6月23至27日期間，由佛教學院校長惠敏法師、中華佛研所所長果鏡法師、副校長蔡伯郎、法鼓大學籌備處助理教授辜琮瑜、法行會顧問曾照崧等組成的參訪團，前往日本九州大分縣，參訪「立命館亞洲太平洋大學」（Asia Pacific University, APU），為籌辦法鼓大學汲取更多辦學經驗。

惠敏法師與是永駿校長交流辦學經驗。

　　惠敏法師一行人首先於25日與該校校長是永駿、副校長山神進、事務局局長三並高志進行座談，是永駿校長向眾人說明該校的創校歷程，同時指出國際化發展是該校最重要的特色。隨後雙方就雙語教學、社區與企業交流、文化交流、獎學金設立等辦學實務分享經驗；一行人並實地參訪該校的圖書館、多媒體與語言學習區、學生宿舍，了解各項校園設施規畫與學生使用狀況。

　　惠敏法師就其觀察指出，立命館亞洲太平洋大學善用國際化的學術顧問團及顧問委員會、增強國際人脈、支持全球化的校友會、家長會的組織運作、宿舍樓長制度、語言學習學生互助制度等特色，提供了法鼓大學未來辦學的參考方向；而該校的「雙語教學」與「國際化」兩者相輔相成，成功地落實辦學理念。此外，該校善用日本地方政府與企業的資源，來協助辦學基金與獎助學金等經驗，也是極佳的辦學借鏡。

　　立命館亞洲太平洋大學創校十二年，是一所強調國際交流、與在地企業結合的大學，全校五千七百名學生，外籍生約三千名，國際學生比例居日本之冠。

● 08.18～21

佛教學院師生出席杭州禪宗文化研討會
發表論文、進行學術研討與交流

8月18至21日，佛教學院校長惠敏法師、中華佛研所所長果鏡法師、圖資館館長洪振洲師生一行五人，受邀參加中國大陸杭州徑山禪寺開山一二七○週年慶典，並出席在杭州進行的禪宗文化研討會與交流活動。

惠敏法師一行，首先於18、19日參加「靈隱寺與中國佛教——紀念松源崇岳禪師誕辰八八○週年暨學術研討會」；20日在徑山禪寺開山週年法會上，惠敏法師應邀致詞表示，唐宋時期日韓僧侶紛來中國求法，當前大陸佛教復興與發展契機，別具意義，期待未來更重視佛教教育的發展，接引各國學人前來學習。

21日在徑山禪寺舉行的「中國禪宗文化國際學術研討會」上，佛教學院師生共發表四篇論文，包括惠敏法師的〈《徑山志》之〈正法眼藏序〉與「拈花微笑」公案再考〉、果鏡法師的〈徑山法欽禪師與其師徒小考〉、洪振洲館長的〈徑山寺志數位典藏系統建置與應用〉、法幢法師的〈徑山刻大藏經考述〉。

21日下午，一行人應邀至杭州佛學院法雲校區參與座談，惠敏法師分享佛教學院教育研究的概況與教學核心價值，洪振洲館長則說明資訊工具如何善用在佛學研究上，雙方在開放討論中，互相汲取佛教教育的寶貴經驗。

● 09.06

方丈和尚勘察法鼓大學工程
期勉兼顧安全、實用、如期圓滿

在禪悅書苑實作樣品間，方丈和尚實地測試相關設計是否符合需求。

法鼓大學校園工程陸續進行，方丈和尚果東法師率僧團都監果廣法師、營建院監院果懋法師、建設工程處監院果治法師、工程管理委員會委員呂學麟、陳博仁等，於9月6日上午實地會勘禪悅書苑（學生宿舍）的實作樣品，並聽取建設工程處報告整體進度。

禪悅書苑是未來就讀法鼓大學學子的生活與學習空間，由六棟建築物組成，方丈和尚與工程管理委員會一行，進入Ｂ1棟二樓的實作樣品間，在建築師與施工人員的解說下，一一勘察了解學生宿舍空間內的各項設施，以及公共區域的浴

室、廁所、洗衣房、走廊天花板、樓梯等處的使用設計、維護與建材等。方丈和尚指示建工處與施工單位應符合使用單位的需求，並兼顧安全、實用原則，掌握施工期程，讓校園工程如期完工。

結束禪悅書苑的勘察後，方丈和尚前往校園高處，了解法鼓大學整體工程的施工情形。建工處人員向方丈和尚說明，法鼓大學第一期工程，包括禪悅書苑、體育館、行政教學大樓、公用設備中心，以及連接校園C區主要平臺兩端的步步橋；目前禪悅書苑工程結構已接近完成，之後將陸續進行機電及裝修工程的施作。

方丈和尚表示，建設法鼓大學是聖嚴師父利益世人的悲願，期盼工程人員克服困難、堅持品質，讓校園工程如期圓滿，使法鼓大學各項校務順利開展，早日招生開學。

● 10.01

僧大《法鼓文苑》第四期出版
以「心‧遊記」展現學僧的修行歷程

僧大於10月1日出版《法鼓文苑》第四期，此刊物是由學僧著手企畫、採訪、編輯、攝影、插圖等編務過程。

一改前三期專題的形式，本期以「心‧遊記──〇～三六〇度的旅程」為主題，將學僧們從初出家的覺醒、學習承擔的過程，修學與互相勉勵的喜悅，以及從大師行儀中體會大悲心的意義與實踐，透過如同玄奘大師西方取經的故事，展現學僧從青澀蛻變為承擔如來家業的修行歷程。

《法鼓文苑》第四期出版。

本期《文苑》內容除了散文，還包含新詩、插畫、漫畫、素描，學僧們在這方天地中充分發揮創意，讓修學過程充滿溫馨和趣味。

《文苑》編輯小組成員分享，編輯刊物的過程，是一段藉境鍊心的歷程，完成這期刊物，編輯群也共同成就了屬於自己的「心遊記」。

● 10.06

中華佛研所與佛教學院合辦心靈環保講座
校友果祥法師、許書訓擔任報告人

中華佛研所、佛教學院於10月6日在新北投美代飯店四樓佛堂合辦校友會專題講座，以「心靈環保的運用實例」為題，邀請首屆校友果祥法師、第十八屆

中華佛研所校友許育鳴（右一）帶領榮譽所長李志夫（右三）與歷屆校友，參訪于右任故居「梅庭」。

選修校友許書訓擔任報告人，中華佛研所榮譽所長李志夫、佛教學院校長惠敏法師應邀擔任回應人，共有六十多人參加。

上午的講座，由許書訓主講「寬恕是唯一的解藥」，許書訓結合佛學與心理學，探討寬恕對於心理健康及人生產生的關鍵影響，在寬恕的學習中若能了知「我心自空，罪福無主」，在累世生命裡懺悔往昔過錯，寬恕甚至可以是開悟的解藥。

回應人惠敏法師讚歎，將寬恕與實相懺悔進行連結，是頗有新意的討論；並且回應在座信眾問及親子相處的問題，表示應相信眾生心，在尊重信任中，自然產生善意，也是心靈環保的實踐。

下午則邀請果祥法師主講「臺灣農人保衛生態的成效」，分享經年走訪各地農園獲得的生態觀察經歷，並透過多幅生態照片，提醒物種與土壤保護的重要性；法師呼籲，養生就是養一切眾生，在農業上即是落實佛教不殺生的護生精神，與大自然萬物共築人間淨土。

除了講座，並安排由第十七屆校友、佛寺建築師許育鳴，帶領參訪位於北投公園旁的于右任故居「梅庭」，運用「三分景象、七分想像」的方式，用心觀覽小品建築之美。

● 10.12～11.07期間

佛教學院舉辦「漢傳佛教」系列講座
拓展學生國際學術視野

10月12日至11月7日期間，佛教學院舉辦七場「漢傳佛教研究方法及現況」系列講座，邀請中國大陸廣州中山大學佛學研究中心主任龔雋、日本青山學院大學國際政治經濟學院教授陳繼東，主講近代中國佛教學知識的形成、近代中日佛教交流史等。

（右起依序）李志夫教授、鄧偉仁老師、龔雋主任、陳繼東教授、李玉珍老師在「漢傳佛教研究方法及現況座談會」進行對話。

七場講座討論的議題，主要包括近代中國佛教學知識的形成、歐陽竟無與近代佛學的關係、近代中日佛教交涉史等。講座前，佛教學院首先安排論文導讀、課堂討論，藉此加深學生對相關主題的認識，以充分向學者請益。

在七場系列講座之外，11月2日下午還安排一場座談會，邀請中華佛研所榮譽所長李志夫、政治大學宗教研究所助理教授李玉珍、佛教學院助理教授鄧偉仁，就臺灣、日本、中國、美國等地的漢傳佛教研究現況，與龔雋主任、陳繼東教授進行對話。

佛教學院表示，往後會持續邀請學者開辦思想史、社會史、哲學、比較研究等學科講座，以拓展學生的國際學術視野。

佛教學院「漢傳佛教研究方法及現況」系列講座一覽

時間	講題	主講者
10月12日	作為「知識」的近代中國佛教學的形成（1）——以民國佛教史學為例	龔　雋（中國大陸廣州中山大學佛學研究中心主任）
10月19日	作為「知識」的近代中國佛教學的形成（2）——以中國禪學史研究為例	
10月24日	歐陽竟無與近代佛學	
10月31日	逆轉的歷史——晚清中日佛教的交涉	陳繼東（日本青山學院大學國際政治經濟學院教授）
11月1日	回歸釋迦，還是回歸宗祖？——楊文會與日本僧的爭論	
11月2日	漢傳佛教研究方法及現況座談會——當代漢傳佛教研究：方法、典範、與意義	李志夫（中華佛學研究所榮譽所長） 陳繼東（日本青山學院大學國際政治經濟學院教授） 龔　雋（中國大陸廣州中山大學佛學研究中心主任） 李玉珍（政治大學宗教研究所助理教授） 鄧偉仁（法鼓佛教學院助理教授）
11月20日	作為思想的佛教——晚清思想中的佛教理解	陳繼東（日本青山學院大學國際政治經濟學院教授）
11月7日	《大乘起信論》與近代思想界	龔　雋（中國大陸廣州中山大學佛學研究中心主任）

● 10.23

中華佛研所出席日本佛教大學百年慶典
果鏡法師、果見法師與各國學者交流

中華佛研所10月23日受邀出席日本佛教大學創校百年紀念慶典，由所長果鏡法師、國際發展處監院果見法師代表參加，與各國學者進行交流。

當天的百年紀念慶典，共有近五百位各國來賓出席，該校理事長中井真孝、校長山極伸之感謝各界支持辦學，並報告未來十年的辦學計畫；淨土門主伊藤唯真則介紹佛教大學創立百年的艱辛歷程。

果鏡法師（右）、國際發展處監院果見法師（左）參加日本佛教大學創立百年紀念慶祝會。

回溯中華佛研所和日本佛教大學的交誼，可從1989年聖嚴師父與水谷幸正校長簽下兩校交流關係協議書開始；1992年，師父為了考察日本佛教教育，以及法鼓山建設圖書館的參考藍圖，特別偕同中華佛研所榮譽所長李志夫、果鏡法師前往造訪；2005年，佛教大學校長福原隆善、副校長藤本淨彥一行人也來臺訪問佛研所。兩校一來一往間，建立起密切的交流關係。

此外，曾於1995年留學日本佛教大學，2003年取得該校文學博士學位的果鏡法師，歸國後即就任中華佛研所所長迄今；因此，當日果鏡法師以國際交流校、畢業校友雙重身分出席慶典，並把握難得機緣，向求學期間的師長、同學們致謝。

● 10.25

越南佛學院訪法鼓山園區
觀摩佛教教育文化事業

越南佛學院院長清達法師率同該國佛教學者、宗教局官員等十四人，於10月25日參訪法鼓山園區，觀摩臺灣的佛學教育、佛教文化出版現況，尤其法鼓佛教學院為臺灣第一所獲教育部核准成立的佛教學院，成為此行參訪交流的重點。

越南佛學院院長清達法師（左）與佛教學院校長惠敏法師（右）互換見面禮。

交流座談會上，佛教學院校長惠敏法師、學士班系主任果暉法師、僧大副院長果光法師、文化中心副都監果賢法師，與越南考察團分享辦學的經驗、課程內容，以及佛教雜誌的興辦方針和經營實務。

越南佛學院考察團主要為了越南佛學院改制大學而來，因此對法鼓山解行並重、結合現代學科的教育方式相當推崇；清達法師並詢問越南僧侶來法鼓山進修的方式，希望未來有更多法師前來學習，培養當地的師資。

● 10.26～27

佛教學院舉辦「佛教禪修傳統」國際研討會
多元角度探討禪修起源與發展

佛教學院於10月26至27日在法鼓山園區國際會議廳舉辦2012年「佛教禪修傳統」國際研討會，共有來自德、義、比、日、英、美及臺灣一百多位學者與會，透過十四篇論文、五個場次討論及一場綜合座談，探討佛教禪修傳統的起源與發展。

此研討會的研究議題涵蓋南傳聲聞乘、漢傳菩薩乘及藏傳金剛乘三大佛教禪修傳統，多位發表人兼具理論與實證的禪修涵養。研討會以英、中文為主要發表語言，透過同步口譯，使不同國籍的與會者都能盡情溝通與討論；每場的討論時間，也以攝影鏡頭即時傳播影像，拉近臺上臺下發言者的距離。

十四篇論文皆試圖解釋並釐清禪修的理論和作法，為學生的學習注入多樣化養分，帶來不一樣的啟發；佛教學院也有四位專任教師，包括果暉法師與副校長蔡伯郎、廖本聖、鄧偉仁，以及一位特聘研究員法樂法師（Dhammadinna）參與論文發表。

研討會召集人、蔡伯郎副校長表示，配合本年首屆博士班的招生，學院規畫依據博士班課程內容，舉辦系列研討會，自2012年起，每隔兩年邀集對禪修主題學有專精的學者，前來法鼓山進行佛教各支派的交流對話；依序討論禪修傳統的起源與發展、不同傳統的比較與對話、理論與方法研討、禪修研究的意義與現代社會實踐；期許透過國際研討會，樹立以禪修理論實踐與現代社會結合的辦學特色，也提昇師生的研究視野及國際觀。

佛教學院主辦「佛教禪修傳統」國際研討會，各國學者深入探索禪修傳統的起源與發展。

● 11.07

「北京大學法鼓人文講座」第三度簽署
於校園落實人文關懷

法鼓山與中國大陸北京大學於11月7日上午在法鼓山園區海會廳再度簽署「北京大學法鼓人文講座」協議書，由方丈和尚果東法師、北大校長周其鳳代表，法鼓佛教學院校長惠敏法師、中華佛研所所長果鏡法師、法鼓大學籌備處主任曾濟群出席祝福，並與周其鳳校長交換兩岸辦學、教學經驗。

自2003年起，法鼓山透過「法鼓人文講座」的設置，長期在兩岸大學傳遞心靈環保理念，北大即是第一所與法鼓山簽署的高等學府，這次乃是北大與法鼓山第三度簽署法鼓人文講座。方丈和尚表示，北大是世界知名的學術殿堂，具有優良的教育理念，未來仍將借重北大百年的辦校經驗，落實心靈環保與人文關懷。

周其鳳校長表示，「法鼓人文講座」在北大設置以來，每年皆延請近十位知名學者展開系列演講，在培育校園人文種子方面，累積了豐實成果；本年正好是哲學與宗教學門建立屆滿百年，與法鼓山結緣後，會更加致力於提昇宗教、人文的學術研究，以及人才培養的工作。

北京大學校長周其鳳（前排右）與方丈和尚果東法師（前排左）簽署「北京大學法鼓人文講座」協議書。

● 11.08～14

惠敏法師赴日交流安寧療護經驗
主持培訓工作坊並應邀演講

佛教學院校長惠敏法師於11月8至14日，赴日參加學術研討、交流，行程包括參與「國際入世佛教協會」（The International Network of Engaged Buddhists, INEB）舉辦的佛教論壇，並主持兩場「安寧照顧」臨床宗教師培

訓工作坊,也應邀到京都龍谷大學、母校東京大學演講。

法師首先於11月8日前往龍谷大學,在「梵本《大乘莊嚴經論》」研究會中,以「梵本《大乘莊嚴經論》之研究百年簡史與未來展望」、「梵語佛典中詩律之漢譯考察——以《大乘莊嚴經論》為例」為主題演講,並進行學術交流。

惠敏法師(左前一)受邀主持臨床佛教研究所主辦的「安寧照顧臨床宗教師培訓」工作坊,分享臺灣經驗。

10日,惠敏法師出席 INEB在橫濱市舉行的「緣起的智慧與幸福的教義」會議。會中,法師提出「如因陀羅網般的人際間『絆』(kizuna)緣起與賞識生命的素養」,討論文化教育透過網際網路,所產生重重無盡的連繫力量。

11日,法師受邀主持由日本全國青少年教化協議會臨床佛教研究所主辦的「安寧照顧臨床宗教師培訓」工作坊;12日,主持由東京淨土宗綜合研究所主辦的「佛教徒與醫療者共同合作照護」工作坊。在兩場工作坊中,法師分享自1998年開始,與臺大醫院醫護人員合作,參與「本土化靈性照顧模式」、「佛法在臨終關懷的應用」、「臨床佛教宗教師培訓」等計畫的心得,幫助學員透過臺灣的經驗,在日本由臨床佛教學協會籌設重病或末期病患照顧的培訓課程,以發展「居家照顧」,建立臨床宗教師教育與養成的模式案例之可能性。

行程最後,惠敏法師應邀於13日前往母校東京大學演講,分享佛學研究經驗,勉勵學子學以致用,奉獻社會。

● 11.13～14

帕奧禪師應邀參訪法鼓山
交流上座部禪法

11月13至14日,佛教學院邀請國際知名的帕奧禪師(Pa Auk Sayadaw)參訪法鼓山園區並進行演講、指導禪修。

13日下午,帕奧禪師以「止觀禪修的要點與次第」為主題,與兩百多位僧團法師、佛教學院及僧大師生分享上座部禪法的修學次第。禪師依《清淨道論》說明,戒、定、慧三學與八正道的修行次第及重要性;也指出,一切眾生都是自己業的主人,唯有如實修行才能從煩惱的束縛中解脫。晚間,禪師於佛教學院禪堂指導「安般念」(ānāpāna-sati),帶領學院師生體驗上座部禪法。

帕奧禪師（左）分享止觀禪修的要點與次第，並殷切叮嚀大眾老實修行。

帕奧禪師一行也於14日與方丈和尚果東法師、副主持果暉法師、佛教學院副校長蔡伯郎會晤，交流分享佛陀的教法，及學院的學制與課程特色等。禪師表示能夠與大家一起學習，感到非常歡喜。

年逾八十的帕奧禪師，長期於世界各地指導禪法，曾獲緬甸政府頒授「最高大業處阿闍黎」榮譽，是當今少數熟稔《清淨道論》修行方法的長老比丘，此行為禪師首次拜訪法鼓山園區。

● 12.13

佛教學院舉辦「漢譯佛典的中國化」專題演講
船山徹分享漢譯佛經的研究成果

佛教學院於12月13日下午在法鼓山園區海會廳舉辦專題講座，邀請日本京都大學教授船山徹主講「漢譯佛典的中國化」，分享漢譯佛經的研究成果。船山徹教授提出介於真、偽經之間，還存在經過「編輯」的佛經，促進學界進一步了解中國佛教譯經活動的實際情況。

船山徹教授指出，在傳統分類上，真經是百分之百自梵文原典漢譯的經典，偽經如《清淨法行經》，內容述寫佛陀派遣老子、孔子和顏淵以佛法教化中國人，明顯含有中國文化成分，是由中國人所作的非真經。

對於經過節譯、抄錄、撰集、編排、整理的佛教經典歸類，船山徹教授在傳統分類之間新闢「編輯經典」一類。他舉《成實論》為例，由於鳩摩羅什初譯時依照原典逐文翻譯，令弟子曇影覺得難以閱讀與理解，因此曇影把內容結構重新編排成五個系統，完成後獲得鳩摩羅什的認可。其他如略譯的《大智度論》、融合多數經典的《四十二章經》、《法句譬喻經》、《太子瑞應本起經》、《坐禪三昧經》等，都是構造與梵文原典不同、可追溯出對

船山徹教授（前左）提出介於真、偽經之間，還存在經過「編輯」的佛經，點出中國譯經背景的實際狀況。

應的原典,而不可視為偽經的編輯經典。

船山徹教授研究範圍涵蓋印度及中國佛教戒律、禪修、典籍史,近幾年關注中國疑偽經的研究。

● 12.16

僧大舉辦「佛教與經濟學」座談會
分享少欲、利他價值

12月16日,僧大於法鼓山園區海會廳舉辦佛教與經濟學座談會,邀請日本經濟學者幸泉哲紀,與清華大學經濟系教授蔡攀龍、政治大學經濟系教授王國樑、元智大學知識服務與創新研究中心主任賴子珍、銘傳大學經濟系助理教授江靜儀,與僧大副院長果光法師、佛教學院學士班系主任果暉法師、助理教授鄧偉仁等近三十位學者,進行對談。

座談會上,果光法師首先介紹佛教經濟學的發展,說明「佛教經濟學」一詞早在1950年代便引起學界關注,而強調少欲、利他的佛教價值,為全球現代經濟失序,提供了改變的契機。

幸泉教授也抱持相同想法,更從伊斯蘭、基督教、佛教等教義中,歸納出宗教與經濟生活的四種互動模式;並提出以八正道做為實踐永續生活的進路,藉此彌補長久以來,經濟學、倫理學和生態學之間的缺口。

會中討論的議題多元,包括經濟學對佛教能做出什麼樣的貢獻?如何將「貪愛」轉為「願欲」或「善法欲」?由於與會者來自經濟、數學、心理、社會學等背景,回響熱烈。

幸泉哲紀曾任教於美國俄亥俄州立大學(Ohio State University)經濟系,於日本京都龍谷大學任教時,開始接觸佛教,轉而投入佛教經濟學研究長達十年。2012年8月,果光法師至俄亥俄州立大學演講,當時幸泉教授對法師提出的「心靈環保經濟學」,以及法鼓山的四環理念相當感興趣,因而促成這場座談會的舉辦。

● 12.19

佛教學院關注日本福島災後重建
舉辦分享會 提昇學子國際關懷視野

為提昇學子關懷國際的心靈和視野,佛教學院12月19日邀請日本經濟學者幸泉哲紀、精神科醫師幸泉久子伉儷,主講「日本福島災後心理重建經驗分

享」，與大學院師生分享慰訪福島災區的見聞與經驗，慈基會總幹事江弘基也與會交流國際救援經驗。

幸泉伉儷分享，日本海嘯與核電廠災變發生後，曾拜訪一座距離核電廠五十公里的有機稻作農場，農場主人在核災威脅稍微平息後，重返世居五代的農場，靠著自己的力量與願力，終於種出沒有輻射殘留的稻米。幸泉哲紀教授表示，在困頓的環境中，仍有民眾展現生命的韌性，積極重建清淨無污染的新故鄉，更有年輕的受災民眾為了喚回對家園的信心，自願進入核電廠清理核污物，看到這些奮鬥身影，就像看到「心靈環保」正在福島實踐。

擁有精神治療專業的幸泉久子醫師，也藉由訪察機會，引導民眾從靜坐及呼吸放鬆治療中，紓解內在的不安與壓力。

對於福島受災民眾的未來何去何從？幸泉夫婦表示，與其期待政府馳援，來自非營利組織的援助或許更有幫助。受災民眾需要的不是金錢，而是重拾生計與生活。

與會師生也針對如何幫助災區民眾重建生活機能、撫平心理創傷、重視環境保育、發揮宗教力量等議題，熱烈提問。

幸泉哲紀伉儷與佛教學院師生分享慰訪福島災區民眾的見聞與經驗。

● 12.22～23

惠敏法師出席佛教當代關懷研討會
關注網路課題

12月22至23日，佛教學院校長惠敏法師受邀參加馬來西亞佛教青年總會於吉隆坡舉辦的「佛教當代關懷研討會」，並發表專題演講，主題是「佛教如何因

應社交網路或web2.0時代？」。

研討會以「佛教的本來面目」為主題，探討課題包括：佛教參與公民社會運動與政治的利弊、佛教如何在多元信仰的社會找到定位、如何兼顧解脫道修行及菩薩道弘化等，內容契合馬來西亞佛教界近期關注的議題，共有來自臺灣、中國大陸、馬來西亞、新加坡、美國等十六位法師、學者參與討論，惠敏法師、弘誓學院昭慧法師、性廣法師，則代表臺灣佛教界出席，發表專題演講及論文。

惠敏法師於23日的專題演講中，以數篇曾在《人生》雜誌發表的文章，導讀因應網路時代的佛法觀點，接著介紹第二代網際網路（web2.0）帶來的變革，指出web2.0的概念與技術，使得資訊內容迅速流通，造成數億人口加入的

惠敏法師在「佛教當代關懷研討會」上，指出現代人遊走於網路世界，更需要學習「不斷溝通、辨識、驗證與判斷」的能力。

MySpace、facebook應勢而起，從此帶出瞬息萬變、「虛實、隱顯」交互錯綜的社交世界。

法師指出，當大眾遊走於網路世界，更加需要學習「不斷溝通、辨識、驗證與判斷」的能力，如實知曉社交網路的「愛味、過患」，常念利弊得失，保持「過猶不及」的警覺性。由於主講內容入世且新穎，引發現場熱烈討論與迴響。

● 12.24～2013.01.05期間

佛教學院舉辦「圖館週」活動
首辦說書競賽　帶動多元閱讀風氣

佛教學院一年一度的「圖書館週」於12月24日至2013年1月5日期間展開，本年度以「圖書與閱讀」為主題，除了往年極受歡迎的中西參大賽和講座等活動，更首度舉辦「五分鐘說書競賽」，帶動校園內閱讀與知識分享的風氣。

24日開幕式後，首先舉行「資料庫利用課程：EBSCO Religion and Philosophy Collection」，介紹如何善用宗教哲學類學術期刊電子資料庫；26日進行「尋寶奇航：中西參大賽」，設計了二十道有獎徵答題目，多數需透過電子期刊資料庫檢索，讓參加者在查找答案的過程中，熟悉如何使用電子資料庫。

2013年1月2日下午舉辦的「五分鐘說書競賽」，由校長惠敏法師解說規則，在五分鐘的時間內，介紹「最想介紹的一本書」，並有三分鐘問答時

硕士班學生張雅雯唱作俱佳,讓《這一生,至少當一次傻瓜》成為碩士組說書競賽「最想閱讀的一本書」。

間,與提問者即興地直接互動,再由所有人投票選出「最想閱讀的一本書」。全校教職員師生共分成教職員、研究生、大學生三組競賽,獲選各組前三名的書籍,將購入收為館藏,以此鼓勵發表者把心目中的好書介紹給大家。

競賽中,碩士班學生張雅雯帶著三顆蘋果上臺,介紹日本木村阿公以自然農法種出奇蹟蘋果的《這一生,至少當一次傻瓜》一書,獲得研究生組首獎;大學生組第一名為僧大常導法師,介紹《菜鳥沙彌變高僧》一書,分享日本盛宗永興禪師從沙彌到覺醒之路;教職員組由莊國彬老師分享艾因嘉(B.K.S. Iyengar)所寫的《瑜伽之光》(*Light on Yoga*)奪冠。

惠敏法師表示,說書競賽在日本稱為「知性書評合戰」,已從地區比賽發展為全國大賽,在年輕族群間興起讀書風氣,成功的經驗值得借鏡學習,今後將在校園內常態性舉辦,營造讀書與分享氛圍,增進學生的學習思考與表達能力,也是提昇人品,建設淨土的體現。

● 12.29～2013.01.01

僧大舉辦招生說明
弘法利生 開啟全新生命

學僧歡喜向民眾介紹僧大的學制與特色。

僧大於12月29日至2013年1月1日,在北投農禪寺新建工程水月道場落成啟用系列活動中,於寺外六十五巷巷口帳篷廣場外設置招生說明專區,介紹僧大的學制與特色。

招生說明專區活動中,學僧們自製布偶「僧大寶寶」,以生動活潑的方式向大眾介紹僧大的特色,現場安排有集戳章遊戲,並以海報、插圖向大眾介紹僧大成立、僧大的一天、僧大出家人養成過程等。許多民眾依著遊戲的引導,一步步認識僧大,且歡喜地與學僧進行問答互動。

這次招生活動,僧大學僧全員出動,一同祝福農禪寺開展弘法新頁,也希望能招進更多有志青年,進入僧大開啟全新生命。

肆【國際弘化】

為落實對全世界、全人類的整體關懷，
透過多元、包容、宏觀的弘化活動，
經由禪修推廣、國際會議、宗教交流……
消融世間的藩籬及人我的對立與衝突，
成就普世淨化、心靈重建的鉅大工程。

多元推展
漢傳佛教國際發聲

2012年法鼓山透過三大教育的具體實踐，持續與國際接軌。
學術研討會議的舉辦及參與、跨國校際交流與資源互享，
讓漢傳佛教得與世界佛教智慧對話；
不分地域的慈善關懷，以佛法的慈悲消融藩籬、隔閡，世界一家；
歐、亞、美洲弘傳禪佛教接力不斷，
帶動、活絡全球修習禪法的風潮。

本年適逢法鼓山推廣心靈環保二十週年，法鼓山在國際弘化方面的各項活動亦緊扣著這個主軸，除凸顯了體系核心價值之所在，亦積極爭取漢傳佛教國際發聲的機會。而海外據點則在本年度有許多重大的發展，透過多元化的經營，可望接引更多的國際人士認識法鼓山，並參與體系的各項活動。

心靈環保的全球運動

隨著「心靈環保 i 接力」的活動在國內順利展開，海外分寺院及護法據點也為響應心靈環保二十週年而舉辦相關的禪修或以心六倫、心五四為精神內涵的講座活動，好讓心靈環保的種子在海外萌芽、茁壯。

此外，透過學術交流，也成功的傳達了心靈環保對當今社會的重要性，例如僧團法師在參與義大利普世博愛運動（Focolare）所主辦的「第五屆佛教與天主教座談會」（5th Buddhist-Christian Symposium）時，便是以心靈環保為題發表學術論文；由聖基會主辦的「第四屆聖嚴思想國際學術研討會暨第二屆信眾論壇」，僧團法師及體系師生也發表了多篇相關論文。方丈和尚果東法師出席在香港舉辦的「第三屆世界佛教論壇」並發表論文，從倫理的角度切入，揭櫫了心靈環保是現代社會的「心法」。在在處處的倡導心靈環保是不分國界、不分宗教、值得全球響應的運動。

海外護法據點蓬勃發展

正值美國紐約東初禪寺擴建之際，位於美國西岸加州的洛杉磯分會經過多年的努力，終於購得道場用地，於5月底正式舉行搬遷啟用典禮，並由方丈和尚

美國加州洛杉磯道場是法鼓山在美國西岸的首座道場。

親自主持大殿佛像開光安座。繼東初、象岡、溫哥華及馬來西亞之後，成為法鼓山的第五個海外分支道場，同時也是僧團在美國西岸的第一個道場，將肩負起照顧西岸弘化及發展的重責大任。

除洛杉磯道場啟用，沉寂多年的澳洲護法會墨爾本分會也在僧團及護法總會的鼓勵與協助下，於4月初重新啟動。分會除舉辦共修活動，也將掌握所在地維多利亞州（Victoria）包容宗教多元化發展的特色，朝向以心靈環保為根基所開展的跨宗教國際交流。墨爾本分會與雪梨分會將攜手合作，在澳洲為弘揚漢傳禪佛教及建設人間淨土而努力。

香港發展專案在僧團法師的積極經營下，當地護法信眾有了穩定的成長，於年初首次舉辦的三昧水懺法會，就有近七百人次的參與，大眾齊心齊力為成就道場而籌募建設基金，相信在不久的將來必能覓得合適的地點，拓展成法鼓山在亞洲的第二個海外分支道場。

不同面向深化國際交流

法鼓山除出席國際活動及學術研討會外，法鼓佛教學院也在總本山園區舉辦了「2012年佛教禪修傳統『起源與發展』國際研討會」及「漢傳佛教研究方法及現況座談會——當代漢傳佛教研究：方法、典範、與意義」，分別邀請了國內外學者參與。法鼓佛教學院並於3月份與韓國學中央研究院簽署學術交流合作備忘錄，締結為國外第十八所姊妹校。11月則是由法鼓人文社會學院與北京大學簽署「北京大學法鼓人文講座」協議書。

10月中華佛學研究所所長果鏡法師、以校友身份出席日本佛教大學建校百年慶祝活動，國際發展處監院果見法師亦隨行觀摩。中華佛研所自1989年與日本佛教大學佛教文化研究所締結姊妹校至今，關係可謂深遠。值此難得的百年校慶，法鼓山在祝賀之餘，也期許大學院教育能永續經營，未來也有機會舉辦百年校慶！

一行禪師大弟子法印法師4月份至法鼓山園區參訪並邀請方丈和尚出席8月梅村在德國新建道場「歐洲佛教應用學院」的啟用典禮，僧團委派常隨法師前往祝賀並致贈創辦人聖嚴師父墨寶復刻作品「人間淨土」一幅供該院留存。

另一方面，2002年創辦人聖嚴師父親自率團將阿閦佛首護送回中國大陸山東濟南神通寺四門塔，迄今已屆十載。今年方丈和尚應神通寺之邀，特地前往參與佛首回歸十週年紀念，與當地諸山長老共同主持紀念法會，並分享國內總本山開山紀念館舉辦「法相重現──阿閦佛頭流轉‧聚首十週年特展」之成果。

山東行之後，方丈和尚等一行也參訪了創辦人出家的狼山廣教寺，並親自為設於該寺之「聖嚴法師弘化成就展示館」題字。此展示館的開放將有助於各界人士進一步了解聖嚴法師的行誼及畢生為佛教奉獻的弘化成果。隨後與當地領導及各寺代表進行「兩岸佛教文化交流座談會」，互相分享寶貴意見。

此外，方丈和尚應邀至海南三亞參與印順大和尚陞座典禮並訪問廣州光孝寺，亦至青島湛山寺為明哲長老圓寂致意。

當然，不可忽略的是全年度有近二萬的國際外賓至法鼓山參訪，這無不是國際交流及學習的最佳時機。其中，由外交部主辦，中國生產力中心承辦的「2012國際青年臺灣研習營」，於暑假期間分三梯次參訪法鼓山，共計有一百多名國際青年及五十多名國內甄選之優秀青年參與，法鼓山也指派僧團法師參與交流，讓國際青年能體驗臺灣宗教文化之美及佛教的特色。

至於2012年國發處主辦的國際青年營隊，則包括美國史考蘭敦大學（University of Scranton）一日宗教體驗營，以及美國長島大學（Long Island University）三天兩夜的宗教體驗營，透過禪修的學習、課程或工作坊，讓國際青年深入體驗佛教的簡樸生活與漢傳禪佛教的特色；而鑑於國際交流日益熱絡，繼去年度國際禮儀及開拓國際視野系列，國發處本年度特邀請專業師資以工作坊形式培訓體系四眾人才之國際活動企畫及英語演講能力，期望有更多人能掌握機緣在國際舞臺上發光發熱。

國際慈善關懷不落人後

慈基會1月份與跨國醫療組織nph德國分會簽訂海地震災重建之「青少年職業訓練學校合作備忘錄」；北美護法會新澤西州分會亦於6月在佛羅里達州（Florida State）邁阿密（Miami）捐贈海地醫學中心一批醫療器材。

菲律賓因瓦西颱風造成嚴重水患，慈基會派員勘災並關懷當地民眾。菲律賓臺商總會會長等一行則於7月參訪法鼓山拜會方丈和尚，並親遞菲國眾議院決議文，表達對法鼓山援助風災之感謝。

四川方面，法鼓山6月份於綿陽市安縣秀水第一中心小學，舉行「第二期工程暨幼兒園落成啟用典禮」，秀水鎮民興中學圖書館的援建工程，也舉行了動土典禮；暑期則在當地安心站及什邡高中、民興中學等五校，舉辦了八梯次「生命教育心靈環保體驗營」，計有近兩千一百人參加。

斯里蘭卡總統在經由世界佛教僧伽會2012祈求世界和平法會主辦單位的推薦

下，表揚法鼓山對弘揚佛法、推動教育和社會福利的優越貢獻，於5月9日在斯里蘭卡總統府舉行頒獎儀式。

法鼓山在國際慈善及賑災方面已得到國際社會的認同及肯定，甚至也成為學術界考察分析的採訪對象，例如本年度就有美國匹茲堡大學（University of Pittsburgh）及英國史文垂大學（Coventry University）研究人員分別以學術角度採訪慈基會在國際慈善及賑災方面的執行成果。

海外弘傳漢傳佛教

2012年僧團法師除至體系道場、護法據點指導禪修活動外，也受邀至歐、亞、美等洲弘傳禪佛法。禪修中心副都監果元法師於7月前往墨西哥弘法，包括講授佛學課程、帶領禪七、主持禪一工作坊等，這是法師第五度在南美洲弘揚禪法，接引近百位包含醫生、瑜伽修行者、大學生與年輕的專業人士；8月，法師第四度前往印尼，分別在棉蘭舉辦禪三及展開兩場演講、在亞齊舉辦一場演講，以及在日惹三寶瓏山主持話頭禪十；另外，聖嚴師父的法子繼程法師也在歐洲波蘭主持禪十，及在德國、英國分別帶領禪七活動。

此外，馬來西亞道場於10月舉行的「遇見禪」千人一日禪活動，是法鼓山繼5月在臺灣舉辦「萬人禪修」後，再次在國際社會間推廣漢傳禪法，也是東南亞地區難得一見的大型禪修活動，千人禪修的成功舉辦，不僅在當地佛教史寫下新頁，也帶動、活絡鄰近國家修習禪法的風潮。在美國等地，則以《六祖壇經》及《楞嚴經》等主題舉辦講座，禪眾不論舊雨或新知都能同霑法益，並藉此因緣對漢傳禪佛教有了進一步的認識。

被視為漢傳佛教規模最大的法鼓山水陸法會，透過網路直播，讓海外人士也能在線上共修。為了讓水陸法會在文獻、教理或法會實務上更臻圓滿，水陸小組特地到韓國松廣寺、金山寺觀摩考察。

結語

綜觀本年度的國際弘化，不論在據點發展上、各面向的國際交流及三大教育的推廣等都有顯著的成長，持續將法鼓山理念廣傳至東、西方，期能發揚漢傳佛教教義與禪法，這也是心靈環保二十週年的最佳獻禮。

近千位身穿「遇見禪」T恤的禪眾，在吉隆坡郊區參與馬來西亞道場舉辦的一日禪共修。

● 01.01～02

香港護法會首辦三昧水懺法會
勉眾發願奉行菩薩道

香港護法會首度舉辦三昧水懺法會,有近七百人次虔誠共修。

香港護法會首次舉辦慈悲三昧水懺法會,於1月1至2日在當地孔仙洲佛教紀念中學進行,由僧團副住持果品法師主法,有近七百人次參加;2日法會圓滿後,並舉行皈依祈福大典,共有一百多人皈依三寶。

法會前,現場播放介紹水懺的動畫影片,果品法師以影片內容為例,為眾人解釋經文緣起,說明普施法水的意義,正如當年的迦諾迦尊者,以三昧法水洗去袁盎和晁錯的宿世怨仇;法師強調,我們也須以慈悲法水懺除已往之非、修持未來之善。

2日法會圓滿後舉行皈依祈福大典,由果品法師代方丈和尚果東法師授三皈依,法師也再三叮嚀大眾,懺悔和發願不是只有這兩天,而是時時持守正法,生生世世奉行菩薩道。

首次舉辦水懺法會的香港護法會,為熟悉水懺的籌備流程,2011年念佛共修組悅眾即多次來臺,至北投農禪寺觀摩水懺法會,回香港後便定期練習法器及演練法會流程。另一方面,此次水懺法會也有十餘位臺灣悅眾到場支援布置,兩地悅眾透過這場法會聯繫良好道誼,也期許未來有更多交流的機會。

● 01.21～02.06期間

海外各道場舉辦共修迎新春
拜懺普佛同精進

1月21日小年夜至2月6日元宵節(農曆正月十五)期間,除了全臺各分院道場規畫系列慶祝活動外,海外包括美國紐約東初禪寺、加拿大溫哥華道場、馬來西亞道場及北美、亞洲各護法分會等,也同步舉辦迎新春活動,以祈福法會、拜懺精進為主,廣邀信眾度過一個充滿法味的好年。

北美地區,東初禪寺迎新春活動於1月22日除夕展開,由住持果醒法師主持

普佛法會、大悲懺法會為全人類祈福，並安排新春講座等活動，由果醒法師主講「法門龍象迎龍年」；23至27日舉辦六場藥師法會，共有兩百多人次參加。北美護法會加州洛杉磯分會與舊金山分會、華盛頓州西雅圖分會、新澤西州分會、伊利諾州芝加哥分會等，也於1月21日至2月5日期間，分別舉辦新春普佛、大悲懺、觀音、禮八十八佛洪名寶懺等共修法會；其中，新澤西州分

東初禪寺舉辦普佛法會，由住持果醒法師帶領。

會於1月29日舉辦的新春系列活動，包括上午的觀音法會，由東初禪寺果乘法師主法，下午安排觀看方丈和尚果東法師的新春開示影片，及由果乘法師主講《觀世音菩薩普門品》，有近六十人參加。

加拿大溫哥華道場於1月23、24日連續舉辦新春普佛及藥師法會，兩百多位東西方人士齊聚道場，以禮敬諸佛、懺悔業障、供養三寶、聆聽方丈和尚新春祝福來賀歲迎春；2月6日則舉辦新春元宵燃燈供佛法會。北美護法會加拿大安省多倫多分會則於2月4日，在塞內卡‧紐那姆休閒暨會議中心（Seneca Newnham Residence and Conference Center）舉辦新春祈福大悲懺法會，由東初禪寺住持果醒法師帶領。

亞洲地區方面，泰國護法會於1月23日舉辦新春普佛法會，僧團果界法師、常輪法師、常朗法師等自臺灣前往帶領；2月5日的新春元宵燃燈供佛法會，則由馬來西亞道場監院常慧法師與常妙法師主持。香港護法會於1月25日舉辦普佛法會，由僧團副住持果品法師主法，唱誦八十八佛及拜願，共有兩百多人參加。

四川什邡安心站已成當地民眾走春的重要據點，來訪信眾所寫的祈願卡和托水缽心得，成了安心站的裝置藝術。

在中國大陸四川什邡安心站展開的新春活動，已成為當地民眾重要的走春行程之一。本年參加新春活動的學生中，有四十多位學生更志願加入義工服務；大年初一也有兩千多位民眾至安心站請領結緣書、體驗托水缽，並寫下祈願卡，祝願新年真心自在，廣大吉祥。

2012海外分支道場新春主要活動一覽

區域	地點	日期	活動名稱／內容
美洲	美國紐約東初禪寺	1月22日（除夕）	新春普佛法會、新春講座、新春大悲懺法會
		1月23至27日（初一至初五）	新春藥師法會
	北美護法會加州洛杉磯分會	2月5日（十四）	新春元宵大悲懺法會
	北美護法會加州舊金山分會	1月23至24日（初一至初二）	新春禮佛活動
	北美護法會華盛頓州西雅圖分會	1月22日（除夕）	除夕念佛暨點燈祈福法會
		2月5日（十四）	新春大悲懺祈福法會、春節聯誼活動
	北美護法會伊利諾州芝加哥分會	1月28日（初六）	新春禮八十八佛洪名寶懺法會
	北美護法會新澤西州分會	1月29日（初七）	新春觀音法會、佛學講座
	加拿大溫哥華道場	1月23日（初一）	新春普佛法會
		1月24日（初二）	新春藥師法會
		2月6日（十五）	新春元宵燃燈供佛法會
	北美護法會加拿大安省多倫多分會	2月4日（十三）	新春祈福大悲懺法會
亞洲	馬來西亞道場	1月23日（初一）	新春普佛法會
		1月29日（初七）	新春觀音法會
	香港護法會	1月25日（初三）	新春普佛法會
	泰國護法會	1月23日（初一）	新春普佛法會
		2月5日（十四）	新春元宵燃燈供佛法會
	新加坡護法會	1月29日（初七）	新春普佛法會
	馬來西亞怡保共修處	1月26日（初四）	新春祈福法會
	中國大陸四川什邡安心站	1月23至27日（初一至初五）	新春活動

● 01.27～29

洛杉磯分會舉辦弘法活動
果明法師帶領念佛禪

1月27至29日，北美護法會加州洛杉磯分會舉辦系列弘法活動，由紐約東初禪寺果明法師帶領，共有近兩百人次參加。

27日舉辦佛學講座，由果明法師主講「念佛禪觀念與方法」，法師提醒大眾念佛以禪定為基礎，不能落入有相，否則修行很難得力；也說明如何從有相的念

念佛禪二圓滿後，進行點燈儀式，果明法師勉眾讓佛法明燈不滅。

佛，進入到無相的念佛，從散心、專心、一心念佛而真正不念自念。

為緬懷聖嚴師父教導，分會於師父圓寂三週年之際，在28至29日舉行念佛禪二，果明法師開示「念佛」是緣音聲，要「口念」，由耳入心，也要「心念」，循環不斷；專注於此一循環，妄念就不易升起。法師強調口中念佛，如果用喉嚨念很快就會口乾舌燥，甚至聲音沙啞，念不出聲來，所以要領在於用丹田念，才能相續不間斷。念佛禪二圓滿後，並進行傳燈儀式，果明法師期勉眾人弘傳師父悲願，讓佛法明燈不斷。

許多信眾表示，藉由果明法師的指導，對於念佛禪有更深刻的體驗，並且希望法師能再到洛城，帶領大家共修。

● 01.28～02.05期間

海外分支道場舉辦緬懷師恩活動
以傳燈、禪修感念聖嚴師父教澤

法鼓山海外分支道場於1月28日至2月5日期間，包括美國紐約東初禪寺、加拿大溫哥華道場與馬來西亞道場，以及北美護法會各地分會、聯絡處，分別舉辦「緬懷師恩，燈燈相續」聖嚴師父圓寂三週年傳燈及聯合禪修活動，傳承師父的教導。

北美地區，東初禪寺首先於1月28日舉辦禪一，由住持果醒法師帶領，法師說明祖師傳燈以心印心，師心、弟子心無二無別，稱之為傳燈。眾生心、佛

舊金山分會舉辦禪一，緬懷聖嚴師父教澤。

心，本同一心，只是我們常常落在「能所」的顛倒中，所以無法與佛菩薩祖師相應。29日的專題講座，亦由果醒法師主講「默照話頭，心五四」，延續前一天的開示，法師說明，要超越「能所」，首先就要了解自己心念的運作，是否經常在與內心的妄念互動，而煩惱不斷；法師強調，練習「無住」，是開啟內心光明之燈的關鍵，我們通常習慣於有一個「我」往外看，然後分別合意不合意，喜歡不喜歡，煩惱也隨之而生，而默照、話頭的禪修方法，有助於直接返回觀照自心，破除我執。

除了禪一，北美護法會佛州塔拉哈西聯絡處也於2月3至5日，在當地佛教中心舉辦「緬懷師恩，燈燈相續」聖嚴師父圓寂三週年禪三，邀請佛羅里達州

立大學（Florida State University）宗教系助理教授俞永峯帶領，共有二十二人參加。

亞洲的馬來西亞道場，則於1月31日舉辦「緬懷師恩，燈燈相續」聖嚴師父圓寂三週年心靈茶會，由監院常慧法師帶領，藉由觀看影片《芒鞋踏痕》、《遠行——聖嚴法師音樂故事》等，緬懷師父教澤。最後，法師與眾人共勉：師父色身雖已不在，但在佛法的力學篤行中，便能體會師父的法身常存。

2012海外分支道場「緬懷師恩，燈燈相續」活動一覽

區域	主辦單位／地點	時間	活動內容
北美	美國紐約東初禪寺	1月28至29日	禪一、專題講座
	加拿大溫哥華道場	2月4日	傳燈法會
	北美護法會新澤西州分會	1月28日	禪一
	北美護法會加州舊金山分會	1月28日	禪一
	北美護法會加州洛杉磯分會	1月28至29日	禪二
	北美護法會密蘇里州聖路易聯絡處	1月28日	半日禪
	北美護法會伊利諾州芝加哥分會	1月29日	半日禪
	北美護法會佛州塔拉哈西聯絡處／佛教中心	2月3至5日	禪三
	北美護法會安省多倫多分會	2月5日	一日禪
亞洲	馬來西亞道場	1月31日	心靈茶會

● 01.31

人基會補助《六祖壇經文集》在美出版
第一本向西方介紹《六祖壇經》的英文著作

由法鼓山人基會補助出版的《六祖壇經文集》（*Readings of the Platform Sūtra*）一書，1月31日由美國哥倫比亞大學出版社（Columbia University Press）出版。該書由美國普林斯頓大學（Princeton University）教授太史文（Stephen F. Teiser）、愛荷華大學（Iowa University）教授舒特（Morten Schlütter）共同編輯，

人基會補助《六祖壇經文集》在美出版。

是第一本向西方大眾介紹《六祖壇經》歷史背景、思想觀點的英文著作。

《六祖壇經文集》全書歷時四年多的策畫、邀稿與編輯，共收錄七篇論文，研究主題包括《壇經》在中國佛教的發展歷史、《壇經》中的主要人物與早期中國禪宗的發展、禪宗修行的主要論點，如頓悟，以及六祖惠能受具足戒、傳法等問題，並探討禪宗的主要思想觀點如何影響中國哲學等。作者包括舒特、葛瑞格（Peter N. Gregory）、任博克（Brook Ziporyn）、韋聞迪（Wendi L. Adamek）等，均是當代著名的佛教學者。

本書是哥倫比亞大學出版社繼《法華經文集》（*Readings of the Lotus Sūtra*）之後出版的「佛教文獻系列」叢書第二卷，該叢書是聖嚴師父為了將佛教經典介紹給國際社會，帶動西方學界深入研究漢傳佛教典籍，所發起的出版計畫。

● 02.01

《法鼓全集》英譯專案首部作品問世
《聖嚴法師學思歷程》英文版出版

英文版《聖嚴法師學思歷程》是《法鼓全集》英譯專案首部出版作品。

由聖嚴師父東西方弟子、佛教學者參與翻譯、編審的《法鼓全集》英譯專案，2月由法鼓文化出版第一本譯作《聖嚴法師學思歷程》（*A Journey of Learning and Insight*），透過譯筆將師父一生走向戒、定、慧三學並重的學習之路，以及跨越禪師、學者、教育家多重身分的生命歷程，介紹給國際社會。

向國際社會推廣漢傳佛教，是聖嚴師父念茲在茲的使命。師父圓寂後，僧團計畫有系統地將《法鼓全集》翻譯成英文版，自2010年10月展開英譯專案，首先以經典闡釋、學術論述、禪修指引、生活佛法為範疇，從《法鼓全集》選出五十多本著作，邀聘東、西方優秀的佛教學者、護法信眾參與翻譯。

為了提昇英譯計畫的品質，專案小組邀請美國哥倫比亞大學（Columbia University）宗教系教授于君方、堪薩斯大學（University of Kansas）教授丹·史蒂文生（Dan Stevenson）、佛羅里達州立大學宗教系助理教授俞永峯等學者，組成編審委員會提供指導，並參與修潤、審核譯作。翻譯過程中，同時參考許多西方學者的論述及經典譯作，以確保佛法名相、禪修用語的正確性及一致性，期望在專案完成時，一本漢傳佛教常用名相的英語辭典也同時誕生。

專案小組希望藉由譯介聖嚴師父著作，使西方弟子認識漢傳佛教的博大精深，同時接引新的族群認識師父思想。《法鼓全集》英譯計畫的出版品，將贈送給歐美大學佛教系所及圖書館，提供西方學者研究與教學的需要。

● 02.09～05.24期間　08.02～11.15期間

「聖嚴書院禪學班」首度於海外開辦
馬來西亞道場四十餘位學員齊精進

普化中心信眾教育院規畫的「聖嚴書院禪學班」，2012年在馬來西亞道場開辦，課程時間為2月9日至5月24日及8月2日至11月15日每週四晚間。這是禪學

常慧法師為馬來西亞道場禪學班學員講解未來三年的課程規畫與上課方式。

班首度在海外開課，四十多位學員分成六組，在授課法師也是道場監院常慧法師帶領下，未來三年將共同在慧業、福業、行門上精進。

常慧法師在課堂上引用聖嚴師父的話，「佛法的修行，以福德業、禪定業、智慧業為三綱領。定慧並重，仍是小乘行；福慧並行是菩薩道；福、定、慧並重，是大菩薩行。」說明禪學班的課程規畫，除了課堂聽講，累積「慧業」資糧，還有「福業」（義工服務）、「行門」（參加禪七）的學習；以此期勉學員修學要注重解行並重、福慧雙修。

禪學班每堂課以十五分鐘的禪坐開始，並有小組討論與大堂分享。小組討論時間，各組熱烈分享參加禪學班的因緣以及對禪學班的期許，學員們也彼此討論如何互相提攜，共同圓滿禪學班三年的慧業、福業、行門學習。

● 02.10～12
新加坡護法會舉辦悅眾研習營
分享「心靈環保」與「人間淨土」的實踐

新加坡護法會於2月10至12日舉辦悅眾研習坊，邀請聖基會董事暨屏東商業技術學院副教授林其賢帶領，引導悅眾於日常生活中落實「心靈環保」與「人間淨土」的理念，共有五十四人參加。

林其賢老師結合「學佛五講」的指引地圖，引導悅眾了解如何在生活中福慧兼修，並透過心靈環保及人間淨土等核心理念，指引大家將四念處與四它配合運用在生活中。林老師指出，任何有規模的行動都先有計畫，計畫提供遵循的規範與準則，學佛也不例外，聖嚴師父所撰寫的〈四眾佛子共

林其賢老師於課程中，引導新加坡悅眾於日常生活中落實「心靈環保」與「人間淨土」的理念。

勉語〉，就是一份極簡版的學佛行動企畫書。

11日晚間，林其賢老師也在護法會舉辦一場學術講座，講題為「太虛、印順、聖嚴三法將對佛教現代化的抉擇」，闡述在佛教現代化過程中，三位長老在人間取向的共通處，以及其思想、實踐的相異點，並剖析聖嚴師父的思想脈絡與獨創之處，共有一百二十多人參加，其中包括了許多馬來西亞的聽眾。

● 02.18～02.26期間

常源法師、常乘法師至馬來西亞弘傳禪法
培訓動禪義工、主持舒活二日營

2月18至26日期間，傳燈院監院常源法師、常乘法師前往馬來西亞道場弘法關懷，內容包括帶領禪修講座、戶外禪、動禪義工學長培訓等，系列活動共有兩百七十多人次參加。

兩位法師首先於18日在道場舉辦「法鼓八式動禪師

常源法師、常乘法師帶領九十位學員前往怡保極樂洞進行「放鬆一日禪」，體驗動靜皆自在的禪味。

資培訓」課程，由常源法師講解八式動禪與修行心法的結合，並說明義工學長的角色與任務；法師詳細示範坐姿動禪，分析各運動部位肌肉的反應與體驗，這是坐姿八式動禪第一次在馬來西亞教授。常乘法師也提醒學員，學習在動中保持正念就是止觀，而方法就是練習，不斷練習，反覆練習。

18日晚上，常源法師在怡保共修處主講「夢？醒？」生活禪講座，透過生活實例，為七十位聽眾講解禪修及生活中經常遇到的問題，提醒聽眾時時觀照自己的念頭，讓自己脫離夢境般迷茫與頹廢的生活。翌日上午，並帶領九十位學員前往怡保極樂洞進行「放鬆一日禪」戶外禪體驗，透過法鼓八式動禪、走路禪、吃飯禪、托水缽、大休息等，讓學員在輕鬆的氣氛中，體驗忙而不亂、動中有靜的放鬆禪味。

25、26日，兩位法師於彭亨州（Pahang）的德拉達克馬來亞度假村（Teratak

Malaya Resort），主持首度在馬來西亞道場舉辦的舒活二日營，共有九十四人
參與，其中有三十三位學員來自新加坡。法師帶領禪眾練習禪坐、拜佛、戶外
經行，體會舒活放鬆、身心安定的感受。常源法師提醒大眾，只要能安心，就
是好方法，方法的恰到好處，在於不鬆不緊。最後，法師以聖嚴師父的智慧法
語：「失敗即是經驗，成功即是開始，過程即是目的，現在即是全部。」為舒
活二日營總結，也為活動畫下圓滿句點。

● 02.20～27

果醒法師至舊金山分會弘法
帶領多元禪修活動

果醒法師於舊金山分會講授「禪宗祖師語錄」。

2月20至27日，美國紐約東初禪寺
住持果醒法師前往北美護法會加州舊
金山分會弘法關懷，內容包括講授
「禪宗祖師語錄」禪修講座，主持
「禪修教理研習營」、「法鼓八式動
禪研修營」等。

首先於21至24日下午舉辦的「禪宗
祖師語錄」禪修講座，共四堂；課程
中，法師結合楞嚴教理，為大眾講解
不同時代的禪宗祖師語錄公案，引領
學員反思「能知能覺的心的本質」，每堂有近四十人參加。

而在21至24日下午、25日進行的「禪修教理研習營」，共六堂，法師為學
員講授《楞嚴經》的要義，由大綱至細目，摘要地講述經文，領眾體會心念
的生滅過程。「禪宗祖師語錄」禪修講座及「禪修教理研習營」均同步進行
網路直播。

26日，法師於分會主持「法鼓八式動禪研修營」，除了開示立姿、坐姿動禪
心法：清楚、放鬆、專注，也一一為學員調整動作，授課方式結合理論與方法
運用，領眾充分體解動禪的妙用。

最後一天晚上，則進行一場「話家禪」分享會，法師為禪眾解答修行上的疑
惑，說明身心能夠安定、清淨，有慈悲心和智慧心，這就是禪；並勉眾將禪修
的觀念和方法，融入日常生活中，就能輕鬆自在地過生活。

八天的弘法活動，果醒法師為當地信眾分享了許多禪修智慧，不少學員表
示，希望活用習得的禪修正知見，幫助化解煩惱，進而心安自在。

● 02.29

西門菲沙大學參訪溫哥華道場
體驗禪修、學佛行儀等

加拿大溫哥華西門菲沙大學（Simon Fraser University）宗教學系師生一行近三十人於2月29日，前往溫哥華道場參訪，由常文法師帶領體驗禪修、學佛行儀等。

參訪過程中，常文法師特別為第一次接觸佛法的師生們解說禪宗發展源流、禪的修行方法以及禪宗祖師的事蹟和行誼，深入淺出地闡述「禪」不是深奧的學術，而是就在當下、行住坐臥、日常生活中。

西門菲沙大學宗教學系師生於溫哥華道場體驗禪修。

活動中也安排禪坐練習，在常文法師的指導及悅眾的示範下，西門菲沙大學的師生分組進行觀身受法的練習，並體驗放鬆與專注。

大堂分享時，學生們對於佛門行儀、寺院作息等問題極感興趣，紛紛提問。有學生表示，此行直接與宗教師對話，不僅解開了對佛教的疑惑，也豐富了自己的學習經驗。

● 03.02～12

西雅圖分會舉辦系列弘法活動
常諦法師帶領半日禪、主持佛法講座等

北美護法會華盛頓州西雅圖分會於3月2至12日舉辦系列弘法活動，內容包括佛法講座、禪修活動等，由紐約東初禪寺常諦法師前往帶領。

佛法講座方面，常諦法師於2、5、7、9、12日在分會主講「普賢菩薩的大願」，法師依據〈普賢行願品〉及〈普賢菩薩行願讚〉講說普賢菩薩的大行大願，並引用佛教故事，說明諸佛菩薩及歷代祖師大德為求正法的懇切、時時精進的心行；並勉勵大眾效法諸佛菩薩累世累劫修習佛法的信心及安忍心，精進不懈。

禪修活動上，8日舉辦禪工作坊，法師帶領賞析影片《深夜加油站遇見蘇格拉底》（*Peaceful Warrior*），並探討片中的佛法意涵；11日上午進行半日禪，內容包括法鼓八式動禪、禪坐以及起坐、放鬆、按摩的方法指引。法師強調，

「禪」的要領在於放鬆與清楚，放鬆後才能清楚地知道自己的念頭在哪裡，如果起了妄念，不要灰心，應該練習如何察覺妄念並回到方法上，如此妄念就會減少。

此外，常諦法師也於4、10日主持分會的藥師法會、地藏法會，共有六十多人次參加。

西雅圖分會透過系列弘法活動的舉辦，期能引導大眾認識經典，深入佛法，並且增益精進學佛的動力。

● 03.06～10

果慨、果旭法師至舊金山灣區弘法關懷
為福田班授課、弘講、帶領共修

果慨法師於舊金山分會帶領法器練習。

僧團三學院監院果慨法師、臺北安和分院監院果旭法師於3月6至10日，至美國加州舊金山灣區弘法關懷，主要目的是為聖嚴書院福田班授課，並帶領禪坐共修、舉辦佛學講座等。

6日晚間，果慨法師參與分會例行禪坐共修，並開示要老實修行，不論是前行的放鬆，還是聽到引磬後的出靜都要認真對待。8、9日，兩位法師在分會帶領早課，並指導法器練習，也為信眾解答修學佛法和生命中的疑惑。

9日晚上，分會舉辦佛法講座，由果慨法師弘講《觀世音菩薩普門品》，說明《普門品》廣為流通盛行的原因，也分享法鼓山與觀世音菩薩的諸多殊勝法緣；法師鼓勵大眾，每天誦持《普門品》做為修行功課，以增長菩提心。

兩位法師此行主要是為10日福田班第九堂課程的授課而來，當地信眾更是把握因緣，邀請法師帶領分會的共修，並舉辦佛學弘講活動，期使法雨同霑。

● 03.18～05.20期間　08.05～10.21期間

馬來西亞道場舉辦「兒童生命教育課程」
引領小學員學習家庭與生活倫理

邁入第三年的馬來西亞道場兒童生命教育課程，2012年課程共分兩系列，第一系列於3月18日至5月20日，第二系列於8月5日至10月21日，每月擇一週日展

開，各有十三位、十四位小學員參加。

第一系列主題是「家庭倫理」，共三堂課，課程中的「生命的初生和成長」單元，介紹一個生命從母親腹中成胚胎、出生至成長的脈絡，帶領小學員進一步認識及肯定自己；「我的家庭」單元則引導孩子在家庭中，學習自我認知和自我定位。第二系列主題是「生活倫理」，以三堂課程引導小學員建立良善的生活習慣，並學習分擔家務，體恤父母的辛勞。

常慧法師（左）於「兒童生命教育課程」中教導小學員禮佛。

系列課程包含靜心園、法鼓八式動禪、大休息等活動，引導孩子們從中體驗放鬆，培養專注力及安定身心；馬來西亞道場監院常慧法師也親臨活動現場關懷，並教導小學員禮佛。

● 03.23～26

舊金山分會舉辦弘法活動
果明法師帶領念佛禪

北美護法會加州舊金山分會於3月23至26日舉辦系列弘法活動，主題是「念佛禪」，由紐約東初禪寺果明法師帶領，共有一百五十多人次參加。

法師首先於23日指導悅眾法器練習；24日進行「活於現在，佛於現在——有關念佛禪」講座，解說念佛的起源和發展，念佛三昧的定義、態度和層次，介紹歷史上修行念佛法門的禪師等，並說明念佛不能落入有相，否則修行很難得力，有近六十人參加聆聽。

25日，果明法師於分會帶領念佛禪一。上午第一炷香開始，進行跑香念佛，速度逐漸由慢到快，法師提醒禪眾收攝身心，眼睛垂簾不往四處看，也引導放鬆身體各部位；坐念時，提示眾人高聲念佛，以對治昏沉妄想。下午的兩炷香，大眾跟隨法器的節奏，念佛聲整齊響亮，安定有力，綿綿不絕；也進一步引導在快念佛號及止靜時，該如何用功，並諄諄提醒，一天即將過去，

果明法師於舊金山分會講授念佛禪。

隨時都要以至誠懇切的心念佛。最後一天，果明法師參與分會舉辦的念佛共修，進一步指導梵唄唱誦，有近三十人參加。

這次念佛禪一，有許多執掌法器的悅眾是第一次經驗，都能順利圓滿任務，令人讚歎。聲聲不離佛號的禪修體驗，也讓禪眾期待下次的念佛禪共修。

● 03.25
常聞法師至羅格斯大學帶領禪修
櫻花樹下體驗戶外經行

常聞法師於羅格斯大學帶領學員在櫻花樹下經行。

3月25日，美國紐約象岡道場監院常聞法師受邀至新澤西州立羅格斯大學（Rutgers, The State University of New Jersey），為該校甫於2月份成立的羅格斯佛法社（Dharma Meditation Community at Rutgers）指導一日禪，共有三十位東西方學員參加。

當天，活動內容包括打坐、戶外經行；此次參與學員有半數未曾有打坐經驗，但對佛法與禪修卻很有興趣。法師帶領眾人在櫻花樹下經行，許多人對此均有非常特殊的體驗。

該社團創辦人之一為來自臺灣的博士生李曉芳，就讀賓州大學時，即與法鼓山結緣，曾邀請常聞法師至賓大指導禪修。目前該社團每月舉辦一次禪坐研討會，邀請聖嚴師父西方弟子大衛・史烈梅克（David Slaymaker）博士擔任講師。

● 03.28　08.15
一行禪師大弟子法印法師參訪法鼓山
邀方丈和尚出席「歐洲佛教應用學院」啟用典禮

2011年4月，聖嚴師父與一行禪師的墨寶在法鼓山園區舉行聯展，延續兩位禪師的弘法道情，2012年3月28日，一行禪師大弟子法印法師帶著禪師的德文墨寶「喫茶去」和親筆信函，在梅村香港道場住持法欽法師、香港理工大學教授阮曼華等人的陪同下，參訪法鼓山園區，邀請方丈和尚果東法師出席8月下旬在德國創建的「歐洲佛教應用學院」（European Institute of Applied

Buddhism, EIAB）啟用典禮，並提議促成兩位禪師的墨寶在歐洲聯展，與歐洲人士分享佛教的生活智慧。

茶敘時，方丈和尚以「心靈環保」的理念，分享法鼓山建設人間淨土的具體作法，是以培養佛教人才的大學院教育為基礎，並以大學院教育來推動淨化人心的大普化教育，落實關懷人間的大關懷教育。同時，也分享聖嚴師父對推動高等佛教教育的提醒，

常隨法師（左三）代表僧團，祝福一行禪師（前右二）成立「歐洲佛教應用學院」。

不是為了研究而研究，而是秉持「實用為先，利他為重」，讓精深的佛法，能夠為現代社會所用。

8月15日，僧團男眾發展院常隨法師代表法鼓山，於德國科隆（Cologne）出席「歐洲佛教應用學院」啟用典禮，當天一行禪師正為來自荷蘭的禪眾帶領禪五。一行禪師邀請常隨法師共進午餐，也向禪眾介紹常隨法師是遠從臺灣法鼓山而來。

● 04.04　04.07　04.08

溫哥華道場舉辦生命關懷課程
提昇對年長者照護的心態與技巧

加拿大溫哥華道場於4月4、7、8日舉辦生命關懷課程，內容包括安寧療護、臨終關懷等，邀請臺灣的佛教蓮花基金會董事張寶方、臺南市民治特教資源中心社工員陳雅臻帶領，有近七十人參加。

4日講座的主題是「如何照護年長者」，張寶方董事分享照護年長者的心態、溝通方法與技巧，說明「以他為我」的觀念，指出放下自我、同理對方，才能進入對方的世界。在7日「助念與臨終關懷」講座中，陳雅臻說明「關懷陪伴」可以讓彼此產生力量，並以陪伴一位癌末

陳雅臻老師說明「關懷陪伴」帶給年長者的鼓舞力量。

長者為例，當對方在臨終呼吸困難時，陳雅臻握住對方的手，引導她心念「阿彌陀佛」聖號，以正向的念心念力，做真誠的陪伴。

8日進行工作坊，兩位老師藉由臨床實例與影片，並搭配感受藝術陪伴之美、遺體處理等演練活動，帶領學員學習臨終關懷技巧。

有學員表示，透過三天的學習課程，啟發了自己對生命關懷的視野，也對於照顧年長者的心態與技巧，有更深入的認識。

● 04.04～11

果醒法師赴西雅圖分會弘法關懷
帶領禪三、主持佛法講座

美國紐約東初禪寺住持果醒法師於4月4至11日期間，前往北美護法會華盛頓州西雅圖分會弘法關懷，內容包括帶領禪三、佛法講座等。

果醒法師首先在4日舉辦專題講座，主講「欲樂、定樂、與寂滅為樂」，說明凡夫在生滅變化中流轉，依其境界所分的三個層次，為欲界、色界、無色界，欲界有五欲的欲樂，色界、無色界有禪定的定樂，但這都是暫時的樂，無法永遠保持不變或者不消失，若能修習八正道不苦、不樂的中道行，就可以從煩惱、生死中得解脫，也就是從苦苦及壞苦中得解脫，而到達聖人的層次，以寂滅為樂。

6至8日，分會於當地凡森島休閒中心（Vashon Island Retreat Center）舉辦默照禪三，由果醒法師帶領，法師說明進入默照的三個步驟：放鬆身心、體驗呼吸、觀照全身，而心是沒有所緣的對象，只能如實地觀照身體的感受與心中的念頭，如果能依法修行，看清事物的本質，才能得到真正的自在。

在9、11日的《楞嚴經》講座中，法師解說《楞嚴經》的要義，說明《楞嚴經》最殊勝之處，就是與我們的經驗息息相關：一般人的「錯誤知見」是把所感知的「相」，當作是能感知的「心」，我們努力的方向，不是要找出一個叫作「佛

果醒法師與參加默照禪三的禪眾合影。

性」的東西,而是要放掉「能所」的操作模式,如果達到「能所雙亡」的境界,佛性就自然顯現。

由於內容豐富,不少學員表示,不論是觀念、方法或實際的操作練習,皆深受啟發,並且希望法師能再來弘法,分享禪修的方法與智慧。

● 04.07～08

馬來西亞道場首辦念佛禪二
由果謙法師、常雲法師帶領

馬來西亞道場於4月7至8日首次舉辦念佛禪二,由臺南分院監院果謙法師、常雲法師自臺灣前往帶領,共有三十多人參加。

兩天的活動,包括經行繞佛、坐念、止靜,也透過聖嚴師父的開示影片,讓禪眾了解念佛禪的意涵。影片中說明,「念」是「今」與「心」的組合,也就是現在心,所以念佛不僅是嘴巴念,當下每

馬來西亞道場首辦念佛禪二,果謙法師提醒大眾保持正念,念念不離佛號。

個念頭也都是佛號,一切看見、聽到、所想、所說,乃至整個環境,都融入一句「阿彌陀佛」;念佛讓人以佛號做為心的所緣境,容易收攝身心,只要會念「阿彌陀佛」即可,重要的是時時保持當下的心。

在禪期中,果謙法師隨時提醒大家念念不離佛號,許多禪眾是首度體驗跑香念佛,平常的共修繞佛多以緩慢速度進行,跑香則是逐漸加速,乃至快跑。有禪眾表示,開始跑香時,會覺照到自己不安的心,前面的人走路的快慢、模樣,都能讓人心生煩惱,但由於速度愈來愈快,也漸漸收攝散亂心,直到香板敲下,突然停頓再念佛,心念便能全然收攝。

● 04.12～14

新加坡護法會舉辦清明報恩佛三
成就往生西方淨土的資糧

4月12至14日,新加坡護法會於當地大悲佛教中心舉辦清明報恩佛三,由臺南分院監院果謙法師、馬來西亞道場常妙法師帶領,共有兩百二十多人參加。

新加坡護法會舉辦佛三，大眾精進念佛。

佛三期間，大眾透過聲聲「阿彌陀佛」聖號，體會佛菩薩對眾生的慈悲心。果謙法師鼓勵眾人平常一定要念佛、誦經或打坐；法師表示，一般人不修行的時候，常有諸多妄念，這些念頭容易在修行時被發現。修行能培養我們的覺照力，覺察後進一步改正，這就是自我肯定的過程。

為了讓大眾了解念佛法門，果謙法師於4月10日先在新加坡護法會主講「念佛真吉祥」，說明念佛使我們生起慈悲心、慚愧心、懺悔心、大悲願心、感恩迴向心，這些都是成就自心淨土的基礎，也是往生西方淨土的資糧。

● 04.12～15

芝加哥分會舉辦弘法活動
果醒法師主持梵唄與法器教學、佛學講座

北美護法會伊利諾州芝加哥分會於4月12至15日舉辦弘法活動，由紐約東初禪寺住持果醒法師帶領，內容包括梵唄與法器教學、佛學講座等，共有一百多人次參加。

12至13日進行梵唄與法器教學，果醒法師首先簡要說明梵唄傳承的源流、功能、意義及重要性，並介紹、示範基本法器板眼的打法，強調可以運用禪修方法來收攝身心；在「腹式呼吸的理論與練習」課程中，法師指導大眾盡量利用丹田發聲，藉由正確的發聲方式，以渾圓、莊嚴的音聲供養大眾。

14、15日兩天下午則舉辦「《楞嚴經》講座」，果醒法師藉由《楞嚴經》經文中的「心生種種法生」，解析佛法的生命觀，說明一念心構成了不同的生命形態；法師並以漢傳禪修的「默照禪」、「話頭禪」，指出淨化心念、提昇生命的具體方法。

另一方面，果醒法師也於分會帶領地藏法會、念佛禪，與當地信眾分享念佛

禪的體驗,並為信眾解答佛學疑問。

芝加哥分會表示,未來還會針對信眾需求,邀請法師前往弘法,帶領大眾認識漢傳佛法的活潑實用。

● 04.21～29期間

墨爾本分會重新啟動
舉辦系列弘法活動

在各方因緣促成下,澳洲墨爾本分會重新運作,於4月28日舉辦啟動典禮,關懷中心副都監果器法師、信眾服務處監院常續法師、護法總會副總會長周文進,自臺灣前來出席典禮,並代表方丈和尚果東法師為分會帶來支持與祝福。

集合各方護法信眾的願心,墨爾本分會重新運作,果器法師(後排左二)、常續法師(後排左三)為分會帶來支持與祝福。

典禮當天,墨爾本經濟文化中心處長翁瑛敏、墨爾本信仰中心(Interfaith Centre of Melbourne)創辦人海倫・薩默斯(Helen Summers)、墨爾本各佛教團體代表等六十多位來賓,都前來表達祝福。果器法師致詞時,引用聖嚴師父開示「開山的意義」與全體來賓共勉勵,由於當天(農曆4月8日)適逢佛誕日,法師也祝福在場每個人都能開啟心中的寶山。

翌日,分會舉辦佛學講座,由果器法師主講「聖嚴師父與法鼓山的理念及發展」,並播放聖嚴師父海外弘法影片《他的身影》,讓分會的悅眾與義工們對法鼓山理念有更多了解。

啟動典禮前一週,分會即展開系列活動,由常續法師帶領禪坐共修、進行心靈環保講座、用心看電影等。4月24日,常續法師並受邀至墨爾本大學(The University of Melbourne)佛學社,與青年學子分享聖嚴師父提倡心靈環保、心五四及心六倫的實踐方法。

重新啟動的墨爾本分會,集合前任召集人鞠立賢(現任副召集人)、現任召集人胡振芝及各方護法信眾的願心,期許未來將是一處弘揚法鼓山理念的共修中心,成為墨爾本民眾學習正信佛法的道場。

● 04.25～27

方丈和尚出席第三屆世界佛教論壇
從「心」闡述現代倫理

方丈和尚果東法師在「第三屆世界佛教論壇」中，發表〈從倫理衡量生命的價值〉一文，闡述從「心」出發的現代倫理意涵。

由中國佛教協會、香港佛教聯合會、中華宗教交流協會合辦的「第三屆世界佛教論壇」，4月25至27日在香港舉行，方丈和尚果東法師受邀代表法鼓山出席，並參與26日以「佛教在生活中的運用」為主題的分組討論，發表〈從倫理衡量生命的價值〉一文。

26日上午開幕式後，下午隨即展開研討議程。本屆論壇以「同願同行」為主題，與會者分別從現代弘法、生活提昇、佛典詮釋、佛教教育、慈善踐行等五大面向進行探討。在「佛教修學與現代生活的提昇」分組討論中，方丈和尚從生命的提昇，延伸出倫理的價值，指出人的生命，除了父母賦予的色身生命，還有從心覺醒的智慧法身慧命，並強調「從有限的色身生命，提昇至無限的智慧生命，其中的關鍵處，便是從降低個人的私欲與私利著手，轉而提起對他人、社會與環境的奉獻。」

方丈和尚進一步剖析，個人與大環境是密不可分的生命共同體，縱使個人的能力、資源有限，但眾緣和合，個人小小的好凝聚一起，即可成就大大的好，這便是現代社會的「心」倫理，也是佛弟子世代傳承的悲智願心。

方丈和尚闡述從「心」出發的現代倫理意涵，獲得與會人士廣大回響，鳳凰網、中央電視臺、中國新聞社、〈菩提月刊〉等香港媒體，紛紛邀請方丈和尚接受專訪，向大眾分享心靈環保與心六倫的實踐方法。方丈和尚受訪時表示，佛教是幫助世人覺醒的宗教，慈悲與智慧是從人心的覺醒轉念開始，而除了自己受益，還要利益他人，只要對他人有益，對社會、環境有意義的事，都應當去做，只要有奉獻的願心，自然可以引領我們向前。

從倫理衡量生命的價值

4月26日講於香港「第三屆世界佛教論壇」

◎果東法師

諸位大德法師、諸位善知識，阿彌陀佛！

個人深感榮幸，能夠代表法鼓山參與第三屆世界佛教論壇。世界佛教論壇自2006年舉辦以來，主辦單位的用心，實令人讚歎。即以迄今三屆的會議主題來看，從第一屆的「和諧世界，從心開始」，至第二屆的「和諧世界，眾緣和合」，乃至本屆以「和諧世界，同願同行」定題，如此層次鋪展，實已勾勒出佛教入世普化的基礎輪廓。

佛法的核心教導

佛法自兩千六百年前在人間示現以來，其永恆的關懷，始終不離心性的啟蒙，也就是如何從煩惱之中解脫，開發智慧，而多增一些平安、健康、快樂、幸福。因此，釋迦牟尼佛的核心教導，即在啟發世人，明瞭無常、無我、空的緣起法，如「四聖諦」、「十二因緣」，以及《阿含經》所謂「此有故彼有，此滅故彼滅」，所說的都是緣起法。緣起法講述的是世間現象與變化，而《華嚴經》也說到：「應觀法界性，一切唯心造」，這正是說明了這世間的一切，無非與我們的心靈有關，心靈的力量是多麼地龐大，影響是多麼地深遠。

佛法傳入中土之後，雖是以異文化的角色遷入，卻在漢地文化的土壤裡，經與儒、道二家思想的互相激盪，綻放了漢文化的盛茂榮景，其中尤以禪宗的影響，至深最遠。以迄今日，當我們談起以漢民族為首的中華文化，無論是從史學或從文化的視角，始終蘊涵著禪佛教的光輝；若從佛法普化的立場來看，則漢文化之中，那股散發人本思想的馨芳，同樣也在本地佛教的歷史軌跡裡，清晰可見。

整體來講，佛教在逐漸適應漢地文化的同時，其實也在形塑屬於本地的漢傳禪佛教特色，並且予以極致的發揮。依據恩師法鼓山創辦人聖嚴法師的見解，漢傳禪佛教具有以下特質：包容性、消融性、普及性、適應性和人間性。

正由於漢傳禪佛教具有廣大的包容性、持久的普及性和高度的適應性，因而適應中國文化，並且普及、反饋於漢地文化；又因其包容性及適應性，故在多元文化、多元宗教、多元族群的現代社會，同樣也被延納接

受，又予以消化融合，成為人間性的共同文化。

現代社會的心法：心靈環保

過去二十多年來，恩師聖嚴法師與法鼓山四眾弟子，不遺餘力推動著漢傳禪佛教的精華，我們把這項工作，稱為「心靈環保」。

1992年，恩師首度提出「心靈環保」此一名詞。心靈環保，即是佛法、禪法，也是心法。「心」是指觀念和心智，至於心法，則是佛教講的慈悲與智慧。只是慈悲與智慧，有些是先天的，有些則有賴後天的培養與開發，而後者，便是屬於啟蒙與教育的作為了。

因此，為了適應現代社會，恩師特別將深奧難懂的佛學名詞，轉化為現代人易懂、親切的語言，而其內涵，並非局限於宗教的信仰，而是淨化了的人文社會價值觀及其實施的方法。從定義來講，心靈環保就是以觀念的導正，來提昇人的素質，讓我們面對外在環境的變動和衝擊時，內心能夠不受影響，還能夠以健康的心態，來面對現實，處理問題。在方法的實踐上，則有「心五四」和「心六倫」。

所謂「心五四」，是透過「四安」、「四它」、「四要」、「四感」、「四福」的五大要項，而每一要項，又涵攝四種「心」的觀念和方法，所以稱為「心五四」，這是法鼓山針對現代人生活教育的一種倡導。

所謂「心六倫」，是經由「家庭倫理」、「生活倫理」、「校園倫理」、「自然倫理」、「職場倫理」、「族群倫理」等六大範疇，重新定義現代社會的倫理，也是法鼓山對當代倫理價值的一種分享。

重新定義二十一世紀的倫理範疇

「倫理」與「道德」，這兩個名詞，經常被相提並論，反映出一般人在認知上，認為兩者是相互配合、相輔相成的。在推動「心六倫」的過程中，恩師對於倫理的詮釋，則著眼於盡責盡分，指出每個人都應扮演好自己身上的各種身分角色；至於道德，則是構成倫理的支持條件，亦即使得所有與我們個人產生互動的人，都能夠得到平安、利益與幫助，「服務奉獻才是倫理的價值。」

有別於傳統農業社會，二十世紀下半葉以來，群聚型的工商社會，逐漸成為現代人生活的一部分。我們大家可能就居住在城市裡，或者往返都會就學、工作，而開展在我們每一個人身上的人際網絡，在網際網路的推波助瀾下，正以前所未見的高速感，轉動我們的人生。因此有的人，在一天之中，經常更換不同的角色：這一會兒是家人，下一刻成為職場的同事，又過一段時間，投身在網路世界裡，扮演形式上「隱姓埋名」，實則活躍闊論的網路人生。

像這樣的社會型態，實已不是傳統的儒家五倫所能適切。因此，恩師從現代人普遍經歷的生活型態，提出「家庭倫理」、「校園倫理」、「職場倫理」，又從現代社會無法逃避的課題，倡議「生活倫理」、「自然倫理」、「族群倫理」；統整以上六類，便是法鼓山向當代分享的「心六倫」。若從涵蓋面來講，「心六倫」，實際上包括了個人身心的自處，個人與他人及社會的互動，也包括了個人與大自然相處等等，人生之中各種各樣的倫理聯繫。

以教育建立全球倫理

我在這裡向大家報告，「心六倫」運動，不僅在兩岸三地倡行，也在世界各地華人社會推廣；我在這裡與諸位分享，恩師晚年出席國際間重要會議，莫不積極建言，當以教育建立全球共通的倫理價值。

這項全球共通的倫理價值，便是「尊重每一個生命，承認每一個人都有生存的權利，每一個人也都有保護及愛惜一切人的責任。」方法則是呼籲全球的學校教育、社會教育、宗教教育、家庭教育等多重教育機制，共同普遍且持久地來推動這項倫理價值。

「同中存異，異中求同」是全球倫理得以建立的前提，這便是說，世界人類的和平幸福，每個人都有責任，至少要能尊重每個生命的差異性，承認每個人都有生存活命的權利，而每一個人，都當有包容異己的心量。

接受差異性，尊重他人，但求自己盡心盡力，奉獻利他，這是全球倫理與「心六倫」共同的核心價值。我們不僅與家人是生命共同體，當我們身在校園、身在職場，或在生活環境之中，面對種種的人事物，也是同一個生命共同體；我們與其他不同的族群，以及無聲承載一切的自然大地，也是相依相繫的生命共同體。

從倫理衡量生命的價值

從我們的內心開始，從內心來帶動行為的實踐，便是心的倫理。至於倫理的實踐，除了盡責盡分、奉獻利他之外，也當做到「有所為，有所不為。」

凡是對於他人、對於團體，對於整體環境有害的身語意行為，均應避免；而對團體有幫助、對環境有益之事，則除了自己投入，還要鼓勵他人一起來做，這是從「心」出發，實踐倫理的另一層意涵。

每一個人，身在這個世界，確實非常渺小，就是以家庭或工作的職場為單位，同樣也僅只是大千世界裡的一粒細沙微塵。然而，只要有一群人，或者一人，發揮倫理的價值，這個世界就會向善的方向運轉，漸漸生起大的作用。

甚至我們要說，只要發揮生命的功能，就有倫理的價值。生命最基本的功能，也是最重要的功能，就在呼吸。只要活著，還有一口氣在，就是在發揮生命的功能，這也是在彰顯倫理的價值。

不可否認，快速變遷的工商社會，已造成許多人的身心世界，無法適應外在環境的種種變化，於是憂鬱症、躁鬱症的病例增多了，在許多社會之中，自殺的案例也在逐年升高。當人們習慣以物質、數據，或用金錢來衡量生命的價值之時，恩師聖嚴法師則提醒大家，還是回到心的倫理，從倫理來衡量生命的價值。

若當徬徨失落，或是久臥病榻，活著似乎只有憑添家人或他人的負擔之際，面對種種生命的低潮，請給倫理一個機會，請給身旁親友一個機會，讓他們來照顧您，讓他們有服務奉獻的機會。活著，就是生命的價值。生命的價值，當從倫理來衡量。

以上，謹就法鼓山正在推動的「心六倫運動」及其核心價值，向諸位善知識大德做一報告，尚請指教。

方丈和尚香港弘法關懷
拜會教界長老　主持法會暨皈依

4月25日至5月1日，方丈和尚果東法師前往香港進行為期七天的弘化之旅，除了出席「第三屆世界佛教論壇」，並先後拜會覺真長老、暢懷長老，主持浴佛法會暨皈依典禮、新勸募會員授證等，期間也參與分會共修活動，分享心靈環保的理念。

1988年，聖嚴師父第一次赴港講經，由暢懷長老促成，自此開啟法鼓山與香港的因緣。2012年，方丈和尚抵港後，隨即至天臺精舍拜望暢懷

香港護法會首次舉辦勸募會員授證典禮，方丈和尚讚歎每一位勸募悅眾都是六度萬行的大願心菩薩。

長老。長老關注佛教人才的培養，方丈和尚向長老說明，法鼓山不但以大學院教育培養四眾人才，並以大普化、大關懷教育，發揮佛法在當代社會的教育功能，延續正法薪傳的使命。

28日，方丈和尚於當地馬可波羅酒店關懷護法悅眾，包括香港大學副校長李焯芬、浸會大學宗教及哲學系教授吳有能，共有七十多位榮譽董事及曾參加社會菁英禪修營的學員參加。

29日上午，香港護法會於九龍孔仙洲中學，舉辦結合浴佛法會、皈依、嘉年華市集的佛誕節活動，共有近七百人次參加。受鋒面影響，當天降下豪雨，但法會開始前，雨勢驟停。方丈和尚在法會後開示說明，氣候瞬變與法會，兩者不必連結附會，下雨有下雨的條件，不下雨也有不下雨的條件，凡事都要因緣具足，當條件無法盡如人意時，至少要有一份包容、關懷的心，這份心，就從自己開始。

浴佛法會後，接著舉行皈依典禮，方丈和尚為近一百四十位信眾親授三皈五戒，也勉勵新皈依弟子，每個人雖背景不同、能力有別，但都有應扮演的角色，在每種角色中，用感恩心面對順逆緣，用報恩心奉獻結善緣，就是在淨化自己、利益他人。

下午，接續舉行新勸募會員授證，這是香港護法會首次為勸募會員舉辦的授證典禮，共有四十三位勸募會員發願承擔護法重任。方丈和尚讚歎眾人是六度萬行的大願心菩薩，並以盡心盡力、隨緣努力等「十力」，與眾人共勉。

香光莊嚴，莊嚴香江
4月28日講於香港「關懷護法悅眾」開示

◎果東法師

　　法鼓山創辦人聖嚴師父圓寂至今已經三年，然而師父的願心，常在我們心中，師父的身影，歷歷在我們眼前。

　　法鼓山與香港的法緣，最早始於1988年，聖嚴師父應香港佛教青年會暢懷長老邀請，首度前來香港弘法。而在往後的二十年間，師父曾十度來到香港弘法，早期是講經，後期則以佛法的生活運用，進行專題演講。在這過程中，好幾次都是暢懷長老促成的因緣。因此這次我到香港，特別於4月25日向暢懷長老感恩禮座，長老談起許多歷史因緣，尤其對於1980年代以後，陸續邀請聖嚴師父及星雲長老等多位法師，從臺灣到香江宣講，開創佛教在香港弘化的新契機，言談間十分欣慰。

　　雖然大家接觸法鼓山的因緣，或有時地的不同，但我相信在座每一個人，都與聖嚴師父有著深厚的法緣。師父留下的身影，不在外在形象，而是以淨化人心的理念與方法，對於個人、社會乃至全世界，產生一股向上向善的深遠影響力，這是師父最珍貴的法身，也是師父永恆的身影。

　　過去在法鼓山建設過程中，聖嚴師父曾說：「我自己的法鼓山已經建成，諸位的法鼓山，還要不要繼續建呢？」意思是說，法鼓山真正的建設在於理念，至於硬體建築，則難免隨時空條件改變，示現成住壞空，真正能產生延續性影響力的，主要在於精神理念。但這並不是否定建築物的功能，而是提醒我們：如何透過有形的硬體建築，凝聚大家一起共修，實踐、推廣法鼓山的理念；發揮法鼓山的理念，才是法鼓山道場最重要的功能。

　　香港護法會現址，是由陳天明菩薩護持提供。兩年前，一度因都更計畫，遷回過去在灣仔軒尼詩道的辦事處。後來都更計畫暫緩，陳天明菩薩就說，還是搬回來吧！這地方空間比較寬廣。因此去年（2011年）開始，分會又遷回荔枝角，僧團也派了副住持果品法師及常住法師到香港關懷菩薩們的成長，同時擴大接引社會各界參與。現在分會使用的空間，比起兩年前更增加了，再次感恩陳天明菩薩的護持。

因緣具足，水到渠成

　　我知道香港的菩薩們，現在正在推動購置一處永久性的固定道場，這是大家的願心，至於因緣何時具足，不必急，不要擔心，只求盡心盡力，隨

緣努力。佛法的出現,是因釋迦牟尼佛證悟到緣起法則,始在人間分享,後經歷代祖師大德的弘揚闡發,才有今日受惠的我們。感恩世尊與歷代祖師大德的悲心,更感恩師公東初老人及聖嚴師父的大願,讓法鼓山僧俗四眾此刻都能沐浴在這份殊勝法緣之中。

法鼓山的道風,踏實、穩定,哪裡需要佛法,我們絕對義不容辭。不過我們的立場,是建立在對方實際的需求之上,而給予契理契機、恰到好處的分享。有些地方很需要佛法,但假使時空因緣還不具足,我們不會貿然行事,一味勉強的結果,很可能幫不了對方,同時也違背佛法慈悲智慧的本懷。

心靈環保是法鼓山理念的核心主軸,心靈環保的內容,即是佛法、禪法與心法,具體修行方法,則可從禪修、念佛、持咒、拜懺及誦經等方式來實踐。此外,為了因應現代人忙碌緊湊的生活步伐,聖嚴師父提出心五四、心六倫等觀念與方法,將艱澀深奧的佛學名相,轉化為親切易懂的時代語言,讓一般人在生活中即可運用,影響非常深遠。

法鼓山在海內外的各地道場,都是總本山的延伸,每位參與法鼓山的菩薩,均是觀世音菩薩千手千眼的化身,我們自己接觸法鼓山的理念,實踐法鼓山的理念,還要進一步發願,用法鼓山的理念來奉獻利他。有願就有力,只要以奉獻利他做為大方向,願力自然油然而生,源源不絕。

今天的餐會,也可稱為心靈法宴,我們大家以法相會,因法赴宴,期望每個人都能從佛法修學之中,成就戒、定、慧的功德香,以香光莊嚴,莊嚴「香江」。

最後,以十句話和大家共勉,稱為「十力」,內容是:「盡心盡力,隨緣努力;轉化壓力,成為助力;開發潛力,保持毅力;凝聚向心力,展現生命力;有願就有力,彼此共勉力。」

感恩,祝福大家。

方丈和尚語

辦出法鼓山道場的特色

4月29日講於香港九龍孔仙洲中學
「香港勸募會員授證典禮」

◎果東法師

　　香港護法會成立至今，能有現在這般規模，均因眾願所成。昨晚將近十點，大家還在這裡演禮，我在諸位身上，看到了護法弘法的願心，就如同聖嚴師父當年為了分享佛法的好，使更多的人受益，因此創建法鼓山。現在，香港護法會正規畫購置一處永久性的固定道場，這份願心非常可貴，但前提必須對法鼓山理念有正確的認知。

　　法鼓山道場的特色是什麼？如果是禪修、拜懺、法會，這些活動我們都有，但其他的道場也辦，重點是我們必須辦出自己的特色，每個活動，都賦予教育的目的及關懷的功能。此外，為了讓忙碌的現代人也能體用佛法，聖嚴師父將深奧難懂的佛學名詞，轉化為親切易懂的現代語言，比如「心五四」、「心六倫」，都是人人可於生活中實踐的佛法，這些都是法鼓山的理念，而理念的實踐與推廣，便是法鼓山道場的特色。

　　香港這個地方，寸土寸金，購置新道場的計畫，須待因緣具足。我們做任何事，前提一定是盡心盡力，至於成果是否一如預期，則要面對、接受、處理、放下，放下之後，提起自在的平常心。團體的最可貴處，是在共識之下，眾人朝同一個方向邁進，發揮團結就是力量的精神。只要大家以奉獻利他的願心，做為生命的大方向，生命的動力，自然源源不絕。（摘錄）

方丈和尚主持香港護法會舉辦的皈依典禮，勉勵新皈依弟子在每種角色中，用感恩心面對順逆緣，用報恩心奉獻結善緣。

● 04.29 09.30

芝加哥分會參與「西北郊宗教互通會」活動
與當地宗教團體進行交流

芝加哥分會參與「芝加哥西北郊宗教互通會」舉辦的猶太教「住棚節慶祝儀式」活動，與當地宗教團體進行交流。

4月29日、9月30日，北美護法會伊利諾州芝加哥分會應邀參與「芝加哥西北郊宗教互通會」（Chicagoland Northwest Suburb Interfaith Group）舉辦的活動，與當地二十多位宗教團體代表進行交流。

在4月29日的研討會中，芝加哥分會資深悅眾李詩影主講「佛教信仰介紹」，首先帶領大眾誦念〈四弘誓願〉，接著講解「法鼓山及芝加哥分會」、「佛陀是誰」、「佛教的基本法義」、「什麼是禪」、「坐禪的益處」等多項主題；並示範、講解禪坐的基本方法，帶領大眾體會漢傳禪法的活潑實用，現場互動討論熱烈。

9月30日，分會四位悅眾參與了猶太教團體主辦的「住棚節慶祝儀式」（Sukkot Festival-Holiday Celebration），與會者還包括錫克教、基督教等不同宗教代表。儀式開始前，主辦單位向與會者說明猶太教的基本教理，各個猶太教分支的同異，和「住棚節」的意義、慶祝方式，令眾人增長了不少理解。

「芝加哥西北郊宗教互通會」是由當地宗教團體所組成的一開放性組織，旨在透過對各宗教法義的了解，提昇宗教體驗與修持，達到共同了解、包容、和平共處的目標。近年來，芝加哥分會悅眾多次參加此會舉辦的活動，與當地宗教團體友善交流。

● 04.29～05.01

馬來西亞道場舉辦合唱團成長營
以音聲分享佛法

繼2010年1月馬來西亞道場合唱團舉辦第一屆成長營後，2012年4月29日至5月1日在彭亨州阿薩金（AL-Sakinah）渡假村展開第二屆成長營，由法鼓山合唱團

馬來西亞道場舉辦合唱團成長營,由李俊賢團長帶領。

團本部團長李俊賢帶領,馬來西亞佛教總會馬口支會菩提合唱團、士拉央佛教會歌唱組、東方純聲青少年合唱團等,也共同成就本次活動的舉辦,共有四十六人參加。

課程中,李俊賢團長教導學員如何發聲、如何運用禪法放鬆聲帶及身心,並分享專注一心地歌唱就是禪修的觀念,鼓勵大家專注唱歌,如此,打坐、念佛將更容易得力。音樂老師陳穎豪則講授「通過美聲唱法提高歌曲演唱能力」,介紹起源於義大利的美聲唱法,以及演唱者須深入理解歌詞、情感表達真摯等觀念。

學員除了學唱〈延命十句觀音經〉、〈您的遠行〉等歌曲,5月1日還到溪邊進行戶外禪,練習把心安住在動作上,學習真實體驗當下。

● 05.04～06

舊金山分會舉辦英文禪修活動
邀請賽門‧查爾得主持講座、禪一

5月4至6日,北美護法會加州舊金山分會舉辦系列禪修弘法活動,邀請聖嚴師父西方法子賽門‧查爾得(Simon Child)主持禪修講座、帶領禪一等,共有一百六十多人次參加。

查爾得首先於4日在分會舉辦禪修講座,介紹禪修的理論與方法。他講述悉達多太子四出城門,見到生、老、

查爾得於舊金山分會帶領禪眾,練習「止」、「觀」的方法。

病、死的人生實況,及佛陀證悟後宣說的四聖諦,以至修行得解脫的八正道。之後,接著分享禪修的理論和方法,主要是介紹「止」和「觀」的方法。

5至6日，分會接續舉辦兩場英文止觀禪一，查爾得帶領大眾禪坐，並分別指導練習「止」、「觀」的方法，內容包括坐禪、戶外禪，也進行小參，解答禪眾於修行上的疑問，共有近一百一十人次參加。

許多禪眾表示，無論是對「苦」、「無常」的疑惑，或是在禪修上所遇到的問題，查爾得都給予直接而富啟發性的回答，受益良多。

● 05.12～13

芝加哥分會舉辦精進修學活動
常華法師帶領禪修、佛法講座

北美護法會伊利諾州芝加哥分會於5月12至13日舉辦弘法活動，包括佛學講座、禪工作坊等，由北美護法會輔導法師常華法師帶領，共有一百多人次參加。

12日適逢佛誕節，常華法師上午於分會帶領浴佛法會，並開示浴佛的意義，不是洗佛像的污穢，而是洗我們內在身心的污穢，可以讓我們獲得潔淨、輕安。

下午的「八正道」佛學講座，常華法師由四聖諦的意旨切入說明，提綱契領地指出如何透過八正道，對治一般人在觀念、思想以及心理情緒兩個層面上的顛倒，進而揭示離苦之道。

在13日上午的「禪工作坊」中，常華法師除指導禪修方法外，並說明禪修教育是法鼓山主要的弘化工作之一；若能學習禪修，在日常生活中時時關照自己的心，培養內觀與自我覺察，便能一步步找回自己。下午分會舉辦英文佛學講座，由法師介紹地藏菩薩的大願法門，並解析邁向成佛之道的三要件：信、願、行；講座中，法師也開示「布施」的要義，說明聖嚴師父提倡的「心靈環保」正是無畏布施，就是「禪」的精神。

芝加哥分會此次舉辦的系列弘法活動，從法會、佛學、禪修等各面向，帶領學員深入佛法、精進修持，期能與更多西方人士分享法鼓山漢傳禪法的理念。

● 05.13～22期間

方丈和尚北美弘法關懷
於溫哥華授三皈五戒、分享「真大吉祥」

方丈和尚果東法師與關懷中心副都監果器法師於5月13至22日於加拿大溫哥華及美國洛杉磯，展開為期兩週的北美巡迴關懷弘法行。方丈和尚此行主要在

溫哥華道場舉辦「真大吉祥」佛學講座、主持皈依祈福典禮，隨後轉赴洛杉磯主持27日的道場搬遷啟用暨佛像安座典禮。

方丈和尚一行首先抵達加拿大溫哥華道場，13日至22日期間，除關懷當地的護法悅眾、榮譽董事、少年營與法鼓隊，凝聚向心力之外，也勉勵眾人繼

方丈和尚於溫哥華道場主講「真大吉祥」佛法講座，共有兩百多位信眾到場聆聽。

續承擔弘法護法的任務，珍惜「眾緣和合」的修行道場。

為了迎接第十度到溫哥華關懷弘法的方丈和尚，溫哥華護法悅眾於15日準備了溫馨的一人一菜「potluck」聚會。方丈和尚於會中開示表示，溫哥華是一個移民社會，許多護法信眾像候鳥一樣來來去去，如何在無常變動中保持內心的安定與和諧，就要靠心靈環保的工夫；並且感恩、讚歎溫哥華全體法師、護法信眾為淨化人心所做的奉獻，鼓勵眾人學習聖嚴師父「以至誠心，發大悲願」，做觀音菩薩的化身，弘法護法，共擊法鼓。

18日在接受當地華文媒體《世界日報》的採訪中，方丈和尚表示法鼓山未來在溫哥華的發展，將持續以心靈環保為核心，掌握當地社會脈動與民眾需要，契理契機地舉辦各種修行活動，接引民眾親近佛法，保持身心安定，進而為社會服務奉獻，發揮溫哥華道場的關懷與教育功能。

方丈和尚在19日「真大吉祥」的佛學講座中，與兩百多位聽眾分享，將「真大吉祥」做為一種生活方式，要以「四安」做為行動方針；也說明表示，了知因果因緣觀、勤修戒定慧三學、長養慈悲與智慧，可以幫助減少無明煩惱習氣。

下午，道場舉辦「大事關懷」講座，由果器法師介紹佛教的生死觀與法鼓山大事關懷教育的特色。

20日，方丈和尚主持皈依祈福法會，共有八十位學佛新鮮人成為三寶弟子，一起在正法門中修學佛法；當悅眾法師為皈依者戴上念珠，方丈和尚鼓勵大眾：心念就是智慧摩尼寶珠，時時與心靈環保相應，一念清淨心，一念生淨土。

結束溫哥華的行程，方丈和尚一行隨即於22日轉赴美國洛杉磯。

● 05.17～20

果舫、果見法師多倫多弘法
帶領禪修、法會並展開佛法講座

5月17日，僧團女眾副都監果舫法師、國際發展處監院果見法師與北美護法會輔導法師常華法師啟程前往加拿大安省多倫多，進行弘法關懷，行程中包括帶領禪修、法會及佛法講座等。

19日，北美護法會加拿大安省多倫多分會於當地愛德華公園（Edwards Garden）舉辦春季攝心健行及戶外禪活動，由三位法師帶領，透過欣賞園藝中心花卉、漫步植物園，體會放鬆身心的戶外禪修方法，共有三十多人參加。

20日上午於北約克市民中心（North York Civic Centre）舉辦大悲懺法會暨三皈依，由果舫法師主法，果見法師、常華法師共同帶領大眾拜懺及花果、點燈供佛，共有四十五人參加；下午則舉辦佛法講座，由果舫法師主講「念佛了生死，力行菩薩道」，常華法師進行英文翻譯，讓西方人士也能聞法無礙。

三位法師此行，也於18日在分會召集人林顯峰伉儷陪同下，前往多倫多大學（University of Toronto），拜會與中華佛研所有學術合作關係的「新學院」（New College）院長伊夫斯‧羅伯治（Yves Roberge）教授，並於該校多元化信仰中心（Multi-Faith Centre）進行佛法甘露門，與該學院二十多名師生交流座談，分享學佛及禪修心得、解答佛學疑問等。

19日戶外禪圓滿後，果舫法師等與悅眾合影。（中排僧眾左起依序為常華法師、果舫法師、果見法師）

● 05.18～28

三十一位西方禪眾展開法鼓山「人間淨土之旅」
尋根溯源　凝聚弘法願心

參加「人間淨土之旅」的西方僧眾與禪修中心副都監果元法師（左二）、僧大副院長常寬法師（左一）及僧大學僧展開交流，開拓彼此的視野。

北美護法會佛羅里達州塔城聯絡處召集人俞永峯帶領三十位美國、澳洲禪眾，於5月18至28日至法鼓山展開尋根溯源之旅，除了參加禪堂舉辦的中英禪五，並參訪祖庭北投文化館，以及三峽天南寺、桃園齋明寺等分支道場。

圓滿中英禪五之後，在25日晚間，團員與禪修中心副都監果元法師、僧大副院長常寬法師及僧大學僧展開對談，西方禪眾分享在禪五過程中，體會到每個人的獨立性是透過團體的支援而成就，更清楚禪法傳遞的概念是奉獻自己、自助助人；也有禪眾表示，儘管已讀過不少聖嚴師父的著作，但這次回到法鼓山，在開山紀念館觀看開示影片，才了解到師父將佛法弘傳到世界各地的艱辛歷程，覺得更能貼近師父的智慧、心靈和遠見，也因此下了更大的修行決心。

除了回應團員的提問，學僧們也把握機會，了解西方社會推廣禪修的近況，包括大眾學習漢傳禪法的目的、對懺悔禮拜的接受度，以及如何將話頭和默照運用到日常生活中。難得的交流，不僅開拓彼此的視野，也點燃共同推廣禪法的信心與願心。

負責籌畫尋根溯源之旅的俞永峯表示，有別以往返臺溯源的資深禪眾，成員多是透過第二代弟子認識師父行誼和漢傳佛教，此行成員多數都是漢傳禪法的「新生兒」，也是聖嚴師父在西方的第三代弟子，希望藉著參訪因緣，探索法脈根源，同時搭起橋梁，讓東西方的弘化力量連結、綻放。

● 05.27～28

洛杉磯道場啟用
「心靈環保」理念拓耕南加州

美國洛杉磯道場於5月27日上午舉行道場啟用暨佛像安座典禮，由方丈和尚果東法師主持，包括臺北駐洛杉磯經濟文化辦事處處長龔中誠、聖瑪利諾市

（San Marino）市長孫國泰、阿罕布拉市（Alhambra）市長沈時康等各界來賓，以及紐約東初禪寺住持果醒法師、關懷中心副都監果器法師、女眾副都監果舫法師、國際發展處監院果見法師、溫哥華道場監院果舟法師、北美護法會輔導法師常華法師等十多位僧團法師，與來自臺灣、北美各分會和南加州當地的護法信眾，共有四百多人參加。

啟用典禮邀請洛杉磯成立聯絡處之初，提供場地供大眾共修的法印寺印海長老，與方丈和尚一起為佛像揭幔。印海長老以「法鼓」的命名與意涵，鼓勵大眾秉持聖嚴師父的理念精神，在南加州弘揚佛法，不僅要自己成佛，還要在人間廣度眾生。

代表來賓致詞的龔中誠處長，除了感佩聖嚴師父與法鼓山先後在北美西岸，創辦溫哥華道場與洛杉磯道場的慈悲與用心，也期待洛杉磯道場能發揮更多的功能，為僑界帶來安心的力量。

方丈和尚表示，洛杉磯道場是眾因緣和合所成，並呼應「開光說法偈」的內容，說明洛杉磯道場「應現」的，不僅是佛的三身，還有聖嚴師父的身影與僧俗四眾盡心盡力奉獻的身影；硬體建築雖然成就不易，但更重要的是，讓「法鼓鐘聲」——師父的教導、法鼓山的理念發揮功能與影響。

啟用典禮圓滿後，各項弘化工作隨即開展。當日下午及5月28日，果醒法師分別帶領大眾共修三時繫念及三昧水懺法會，法師勉眾珍惜殊勝因緣，繼續承擔弘法、護法的任務。

在方丈和尚果東法師（右）與法印寺印海長老（左）共同揭佛幔後，洛杉磯新道場正式對外啟用。

洛杉磯道場啓用

西方弘化新起點

「釋迦如來，悲願宏深。莊嚴國土，成熟眾生。聖嚴師父，法鼓鐘聲。洛杉磯道場應現身。開！」5月27日上午，法鼓山美國洛杉磯道場舉行道場啟用暨佛像安座典禮，方丈和尚果東法師宏亮的〈開光偈〉音聲，宣示了新道場啟用的任務與使命。由於本年適逢法鼓山提倡「心靈環保」二十週年，也是洛杉磯成立護法組織二十年，因此，洛杉磯道場的啟用格外具有意義。

回顧洛杉磯從1992年成立法鼓山在美國第一個聯絡處以來，首任召集人李秋頻曾先後於1993、1995年邀請聖嚴師父前往弘法演講，除了藉由演講讓洛城信眾得以聽聞佛法外，亦接引了許多人皈依三寶。

多年來，護法信眾一直在承租的會所共修，由於信眾日益增加，加上原共修據點的租約到期，因此在歷任召集人與海內外僧俗四眾的努力下，終於在2011年6月份於艾爾蒙地市（El Monte）購置了一座近五十年歷史的建築，做為永久固定道場，經過十個月的整修，在2012年3月5日完成搬遷。

新道場占地1.5英畝，共有五棟建築，其中大殿可容納三百人同時共修，其他建築則分別做為知客處、齋堂及禪堂兼教室等使用空間。法鼓山在洛杉磯的新道場，沒有琉璃飛瓦的建築，盤龍雕壁的殿堂，卻有推廣「漢傳佛教」的赤誠，照顧精進修行的願心。

從移動的共修據點到永久的分支道場；從年久失修的老教堂到心靈環保的新道場，洛杉磯分會在僧俗四眾共同發願護持成就下，終能圓夢達成。這處新啟用的道場，在眾人共同修學護持下，承繼聖嚴師父的悲願，遍擊法鼓，將成為當地社區裡一處樸實的淨土，也是心靈環保在南加州持續開展，漢傳佛教在西方扎根弘化的新起點。

洛杉磯新啟用的道場，是法鼓山在西方弘揚漢傳佛教的新起點。

● 05.28～31

法鼓山出席「第五屆佛教與天主教座談會」

分享心靈環保的普世價值與實踐

5月28至31日,法鼓山受邀出席於義大利羅馬瑪麗亞波利中心(Mariapoli Center)舉行的「第五屆佛教與天主教座談會」(5th Buddhist-Christian Symposium),由僧團常超法師、常諗法師代表出席,常諗法師並於會中發表常悟法師撰寫的〈心靈環保——漢傳佛教經典的現代詮釋與實踐〉,與來自全球十多個國家、一百多位代表,分享心靈環保的普世價值。

常諗法師(左一)在「第五屆佛教與天主教座談會」上,發表常悟法師撰寫的〈心靈環保——漢傳佛教經典的現代詮釋與實踐〉。

該座談會由「普世博愛運動」(Focolare)主辦,法鼓山是第二度受邀參與。本屆會議主題是「透過詮釋及實踐經教,以建立世界的和諧與安詳」,討論的內容包含三個面向:第一是探討各宗教對於經文的詮釋,分別有針對大乘佛教、南傳佛教、天主教經典做釋義,以及探討「和平」二字在佛經中的意涵。第二是宗派的簡介與對經典的詮釋,例如日本立正佼成會、日蓮宗,以及韓國圓佛教對大乘經典的重新詮釋。第三則是適應當代潮流,探討經典對於當代年輕人的影響。

常諗法師於30日下午,發表僧團常悟法師撰寫的〈心靈環保——漢傳佛教經典的現代詮釋與實踐〉一文,說明心靈環保的具體內容,並引證佛典中相關的經文外,同時介紹法鼓山在推廣心靈環保時所運用的傳統與現代方式。此篇論文引起很大回響,有人表示希望進一步了解法鼓山提倡的心靈環保,有人則希望知道法鼓山對接引年輕人的作法。

每天座談前,不同的宗教代表輪流帶領祈福,眾人藉此體驗各宗教的祈福方式,漢傳佛教由法鼓山、佛光山的法師代表誦念《心經》並迴向。

兩年舉辦一次的「佛教與天主教座談會」,多年來已在與會者之間建立了深厚互信的關係,與會代表都能以開放的態度,一起探討宗教對於現代人的意涵,分享世界的脈動,共同為建構世界的和諧而努力。

● 06.02～03

溫哥華道場開辦青年領袖營
培育心靈環保青年推手

參加「青年領袖營」的學員們，透過生動活潑的工作坊形式互動交流。

為了培養海外青年的願心與能力，進而成為承擔實踐心靈環保的推手，加拿大溫哥華道場於6月2至3日舉辦「青年領袖營」（Young Leader's Camp），由法鼓山資深法青悅眾王貞喬、陳冠如擔任講師，共有二十三位青年學員參加。

營隊活動內容多元，包括認識法鼓山、拓展國際視野、社會關懷經驗分享、企畫實作練習、團隊凝聚、自我了解與肢體探索等，藉由生動活潑的工作坊形式，引導學員們發展志願服務的精神，提昇活動企畫及團隊領導能力。

因應當地青年以英文為第一語言，活動進行、小組討論以英語為主、華語為輔。課程一開始，各小組學員便展開腦力激盪，搭配影片和法師的解說，共同創作出心中的法鼓山，有一小組使用佛陀DNA的意境來象徵人間淨土的理念，展現令人意想不到的創意。

兩位講師藉由照片和影片，講述自身的生命故事和志願服務經驗，將十多年來辦活動、當義工的經驗，進行傳承與分享，引發學員的學習熱情。透過「世界咖啡館」（World café）的方式，學員們熱烈討論青年議題，發想出「愛心園遊會」、「端午龍舟動禪行」、「素食推廣BBQ」、「不怕末日，災難教育日」等活動主題。講師運用「4W＋1H」（What、Who、Where、When、How）的思考脈絡，引導學員練習活動籌畫實作，並藉由小組討論、成果報告相互回饋。

最後大堂分享時，講師邀請學員各自挑選一句「聖嚴法師108自在語」做為勉勵，不少學員表示參與這次活動更認識法鼓山，也讓自己收穫滿滿。

● 06.15～24　06.30～07.06

象岡道場舉辦精進禪修
果如法師帶領話頭禪、念佛禪

6月15日至7月6日期間，美國紐約象岡道場舉辦兩場禪修活動，邀請聖嚴師父法子果如法師帶領，共有一百多人次參加。

首先是6月15至24日的話頭禪十，由道場監院常聞法師擔任英文翻譯，常襄法師擔任總護，共有三十五人參加。果如法師說明，話頭禪是一種修行方法，「話頭」是以追問自己一個問題、直探語言根源，大疑大悟、小疑小悟、不疑不悟；藉著話頭生起疑情後，在棒喝逼拶之下，頓斷攀緣的心識，當下體悟本性的清淨覺照。

於6月30日至7月6日進行的念佛禪七，為方便禪眾修行，分為五天、七天兩個禪期，由紐約東初禪寺果明法師擔任總護。果如法師每天早、中、晚三次開示念佛法門，除了講解般舟三昧和一行三昧，並從禪宗初祖達摩祖師開始，一一說明每位祖師、歷代禪師修行念佛的方法，期使禪眾明白人人本具佛性，眾生的本來面目是佛，卻因顛倒妄想、分別執著，迷失了本性，因而虛受了生死輪迴。

不論在快步經行或是坐念，法師時時提醒禪眾專心一意、高聲念佛，並且叮嚀大寮義工，將禪法落實在工作上，體驗身在哪裡、心在哪裡。法師們的用心帶領，讓禪堂內外都充滿了精進用功的活力。

果如法師（中立者）於象岡道場帶領念佛禪七，共有六十五位禪眾圓滿精進共修。

● 06.29～09.09

果徹法師前往美加弘法
巡迴弘講「中觀的智慧」

果徹法師於溫哥華道場帶領慈悲三昧水懺法會，勉眾在生活中觀照心行。

6月29日至9月9日，僧團果徹法師至美國洛杉磯道場、加拿大溫哥華道場及北美護法會華盛頓州西雅圖分會，展開弘法關懷之行，主要巡迴弘講「中觀的智慧」佛學課程，並帶領禪修、法會等活動。

佛學課程方面，延續2008年「中觀的智慧」課程，果徹法師續講《中觀頌》，法師首先依據字面的「根意」，介紹經論的歷史文化及思想潮流背景，再回到經文的架構、章節條理，也從不同的層面反覆闡述、總結某一義理或思想，勉勵學員以信心、願心、恆心、耐心將修行帶入日常生活中，以生活體驗佛法，讓自己的生命與佛法結合。

另一方面，果徹法師首先於6月29日至7月6日，在洛杉磯道場帶領默照禪七，為方便禪眾修行，特別合併禪三、禪七兩個禪期舉辦；禪期中，禪眾規律作息，運用默照禪修方法，並練習將禪修方法運用在休息、經行等日常生活中，過程中還播放聖嚴師父的開示影片，引領禪眾釐清在禪修過程所遇到的困惑。7月29日則於西雅圖分會帶領禪一，共有三十多人參加。

除了佛學講座、禪修活動，法師也分別至西雅圖分會、溫哥華道場帶領地藏法會、慈悲三昧水懺法會，勉眾學習在法會中反躬自省、在生活裡觀照身、口、意三行。

2012果徹法師美加弘法行程一覽

時間	地點	弘法內容
6月29日至7月15日	美國洛杉磯道場	・帶領默照禪七 ・弘講五堂「中觀的智慧」佛學課程
7月23至8月8日	北美護法會華盛頓州西雅圖分會	・弘講七堂「中觀的智慧」佛學課程 ・帶領禪一 ・帶領地藏法會 ・帶領禪修監香培訓課程
8月12日至9月9日	加拿大溫哥華道場	・弘講六堂「中觀的智慧」佛學課程 ・帶領慈悲三昧水懺法會

● 07.01　10.07

香港護法會開辦大事關懷課程
建立正向生死觀念

香港護法會於7月1日、10月7日分別開辦大事關懷初階、進階課程，由僧團果選法師、助念團團長顏金貞、顧問鄭文烈等帶領，初階課程有一百六十人參加，進階課程有近兩百人參加。

初階課程內容包括繪本導讀、法鼓山大事關懷服務介紹，果選法師引用聖嚴師父的話，說明生存與死亡，都是無限時空中必然的現象，一個人的生命價值，就是自己負起責任，完成一生中必須要完成的責任，同時運用有限的生命，做最大的貢獻；法師勉勵眾人多關懷他人，積極聚集善的因緣，加入助念關懷，種下善的種子。

進階課程則延伸初階課程的學習，深入探討世俗喪儀、佛教生死觀以及法鼓山大關懷教育的精神；並以話劇演出的形式，完整呈現佛事過程及其意涵。

課程中，果選法師提醒學員，關懷和教育最重要的對象，是活人而非死人，為亡靈超度只是一種補救的辦法，並不是佛教的中心工作，讓亡者在佛號聲中，帶著滿滿的祝福，告別這個世間，才能彌補生離死別的遺憾，才是「冥陽兩利的佛事」。

由於課程內容實用，學員回響熱烈，許多學員表示，藉此課程學習到正向的生死觀念，也讓自己明白，生死大事面前，正是學佛的大好因緣。

學員在大事關懷課程中，練習助念實務。

● 07.03〜15

果元法師第五度赴墨弘法
講授佛學課程、主持禪修

禪修中心副都監暨禪堂堂主果元法師與信眾服務處監院常續法師，於7月3至15日前往墨西哥弘法，內容包括講授佛學課程、帶領禪七、主持禪一工作坊等。

果元法師在禪一工作坊中,帶領學員有架構地完整學習禪修的觀念與方法。

這次行程,是繼聖嚴師父2001年10月初次前往當地主持禪修後,果元法師第五次赴墨弘法。從前四次的弘法經驗中,果元法師發現當地禪眾對基礎佛法的了解不深,因此禪期開始前,特別安排兩天,於西海岸納亞里特州(Nayarit)的玉堂海灣(Mar de Jade)禪修中心講授基礎佛學課程,從佛陀的生平事蹟切入,到三寶、四聖諦、三無漏學、因緣因果等佛教名詞的介紹,繼而以聖嚴師父的心靈環保、心五四為主軸,說明如何把佛法應用在日常生活中。共有二十餘位各行各業的墨西哥民眾參與,其中還有自比利時跨洲而來的參加者。

8日開始的禪七,有近四十位禪眾參加,最年輕的只有十三歲。果元法師全程以英文帶領,由該禪修中心負責人蘿拉(Laura Del Valle)口譯成西班牙文,早、晚課則用西班牙文與中文雙語進行。

禪期間,有位大學生在體驗禪修方法的同時,也將禪修活動拍攝下來,希望整理成紀錄片,向墨西哥青年介紹及推廣禪修;禪期圓滿後,禪眾們皆法喜充滿,繼續向法師請法。

15日,果元法師飛往墨國第二大城瓜達拉哈拉(Guadalajara)帶領禪一工作坊,三十位學員中有醫生、瑜伽修行者、大學生與年輕的專業人士,在體驗禪修、放鬆身心之後,都非常感恩有機會可以完整、有架構地學習與體驗禪修的觀念與方法。

● 07.06～18期間

溫哥華道場舉辦禪七、《楞嚴經》講座
果醒法師前往帶領

加拿大溫哥華道場於7月6至18日期間,舉辦話頭禪七、生活禪工作坊、《楞嚴經》講座等系列弘法活動,由美國紐約東初禪寺住持果醒法師前往帶領。

7月6至13日的話頭禪七,除了播放聖嚴師父開示影片,果醒法師以《楞嚴經》的核心理論,直指話頭禪的真義──「真心」所在,並以趙州從諗禪師的「無」字公案為例,引導禪眾體會「眾生皆有佛性」的觀念,以及禪宗強調明心見性、直下照見自家的「真心」。

禪七圓滿後，果醒法師在14日帶領一場生活禪工作坊；15至18日則展開一連四天的《楞嚴經》講座。講座中，法師為學員解析九個佛法名相：性與相、體與用、理與事、空與有、平等與差別、絕對與相對、真如與生滅、本覺與不覺、真心與妄心；其中「真心」即智慧、即定、即靜，是「超能所」，而妄心即煩惱、即動、即亂，是「有能所」。

果醒法師說明，對於迷悟的眾生而言，心就如工畫師，看待一切都是有分別的，而一念不覺，便產生能所、業果，於是輪迴世間。對於悟者而言，在差別相中，皆能看到平等心；即使世俗有境界、有現象，卻能不住於境界及現象，就如經典所說「煩惱即菩提」，菩提是否離開，端看我們有無智慧，由迷轉悟。

學員分享時提到，法師淺顯平易的講說，有助於了解《楞嚴經》的要旨，十分期盼法師再來溫哥華弘講。

果醒法師在話頭禪七中，直指「真心」所在，引導禪眾體會「眾生皆有佛性」的觀念。

● 07.06～08

馬來西亞道場舉辦「讓快樂的細胞活起來」講座
楊蓓老師分享快樂祕訣

馬來西亞道場以「讓快樂的細胞活起來」為主題，於7月6至8日舉辦兩場講座和一場工作坊，邀請實踐大學社會工作學系副教授楊蓓主講、帶領，兩場講座各約有五百人，工作坊則有一百三十人參加。

第一場講座於6日在《星洲日報》報社禮堂舉行，主題是「自在溝通──人我互動，從心出發」，楊蓓老師首先講解「快樂」的定義，說明唯有從自己的心出發，學會了解自己的內外感受，好好跟自己的心做朋友，才有所謂的「快樂」，這種快樂必須在認識、了解、接納自己後，才能真誠、用心地將感受傳達出去。

第二天的「禪式工作學──八風吹不動的工作禪」講座於馬來西亞道場禪堂進行，楊蓓老師分享親近法鼓山的因緣，也提到如何將禪修「放鬆念頭」及當義工的體驗，運用在自己的專業領域，消融了工作與生活中的煩惱，填補多年

來在輔導領域的困境。

講座中，楊蓓老師並說明自己在禪修過程中認清的方向：該做的事情就去做，只要堅持方向，並用「外境動，心不動」、「難行能行，難忍能忍」的心念來承擔責任，就可達到八風吹不動的禪修境界。

楊蓓老師分享快樂必須在認識、了解、接納自己後，再真誠地傳達出去。

8日於當地鶴鳴禪寺舉辦「親密與孤獨工作坊」，楊蓓老師以禪修加上心理輔導的方法，引導學員親身體會親密帶來的快樂，及獨處時的安定與喜悅；並勉勵學員要將從小養成的習氣慢慢融化，如此不僅能讓自己走出去，還能讓別人走入我們的世界。

● 07.07

海外福田班「體驗法鼓山」於象岡道場舉辦
體驗禪悅境教及聖嚴師父悲願

普化中心於美國東岸開辦的兩個聖嚴書院福田班——東初禪寺班、新澤西州班，於7月7日在紐約象岡道場聯合舉辦第六次課程「體驗法鼓山」，兩班合計一百七十多位學員和義工，共同感受法鼓山的禪悅境教，以及聖嚴師父在海外弘法的悲願。

透過資深義工的解說，學員們參訪象岡道場的建築與景觀，了解法鼓山落實環保、與大自然和諧共處的理念。

當天課程，首先觀看聖嚴師父2006年在「法鼓山佛教建築研討會」中開示「法鼓山的建築理念及目的」的影片，師父說明法鼓山建築要落實環保、與大自然和諧共處的理念，希望我們的房子建在這裡，能讓人感覺就像是從

大地生長出來的景觀；不突兀、不刺眼，而是與當地的景致、地形林貌融合諧調的。

接著由東初禪寺常懿法師介紹法鼓山於美東建設道場的發展歷程，象岡道場監院常聞法師介紹象岡的歷史、現況及展望，並提及「象岡」是師父由原地名的印第安語「Shawangunk」音譯而來，原意是「白色的山」。

課程最後，在常聞、常襄法師及四位資深義工的帶領解說下，學員分組參訪象岡的建築、了解歷年來辦理的活動，以及緬懷聖嚴師父致力於弘法的身影。有學員表示，透過這次活動，更進一步認識了師父的悲願及各項活動所涵融的佛教精神。

新澤西州班、東初禪寺班此兩場海外福田班，於2月12日、18日分別在北美護法會新澤西州分會、紐約東初禪寺開辦，廣邀東岸信眾發願學做解行並重的萬行菩薩。

● 07.08～08.12期間

香港護法會舉辦心靈環保兒童班課程
引領小學員體驗心靈環保的運用

7月8日至8月12日，香港護法會每週日開辦心靈環保兒童班，課程主題包括品德、生命教育、四種環保的實踐等，由資深悅眾帶領，共有三十多位八至十二歲小學員參加。

心靈環保兒童班系列課程，以「心靈環

小學員在心靈環保課程中，歡喜學習「心靈環保」的妙用。

保」為核心，輔以「心五四運動」為內涵，除了帶領小學員閱讀《聖嚴法師的頑皮童年》、「聖嚴法師108自在語」、「大師密碼」系列書籍，也安排經行、托水缽等禪修活動。每次兩個小時的課程，藉由遊戲形式，引導小學員快樂學習，在潛移默化中，感受到「心靈環保」的妙用。

香港護法會心靈環保兒童班課程的開辦，在活動中為小學員自然建立起良善的生活規範，期許「心靈環保」的教育理念，能向下扎根。

● 07.11 08.01 08.22

外交部「2012國際青年臺灣研習營」參訪法鼓山
認識漢傳佛教與法鼓山理念

來自歐、美、非洲的各國青年參訪法鼓山，透過導覽解說，認識現代化的漢傳佛教文化及法鼓山的理念精神。

外交部主辦「2012國際青年臺灣研習營」，法鼓山園區以兼具文化與自然之美被列為主要參訪單位，共有三個參訪梯次，來自德國、瑞士、希臘、葡萄牙、義大利、英國、奈及利亞等二十多個歐、美、非國家的一百七十七位國際青年及臺灣甄選出的二十四位學員，分別在7月11日、8月1日、8月22日前來參訪，體驗園區的境教之美。

團員們首先在簡介館觀看影片，了解法鼓山推動的心靈環保，及如何以現代的語言詮釋佛法，為流傳數千年的佛教，賦予嶄新面貌。隨後由義工分組帶領參觀大殿、祈願觀音殿，以及開山紀念館等，透過園區的四環境教與聖嚴師父推動心靈環保的艱辛歷程，深入體會法鼓山「提昇人的品質，建設人間淨土」的理念。

參訪過程中，團員們對獨特而現代的法鼓禪風，留下深刻印象；儘管來自不同地域、宗教、政經、文化背景，學員不約而同表示，在法鼓山領受了不一樣的心靈之旅。

此研習營以發現臺灣（Discovering Taiwan）為主題，由中國生產力中心承辦；十二天行程中安排參訪多個傳統文化及藝術中心，並且將法鼓山列為主要行程，是希望透過兼具感性與知性的深度參訪，從而了解臺灣的人文歷史、宗教發展以及生命力。

● 07.13～29

果光法師於舊金山弘法關懷
以佛法講座、禪修帶領一窺禪門風光

7月13至29日，僧大副院長果光法師於北美護法會加州舊金山分會弘法關懷，內容包括佛法講座、禪修等活動，共有三百多人次參加。

具經濟學專業背景的果光法師，首先於13日晚上以「心靈環保經濟學──二十一世紀的心經濟主張」為題，向大眾介紹法鼓山的心靈環保，如何解決當代面臨的經濟情勢和地球危機。

14至18日，法師講授「禪門寶典《六祖壇經》」，介紹《六祖壇經》的大意、結構及在中國佛教史上的影

果光法師講授「禪門寶典《六祖壇經》」，分享自己的修學體會。

響，並選錄〈般若品二〉進行深入講解。課堂上，法師不僅分享自己的修學體會，也說明《六祖壇經》與聖嚴師父心靈環保理念的關係。

23至27日，法師則講述四堂「漢傳佛教禪觀──聖嚴法師禪門教法」，包括默照禪、話頭禪、念佛禪和觀音法門，針對不同法門，說明其源流、特色及演變，並介紹具有代表性的禪師，最後闡述聖嚴師父的教法。

除了系列講座，分會並於22日舉行戶外一日禪，由法師以英文帶領，共有三十六位東西方禪眾參加；而28至29日的都市禪二，是分會首次舉辦，有二十多位東西方禪眾參加。

果光法師此行弘法，以豐富的內容讓大眾一窺禪門風光；法師條理分明的弘講能力，更令眾人歡喜讚歎、受益良多。

● 07.13～11.03期間

舊金山分會舉辦系列講座
在西方社會推廣「心六倫」

北美護法會加州舊金山分會為了在西方社會推廣「心六倫」，於7月13日至11月3日期間，共舉辦五場「心六倫系列講座」，邀請學者專家及僧團法師分享「心六倫」在現代生活的應用，共有近四百人次參加。

首場由法鼓山僧伽大學副院長果光法師主講「心靈環保經濟學──二十一世紀的心經濟主張」，法師詳實地比較主流經濟學、佛教經濟學和心靈環保經濟學在核心思想、人生目標，以及生產、分配、消費方式上的異同，指出以「心五四」為實踐方法的心靈環保，是可以根本解決當代經濟問題的主張。第二場講座，邀請環境工程學專家於幼華主講「Green Future City──零碳綠家園．

舊金山分會「心六倫系列講座」，9月8日邀請創投家林富元分享職場倫理。

智慧新產業」，說明關懷自然資源與環境的重要性。

9月8日，特別邀請創業投資家林富元以「快樂職場人，成功事業家」為主題，分享職場上成功的象徵，就是一個發自於內心、又受到公司與社會肯定的自我；由於行動發自內心，所以能夠持續不懈。而時時心繫公司與社會整體，則必須放下自我中心，如此在工作上的成就，也是一種佛法的修行實踐。在10月7日「旅伴，同學」講座中，則邀請作家李黎感性剖析家庭倫理的重要。

「生活倫理」講座於11月3日進行，由紐約東初禪寺住持果醒法師主講「乘心而起的幸福」，法師結合禪修方法和佛法觀念，引導大眾如何輕輕鬆開壓力閥，為「心」鬆綁減壓，讓生活變得輕鬆又幸福。

除了上述五場講座，舊金山分會並規畫於2013年接續舉辦「校園倫理」、「族群倫理」講座，完整而深度地解析「心六倫」的意涵與實踐。

2012舊金山分會「心六倫系列講座」一覽

日期	主題	講題	主講人
7月13日	心靈環保	心靈環保經濟學——二十一世紀的心經濟主張	果光法師（法鼓山僧伽大學副院長）
8月22日	自然倫理	Green Future City——零碳綠家園‧智慧新產業	於幼華（環境工程學家）
9月8日	職場倫理	快樂職場人，成功事業家	林富元（美國矽谷創業投資家）
10月7日	家庭倫理	旅伴，同學	李黎（旅美作家）
11月3日	生活倫理	乘心而起的幸福	果醒法師（法鼓山美國紐約東初禪寺住持）

● 07.18～24

香港護法會參與香港書展
歡喜推廣法鼓山理念與聖嚴師父著作

7月18至24日，香港護法會參加於香港灣仔會議中心舉行的「2012香港書展」，展出聖嚴師父著作與法鼓山結緣出版品，推廣法鼓山的理念，共有五千

多人次造訪。

展場設計分為書籍推廣、理念推廣、活動推廣三區。書籍推廣區為介紹聖嚴師父著作以及《人生》雜誌;理念推廣區是藉由特別製作的《法鼓會訊》,向讀者說明聖嚴師父生平、法鼓山園區、好心好世界的概念、護法會組織等;活動推廣區則依讀者興趣,介紹分會的各項活動。

一連七天的書展,共有近百位義工分為早、午、晚三班,輪流當值,雖然長時間站立為讀者講解,仍能保持專注、放鬆和面帶笑容。許多義工表示忙得很歡喜,更感恩有此因緣,共同成就書展順利圓滿。

香港護法會義工們在書展期間,歡喜推廣聖嚴師父著作。

● 07.20～21

馬來西亞道場續辦快樂系列講座
探索現代人的憂鬱問題

馬來西亞道場繼7月初,邀請實踐大學社會工作學系副教授楊蓓主講「讓快樂的細胞活起來」專題講座廣受回響後,接續於7月20至21日,邀請臺灣臨床心理醫師黃龍杰在當地《星洲日報》報社禮堂,與當地民眾探討現代人的憂鬱問題,共有四百多人次參加。

在7月20日舉辦的「揮別憂鬱迎向陽光——向憂鬱Say Bye Bye」講座中,黃龍杰

馬來西亞道場舉辦「揮別憂鬱迎向陽光——向憂鬱Say Bye Bye」講座,有近四百人參加。

引用宋代李清照的詞、楚國屈原的辭賦、唐代李白的詩,逐一分析憂鬱的三個層次、憂鬱病患的狀態到躁鬱症的徵兆,導正大眾對憂鬱症的疑惑。

21日進行「在工作中發現微笑」工作坊,黃龍杰則帶領五十位來自各階層的社會工作人士,學習職場壓力的管理。課堂上,黃龍杰請學員以「白日夢」為主題,用色彩及圖畫自由呈現自己想實現的夢想。活動結束前,黃龍杰贈送「安心六寶──信仰、運動、同伴、轉移、創新、改觀」六個觀念,提供學員在日常生活中運用安心的方法,藉此放鬆身心、面對壓力。

● 07.20～22

安省分會舉辦講座及禪修活動
邀請吉伯‧古帝亞茲帶領

安省分會舉辦禪修活動,邀請吉伯‧古帝亞茲帶領。

北美護法會加拿大安省多倫多分會於7月20至22日舉辦弘法活動,包括講座、禪修等,邀請聖嚴師父西方法子吉伯‧古帝亞茲(Gilbert Gutierrez)帶領,共有一百多人次參加。

古帝亞茲首先於20日在當地莉蓮‧史密斯圖書館(Lillian H. Smith Library)會議室舉辦佛學講座,主題是「從禪的角度來談大悲心的修持」,分享從禪的角度,探討何謂慈悲心、擴大慈悲的意涵,以及如何在日常生活中培養悲心,並用大悲心來改善周圍的環境。

21日,分會在多倫多大學多元信仰中心舉辦禪修指導,由古帝亞茲完整介紹禪法的特色與傳統,在講授禪坐技巧、說明如何以簡單的方法安定身心後,帶領練習禪坐、行禪、法鼓八式動禪等,並針對學員們提出有關禪坐方式與個人修行等問題,一一解答,共有五十五人參加。22日則在同一地點舉辦進階禪修,有近五十人參加。

分會舉辦的系列禪修活動,包含初階、進階課程,期能漸次接引更多西方人士認識漢傳禪法的實用。

● 07.21

果醒法師於紐約演講「口頭禪」
介紹漢傳佛教的源頭與初衷　傳遞禪境

果醒法師於紐約演講「胡說八道——從口頭禪談漢傳佛教」，透過熟悉的口頭禪用詞，介紹佛教的源頭與初衷。

美國紐約東初禪寺住持果醒法師應漢傳佛教文化協會之邀，於7月21日在紐約法拉盛喜來登飯店（Sheraton LaGuardia East Hotel）以「胡說八道——從口頭禪談漢傳佛教」為題，進行專題講座，透過熟悉的口頭禪用詞，介紹佛教的源頭與初衷，傳遞禪的意境。

果醒法師首先說明「胡說八道」一詞，原本指胡人說的八正道，是透過八種修行方法而到達不生不滅的涅槃，但因意義深奧，一般聽者不易明白，漸漸變成胡言亂語、聽不懂的意思；接著法師把常聽到的如跑江湖、一絲不掛、盲修瞎練等口頭用語，按照當時的人物、背景、用意詳細解說，透過古代生動有趣的故事，帶出禪宗祖師的智慧結晶。

法師更舉出其他實例，包括華裔美國職籃球員林書豪在成名之前，努力練習心的安定；美國開始有保險公司為憂鬱症患者給付禪修費用等，說明禪修在現代社會的實用。

大眾在饒富禪味的經典故事中，不但學習到修心的日常運用，也從中了解佛法就是日常生活的體驗版，處處都是佛法，禪法無處不在。

● 07.31～08.10

繼程法師至波蘭帶領禪十
延續聖嚴師父弘法足跡

延續聖嚴師父1997年前往波蘭主持禪修的因緣，自2008年開始，師父法子繼程法師每年均赴波蘭主持禪十。7月31日至8月10日，法師第五度受邀至波蘭德露潔芙（Dluzew）主持禪十，延續師父的弘法足跡傳授安全實用的漢傳禪法；此行美國紐約象岡道場監院常聞法師、常襄法師也共同前往，協助翻譯、小參

繼程法師（左）根據禪眾狀況隨時調整開示內容，由常聞法師（中）英譯後，再譯成波蘭文，將禪法扼要地分享給禪眾。

與總護事宜，共有來自十個國家的三十八位禪眾參加。

在大堂開示時，繼程法師保持一貫輕鬆中帶著敏銳觀察的方式，隨時根據禪眾身心狀況調整開示內容。法師先以中文講解後，由常聞法師譯成英文，再由當地專業翻譯人員譯成波蘭文，將禪法要義精簡扼要地分享給禪眾。

開示內容從心態觀念釐清、基礎放鬆到禪修基礎原則、覺照與專注等，接著循序漸進介紹公案跟話頭的不同，以及默照的用法。除了方法，繼程法師也講解如何把禪修期間練習的方法，融入日常生活，轉化為實際可運用的智慧。

小參時，法師們發現，有些禪眾曾在其他禪修中心學了一些似是而非或是沒有理論根據的修行方式，經過小參法師引導後，很多人都有了顯著的進步。

● 08.01～04

香港護法會舉辦弘法活動
果元法師帶領禪一、佛學講座

香港護法會於8月1至4日舉辦弘法活動，內容包括兩場講座、禪一等，由禪修中心副都監果元法師前往帶領，有近九百人次參加

果元法師首先於1日晚上，以「無盡的身教──聖嚴法師的行履足跡」為主題，於護法會分享早年跟隨聖嚴師父學習禪修、在世界各地的弘法經過，以及師父捨報後，繼起師父的腳步，在東南亞、美洲、歐洲、澳洲等地弘揚漢傳禪法，希望師父多年來在世界各地種下的禪修種子，繼續成長茁壯。

2日晚間的講座，果元法師主講「禪──輕鬆自在過生活」，以香港一般民眾的生活照片為例，說明很多都市人在吃飯、走路，甚至是娛樂時都很緊繃。針對這個現象，法師指出，在生活中修行並不難，但有兩個基本要件：清楚和放鬆，例如：清清楚楚知道自己在走路，而不是邊走路邊看周圍廣告，或邊吃飯邊上網；只要能隨時注意到生活步調，善用、提醒自己隨時「放鬆」，如此就能改善身心的緊張，就是一種修行。

法師進一步說明，修行即是修正身、口、意三業，透過修行，才能看清自己的念頭和身心狀況，進而在生活中，時時觀照自己的起心動念，才有機會自我調整。最後，法師鼓勵大家要有信心，在生活中保持身心輕鬆自在，便能日日是好日、時時是好時，乃至念念都是好念。

4日，法師並於分會主持悅眾禪一，有近一百位悅眾及義工參加共修。

果元法師說明修行即修正身、口、意三業，透過修行，看清自己的念頭和身心狀況，才有機會自我調整。

● 08.01～05

象岡道場舉行親子禪修體驗營
親子帶著禪心共學專注和放鬆

美國紐約東初禪寺於8月1至5日在象岡道場舉辦「親子禪修體驗營」，分為成人、青少年、兒童三個組別，由住持果醒法師等帶領，有近九十人參加。

成人組課程安排聆聽法師每日的經典開示和禪修體驗；青少年組則進行禪修領袖課程，讓年輕學員學習設計教案，並活用在兒童組的教學中；而兒童組則由法師們帶領在象岡道場的大自然環境中，細心觀察其中的變化與奧妙，學習

大小學員在象岡道場「親子禪修體驗營」中，學習專注和放鬆。

感受禪修的專注和放鬆。

除了不同課程規畫，活動第三天，三組學員一同前往紐約上州州立公園進行親子山水禪，法師們引導大眾慢步經行於山林中，靜坐湖邊、瀑布旁聽溪，感受身心的專注和放鬆；第四天晚間的營火感恩分享會中，由兒童組學員歡喜演出在親子營中學到的舞獅、爵士鼓等才藝。

最後一日的茶禪活動，小學員雙手奉上感恩的茶，感恩在場的父母，以及每日辛苦的法師和義工團隊，禪修種子也在大小學員心中扎根萌芽。

● 08.03～11

芝加哥分會舉辦禪五與佛法講座
果光法師指導般若法門

果光法師於禪期中，開示話頭禪的方法。

北美護法會伊利諾州芝加哥分會於8月3至11日舉辦話頭禪五、《六祖壇經》講座等弘法活動，由僧大副院長果光法師帶領和主講。

3至7日舉辦的話頭禪五，以中、英文雙語進行，果光法師於禪期間，每日上午講解話頭禪的方法，晚間並播放聖嚴師父的開示影片。

7日起一連四天展開佛法講座，由法師講授《六祖壇經》，內容包含心靈環保、般若法門、漢傳禪法、人間淨土等四個主題。法師分析《壇經》的中心思想如何與聖嚴師父提倡的心靈環保相契合，並從《壇經》的修行目標——明心見性、修行實踐——戒定慧三學、淨土思想等角度，闡述漢傳禪佛教的般若無相法門。

11日，法師以「心靈環保經濟學——二十一世紀的心經濟主張」為主題發表演說，多位芝加哥大學（University of Chicago）經濟系學生也前來聆聽，現場討論互動熱烈，對於以心靈環保化解現今世界經濟問題的「心」思維，有了更深層的認識。

● 08.06～12

「七日楞嚴禪修營」於象岡道場舉行
果醒法師帶領精進修行

美國紐約東初禪寺於8月6至12日在象岡道場舉辦「七日楞嚴禪修營」，由住持果醒法師帶領，常華法師擔任總護，共有六十多位禪眾參加。

七日的禪修營，與一般的精進禪七不同，內容包括《楞嚴經》精要開示、禪修指導、坐禪、行禪等；晚上並安排問答時間，為學員釋惑解疑，引導學員對禪修的方法與觀念，有更深刻的認識和理解。

禪修營中，果醒法師為禪眾解析、說明楞嚴教理乃修行的大方向、大原則，也是默照禪、話頭禪的根本原則，而默照、話頭最終的悟境就是《楞嚴經》的常住真心。講授經文時，法師不拘泥於一字一句的講解，而是以真心和妄心為核心概念，從二心的特質、產生演變和相互關係等不同角度，並引用禪宗公案，揭示真、妄二心的本質。

有禪眾表示，果醒法師詼諧風趣的解說，讓自己對真心和妄心有了清楚的認知；藉由對「真心、妄心」等觀念的理解，來觀察和調整自己的行為和思想，從中也體會到禪修的活潑與實用。

● 08.14～19

馬來西亞道場舉辦中英禪五
果峻法師指導禪修觀念與方法

8月14至19日，馬來西亞道場於當地八打靈再也（Pataling Jaya）的萬達鎮佛教會舉辦中英禪五，邀請聖嚴師父法子果峻法師帶領，常鈺法師擔任總護，共有三十五人參加。

果峻法師首先提點學員建立正確的禪修觀念，放下以往的經驗，抱持著從零

禪五圓滿，禪眾與果峻法師（第二排右八）合影。

開始的心態來修行；並說明修行有三個重點，第一是回歸自己、找回自己；第二是身心放鬆，很輕鬆地把身心放到方法上；第三是身心好好地休息，不想過去與未來，要讓妄想雜念好好地休息。

五天的活動，包括禪坐、經行、瑜伽及出坡等，期間用齋前的供養儀式，是由果峻法師敲三聲的大磬後，將缽傳給禪眾，讓每個人把少許的食物放到缽中，最後傳回給法師，法師再次敲了三聲的大磬後才開始用齋。果峻法師解說吃飯也是一種禪修，大磬的音聲可以醒腦、清除雜念與妄念，當心清淨了，感恩心與布施的心便會自然而生。

最後的大堂分享，許多禪眾表示，透過這次禪期習得調身、調息及調心的方法，感恩法師示範從入靜、止靜到出靜的每個細節。果峻法師則提醒大家，修行的重點不在結果，而是在運用方法的過程中，更加認識自己、了解自己，從而達到人品的改善與提昇。

● 08.15

緬甸鳩摩羅長老領眾參訪法鼓山
期許雙方有更多交流

果暉法師（右二）接待鳩摩羅長老（左二）一行人參觀圖書資訊館。

緬甸鳩摩羅長老（Venerable Kumarabhivamsa）帶領九國駐地住持、中緬南傳佛教協會信眾一行三十人，參訪法鼓山園區，由僧團副住持果暉法師、禪修中心副都監果元法師、國際發展處監院果見法師等代表接待，進行交流。

果暉法師除引導長老一行參訪法鼓山各殿堂、圖書資訊館，並致贈CBETA電子佛典集成光碟、祈願觀音白描捲軸及《聖嚴法師學思歷程》等英文著作；長老則回贈佛陀舍利。

緬甸是南傳佛教的重鎮，該國比丘和沙彌約有五十多萬人，身為緬甸全國僧伽委員會理事長的鳩摩羅長老，能口誦巴利三藏，被尊為國師（Abhidhajamahrahaguru），他表示緬甸有許多禪修中心，歡迎僧團法師前往參禪修行。

● 08.18～26

馬來西亞道場參與「第七屆海外華文書市」
展出法鼓文化出版品 推廣心靈環保

　　8月18至26日，馬來西亞道場參加當地由大眾書局於吉隆坡城中城會議中心舉辦的「第七屆海外華文書市」，以「心靈環保──讓人心更美麗，讓世界更美麗」為主題，展出法鼓文化出版書籍，與當地民眾分享佛法智慧。

　　書展期間，馬來西亞信眾，同時也是馬來西亞知名媒體工作者的黃國翔，於會場接受《星洲日報》專

馬來西亞道場以「心靈環保──讓人心更美麗，讓世界更美麗」為主題，參與「第七屆海外華文書市」。

訪，分享親近法鼓山的因緣，也表示運用轉念和禪修的方法，擁有快樂和幸福；而在閱讀聖嚴師父的著作《放下的幸福》後，更讓自己在面對各種情緒干擾時，能夠將貪欲轉成願心，以慈心化解瞋心，以謙虛去除慢心，更能心平氣和與人相處。

　　除了推廣法鼓山出版品，馬來西亞道場義工也於會場介紹道場共修活動，並以多國語言版「聖嚴法師108自在語」與大眾結緣，分享佛法的生活智慧。

● 08.18～09.03期間

繼程法師赴歐洲帶領禪七
傳授安全實用的禪法

　　結束8月初的波蘭禪十後，聖嚴師父法子繼程法師於8月18日至9月3日期間，前往德國盧文斯堡（Ravensburg）、英國倫敦主持禪七，僧團男眾發展院常隨法師也從臺灣飛抵歐洲，擔任兩場禪七的總護。

　　盧文斯堡的禪七，於8月18至26日在一座越南寺院圓德寺舉行，由繼程法師主七，常隨法師擔任總護，該寺方丈行戒法師擔任德語和越語翻譯，十七位學員分別來自丹麥、德國、瑞士、越南及臺灣。行戒法師曾於2006年到法鼓山參學兩年，他發願協助法鼓山將漢傳禪法弘揚至歐洲。

　　繼程法師的開示以禪修的前方便為主，希望學員打下穩固基礎後，在靜動之中循序漸進熟悉方法，回到日常生活中也能運用自如。解七後，學員分享聽聞

開示及打坐的受用，並對戶外直觀有深刻體驗，希望法師未來能持續於當地舉辦禪修活動。

圓滿德國禪七後，繼程法師與常隨法師飛抵英國倫敦，帶領8月26日至9月2日期間於金士頓大學（Kingstone University）舉辦的禪七。由於租用學校場地，禪堂的佛像、法器均由國際發展處自臺灣寄去提供，參與的十三位學員分別來自英、法、美、馬來西亞、中國大陸與臺灣。

繼程法師除了開示禪修的基礎──放鬆和清楚，並引導學員從姿勢開始調整，再介紹數息、止觀、默照、話頭等方法。學員表示對禪法開示深感受用，對跑香、戶外行禪、直觀練習等動中修行的方法更是體驗深刻。最後一天，則有七位學員皈依三寶。

9月3日，常隨法師在倫敦大學亞非學院（School of Oriental and African Studies）演講，講題為「『不二法門』對法鼓山世界佛教教育園區教育體系之影響」，法師根據《維摩詰經》提出核心理論「不二」，說明了聖嚴師父一生的堅持──弘揚漢傳禪法，透過三大教育，達到世界淨化的理念。

繼程法師（第二排左三），常隨法師（第二排左四）在德國帶領禪七，禪眾深獲法益。

● 08.19～26

馬來西亞道場首辦《法華三昧懺儀》研習營
學員透過禪觀、禮懺體驗身心安定

馬來西亞道場於8月19至26日在怡保觀音堂首辦「《法華三昧懺儀》研習營」，由僧團三學院監院果慨法師自臺灣前往授課，並與道場監院常慧法師

等共同帶領禮懺、禪觀等活動，有近四十位馬來西亞、新加坡、紐西蘭等國學員參與。

這場研習營依據經教，設有「觀堂」與「懺堂」，讓學員修學禪觀（打坐）、禮懺、讀經，並加設「法堂」做為上課及寫「修行自知錄」的教室。

果慨法師於馬來西亞帶領「《法華三昧懺儀》」研習營，有近四十人參加。

九天的課程以教導禮拜《法華三昧懺儀》為主，為了讓學員深入整部懺儀，果慨法師以說故事的方式，介紹智者大師及相關祖師的生平事蹟，帶領學員追溯原典，了解懺儀的儀軌出處、演變過程和修行內涵，並引用聖嚴師父的身教及言教鼓勵學員，提振學員的道心及毅力。

學員們每天早、午、晚各拜一座《法華三昧懺儀》，所謂「一座」，包括拜一部《法華三昧懺儀》、誦《法華經》及進行禪觀，學員依各自速度，在安板前完成六座；熟悉儀程後，最後兩天則全程拜懺。在法師帶領下，學員們清楚掌握方法，拜得很輕鬆，整體氛圍非常攝受。

每天安板前，學員將一整天的禮懺心得寫在修行自知錄上，由法師當天批閱，藉以了解學員的身心狀況、修學進度，並因應修學氛圍，調整作息和授課內容，期許學員獲得最大法益；圓滿日並播放《他的身影》最後一集「禮物」，希望學員將這份佛法的禮物，帶回與親友分享。

心得分享時，學員們表示透過禮拜、懺悔等方式用功，身心都能很快放鬆、安定下來，也發願持續修持不懈。

● 08.24～26

舊金山分會舉辦「360度禪修營」
果醒法師講解禪宗法脈源流

北美護法會加州舊金山分會於8月24至26日舉辦「360度禪修營」，由美國紐約東初禪寺住持果醒法師帶領，果明法師擔任總護，參與學員共有十八位，分別來自灣區各行業的管理階層、記者、作家等。

禪修營課程中，播放聖嚴師父的開示影片，為學員釐清佛法的觀念；也安排練習法鼓八式動禪、禪坐與經行。果醒法師除了為大家講解打坐的要領，並說

「360度禪修營」由果醒法師帶領。

明禪宗法脈源流，讓學員對禪宗的歷史發展有架構性的了解。

最後的分享會上，多數學員們表示參與此營隊後，人生彷彿有了新的契機與期許；果醒法師則提醒學員，三日禪修營只是開始，期許眾人能夠在自修、團體共修上不斷努力精進。

● 08.29～09.04

果醒法師多倫多弘法關懷
勉眾實踐自度度人的菩薩行

8月29日至9月4日，美國紐約東初禪寺住持果醒法師於北美護法會加拿大安省多倫多分會弘法關懷，內容包括為新會所灑淨、帶領禪修等。

果醒法師首先於29日為新會所灑淨，並指導拜懺儀軌及法器練習等；晚上舉辦禪修講座，主講「以禪的角度看二十一世紀的生活道德」，共有十六人參加。

8月30日至9月3日，分會於當地諾森博蘭高地會議暨避靜中心（Northumberland Heights Conference & Retreat Centre）舉辦五日禪修營，由果醒法師帶領，除介紹不同的禪修方法，說明《楞嚴經》中所提到的重要禪修觀念，並透過問答，讓禪眾深入了解漢傳禪法，共有二十四人參加。

最後一天晚上舉辦萬行菩薩座談，果醒法師說明萬行不是萬能、什麼都行的意思，而是高也可以做、低也可以做，難可以做、簡單也可以做，勉勵眾人在當義工的過程中，實踐自度度人的菩薩行。

● 08.30～09.16期間

果元法師第四度赴印尼弘揚漢傳禪法
帶領禪眾體驗法鼓禪風

禪修中心副都監果元法師第四度印尼弘法行，於8月30日至9月16日展開，分別在棉蘭（Medan）舉辦禪三、兩場演講，在亞齊（Banda Aceh）舉辦一場演

果元法師於棉蘭帶領禪三。圖為進行戶外禪。

講,以及在日惹三寶瓏山(Semarang)主持話頭禪十,禪堂常護法師、僧大學僧常展法師也隨同協助。

8月31日至9月2日,棉蘭佛教社首次在棉蘭市郊一處童軍營地舉辦禪三,果元法師帶領八十位學員精進禪修。9月2、4日,果元法師應邀在棉蘭佛教社及當地一所大學進行兩場演講,以互動討論的方式進行,不僅聽眾受益於法師的開示,法師也能深入了解當地民眾對佛法的需求。果元法師並鼓勵棉蘭佛教社的社員,除了深入修行,也要在當地提倡正信佛法和禪修實踐。

9月3日法師們前往亞齊,在當地唯一的佛教團體大亞齊佛教社舉辦演講,約有一百人參加。

在聖嚴師父印尼籍弟子阿格斯(Agus Santoso)策畫下,果元法師於9月5至15日在日惹三寶瓏山舉辦話頭禪十,帶領二十七位學員體驗法鼓禪風。此次禪期,以師父於2006年在美國紐約象岡道場帶領話頭禪十的開示做為指導,讓學員一窺漢傳禪佛教堂奧;禪十圓滿當天,法師們特別舉辦一堂監香培訓課程,協助學員在推廣禪修時更得力,學員也請法師們再來,引領大眾體驗禪法的精髓。

聖嚴師父圓寂後,果元法師每年前往印尼弘法,師父法子繼程法師、果峻法師也定期前往帶領禪修;果元法師見到阿格斯在印尼帶領的禪修團體一天一天地成長,欣慰之餘,也鼓勵禪眾把握因緣踏實修行,弘揚正信的漢傳禪佛教。

果元法師在日惹三寶瓏山主持話頭禪十,帶領當地學員體驗法鼓禪風。

● 09.06～16期間

香港護法會舉辦佛學講座
常延法師分享生活中的佛法

香港護法會於9月6至16日期間,舉辦三場佛學講座,由僧大講師常延法師講述佛法於日常生活上的運用,每場皆有近三百人參加。

6日的首場講座，主題是「在生命的轉彎處遇見佛法」，法師藉著分享學佛和出家歷程，說明在生活中無論是面對順遂、不順遂的境遇，或是喜怒哀樂的各種情緒，只要善用佛法的智慧，就可以幫助我們坦然面對、轉化因緣。

香港護法會舉辦三場佛學講座，由常延法師分享生活中的佛法。圖為9月6日進行的場次。

在13日的「時時處處自在安樂‧漢傳禪法的正念修行」講座中，則提到佛法的正念修行，是讓我們學習離苦得樂的一種方法；至於如何安樂自在？則是取決於能否明白緣起性空的道理，進而藉由正念修行，把「我執」放下，如此生活自然能夠自在安樂。

常延法師在16日的「行住坐臥無不是禪‧《心經》智慧與生活修行」講座上，導讀《心經》，勉勵眾人時時向內觀照自心，當明白世間萬物皆是因緣所生時，便不會囿於二元的是非對錯，不再受自我主觀意識影響，就能夠「度一切苦厄」。

除了三場公開演講，法師也於13日在護法會為義工宣講「活出萬行菩薩的精神」，分享萬行菩薩的心態和行儀，有近一百人參加。

● 09.15～16

泰國護法會舉辦弘法活動
進行地藏法會、響應捐血

泰國護法會舉辦地藏法會，大眾精進共修。

泰國護法會於9月15日舉辦地藏法會，由僧團常峪法師、常受法師前往帶領，共有七十多人參加。

法會中，常峪法師深入淺出地講說《地藏經》的精神，讓與會信眾了解持誦《地藏經》的功德；常受法師則以宏亮音聲帶

領大眾共修，氣氛攝受莊嚴。

當天法會殊勝而圓滿，護法會召集人蘇林妙芬除了感謝信眾參加共修，更感謝兩位法師蒞臨泰國主法，還有義工團隊連日的辛勞，義工們也感恩有機會從「做中學」，體驗奉獻的喜悅。

16日法會圓滿翌日，兩位法師在蘇林妙芬召集人陪同下，前往泰國紅十字會，參與「慶祝泰皇八十五聖壽千人捐血活動」現場，挽袖響應捐血。當日捐血人當中，有數百位來自臺灣，大眾對於法鼓山僧眾法師的善行義舉，表示敬佩。

● 09.26

芝加哥分會參與「走出黑暗」活動
協助美國防止自殺基金會籌募善款

北美護法會伊利諾州芝加哥分會近二十位信眾，於9月26日首次參加在當地獨立自然保護公園（Independence Grove）舉行的芝加哥分會地區「走出黑暗」慈善步行活動。

該項活動為協助美國防止自殺基金會（American Foundation for Suicide Prevention）籌募善款，推動了解、預防自殺，及關懷精神障礙患者，以及因親友自殺而受影響的人士。

芝加哥分會藉由參與此項生命關懷活動，協助募集善心善款，將慈悲心帶出禪堂、關懷社會大眾，以利益更多眾生。

芝加哥分會近二十位會員參加「走出黑暗」慈善步行活動。

● 09.29～10.05

新加坡護法會首次舉辦止觀禪七
禪眾學習專注方法、體會當下

新加坡護法會首次舉辦止觀禪七，於9月29日至10月5日在當地光明山普覺禪寺進行，僧團派請臺中分院監院果理法師自臺灣前往帶領，共有八十一位禪眾

參加。

禪七期間，禪眾每日觀看聖嚴師父開示禪修觀念及方法的影片，師父說明「定」、「慧」是同時運作的，當面對每個境界時，要收攝五根，並且清楚地覺照身心，就是止觀的學習；而止觀的練習很重要，有「止」才能起

新加坡護法會舉辦止觀禪七，由果理法師帶領禪眾精進修行。

「觀」，有「觀」才會清楚知道自己的情況，隨時調整。

果理法師也時時提點禪眾，打坐不是什麼都不做，而是專注於放鬆，沒什麼是需要用力的，打坐時發生的痛、癢、麻、痠，是正常的身心反應，只要不在乎它，自然會消失；心理的反應也要捨，時時刻刻回到方法、體驗呼吸。

有禪眾表示，七天禁語，時時把心專注在方法上，讓心情安定許多，之後也將把禪七習得的方法運用在日常生活中，讓心更安定。

● 10.02～06

香港護法會舉辦祈福共修
迴向南丫島受難者

香港護法會為南丫島撞船事故舉行法會，迴向受難者及其家屬。

香港南丫島附近海面於10月1日晚上發生嚴重的撞船事故，造成百餘人傷亡。香港護法會除於10月2至5日，在晚課及共修活動中，迴向給事故中的受難者及家屬；並於6日舉行祈福法會，誦念《阿彌陀經》、稱念「阿彌陀佛」聖號，共有三百多人參加。

6日的法會，在法師帶領下，大眾一同以虔誠心念佛迴向，希望仰仗阿彌陀佛的大悲願力，祈願事故中的罹難者往生西方淨土，同時也為受難者及其親人祝福，讓他們身心安定，心安平安；並共同祈願香港社會人心安定，災難永離，社會和諧。

● 10.07

馬來西亞道場主辦「遇見禪」禪修活動

繼程法師帶領近千人共修

由馬來西亞道場主辦、馬來西亞佛教青年總會協辦的「遇見禪」一日禪修活動，10月7日於吉隆坡郊區武吉嘉拉馬術俱樂部（Bukit Kiara Equestrian and Country Resort）進行。當天活動分為兩部分，首先由

繼程法師（中）與李心潔（右）展開對談，分享禪修對生命的提昇與轉化。左為主持人林忠彪。

聖嚴師父的法子繼程法師指導禪修基礎，並帶領禪坐共修，有近一千人參加；晚間則為繼程法師與表演工作者李心潔的心靈對談，由大馬媒體工作者林忠彪主持。

有鑑於現代人身心緊繃，加上大多數參與學員都是初次接觸禪修，因此在上午的禪坐共修中，繼程法師除了指導基礎禪坐方法，特別著重「放鬆」的體驗，並輔以瑜伽運動，帶領大眾進一步認識身與心調和的重要性。法師並以茶的譬喻，說明禪修就像喝茶，第一口總是苦的，如果因為第一口的苦而吐出來，就沒有機會體驗茶最美的味道——回甘；法師勉眾珍惜難得的禪修因緣，返回日常生活後定時定量地用功，滋養心靈。

自2008年隨繼程法師禪修後便養成禪坐習慣的李心潔，在晚間對談時，分享了禪修對她人生的改變，不但從中學會放下、活在當下，找回內心的平靜，也改變了她對家人和朋友的態度。由於深深體會禪法的好，這次還帶了親朋好友全程參與。

參與活動的學員，年齡從十來歲到七十多歲皆有，其中以大學生占多數。馬來西亞道場監院常慧法師表示，感恩十方助緣，讓千人共修得以順利圓滿；同時也接引許多人認識禪法、學習禪法。而千人禪修的成功舉辦，不僅為當地佛教史寫下新頁，也帶動鄰近國家修習禪法的風潮，新加坡佛教界便計畫於明年（2013年）舉辦千人禪修營，活絡東南亞地區的禪修活動。

● 10.07

新州分會舉辦一日禪修
果醒法師講授生活禪

果醒法師於新澤西州分會講授「生活禪」。

北美護法會新澤西州分會於10月7日舉辦一日禪修活動,由美國紐約東初禪寺住持果醒法師指導及主持生活禪講座,共有近一百人次參加。

上午的禪修,果醒法師帶領大眾練習法鼓八式動禪,並在一炷香的禪坐後,分享打坐心得。法師提到自己尚未出家前,曾經一天打坐六小時,雖然精進,但一與外境接觸,仍大受考驗;因此勉勵大家下了蒲團後,仍要將心安住在方法上,不管發生任何狀況,都要學習接受,好的不喜歡、壞的不討厭,不取相、不執著,練習不以「如如不動」為目標,而是以「無我」為目標。

下午果醒法師以「生活禪」為題進行講座,法師提醒,在日常生活中,要練習把心從外境拉回來,不要讓心隨著外境而流轉,可以透過身體肌肉緊張、呼吸短促與否,來覺察心中情緒的波動,如果能當下覺察,然後放鬆肌肉、做深呼吸,負面的情緒自然可以緩解,就是將禪法應用在生活中了。

● 10.12～14

美國長島大學於園區展開宗教文化課程
與僧大學僧交流青年觀點

10月12至14日,美國長島大學(Long Island University)師生一行二十人於法鼓山園區展開三天二夜的宗教文化課程。

長島大學環球學院比較宗教及文化學程,每年都會安排師生到海外參訪,由於法鼓山備受該校肯定,被推崇為體驗漢傳佛教必到之處。

本年的行程中,特別安排學生和法鼓山僧大學僧進行互動交流,雙方就環境保護、全球暖化等問題,提出東西方青年的觀點;分組對談中,法師們並引導西方學生認識法鼓山的心靈環保理念,進而思考如何落實到日常生活中。負責籌辦參訪課程的國際發展處監院果見法師表示,在課程規畫上,內容包括了介

紹禪修觀念、七支坐法、法鼓八式動禪、經行、托水鉢，以及園區境教體驗等活動，期能讓西方學生有次第地接觸漢傳禪法。

美國長島大學師生與僧大學僧進行互動交流。

● 10.13

東初禪寺參加「健行救饑民」活動
推廣法鼓八式動禪

美國紐約東初禪寺應菩提比丘（Bhikkhu Bodhi）創辦的非營利組織「佛教環球賑濟」（Buddhist Global Relief）之邀，於10月13日參加第三屆「健行救饑民」活動，由常律法師、常齋法師代表出席。

當天活動於紐約曼哈頓河濱公園（Riverside Park）舉行，兩位法師首先帶領大眾進行近一小時的法鼓八式動禪。健行活動圓滿後，多位西方眾表達對於八式動禪的肯定，希望能在自己的道場推廣，也有西方眾詢問未來可以繼續學習八式動禪的場所。

此次健行活動，集結了中國大陸、美國、韓國、日本、捷克、馬來西亞、西藏等各地僧侶及佛教護法居士，一同為饑民而健走，也讓來自不同道場、宗派的佛教徒，有了共同交流的機會。

● 10.19～21

方丈和尚北美弘法關懷──多倫多
接受《世界日報》專訪、出席募款活動

方丈和尚果東法師展開北美弘法關懷行，於10月18日啟程前往加拿大多倫多，以及美國紐約、加州舊金山等地，展開為期兩週的弘化活動，此行首站為

參與多倫多「心靈饗宴」的東西方信眾,藉由方丈和尚的關懷與分會安排的活動,進一步認識法鼓山。

多倫多。

19日,方丈和尚與護法總會副總會長黃楚琪等一行人先前往北美護法會加拿大安省多倫多分會新會址關懷分會運作,了解信眾需求;並接受多倫多《世界日報》專訪,說明分會的未來方向,將為西方帶來禪修的觀念和方法,以關懷社會、服務人類為目的,在當地推動法鼓山的理念,完成淨化人心、社會的使命。

方丈和尚於20日出席分會為購置新道場舉辦的「心靈饗宴:牽心牽緣、燈燈無盡」募款活動,活動舉辦時間適逢臺灣時間10月21日子夜,正是法鼓山世界佛教教育園區落成開山七週年。方丈和尚親自擊響法鼓後,以「大悲心起」為題,說明建設道場的目的,在於開啟人人心中的寶山,也勸請現場兩百五十多位東西方信眾,共同祈願以「大悲心起」來還願,學觀音、做觀音,發揮菩薩精神。

多倫多分會會長林顯峰與北美護法會會長張允雄,為了讓與會的北美信眾熟悉法鼓山的精神理念,不僅為西方信眾安排翻譯,現場也規畫聖嚴師父墨寶展、慈善義賣,並有鋼琴及古箏表演;另設置象徵道場建置的「我願無窮拼圖」,在方丈和尚與眾人齊心協力下圓滿拼圖。活動最後,由方丈和尚為信眾點燈,讓彼此的心燈相互輝映,映照出法鼓山大悲心起的精神。

21日,分會於北約克市政中心(North York Civic Centre)舉辦「福慧念佛會佛一共修」活動,由美國紐約東初禪寺果解法師、常華法師帶領,方丈和尚也前往關懷、開示。

● 10.26～29

方丈和尚北美弘法關懷——東初禪寺
主持皈依典禮、接受紐約大學專訪

圓滿多倫多弘法行後,方丈和尚果東法師隨即飛往美國紐約,於10月26至29日在大紐約地區,接續進行關懷活動,內容包括舉辦佛法講座、主持皈依典禮等,共有三百多人參加。

方丈和尚首先於26日出席在紐約東初禪寺舉辦的榮董感恩聯誼會,並為護法鼓手頒贈結緣品與感謝狀,感恩信眾的護持願心。

28日東初禪寺舉行皈依典禮,由方丈和尚主持,典禮以中、英雙語進行,駐紐約臺北經濟文化辦事處處長高振群伉儷也到場觀禮,一同體會三皈五戒的殊勝意義,共有一百多位東、西方信眾皈依三寶。

下午,方丈和尚則在例行的週日講經上,以「抱願,不抱怨」為題進行開示,提到有人平常行善、念佛,可是當遭遇挫折困難時就失去信心,覺得修行不可靠、菩薩不靈驗;方丈和尚提醒眾人要建立正確的三世因果觀,因果不是只看現在,而是要看過去、現在與未來,要看前念、現念與下一念,活在當下,歡喜受報還願,心念一轉,困境就不是受苦還債了。

29日,方丈和尚應邀接受紐約大學(New York University)專訪,說明法鼓山的使命是以心靈環保為核心,弘揚漢傳禪佛教,透過三大教育,達到世界淨化,並闡釋心靈環保的現代意涵。

東初禪寺是聖嚴師父在西方弘法利生的發源地,現今空間已不敷使用,老舊建築也需重整,經大眾奔走努力,將準備進行改建和裝修;方丈和尚勉眾秉持師父的教導,要超越種族、文化、國籍,無論從宗教信仰切入,或從禪修、學法著手,希望能持續接引更多人進入漢傳禪佛教的世界,進而獲得佛法的智慧寶藏。

方丈和尚於東初禪寺關懷護法信眾。

● 10.27

方丈和尚北美弘法關懷──新州分會
出席「心靈饗宴」 開示道場的功能

方丈和尚果東法師於紐約關懷期間,10月27日出席新澤西州分會於希爾頓飯店(Hilton Woodbridge)舉辦的「心靈饗宴」及「聖嚴法師墨寶暨佛教文物展」,並以「正面解讀,逆向思考」為題,分享「心靈環保」的理念,共有兩百多人參加。

新州分會「心靈饗宴」上，方丈和尚說明道場的功能在於為社會大眾導正觀念、建立健康心態。

方丈和尚表示，這次新州分會舉辦心靈饗宴，主要是希望建設一個固定道場，來推廣法鼓山「心靈環保」理念；方丈和尚並說明道場的功能，在於引導社會大眾建立健康、正向的心態來待人處世，進而從心出發、奉獻利他，同時勉勵眾人從放鬆身心開始，遇事正面解讀，並常常自我反省、感恩懺悔，只要有願就有力量。

現場特別播放聖嚴師父鼓勵弟子建設道場的開示影片，師父於片中提到建設道場雖然艱辛，但因體會到佛法的益處，希望和十方大眾分享，因此靠著信心、意志力和恆心，結合眾人力量，終於有了美國的道場。影片後接續舉行義賣活動，獲得來賓們的踴躍響應，讓人感受到大眾護法的願心。

● 11.03～04

方丈和尚北美弘法關懷──舊金山分會
勸請信眾持續推廣法鼓山理念

方丈和尚果東法師北美弘法關懷行，於11月3日抵達北加州灣區，展開系列關懷活動，內容包括舉辦禪修講座、出席音樂會等。

首先，方丈和尚於3日在北美護法會加州舊金山分會進行一場講座，以「帶著禪心去上班」為題，分享如何在工作壓力大的現代社會中，運用佛法觀念、禪修方法來放鬆身心、紓解壓力。

為慶祝舊金山分會成立邁向十週年，分會於4日舉辦了一場「琴心法韻音樂饗宴」，方丈和尚偕同紐約東初禪寺住持果醒法師到場關懷，包括駐舊金山臺北經濟文化辦事處處長傅正綱，共有近六百人出席盛會。

舊金山分會舉辦「琴心法韻音樂饗宴」，合唱團透過歌聲表達無盡的感恩。

方丈和尚致詞時，表示感念聖嚴師父致力「提昇人的品質，建設人間淨土」帶給社會的深遠影響，也感恩北加州灣區護法信眾的長期護持，並且邀請眾人繼續推廣法鼓山的理念。

音樂會中，邀請天才少年鋼琴家牛牛（張勝量）演出，並談起他與聖嚴師父的因緣、師父身教的影響，以及自己將佛法落實到生活中的修行體會等；在彈奏自創曲〈大悲心起──永懷師父〉之前，也詳細解說創作的緣由，讓在場人士更能深入了解曲中意涵。

由分會義工拍攝製作的《金山有鑛》紀錄片，也首度在音樂會中播出。當年，聖嚴師父從日本立正大學拿到博士學位後，於1975年來到西方弘化的第一站就是舊金山。舊金山分會抱著尋根的心情，追隨當年師父的足跡，製作了此紀錄影片。片中多位參與訪談的信眾，也到現場一起回顧這段歷程。

音樂會尾聲，舊金山分會合唱團透過悠揚歌聲，表達無盡的感恩。在〈我願〉一曲的旋律中，臺上臺下一起點燃手中的電子蠟燭，為自己、也為舊金山分會許下祝福的心願。

● 11.04

新加坡護法會舉辦感恩暨祝福日
常慧法師勉眾實踐法鼓山的理念

新加坡護法會於11月4日舉辦「感恩暨祝福日」，感恩義工的護持與奉獻，馬來西亞道場監院常慧法師出席關懷，並頒發感謝狀給多年來提供會所場地的悅眾黃金衡，共有八十多人參加。

會中，現任召集人謝世裕、會長蘇文瑞說明了護法會未來的發展方向，並

新加坡護法會召集人謝世裕向眾人說明護法會未來的發展方向。

播放《他的身影》、「回顧過去、展望未來」影片；常慧法師則勉勵眾人感恩聖嚴師父教誨，期許大眾承擔各自的角色，實踐法鼓山的理念。

新加坡護法會成立於1996年，歷經六次搬遷，眾人始終齊心秉持聖嚴師父理念，以奉獻心和歡喜心，共同推動人間淨土的建設。

● 11.15～18

方丈和尚香港弘法關懷
關懷信眾、主持護法會新佛堂啟用

11月15至18日，方丈和尚果東法師於香港弘法關懷，內容包括關懷信眾、主持護法會新佛堂啟用典禮、頒發榮譽董事聘書等。

方丈和尚首先於15、16日，於香港護法會分別關懷榮譽董事和參加自我超越成長營的學員，感恩護持與奉獻。

17日適逢護法會舉行大悲懺法會，方丈和尚到場關懷義工和信眾。方丈和尚表示，香港的社會壓力很大，而佛法的觀念和方法，可以幫助大家紓解壓力；並說明正確的義工心態，是放下自我中心，將煩惱轉為菩提心，互相體諒和包容，且學習正面解讀，逆向思考，就能體會聖嚴師父所說的「慈悲沒有敵人，智慧不起煩惱」。

方丈和尚此行，並於18日為護法會新佛堂主持灑淨暨啟用典禮。當天也為十位榮譽董事頒發聘書，以及為新勸募會員主持授證儀式，方丈和尚叮囑新會員，勸募的意義在於募心，募人護持、修學佛法，勸募若遇挫折，要抱持正面想法，正如佛陀在世時雖未度盡所有人，但已播下度化眾生的種子。

方丈和尚（前排右四）為新勸募會員授證，叮囑勸募的意義在於募心，募人護持佛法、修學佛法。

● 11.18

香港護法會新佛堂灑淨啟用
方丈和尚勉眾開啟慈悲、智慧之光

香港護法會於11月18日舉辦新佛堂灑淨暨啟用典禮,由方丈和尚果東法師主持,僧團副住持果品法師、各界來賓、護法信眾等,有近四百人參與儀式。

典禮由前後二代香港法青悅眾共同擊響法鼓揭開序幕,寓意傳承聖嚴師父悲願、弘揚法鼓

方丈和尚主持香港護法會新佛堂灑淨暨啟用典禮,希望眾人開啟慈悲和智慧。

山理念;接著播放護法會成長歷程的影片,影片中收錄了聖嚴師父生前兩次至港弘法的開示,讓眾人更生起在港推動正信佛教的願心願力。

灑淨儀式後,方丈和尚為新佛堂的佛像開光,「釋迦如來,悲智廣深,莊嚴淨土,成熟眾生,聖嚴師父,法鼓鐘聲,香港道場,應機延伸。開!」方丈和尚解釋〈開光偈〉中的「應機延伸」時提到,香港護法會一路走來都是順應時機,佛法和禪法都是心法,接引眾生時也要應機隨機,以社會大眾理解的語言做善巧方便;而「開光」表示開通、開明,希望人人開啟像佛菩薩一樣的慈悲和智慧。

新佛堂的啟用,不僅為香港地區信眾提供更寬敞的共修空間,也為香港護法會開展了弘法新頁。

● 11.24～28

果光法師盧森堡弘講漢傳禪法
中、英雙語分享禪的妙用與心六倫

11月24至28日,僧大副院長果光法師於歐洲弘法關懷,內容包括參加佛教經濟學工作坊、禪法講座等。

法師首先於24至25日,參與匈牙利布達佩斯佛教大學(Budapest Buddhist University)佛教經濟研究平臺(the Buddhist Economics Research Platform)於

比利時布魯塞爾（Brussel）舉辦的「佛教的經濟價值及其在歐洲的潛在發展」（Buddhist Values in Business and its Potential in Europe）工作坊，就佛教的經濟價值議題，與四十位來自英國、荷蘭、瑞士、比利時、希臘、匈牙利、美國、不丹等國學者、專家進行交流。

26日果光法師應邀到盧森堡（Luxemburg），主持兩場禪法講座。當晚於市立聯誼館，法師以「禪法的妙用」為主題，進行中文演講，從禪的別名、禪的方法、禪的智慧三個面向切入，引導近四十位聽眾學習將活潑實用的禪法，運用在日常生活中。

28日晚上舉辦的講座，則以英語進行，講題是「禪與日常生活」（Chan and Daily Life），果光法師從佛法的相互依存、相互關聯角度出發，探討人的身心、人與人、人與環境、人與自然的關係，進一步談到如何運用禪的觀念、方法，在人我、環境、自然中，建立起良好的關係；也介紹「心靈環保」的觀念與「心六倫」的內涵，有近六十位西方聽眾參加。

果光法師（前排左四）於盧森堡弘講漢傳禪法，許多西方人士到場聆聽。

兩場禪法講座，除了盧森堡當地聽眾，還有來自德國特里爾城（Trier）的民眾前往聆聽，現場也有天主教的修女與會聽講，顯見切合生活日用的漢傳禪法，逐漸為歐洲人士所關注。

● 12.01

新州分會舉辦歲末感恩晚會
邀請眾人加入義工行列 共擊法鼓

北美護法會新澤西州分會於12月1日舉辦歲末感恩晚會，紐約東初禪寺監院常華法師、果明法師出席關懷。除了福田班學員和義工，新州州立羅格斯大學（Rutgers, The State University of New Jersey）佛學禪修社學生也齊聚一堂，共有八十多人參加。

活動首先播放新州福田班十個月來的上課紀錄短片，以及聖嚴師父在美國弘法的歷程。師父不畏環境艱難，將漢傳禪法弘揚西方的精神，激勵且凝聚了大

眾的願心。

接著回顧新州分會一年來的弘法活動，召集人郭嘉蜀並詳細介紹新州義工的組別、各組組長、成員及職責，除了向所有義工表達感恩，也希望未來有更多人加入義工行列，共同將佛法分享給更多人。

新州分會舉辦歲末感恩晚會，邀請更多人加入義工行列，廣種福田。

● 12.07～10

常諦法師舊金山弘法關懷
分享幸福滋味

12月7至10日，美國紐約東初禪寺常諦法師於加州舊金山分會弘法關懷，內容包括舉辦講座、帶領禪修等。

常諦法師此行，主要進行三場生活佛法講座，主題為「幸福的滋味——成佛的願力」，分別於7、9、10日進行。講座中，法師說明，幸福與煩惱，世俗定義是相對、二元的，從佛法觀點來看，則幸福與煩惱不二。人們一有煩惱，往往情緒沮喪，患得患失，而煩惱源於對一切事物的執著，從而引起諸多無止無盡的偏見、邪見。法師鼓勵眾人長養正知見、長遠心，實踐普賢十大願。

常諦法師於舊金山分會主講三場「幸福的滋味——成佛的願力」佛法講座。

另一方面，常諦法師也參與分會研讀《學佛五講》的讀書會、禪坐共修，並解答信眾於學佛、禪修方面的問題，讓身處高科技矽谷重鎮，時時面對高競爭、高壓力的民眾，體會自利利他、發願成佛的幸福滋味。

● 12.19～25

新加坡護法會舉辦系列弘法活動
青年院、僧大四位法師前往帶領

12月19至25日，新加坡護法會舉辦系列弘法活動，內容包括帶領青年生活營、舉辦禪學講座等，青年院常元、常義、常灃及僧大常耀等四位法師自臺灣前往帶領，共有近一百五十人次參加。

19日首先舉辦禪學講座，由常元法師主講「不可思議的禪」，法師從佛陀的悟道故事切入，進而將時空背景帶到中國的南北朝與盛唐時期，藉由達摩祖師、二祖慧可、四祖道信與牛頭法融等歷代祖師與弟子間的機鋒交手，讓聽講者更了解佛法及精進佛道的修行。

接著，護法會於21至24日在當地九華山報恩寺舉辦首屆「心靈搖滾派對LET'S ROCK青年成長營」，內容以聖嚴師父的開示及日常生活的禪修為主軸，安排饒富趣味的巧克力禪、撲克禪、繪畫禪等，引導學員認識、探索自我價值，有近四十位來自馬來西亞、印尼、新加坡、臺灣、中國大陸等地學員參加。

25日晚上，常義法師、常耀法師以「放鬆身心，一夜好眠」為主題，於護法會會所介紹禪修基本的調身、調息、調心、調飲食、調睡眠等基礎觀念，並帶領簡單易用的身心放鬆運動，引導學員體驗漢傳禪法於日常生活的應用。

新加坡護法會表示，未來還會針對民眾需求，邀請法師帶領禪修活動，讓法鼓山心靈環保的理念，與安全、扎實的禪修方法，能夠在星洲落實深耕。

新加坡護法會舉辦首屆青年成長營，由常義、常灃、常元、常耀法師（第二排僧眾左起依序）引領學員探索自我價值。

大事記

記

1月 JANUARY

01.01

◆《人生》雜誌第341期出刊。

◆《法鼓》雜誌第265期出刊。

◆法鼓文化出版新書：人間淨土系列《好心・好世界——聖嚴法師談心靈環保》（聖嚴師父著，法鼓文化編輯部選編）、《真大吉祥——安心、安身、安家、安業；真心自在，廣大吉祥》（聖嚴師父著，法鼓文化編輯部選編）；琉璃文學系列《尋師身影——阿斗隨師遊天下4》（張光斗著）；大自在系列《放下禪——解脫習慣束縛的十一種練習》（*Let Go: A Buddhist Guide to Breaking Free of Habits*）（瑪婷・巴契勒Martine Batchelor著，方怡蓉譯）；法鼓佛教學院論叢系列《佛教禪坐傳統研討會論文集》（莊國彬主編）。

◆《金山有情》季刊第39期出刊。

◆法鼓山於臺北市圓山花博公園舞蝶館舉辦「第十七屆佛化聯合婚禮」，方丈和尚果東法師擔任祝福人，為新人授三皈依，共有一百零八對新人參加；為響應節能減碳，並廣邀新人偕同親友一同搭乘捷運禮車至婚禮會場。

◆高雄三民精舍舉辦禪藝饗宴，由禪藝班學員分享學習成果，共有兩百多人參加。

◆慈基會延續2011年12月10日起舉辦的100年度「法鼓山歲末大關懷」系列活動，至2012年1月31日期間，陸續於全臺各地分院、護法會辦事處展開，合計十六個關懷據點，共關懷一千六百餘戶家庭。

◆1月1日至12月30日期間，法鼓山人基會與教育廣播電臺合作製播《幸福密碼》節目，邀請各界知名人士及專家學者，從各個面向探討幸福真諦，分季由資深媒體人胡麗桂、陳月卿、聲樂家張杏月與滾石唱片董事長段鍾沂擔任主持人，節目於每週日下午該臺各地頻道播出。

◆加拿大溫哥華道場舉辦禪一，由常文法師帶領，有近四十人參加。

◆北美護法會新澤西州分會舉辦新春普佛法會，共有五十多人參加。

◆1至2日，香港護法會於當地孔仙洲佛教紀念中學首次舉辦慈悲三昧水懺法會，由僧團副住持果品法師主法，有近八百人次參加；2日法會圓滿後，並舉行皈依祈福大典，共有一百多人皈依三寶。

01.04

◆4至18日，普化中心每週三晚上於北投雲來寺舉辦「法鼓講堂」佛學課程，由僧團果會法師主講「諸佛的搖籃——《菩薩戒指要》導讀」，法鼓山數位學習網並進行線上直播。

01.05

◆ 1月5日至10月4日，普化中心於北投雲來寺開辦聖嚴書院福田班「10101雲來平日班」，共十堂課，有近一百八十人參加。

◆ 法行會於臺北國賓飯店舉辦第一三一次例會，由僧大講師果竣法師主講「讀經與修行」，有近兩百人參加。

01.06

◆ 6至8日，傳燈院於三義DIY心靈環保教育中心舉辦法鼓八式動禪──立姿義工講師培訓，由監院常源法師帶領，共有九十一人參加。

01.07

◆ 臺南分院舉辦慰訪關懷員初階教育訓練課程，邀請大仁科技大學社工系講師陳宜珍授課，共有五十多人參加。

◆ 1月7日至12月9日期間，青年院於德貴學苑舉辦「城市‧漫／慢行人」活動，培訓帶領禪修的青年種子，由常元法師、常義法師帶領，共十二梯次，每梯次兩天，共有兩百多人參加。

◆ 美國紐約東初禪寺舉辦歲末感恩，住持果醒法師、北美護法會輔導法師常華法師出席感恩義工的護持與奉獻，有近七十人參加。

◆ 美國紐約象岡道場舉辦禪一，由監院常聞法師帶領，共有十多人參加。

◆ 7、14日，馬來西亞道場舉辦中文初級禪訓班，由監院常慧法師、常峪法師帶領，有近四十人參加。

01.08

◆ 護法總會及各地分院聯合舉辦「真大吉祥‧2011年歲末感恩分享會」，於法鼓山園區、北投農禪寺及雲來寺、三峽天南寺、桃園齋明寺、臺中大理高中、臺南分院、臺南雲集寺、高雄紫雲寺、臺東信行寺以及花蓮辦事處等十一個地點同時展開，馬來西亞道場也加入視訊連線，方丈和尚果東法師出席天南寺主現場，透過視訊連線對參與信眾表達關懷與祝福，共有六千多位信眾參加。

◆ 1月8、15日，3月25日、4月1日，以及8月19日、9月9日，美國紐約東初禪寺舉辦週日講座，由住持果醒法師主講「神會禪師的悟境」，有近七十人參加。

◆ 加拿大溫哥華道場舉辦歲末感恩祝福聯誼會，監院果舟法師出席關懷，感恩大眾的護持與奉獻，共有兩百多人參加。

◆ 馬來西亞道場舉辦新春關懷及歲末聯誼活動，監院常慧法師出席關懷，有近一百一十人參加。

01.10

◆ 方丈和尚果東法師上午於北投雲來寺大殿，對僧團法師、全體專職精神講話，主題是「真大吉祥」，全臺各分院道場同步視訊連線聆聽開示，有三百多人參加。

◆ 10至14日，美國紐約東初禪寺舉辦「禪修教理研習營」，由住持果醒法師講授《楞嚴經》，有六十人參加。

01.12

◆ 1月12日至12月27日，人基會每月最後一週週四於德貴學苑舉辦「2012真大吉祥心靈講座」。12日進行首場，邀請聲樂家張杏月主講「禪悅與音樂」，有八十多人參加。

01.15

◆ 北投農禪寺舉辦禪一，由果南法師帶領，共有一百一十六人參加。

◆ 臺北安和分院舉辦歲末祈福地藏寶懺法會，由監院果旭法師帶領，有近三百三十人參加。

◆ 三峽天南寺舉辦念佛禪一，由常綠法師帶領，共有三十七人參加。

◆ 1月15日至10月14日，普化中心於北投雲來寺開辦聖嚴書院福田班「10102雲來假日班」，共十堂課，有近三百一十人參加。

◆ 北美護法會加州舊金山分會舉辦禪一，由資深悅眾毛靖帶領，共有五十多人參加。

01.16

◆ 16至19日，青年院於法鼓山園區舉辦冬季青年卓越營，共有兩百二十三位來自臺灣、印尼、新加坡、香港及澳洲等地的青年參加。

01.22

◆ 法鼓山園區舉辦「真心年大吉祥」新春系列活動，先於大殿展開除夕彌陀普佛法會，接著於法華鐘樓舉辦「聞鐘聲祈福法會」，儀式由僧團法師共同撞響一百零八下法華鐘，方丈和尚果東法師主法，總統馬英九、副總統當選人吳敦義等來賓出席，共同為臺灣、世界祈福，共有三千多人參加。

◆ 22至29日，法鼓山園區舉辦「真心年大吉祥」新春系列活動，活動由「除夕聞鐘聲祈福法會」揭開序幕，接著進行大年初一起的新春活動，包括拜見方丈和尚、法會、點燈祈福、「淨土在人間──心靈環保二十週年特展」等，每日有近五千人參加。

◆ 桃園齋明寺舉辦除夕禮佛大懺悔文晚課，由監院果耀法師帶領，有近六十人參加。

◆ 臺中分院舉辦除夕彌陀普佛法會，由監院果理法師帶領，共有七十多人參加。

◆ 臺東信行寺舉辦除夕禮佛大懺悔文晚課，由監院果增法師帶領，共有二十多人參加。

◆ 慈基會林邊、甲仙、六龜安心站舉辦除夕送暖活動，為獨居老人、隔代、單親等弱勢家庭，於除夕當天由義工把幸福年菜送到家，共有二十三戶家庭受益。

◆美國紐約東初禪寺上午舉辦新春普佛法會，由住持果醒法師帶領；下午舉辦週日講經，由果醒法師主講「法門龍象迎龍年」；晚上舉辦大悲懺法會，共有兩百多人次參加。

◆北美護法會華盛頓州西雅圖分會舉辦除夕念佛暨點燈祈福法會，共有四十多人參加。

01.23

◆23至25日，北投農禪寺舉辦「農禪好心願」系列活動，包括「新春慈悲三昧水懺法會」、「淨水滌心・觀音好祝福」、「願願相續，把光明帶回家」、「吉祥傳遞平安米」、「師父法語隨身帶」等，共有近一萬五千人次參加。

◆23至25日，北投文化館舉辦新春千佛懺法會，由監院果諦法師帶領以臺語誦經，每日有近一百人參加。

◆臺北安和分院舉辦新春普佛法會，由關懷中心副都監果器法師主法，共有五百八十多人參加。

◆23至25日，三峽天南寺舉辦「禪悅天南喜迎春」系列活動，包括點燈供花祈福法會、佛畫書法、親子茶禪、禪修體驗、導覽天南風光等，共有近千人次參加。

◆23至25日，桃園齋明寺舉辦新春慈悲三昧水懺法會，由傳燈院監院常源法師主法，共有一千兩百多人次參加。

◆臺中分院舉辦新春普佛法會，由監院果理法師帶領，共有兩百多人參加。

◆南投德華寺舉辦新春普佛法會，由副寺果弘法師帶領，共有七十一人參加。

◆臺南分院舉辦新春普佛法會，由禪修中心副都監果元法師主法，共有三百四十多人參加。

◆臺南雲集寺舉辦新春普佛法會，由監院果謙法師帶領，有近一百二十人參加。

◆23至25日，高雄紫雲寺舉辦新春千佛懺法會，由僧團果興法師主法，有近一千人次參加。

◆臺東信行寺舉辦新春普佛法會暨輕食園遊會，由監院果增法師帶領，共有三百多人參加。

◆23至27日，慈基會設於中國大陸四川的什邡安心站舉辦新春系列活動，內容包括觀看聖嚴師父開示影片、托水缽體驗、鈔寫「聖嚴法師108自在語」等，分享法鼓山「心靈環保」的理念，共有逾八千人次參加。

◆23至27日，美國紐約東初禪寺舉辦新春藥師法會，共六場，由住持果醒法師主法，共有兩百多人次參加。

◆加拿大溫哥華道場舉辦新春普佛法會，由僧團常悺法師主法，共有一百二十多人參加。

◆馬來西亞道場舉辦新春普佛法會，由監院常慧法師帶領，有近八十人參加。

◆23至27日，北美護法會加州洛杉磯分會舉辦禮佛迎新春活動，每日有近七十人參加。

◆23至24日，北美護法會加州舊金山分會舉辦新春禮佛活動，共有一百二十多人參加。

◆泰國護法會舉辦新春普佛法會，由僧團果界法師、常輪法師、常朗法師帶領，共有八十多人參加。

01.24

◆臺北安和分院舉辦新春《藥師經》共修,由監院果旭法師帶領,共有一百八十多人參加。
◆臺中分院舉辦新春大悲懺法會,由僧大副院長常寬法師主法,共有兩百多人參加。
◆臺東信行寺舉辦新春觀音法會,由監院果增法師帶領,有近兩百二十人參加。
◆加拿大溫哥華道場舉辦新春藥師法會,由監院果舟法師主法,有近九十人參加。

01.25

◆臺北安和分院舉辦新春大悲懺法會,由關懷中心副都監果器法師主法,共有六百六十多人參加。
◆臺中分院舉辦新春慈悲三昧水懺法會,由僧大副院長常寬法師主法,共有兩百多人參加。
◆南投德華寺舉辦新春大悲懺法會,由副寺果弘法師帶領,共有四十人參加。
◆臺南雲集寺舉辦新春大悲懺法會,由監院果謙法師帶領,共有一百二十多人參加。
◆臺南安平精舍舉辦新春觀音法會,由常悟法師帶領,有近一百四十人參加。
◆臺東信行寺舉辦新春大悲懺法會,由監院果增法師帶領,有近一百九十人參加。
◆香港護法會舉辦新春普佛法會,由僧團副住持果品法師主法,共有兩百多人參加。

01.26

◆26至28日,臺北安和分院舉辦新春《藥師經》共修,由監院果旭法師帶領,共有近五百人次參加。
◆臺南分院舉辦新春大悲懺法會,由監院果謙法師帶領,共有一百九十多人參加。
◆高雄三民精舍舉辦新春普佛法會,由僧團果興法師主法,共有一百七十多人參加。
◆26至29日,禪堂舉辦新春禪三,由常啟法師帶領,有近一百三十人參加。
◆26至28日,傳燈院於三義DIY心靈環保教育中心舉辦禪二,由監院常源法師帶領,共有五十六人參加。
◆馬來西亞怡保共修處舉辦新春祈福法會,由馬來西亞道場監院常慧法師帶領,有近六十人參加。

01.27

◆北美護法會加州洛杉磯分會舉辦佛學講座,由紐約東初禪寺果明法師主講「念佛禪觀念與方法」,共有六十多人參加。

01.28

◆28至29日,臺南雲集寺舉辦佛二,由監院果謙法師帶領,有近七十人參加。
◆美國紐約東初禪寺舉辦「緬懷師恩,燈燈相續」聖嚴師父圓寂三週年一日禪,由住持果醒法師帶領,共有五十多人參加。

◆北美護法會新澤西州分會舉辦「緬懷師恩，燈燈相續」聖嚴師父圓寂三週年一日禪，由紐約東初禪寺果乘法師帶領，共有四十多人參加。

◆北美護法會伊利諾州芝加哥分會舉辦新春禮八十八佛洪名寶懺法會，有近四十人參加。

◆28至29日，北美護法會加州洛杉磯分會舉辦「緬懷師恩，燈燈相續」聖嚴師父圓寂三週年念佛禪二，由紐約東初禪寺果明法師帶領，共有一百多人次參加。

◆北美護法會加州舊金山分會舉辦「緬懷師恩，燈燈相續」聖嚴師父圓寂三週年一日禪，有近三十人參加。

◆北美護法會密蘇里州聖路易聯絡處舉辦「緬懷師恩，燈燈相續」聖嚴師父圓寂三週年半日禪，共有十多人參加。

01.29

◆臺北安和分院舉辦新春藥師法會，由僧團女眾副都監果舫法師主法，有近八百人參加。

◆1月29日至2月3日，教聯會於三義DIY心靈環保教育中心舉辦教師寒假禪修營，由傳燈院監院常源法師帶領，共有七十二人參加。

◆美國紐約東初禪寺舉辦「緬懷師恩，燈燈相續」聖嚴師父圓寂三週年專題講座，由住持果醒法師主講「默照話頭，心五四」，共有六十多人參加。

◆馬來西亞道場上午舉辦新春觀音法會，由監院常慧法師帶領，共有四十五人參加；下午舉辦專題講座，邀請國際廣告創意總監丁健民主講「旅行好修行」，共有二十五人參加。

◆北美護法會新澤西州分會舉辦新春系列活動，包括上午的觀音法會，由紐約東初禪寺果乘法師主法；下午安排觀看方丈和尚果東法師新春開示影片，及由果乘法師弘講《觀世音菩薩普門品》，有近六十人參加。

◆北美護法會伊利諾州芝加哥分會舉辦「緬懷師恩，燈燈相續」聖嚴師父圓寂三週年半日禪，有近二十人參加。

◆新加坡護法會舉辦新春普佛法會，由馬來西亞道場常峪法師、常妙法師帶領，共有七十多人參加。

01.31

◆法鼓山人基會補助美國普林斯頓大學（Princeton University）教授太史文（Stephen F. Teiser）、愛荷華大學（Iowa University）教授舒特（Morten Schlütter）共同編輯《六祖壇經文集》（*Readings of the Platform Sūtra*）一書，由美國哥倫比亞大學出版社（Columbia University Press）出版，是該社繼《法華經文集》（*Readings of the Lotus Sūtra*）之後出版的「佛教文獻系列」叢書第二卷。

◆馬來西亞道場舉辦「緬懷師恩，燈燈相續」聖嚴師父圓寂三週年心靈茶會，由監院常慧法師帶領，有近五十人參加。

2月 FEBRUARY

02.01

◆《人生》雜誌第342期出刊。

◆《法鼓》雜誌第266期出刊。

◆法鼓文化出版新書：琉璃文學系列《禪味奈良──大和古寺慢味》（秦就著）；影音系列《遠行──聖嚴法師音樂故事》（戴維雄製作）；英文書《聖嚴法師學思歷程》（*A Journey of Leaning and Insight*）（聖嚴師父著，法鼓山文化中心國際編譯組譯）。

◆1至6日，法鼓文化參與「2012臺北國際書展」，以「禪的生活美學──心靈環保」為主題參展，藉由各種出版品，以及生活、休閒用品，與大眾分享佛法的慈悲與智慧。

◆1至22日，普化中心每週三晚上於北投雲來寺舉辦「法鼓講堂」佛學課程，由僧團果興法師主講「禪門必修──從心靈環保出發」，法鼓山數位學習網並進行線上直播。

◆加拿大溫哥華道場首度開辦粵語初級禪訓班，於1至29日每週三進行，由常文法師帶領，有三十多人參加。

02.02

◆臺南分院舉辦元宵燃燈供佛法會，由監院果謙法師帶領，共有兩百六十多人參加。

◆2至7日期間，慈基會與廣達集團、廣達文教基金會合作，為八八水災重建區的學子舉辦春遊活動，2至4日進行「勇敢、希望、101；快樂、感恩、向前行──臺北城探索營」活動，共有一百位六龜高中、小林國小學生參加。

◆2至10日，僧大於法鼓山園區舉辦「第九屆生命自覺營」，共有一百九十八位來自海內外的學員參加，為歷屆人數最多的一次。

◆法行會於臺北國賓飯店舉辦第一三二次例會，由三學院監院果慨法師主講《觀世音菩薩普門品》，有近兩百人參加。

02.03

◆3至5日，三峽天南寺舉辦初級禪訓班二日營，由常學法師帶領，共有一百一十人參加。

◆臺南雲集寺舉辦元宵燃燈供佛法會，由監院果謙法師帶領，共有八十多人參加。

◆臺東信行寺舉辦新春元宵燃燈供佛法會，由監院果增法師帶領，有近八十人參加。

◆3至5日，北美護法會佛州塔拉哈西聯絡處於當地佛教中心舉辦「緬懷師恩，燈燈相續」聖嚴師父圓寂三週年禪三，邀請佛羅里達州立大學（Florida State University）宗教系助理教授俞永峯帶領，共有二十二人參加。

◆香港護法會於當地佛教大雄中學為該校師生舉辦祈福法會，由常炬法師帶領，並開示「如何將壓力轉化」，共有兩百多位學生參加。

◆4至5日，香港護法會舉辦初級禪訓密集班，有六十多人參加。

02.04

◆法鼓文化於「2012臺北國際書展」會場，舉辦《尋師身影》與《遠行──聖嚴法師音樂故事》分享會，邀請作者張光斗、音樂製作人戴維雄以及演唱者楊培安、坐娜等來賓分享創作歷程，共有一百多人參加。

◆桃園齋明寺舉辦新春元宵燃燈供佛法會，由常浩法師帶領，共有一百多人參加。

◆南投德華寺舉辦新春元宵燃燈供佛法會，由副寺果弘法師帶領，共有四十多人參加。

◆傳燈院於德貴學苑舉辦Fun鬆一日禪，由常願法師帶領，共有七十三人參加。

◆美國紐約象岡道場舉辦禪一，由監院常聞法師帶領，共有二十五人參加。

◆加拿大溫哥華道場舉辦「緬懷師恩，燈燈相續」聖嚴師父圓寂三週年傳燈法會，由監院果舟法師帶領，共有七十一人參加。

◆4、11日，馬來西亞道場舉辦英文初級禪訓班，由常峪法師帶領，共有十多人參加。

◆北美護法會安省多倫多分會於塞內卡‧紐那姆休閒暨會議中心（Seneca Newnham Residence and Conference Center）舉辦新春祈福大悲懺法會，由美國紐約東初禪寺住持果醒法師帶領，共有五十多人參加。

02.05

◆法鼓山於心靈環保二十週年暨聖嚴師父圓寂三週年之際，於園區舉辦傳燈法會及「心靈環保 i 接力」活動，包括總統馬英九、副總統蕭萬長、副總統當選人吳敦義、前副總統呂秀蓮、前天主教樞機主教單國璽、教界今能長老等，共有近萬人共同宣讀並簽署心靈環保全民宣言。

◆高雄紫雲寺舉辦新春元宵燃燈供佛法會，由監院果迦法師帶領，有近兩百一十人參加。

◆2月5日、3月18日，美國紐約東初禪寺舉辦週日講座，邀請聖嚴師父西方弟子李世娟（Rebecca Li）主講「培養精進的禪修態度」，有近四十人參加。

◆北美護法會加州洛杉磯分會舉辦新春元宵大悲懺法會，由紐約東初禪寺果明法師帶領，共有四十多人參加。

◆5、19日，北美護法會加州舊金山分會舉辦初級禪訓密集班，有十多人參加。

◆北美護法會華盛頓州西雅圖分會舉辦新春大悲懺法會及春節聯誼活動，共有四十多人參加。

◆北美護法會安省多倫多分會於塞內卡‧紐那姆休閒暨會議中心舉辦「緬懷師恩，燈燈相續」聖嚴師父圓寂三週年一日禪，由美國紐約東初禪寺住持果醒法師帶領，共有四十二人參加。

◆泰國護法會上午舉辦新春元宵燃燈供佛法會，由馬來西亞監院常慧法師與常妙法師帶領；下午由常妙法師帶領禪修指引，共有九十多人次參加。

02.06

◆臺中分院舉辦新春元宵燃燈供佛法會，由監院果理法師帶領，共有一百多人參加。

◆加拿大溫哥華道場舉辦新春元宵燃燈供佛法會，由監院果舟法師帶領，共有五十多人參加。

02.07

◆慈基會與廣達集團、廣達文教基金會合作，為八八水災重建區居民舉辦春遊活動，7日前往高雄義大世界及佛光山佛陀紀念館參訪，有近兩百五十位林邊、甲仙、六龜地區的鄉親參加。

◆法鼓山持續關懷中國大陸四川震災災後重建，7至9日於安縣綿陽中學舉辦「生命教育」心靈環保營隊活動，由僧團副住持果品法師及常炬法師、常琛法師等帶領，並頒發貧困續優大學生獎助學金，共有三十四人受獎。

◆馬來西亞道場舉辦佛一，由監院常慧法師、常妙法師、常峪法師帶領，有近四十人參加。

◆7至28日，新加坡護法會每週四晚上舉辦「佛化家庭」課程，由悅眾分享如何在家庭生活中實踐佛法，有近二十人參加。

02.08

◆2月8日至5月23日，普化中心每週三於德貴學苑開辦「聖嚴書院初階一下——行門簡介」佛學課程，有近一百人參加。

02.09

◆2月9日至5月24日、8月2日至11月15日，馬來西亞道場每週四舉辦「聖嚴書院禪學班」課程，於三年課程中完整學習教理與禪修法脈，由監院常慧法師帶領，共有四十多人參加。此為普化中心首度於海外開辦禪學班。

02.10

◆10至12日，傳燈院於三義DIY心靈環保教育中心舉辦首梯中級1禪訓輔導學長培訓課程，由常乘法師帶領，共有九十八人參加。

◆2月10日至5月25日，普化中心每週五於德貴學苑開辦「聖嚴書院初階二下——心的經典」佛學課程，有近九十人參加。

◆10至12日，新加坡護法會舉辦悅眾研習坊，邀請臺灣屏東商業技術學院副教授林其賢帶領，引導悅眾於日常生活中落實「心靈環保」與「人間淨土」的理念，共有五十四人參加。

02.11

◆法鼓佛教學院首屆博士班開始招生，11日舉辦101學年度考生輔導說明會。會中同時進行學士、碩士及博士班入學報考說明，共有八十多位學子參加。

◆11、13日，馬來西亞道場舉辦專題講座，由普化中心副都監果毅法師導讀聖嚴師父著作《法鼓全集》，共有九十多人次參加。

◆北美護法會加州舊金山分會舉辦新春聯誼活動，共有四十人參加。

◆新加坡護法會舉辦學術講座，邀請臺灣屏東商業技術學院副教授林其賢主講「太虛、印順、聖嚴三法將對佛教現代化的抉擇」，共有一百二十多人參加。

02.12

◆三峽天南寺舉辦念佛禪一，由常緣法師帶領，共有六十六人參加。

◆2月12日至11月17日，普化中心於北美護法會新澤西州分會開辦聖嚴書院福田班「10104新澤西州班」，共十堂課，有近五十人參加。

◆2月12日至11月11日，普化中心於馬來西亞道場開辦聖嚴書院福田班「10103馬來西亞班」，共十堂課，2月12日進行首堂課程，普化中心副都監果毅法師到場關懷並說明課程規畫，共有九十八位悅眾及義工參加。

◆慈基會於高雄紫雲寺舉辦「小林義工培訓工作坊」，邀請嘉南藥理科技大學嬰幼兒保育系助理教授邱敏麗、崑山科技大學幼兒保育系助理教授曾仁美帶領，共有十五位甲仙安心站慰訪義工參加。

◆2月12日、3月11日，美國紐約東初禪寺舉辦週日講座，邀請聖嚴師父西方弟子大衛·史烈梅克（David Slaymaker）主講「根與枝：修行的優先順序」，有近四十人參加。

◆北美護法會加州舊金山分會上午舉辦專題講座，由資深悅眾林博文主講「禪與腦」；下午進行半日禪，共有六十多人次參加。

◆北美護法會賓州州大大學城聯絡處舉辦禪一，由紐約象岡道場監院常聞法師帶領。

02.13

◆2月13日至5月28日，臺北中山精舍每週一舉辦佛學課程，邀請華梵大學中文系副教授胡健財講授聖嚴師父的著作《觀音妙智——觀音菩薩耳根圓通法門講要》，有近五十人參加。

◆2月13日至5月28日，普化中心每週一於臺北安和分院開辦「聖嚴書院初階三下——自家寶藏」佛學課程，有近六十人參加。

◆2月13日至5月28日，普化中心每週一於臺北中山精舍開辦「聖嚴書院精讀二下——五講精讀（二）」佛學課程，有近五十人參加。

◆2月13日至5月28日，普化中心每週一於臺中分院開辦「聖嚴書院初階三下——自家寶藏」佛學課程，有近四十人參加。

◆2月13日至5月28日，普化中心每週一於臺南分院開辦「聖嚴書院初階一下——行門簡介」佛學課程，有近一百七十人參加。

◆2月13日至5月28日，普化中心每週一於高雄紫雲寺開辦「聖嚴書院初階一下——行門簡介」佛學課程，有近七十人參加。

◆2月13日至5月28日，普化中心每週一於高雄三民精舍開辦「聖嚴書院初階三下——心的經典」佛學課程，有近五十人參加。

◆加拿大溫哥華道場舉辦少年營孝親茶禪活動，由常一法師帶領，共有七十多位親子參加。

02.14

◆2月14日至6月12日，普化中心每週二於北投農禪寺開辦「聖嚴書院初階三下──自家寶藏」佛學課程，有近八十人參加。

◆2月14日至5月29日，普化中心每週二於臺北安和分院開辦「聖嚴書院初階二下──探索識界」佛學課程，有近五十人參加。

◆2月14日至5月29日，普化中心每週二於德貴學苑開辦「聖嚴書院精讀一下──五講精讀（一）」佛學課程，有近五十人參加。

◆2月14日至5月29日，普化中心每週二於臺北中山精舍開辦「聖嚴書院專題三上──專題研讀（三）」佛學課程，有近三十人參加。

◆2月14日至5月29日，普化中心每週二於桃園齋明寺開辦「聖嚴書院初階一下──行門簡介」佛學課程，有近一百人參加。

◆2月14日至5月29日，普化中心每週二上午、晚上分別於臺中分院開辦「聖嚴書院初階一下──行門簡介」、「聖嚴書院專題三下──專題研讀（三）」佛學課程，各有近九十人、二十人參加。

◆2月14日至5月29日，普化中心每週二於臺南分院開辦「聖嚴書院精讀二下──五講精讀（二）」佛學課程，有近六十人參加。

◆2月14日至5月29日，普化中心每週二於高雄三民精舍開辦「聖嚴書院初階一下──行門簡介」佛學課程，有近五十人參加。

◆2月14日至6月2日，普化中心每週二於護法會新莊辦事處開辦「聖嚴書院初階三下──自家寶藏」佛學課程，有近五十人參加。

◆2月14日至5月29日，普化中心每週二於護法會竹圍共修處開辦「聖嚴書院初階一下──行門簡介」佛學課程，有近四十人參加。

02.15

◆2月15日至5月30日，臺北中山精舍每週三舉辦佛學課程，由資深悅眾謝水庸講授聖嚴師父的著作《福慧自在──《金剛經》生活》，有近三十人參加。

◆2月15日至5月30日，普化中心每週三於北投農禪寺開辦「聖嚴書院初階二下──心的經典」佛學課程，有近七十人參加。

◆2月15日至5月30日，普化中心每週三於臺北安和分院開辦「聖嚴書院初階二下──心的經典」佛學課程，有近五十人參加。

◆2月15日至5月30日，普化中心每週三於護法會中正辦事處開辦「聖嚴書院初階二下──心的經典」佛學課程，有近四十人參加。

◆2月15日至5月30日，普化中心每週三於護法會新店辦事處開辦「聖嚴書院初階二下──心的經典」佛學課程，有近六十人參加。

◆2月15日至5月30日，普化中心每週三上午、晚上於臺中分院分別開辦「聖嚴書院初階二下──牛的印跡」佛學課程，各有近六十人參加。

◆2月15日至5月29日，普化中心每週三於臺北中山精舍開辦「聖嚴書院初階二下──探索識界」佛學課程，有近五十人參加。

◆2月15日至5月30日，普化中心每週三上午、晚上分別於臺中分院開辦「聖嚴書院初階三下──自家寶藏」、「聖嚴書院初階三下──心的經典」佛學課程，皆有近四十人參加。

◆2月15日至5月30日，普化中心每週三於高雄紫雲寺開辦「聖嚴書院初階三下——心的經典」佛學課程，有近三十人參加。

◆2月15日至5月30日，普化中心每週三於高雄三民精舍開辦「聖嚴書院初階二下——心的經典」佛學課程，有近四十人參加。

◆2月15日至5月30日，美國紐約東初禪寺每週三晚上舉辦佛學講座，由果明法師帶領導讀聖嚴師父著作《聖嚴法師教淨土法門》，有近三十人參加。

02.16

◆2月16日至5月31日，普化中心每週四於臺北安和分院開辦「聖嚴書院初階一下——行門簡介」佛學課程，有近七十人參加。

◆2月16日至5月31日，普化中心每週四於基隆精舍開辦「聖嚴書院初階二下——自家寶藏」佛學課程，有近六十人參加。

◆2月16日至5月31日，普化中心每週四於臺中分院開辦「聖嚴書院初階三下——菩薩戒」佛學課程，有近六十人參加。

◆2月16日至5月31日，普化中心每週四於高雄紫雲寺開辦「聖嚴書院初階二下——心的經典」佛學課程，有近五十人參加。

◆2月16日至5月31日，普化中心每週四於金山法鼓山社大開辦「聖嚴書院初階二下——心的經典」佛學課程，有近五十人參加。

◆2月16日至5月31日，普化中心每週四於護法會中正辦事處開辦「聖嚴書院初階一下——行門簡介」佛學課程，有近四十人參加。

◆2月16日至5月31日，普化中心每週四於護法會大同辦事處開辦「聖嚴書院初階一下——行門簡介」佛學課程，有近四十人參加。

02.17

◆17至19日，三峽天南寺舉辦禪二，由常哲法師帶領，共有九十六人參加。

◆2月17日至6月1日，普化中心每週五於臺北安和分院開辦「聖嚴書院初階一下——行門簡介」佛學課程，有近七十人參加。

◆2月17日至6月1日，普化中心每週五於德貴學苑開辦「聖嚴書院初階二下——自家寶藏」佛學課程，有近五十人參加。

◆2月17日至6月1日，普化中心每週五上午、晚上分別於臺北中山精舍開辦「聖嚴書院初階三下——自家寶藏」、「聖嚴書院初階一下——行門簡介」佛學課程，皆有近六十人參加。

◆2月17日至6月1日，普化中心每週五於臺南分院開辦「聖嚴書院初階三下——自家寶藏」佛學課程，有近四十人參加。

◆2月17日至6月1日，普化中心每週五於臺南安平精舍開辦「聖嚴書院初階三下——自家寶藏」佛學課程，有近七十人參加。

◆2月17日至6月1日，普化中心每週五於護法會海山辦事處開辦「聖嚴書院初階一下——行門簡介」佛學課程，有近七十人參加。

◆2月17日至6月1日，普化中心每週五於護法會淡水辦事處開辦「聖嚴書院初階二下——心的經典」佛學課程，有近七十人參加。

◆2月17日至6月1日，普化中心每週五於護法會中永和辦事處開辦「聖嚴書院初階三下
——自家寶藏」佛學課程，有近六十人參加。

◆2月17日至6月1日，普化中心每週五於桃園齋明寺開辦「聖嚴書院精讀二下——五講
精讀（二）」佛學課程，有近四十人參加。

◆新加坡護法會舉辦「當新加坡青年遇見佛陀」課程，由青年院常順法師、常元法師及
僧大演青法師帶領，分享親近佛法的因緣與歷程，有近六十人參加。

02.18

◆傳燈院於北投雲來寺舉辦Fun鬆一日禪，由常願法師帶領，共有八十八人參加。

◆2月18日至6月2日，普化中心每週六於護法會羅東辦事處開辦「聖嚴書院初階二下
——心的經典」佛學課程，有近三十人參加。

◆2月18日至6月2日，普化中心每週六於高雄紫雲寺開辦「聖嚴書院精讀一下——五講
精讀（一）」佛學課程，有近四十人參加。

◆2月18日至11月10日，普化中心於美國紐約東初禪寺開辦聖嚴書院福田班「10105東初
禪寺班」，共十堂課，有近八十人參加。

◆18至26日，傳燈院監院常源法師、常乘法師展開馬來西亞弘法關懷行，內容包括禪修
講座、戶外禪等。18日上午於道場舉辦法鼓八式動禪師資培訓課程，共有二十人參
加；晚上常源法師於怡保共修處舉辦「夢？醒？」生活禪講座，有近七十人參加。

◆香港護法會於當地佛教大雄中學舉辦感恩晚會，僧團副住持果品法師出席關懷，感恩
義工護持與奉獻，有近兩百人參加。

02.19

◆北投農禪寺舉辦禪一，由果南法師帶領，共有一百一十四人參加。

◆2月19日至5月20日，臺北安和分院於週日舉辦「《梁皇寶懺》講要」課程，共十講，
由九位僧團法師授課，有三百多人參加。

◆臺中分院於三義DIY心靈環保教育中心舉辦禪一，由果雲法師帶領，共有九十七人
參加。

◆2月19日至6月24日，高雄紫雲寺每週日舉辦菩提子禪藝營，有近五十位小一至小五學
童參加。

◆19至26日，禪堂舉辦「禪修教理研習營——中觀的智慧」，由僧大副教授果徹法師講
授中觀課程，常地法師擔任總護，有近八十人參加。

◆為接引新皈依弟子認識佛法及法鼓山的理念，2月19日至3月17日期間，普化中心於週六
或週日在桃園齋明寺開辦「快樂學佛人」系列課程，共三堂，有一百五十多人參加。

◆法行會中區分會於臺中寶雲別苑舉辦第五屆第一次會員大會，方丈和尚果東法師出席
並關懷開示，共有一百多人參加。

◆2月19日至3月4日，美國紐約東初禪寺舉辦週日講座，由監院常華法師主講「自家寶
藏——《如來藏經》中的生活智慧」，有近七十人參加。

◆傳燈院監院常源法師、常乘法師於馬來西亞弘法關懷，19日於怡保極樂洞舉辦「放鬆
一日禪」活動，由常源法師、常峪法師帶領，有近九十人參加。

◆2月19日至3月11日、3月25日至4月22日，香港護法會每週日舉辦心靈環保兒童班，活動主題包括品德、生命教育、四種環保的實踐等，由資深悅眾帶領，有五十多位八至十二歲小學員參加。

02.20

◆2月20日至6月18日，臺北安和分院每週一舉辦佛學講座，邀請心理諮商專家鄭石岩教授主講「心靈成長與修持（上）」，有近一百五十人參加。

◆2月20日至6月4日，普化中心每週一於護法會屏東辦事處開辦「聖嚴書院初階三下──自家寶藏」佛學課程，有近三十人參加。

◆2月20日至6月4日，普化中心每週一於德貴學苑開辦「聖嚴書院精讀三下──五講精讀（三）」佛學課程，有近四十人參加。

◆20至26日，佛教學院於三峽天南寺舉辦期初止觀禪七，由研修中心主任果鏡法師帶領，共有五十多人參加。

◆20至27日，美國紐約東初禪寺住持果醒法師於北美護法會加州舊金山分會弘法關懷，內容包括講授禪修課程、帶領禪坐等。20日於分會帶領禪坐共修，共有三十一人參加。

02.21

◆2月21日至6月19日，臺北安和分院每週二舉辦佛學講座，由普化中心佛學課程講師朱秀蓉主講「三十七道品」，有近六十人參加。

◆2月21日至6月5日，普化中心每週二於臺中分院開辦「聖嚴書院精讀二下──五講精讀（二）」佛學課程，有近三十人參加。

◆美國紐約東初禪寺住持果醒法師於北美護法會加州舊金山分會弘法關懷，21至24日下午舉辦「禪宗祖師語錄」課程，共四堂，每堂有近二十人參加；21至25日晚上舉辦「禪修教理研習營」，講授《楞嚴經》，共計六堂課，每堂均有四十人參加。兩場課程均進行線上直播。

02.22

◆2月22日至6月20日，臺北安和分院每週三舉辦佛學講座，由法鼓大學籌備處助理教授辜琮瑜導讀《四十華嚴》，有近五十人參加。

02.23

◆為提供大眾優質而完整的電子佛典，元亨寺版《漢譯南傳大藏經》授權「中華電子佛典協會」，製作為電子文字資料庫（Text-Database）並且發行，23日於佛教學院進行授權儀式，由佛教學院校長惠敏法師和元亨寺方丈和尚淨明法師代表簽署。

◆人基會於德貴學苑舉辦「2012真大吉祥心靈講座」，23日邀請作家夏韻芬與聽眾分享「富足圓滿的人生」。

◆臺南市政府祕書長陳美伶、民政局局長鄭國忠等一行，參訪法鼓山園區，並觀摩金山環保生命園區植存作法，由關懷院果選法師代表接待，進行交流。

02.24

◆24至26日，美國紐約象岡道場舉辦禪三，由監院常聞法師帶領，共有二十四人參加。

02.25

◆北投農禪寺舉辦戶外禪，由常穎法師帶領，共有一百三十一人參加。
◆由法鼓山捐建八八水災受災戶的永久屋重建工程，於高雄市六龜區龍興段舉行落成儀式，行政院莫拉克風災重建會執行長陳振川、高雄市副市長陳啟昱、立法委員許智傑等出席祝福，並與方丈和尚果東法師共同為紀念碑揭幔。
◆傳燈院監院常源法師、常乘法師於馬來西亞弘法關懷，25、26日於當地彭亨州帶領舒活二日營，共有九十四位學員參加。
◆泰國巴吞他尼（Pathumthani）省府僧團主席、法身寺及其他各寺僧團長老一行三十三人參訪法鼓山園區，由禪修中心副都監果元法師、佛教學院校長惠敏法師代表接待，進行交流。

02.26

◆臺北安和分院舉辦禪一，由監院果旭法師帶領，共有九十一人參加。
◆26至28日，青年院於三峽天南寺舉辦法青悅眾種子培訓營，由常元法師等帶領，共有五十多人參加。
◆普化中心於北投雲來寺舉辦「聖嚴書院福田班充電同學會」，由常用法師帶領，共有八十多人參加。
◆美國紐約東初禪寺住持果醒法師於北美護法會加州舊金山分會弘法關懷，26日帶領「法鼓八式動禪研修營」，共有七十二人參加。
◆香港護法會舉辦禪一，由常炬法師帶領，共有八十多人參加。

02.27

◆美國紐約東初禪寺住持果醒法師於北美護法會加州舊金山分會弘法關懷，27日主持「輕輕鬆鬆話家禪」活動，分享禪法於生活上的應用，共有三十人參加。
◆國家通訊傳播委員會綜合企畫處簡任技正林茂雄，與來自兩岸產官學各界一行三十餘人，參訪法鼓山園區，由方丈和尚果東法師代表接待，並針對宗教文化進行經驗交流。

02.29

◆加拿大溫哥華西門菲沙大學（Simon Fraser University）宗教學系師生一行近三十人，參訪溫哥華道場，由常文法師帶領體驗禪修、學佛行儀等。

3月 MARCH

03.01

◆《人生》雜誌第343期出刊。

◆《法鼓》雜誌第267期出刊。

◆法鼓文化出版新書：平安鈔經系列《金剛經——普及版鈔經本》、《藥師經——普及版鈔經本》。

◆1至4日，法鼓山於園區大殿舉辦「第十七屆在家菩薩戒」第一梯次，由方丈和尚果東法師、首座和尚惠敏法師、僧團副住持果暉法師擔任菩薩法師，共有四百二十一人受戒。

◆《法鼓全集》數位隨身版正式上線，提供大眾利用智慧型手機，或電信3G、無線網路上網閱讀。

◆1至10日，禪堂舉辦「禪修教理研習營——禪門修證指要」，邀請聖嚴師父法子果如法師主講，常鐘法師擔任總護，有近四十人參加。

◆法行會於臺北國賓飯店舉辦第一三三次例會，由僧大講師常延法師主講《心經》，有近兩百一十人參加。

◆3月1日至5月31日，法青會每週四於德貴學苑舉辦「法青哈佛夜」，內容包括基礎禪修體驗、小組討論、影片欣賞，由青年院常元、常澧法師帶領，有近二十人參加。

03.02

◆2至4日，傳燈院於三峽天南寺舉辦中級1禪訓班，由監院常源法師帶領，共有七十八人參加。

◆法鼓佛教學院與韓國學中央研究院（Academy of Korean Studies）締結姊妹校，2日由佛教學院校長惠敏法師、韓國學中央研究院院長鄭正佶，於法鼓山園區代表簽署學術交流合作備忘錄，未來將就學者、研究員、學生、學術出版品及研究計畫等，進行交流。

◆2至12日，美國紐約東初禪寺常諦法師於北美護法會華盛頓州西雅圖分會弘法關懷，內容包括佛法講座、半日禪等。2、5、7、9、12日舉辦佛法講座，主講「普賢菩薩的大願」，有二十多人參加。

03.03

◆3月3至31日、8月4日至9月8日、11月10日至12月15日，臺北安和分院於週六舉辦專題講座，邀請高雄第一科技大學資訊管理系助理教授薛兆亨主講「圓滿人生的個人理財」，每期四堂，有近一百二十人參加。

◆3至4日，臺中分院於三義DIY心靈環保教育中心舉辦初級禪訓二日營，由果雲法師帶領，共有八十二人參加。

◆3至31日，高雄紫雲寺舉辦清明報恩《地藏經》共修，由監院果迦法師帶領，每日有兩百多人參加，共有六十人全程參與。

◆為接引新皈依弟子認識佛法及法鼓山理念，3月3至31日、5月5日至6月2日、8月4日至9月1日、10月6日至11月3日，普化中心於週六在北投雲來寺舉辦「快樂學佛人」系列課程，共三堂，分別有一百二十多人、一百三十多人、九十多人、六十多人參加。

◆3月3日至7月15日，聖基會、法鼓文化舉辦「2012完全幸福人生」人文講談，共二十場。3日於臺南分院進行首場，由文化中心副都監果賢法師主講「人生大願——師父的美好禮物」，有近兩百人參加。

◆美國紐約東初禪寺舉辦英文初級禪訓班，邀請聖嚴師父西方弟子大衛‧史烈梅克帶領。

◆美國紐約象岡道場舉辦禪一，由監院常聞法師帶領，共有十多人參加。

◆3、10日，加拿大溫哥華道場舉辦初級禪訓班，由監院果舟法師帶領，共有二十五人參加。

◆3、10日，馬來西亞道場舉辦中文初級禪訓密集班，由常峪法師帶領，有五十多人參加。

◆3、4、10日，北美護法會加州洛杉磯分會舉辦〈大悲咒〉持咒共修，祈願新道場搬遷順利，共有一百多人次參加。

◆香港教育學院師生一行二十餘人參訪香港護法會，並進行禪修體驗。

03.04

◆3月4日至6月17日，北投農禪寺隔週週日舉辦「輕鬆走‧遇見禪」活動，由果權法師、常穎法師帶領長者輕鬆體驗走路禪，共有兩百四十多人次參加。

◆桃園齋明寺舉辦禪一，由常佑法師帶領，共有六十三人參加。

◆南投德華寺舉辦佛一暨八關戒齋法會，由副寺果弘法師帶領，共有五十二人參加。

◆臺東信行寺舉辦專題講座，由法鼓大學籌備處副教授楊蓓主講「關懷與修行」，分享自我關懷與關懷他人的修行著力點，有近一百一十人參加。

◆3月4日至7月8日，助念團舉辦「2012法鼓山助念團悅眾成長營」，共四場，首場於3月4日在北投雲來寺進行，由關懷院果選法師帶領，有近三百人參加。

◆加拿大溫哥華道場舉辦禪一，由監院果舟法師帶領，有近三十人參加。

◆美國紐約東初禪寺常諦法師於北美護法會華盛頓州西雅圖分會弘法關懷，4日帶領藥師法會，有近三十人參加。

03.05

◆3月5日至6月28日，北投農禪寺每週一至週四上午舉辦「預約淨土蓮‧念佛共修」活動，祈願新建工程順利，共有三千六百多人次參加。

◆3月5日至5月25日、8月6日至11月19日，馬來西亞道場每週一舉辦「學佛五講」佛學課程，由監院常慧法師主講，有六十多人參加。

03.06

◆6至10日，三學院監院果慨法師、臺北安和分院監院果旭法師於美國加州舊金山灣區弘法關懷，主要進行福田班授課、專題講座等。6日於分會帶領禪坐共修，共有二十多人參加。

◆3月6日至5月29日，新加坡護法會每週三晚上舉辦「學佛五講」佛學課程，由馬來西亞監院常慧法師帶領，有近六十人參加。

03.07

◆7至28日，普化中心每週三晚上於北投雲來寺舉辦「法鼓講堂」佛學課程，由普化中心副都監果毅法師主講《永嘉證道歌》，法鼓山數位學習網並進行線上直播。

◆三學院監院果慨法師、臺北安和分院監院果旭法師於美國加州舊金山灣區弘法關懷，7至8日於分會帶領法器練習，並為信眾解答修學佛法的疑惑。

03.08

◆8至11日，法鼓山於園區大殿舉辦「第十七屆在家菩薩戒」第二梯次，由方丈和尚果東法師、首座和尚惠敏法師、僧團副住持果暉法師擔任菩薩法師，共有四百四十五人受戒。

◆方丈和尚果東法師受邀至臺中澄清醫院演講「心靈環保，身心自在」，此場專題演講是該院八十週年院慶系列主要活動之一，也納入該院醫學倫理的通識教育培訓課程。

◆8至11日，臺東信行寺舉辦禪悅四日營，由常參法師帶領，共有三十六人參加。

◆美國紐約東初禪寺常諦法師於北美護法會華盛頓州西雅圖分會弘法關懷，8日舉辦禪工作坊，賞析影片《深夜加油站遇見蘇格拉底》（*Peaceful Warrior*）片中的佛法意涵，有近二十人參加。

03.09

◆為提昇僧眾弘講能力與技巧，9至10日，三學院於法鼓山園區舉辦宗教師弘講培訓課程，由佛教學院校長惠敏法師、臺中分院監院果理法師，以及法鼓大學籌備處副教授楊蓓老師、資深讀書會帶領人方隆彰等講授，共有二十八位僧眾參加。

◆9至11日，三峽天南寺舉辦禪二，由常品法師帶領，共有一百人參加。

◆9至11日，美國紐約象岡道場舉辦禪三，由聖嚴師父弟子李祺‧阿謝爾（Rikki Asher）、南茜‧波那迪（Nancy Bondari）帶領，共有十八人參加。

◆北美護法會加州舊金山分會舉辦專題講座，由三學院監院果慨法師講授《觀世音菩薩普門品》，共有六十多人參加。

03.10

◆10至11日，弘化院參學室於法鼓山園區舉辦參學服務員初階培訓課程，由室主常全法師帶領，共有六十多人參加。

◆10至11日，禪修中心、傳燈院於禪堂舉辦「萬人禪修行前共識營」，由禪修中心副都監果元法師、傳燈院監院常源法師等帶領，共有三百五十多位禪修種子師資參加。

◆聖基會、法鼓文化舉辦「2012完全幸福人生」人文講談，10日於護法會屏東辦事處進行，邀請《點燈》節目製作人張光斗主講「點燈——大人物與小人物都發光」，有近一百二十人參加。

◆美國紐約東初禪寺常諦法師於北美護法會華盛頓州西雅圖分會弘法關懷，10日帶領地藏法會，共有三十多人參加。

◆10至11日，香港護法會舉辦初級禪訓密集班，由常炬法師帶領，共有六十多人參加。

03.11

◆法鼓山於桃園齋明寺舉辦「社會菁英禪修營第七十二次共修會」，進行戶外直觀一日禪，由僧團副住持果品法師帶領，共有七十五人參加。

◆3月11日至4月28日、5月27日至7月15日，北投農禪寺每週日於臺北福州會館舉辦「水月揚聲，比劃幸福」手語帶動唱課程，由法鼓山合唱團團本部李俊賢團長及啟聰學校手語老師帶領，兩梯次共有一百五十多人參加。

◆臺南分院受邀參與臺南市「打造臺南市山海圳綠道」活動，於嘉南大圳堤岸植樹現場設立心靈環保書展，並提供「聖嚴法師108自在語」與「平安麵」和大眾結緣。

◆臺南分院舉辦禪一，由監院果謙法師帶領，共有六十一人參加。

◆3月11日至5月13日，禪修中心、青年院於週日在德貴學苑共同舉辦六堂「遇見心自己」課程，由青年院常願法師帶領，引領學子放鬆身心、認識自我，有近二十人參加。

◆佛教學院研修中心舉辦專題講座，邀請清華大學生命科學系教授李家維主講「拯救瀕危的植物王國」，共有五十多人參加。

◆聖基會、法鼓文化舉辦「2012完全幸福人生」人文講談，11日於護法會潮州辦事處進行，邀請《點燈》節目製作人張光斗主講「他的身影　我的追憶」，有近一百三十人參加。

◆美國紐約東初禪寺常諦法師於北美護法會華盛頓州西雅圖分會弘法關懷，11日舉辦半日禪，共有二十多人參加。

03.16

◆菲律賓的民答那峨島（Mindanao Island）北部沿海地區因2011年12月中旬瓦西（Washi）颱風造成嚴重水患；2012年3月16至19日，慈基會派遣義工至受災最嚴重的卡加延德奧羅（Cagayan de Oro）和伊里甘（Iligan）兩市勘災，研擬後續關懷與援助。

◆美國佛教會莊嚴寺方丈法曜法師參訪佛教學院，並進行「佛教禪修傳統的根本與差異」專題演說，共有五十多人參加。

◆16至17日，僧大於法鼓山園區舉辦二日營，以禪修、出坡、念佛等共修方式，體驗出家生活，共有七十多位有意報考僧大的學員參加。

03.17

◆臺北中山精舍舉辦Fun鬆一日禪，由常嘉法師帶領，共有四十多人參加。

◆17至23日，臺南雲集寺舉辦清明報恩地藏法會，由監院果謙法師帶領，每日有近三百人參加。

◆教聯會於臺中寶雲別苑舉辦戶外禪，由果雲法師帶領，共有八十多人參加。

◆美國紐約東初禪寺舉辦中文初級禪訓班，由常律法師帶領。

◆17至22日，美國紐約象岡道場舉辦禪五，由監院常聞法師帶領。

03.18

◆北投農禪寺舉辦禪一，由常和法師帶領，共有八十三人參加。

◆三峽天南寺舉辦念佛禪一，由常緣法師帶領，共有六十七人參加。

◆18至25日，禪堂於臺東信行寺舉辦初階禪七，由常護法師帶領，共有七十一人參加。

◆傳燈院於德貴學苑舉辦Fun鬆一日禪，由監院常源法師帶領，共有六十二人參加。

◆僧大於法鼓山園區階梯教室舉辦101學年度招生說明會，共有七十多人參加。

◆3月18日至5月20日、8月5日至10月21日，馬來西亞道場每月擇一週日舉辦兒童生命教育課程，主題分別是「家庭倫理」、「生活倫理」，由監院常慧法師等帶領，各有十三位、十四位小學員參加。

◆香港護法會於當地粉嶺流水響水塘舉辦戶外禪，有八十多人參加。

03.19

◆前華梵人文科技學院校長隆迅法師一行十六人參訪法鼓山園區，方丈和尚果東法師、中華佛研所所長果鏡法師代表接待，交流辦學心得。

03.21

◆佛教學院研修中心舉辦專題講座，邀請中華科技大學副教授蘇美文主講「佛教與女性」，共有五十多人參加。

◆中國大陸福建省鼓山湧泉寺方丈普法法師一行人參訪法鼓山園區，由方丈和尚果東法師、副住持果暉法師等代表接待，並針對兩岸宗教發展現況進行交流與意見交換。

03.22

◆22至25日，法鼓山於三峽天南寺舉辦「第六屆自我超越禪修營」，由禪修中心副都監果元法師帶領，禪期中方丈和尚親臨關懷，勉眾透過禪修的方法來放鬆身心、體驗身心、放下身心，並以佛法疏導觀念，就能達到心靈平衡和人格穩定，共有七十多人參加。

◆中華佛研所於法鼓山園區階梯教室舉辦「日本學界看漢傳佛教研究的新趨勢」座談會，由佛教學院校長惠敏法師主持，邀請日本駒澤大學講師林鳴宇、郡山女子大學教

授何燕生、青山學院大學國際政治經濟學院教授陳繼東以及正在東京大學客座的中央研究院中國文哲所研究員廖肇亨等學者與談，分別就宋代天臺、日本禪宗、明清佛教、晚清佛教的中日學術交流進行對話。

◆參加香港東蓮覺苑弘法精舍所主辦「LCS領袖才能與溝通技巧培訓課程」的三十一位青年，22日參訪法鼓德貴學苑，由青年院常元法師等代表接待，進行交流。

◆中國大陸福建省泉州承天寺方丈向願法師一行人參訪法鼓山園區，方丈和尚果東法師代表接待，進行交流。

03.23

◆參加香港東蓮覺苑弘法精舍所主辦「LCS領袖才能與溝通技巧培訓課程」的三十一位青年，23日參訪法鼓山僧伽大學，由僧大副院長常寬法師代表接待，進行交流。

◆23至26日，美國紐約東初禪寺果明法師於北美護法會加州舊金山分會弘法關懷，內容包括專題講座、帶領禪修活動等。23日指導悅眾法器練習，共有十多人參加。

03.24

◆弘化院於法鼓山園區舉辦服務接待組義工初階培訓課程，內容包括道場行儀與心態、服務接待要領等，共有三十多人參加。

◆北投農禪寺舉辦戶外禪，由常和法師帶領，共有一百零四人參加。

◆24至25日，南投德華寺舉辦禪二，由副寺果弘法師帶領，共有四十一人參加。

◆臺南雲集寺舉辦清明報恩慈悲三昧水懺法會，由僧團果峙法師主法，有近三百人參加。

◆傳燈院於法鼓山園區舉辦Fun鬆一日禪，由常願法師帶領，共有九十七人參加。

◆法鼓大學籌備處於德貴學苑舉辦禪文化入門講座，邀請臺灣大學哲學系副教授蔡耀明主講「如何通過禪修以思考與實踐生命之意義」，共有六十多人參加。

◆聖基會、法鼓文化舉辦「2012完全幸福人生」人文講談，24日於屏東至正國中演講廳進行，邀請大河文化基金會董事長邱明民主講「大河一滴水──綠建築的精緻之美」，有近一百五十人參加。

◆臺灣大學法青社學員一行三十人參訪法鼓山園區，體驗境教之美，學員中多數是中國大陸交換學生。

◆北美護法會新澤西州分會舉辦清明慈悲三昧水懺法會，由紐約東初禪寺住持果醒法師帶領，共有九十多人參加。

◆美國紐約東初禪寺果明法師於北美護法會加州舊金山分會弘法關懷，24日舉辦專題講座，主講「活於現在，佛於現在──有關念佛禪」，有近六十人參加。

◆國際發展處於臺北安和分院舉辦「國際公益活動企畫人才工作坊」，邀請如是方知公關副總經理王蓓蓓帶領，並進行案例分享，共有四十二人參加。

03.25

◆基隆精舍舉辦禪一，由副寺果啟法師帶領，共有三十六人參加。

◆25至31日，臺南分院舉辦清明報恩地藏法會，由監院果謙法師帶領，每日有近三百人

參加。

◆為接引新皈依弟子認識佛法及法鼓山理念，3月25日至4月15日、8月5至26日，普化中心於週日在香港護法會舉辦「快樂學佛人」系列課程，共三堂，各有一百一十多人參加。

◆慈基會、法青會於高雄三民精舍舉辦「青春棒棒堂」青年義工培訓課程，共有二十五位青年義工參加。

◆佛教學院於法鼓山園區舉辦期中禪一，由研修中心主任果鏡法師帶領，共有五十多人參加。

◆美國紐約象岡道場監院常聞法師受邀至新澤西州立羅格斯大學（Rutgers, The State University of New Jersey），為該校於2月甫成立的羅格斯佛法社（Dharma Meditation Community）指導一日禪，共有三十位東西方學員參加。

◆馬來西亞道場舉辦清明報恩大悲懺法會，由僧團果解法師帶領，有近一百一十人參加。

◆美國紐約東初禪寺果明法師於北美護法會加州舊金山分會弘法關懷，25日帶領念佛禪一，有近四十人參加。

03.26

◆美國紐約東初禪寺果明法師於北美護法會加州舊金山分會弘法關懷，26日參與念佛共修，並指導梵唄唱誦，有近三十人參加。

03.28

◆法鼓山持續關懷中國大陸四川震災災後重建工作，3月28至30日、9月27日至10月24日，分別於綿陽中學、南山中學、什邡中學、民興中學、秀水第一中心小學舉辦「生命教育」心靈環保營隊活動，並進行第七期與第八期獎助學金頒發活動，共有三百二十四人受益。

◆越南籍長老一行禪師的大弟子法印法師參訪法鼓山園區，邀請方丈和尚果東法師出席8月下旬在德國創建的「歐洲佛教應用學院」（European Institute of Applied Buddhism, EIAB）啟用典禮。

03.29

◆3月29日至4月1日，臺東信行寺舉辦清明地藏法會，由監院果增法師帶領，共有一百七十多人次參加。

◆人基會於德貴學苑舉辦「2012真大吉祥心靈講座」，29日邀請政治大學中文系教授尉天聰分享「寂寞的靈光」，有近六十人參加。

03.30

◆3月30日至4月1日，三峽天南寺舉辦禪二，由常乘法師帶領，共有一百一十人參加。

◆3月30日至4月1日，傳燈院於三義DIY心靈環保教育中心舉辦助理監香培訓課程，由監院常源法師、常願法師帶領，共有四十六人參加。

◆3月30日至4月1日，青年院於法鼓山園區舉辦青年禪修護法種子培訓營，由常元法師帶領，共有三十一人參加。

03.31

◆3月31日至4月7日，臺北中山精舍舉辦清明《地藏經》共修，由常嘉法師帶領，共有近五百人次參加。

◆3月31日至4月1日，桃園齋明寺舉辦清明報恩佛二暨八關戒齋法會，由監院果耀法師帶領，共有兩百多人參加。

◆美國紐約東初禪寺舉行清明報恩地藏暨三時繫念法會，上午進行地藏法會，由果明法師帶領；下午進行三時繫念法會，由住持果醒法師主法，有近兩百人參加。

◆加拿大溫哥華道場舉辦佛一，由監院果舟法師帶領，有近四十人參加。

◆3月31日、4月14日，香港護法會於當地南園蓮池舉辦「心靈環保」攝影工作坊，有二十五人參加。

4月 APRIL

04.01

◆《人生》雜誌第344期出刊。

◆《法鼓》雜誌第268期出刊。

◆法鼓文化出版新書：智慧人系列《仁俊法師學譜》（侯坤宏編著）；禪味廚房系列《義式健康蔬食》（柯俊年、林志豪著）；智慧人系列《禪修指要——六門教授習定論講錄》（繼程法師著）。

◆《金山有情》季刊第40期出刊。

◆1至8日，北投農禪寺舉辦清明報恩佛七，共有四千四百多人次參加。

◆1至15日，臺北安和分院舉辦清明報恩祈福法會，內容包括1、15日上午進行地藏法會，共有近一千人次參加；2至13日，每日中午進行《地藏經》持誦共修，有近兩千五百人次參加。

◆1至7日，臺中分院於逢甲大學體育館啟建「清明祈福報恩暨籌建寶雲寺梁皇寶懺法會」，由關懷中心副都監果器法師主法，方丈和尚果東法師親臨壇場關懷，臺中市市長胡志強伉儷、彰化縣縣長卓伯源等也參與法會，為大眾祈福，七天共有逾八千人次參加。

◆臺南分院舉辦清明報恩慈悲三昧水懺法會，由僧團果峙法師主法，有近四百五十人參加。

◆高雄紫雲寺舉辦清明報恩地藏法會，由監院果迦法師帶領，共有七百多人參加。

◆4月1日至2013年1月13日，普化中心於宜蘭羅東高中開辦聖嚴書院福田班「10106宜蘭羅東班」，共十堂課，有近一百七十人參加。

04.03

◆方丈和尚果東法師以傑出校友身分，應邀出席臺灣師範大學附屬中學創校六十五週年校慶活動，除為迷你馬拉松賽事擔任開鑼來賓，並於14日舉行的校慶大會上致詞。

◆3至7日，禪堂於三峽天南寺舉辦初級禪修五日營，此為本年禪三十的第一梯，由常藏法師帶領，共有七十三人參加。

04.04

◆4至8日，加拿大溫哥華道場舉辦生命關懷課程，內容包括安寧療護、臨終關懷等，邀請臺灣佛教蓮花基金會董事張寶方、臺南市民治特教資源中心社工員陳雅瑑帶領，有近七十人參加。

◆4至11日，美國紐約東初禪寺住持果醒法師於北美護法會華盛頓州西雅圖分會弘法關懷，內容包括禪三、佛法講座等。4日舉辦專題講座，主講「欲樂、定樂、與寂滅為樂」，共有二十多人參加。

◆香港護法會舉辦清明報恩佛一，有近一百四十人參加。

04.05

◆法行會於臺北國賓飯店舉辦第一三四次例會，由僧大講師常延法師主講《心經》，共有兩百二十多人參加。

◆香港護法會舉辦助念關懷課程，由常炬法師帶領，共有三十多人參加。

04.06

◆6至8日，美國紐約象岡道場舉辦青年禪三，由監院常聞法師帶領，共有二十三人參加。

◆加拿大溫哥華道場舉辦清明報恩地藏法會，由監院果舟法師帶領，有近一百五十人參加。

◆美國紐約東初禪寺住持果醒法師於北美護法會華盛頓州西雅圖分會弘法關懷，6至8日於當地凡森島休閒中心（Vashon Island Retreat Center）舉辦默照禪三，有近二十人參加。

◆6至7日，香港護法會舉辦初級禪訓密集班，有六十多人參加。

04.07

◆7至14日，禪堂於三峽天南寺舉辦初階禪七，此為本年禪三十的第二梯，由常地法師帶領，共有一百二十二人參加。

◆傳燈院於法鼓山園區舉辦Fun鬆一日禪，由監院常源法師帶領，共有一百一十多人參加。

◆4月7至8日、5月26日，普化中心於德貴學苑舉辦「心靈環保讀書會帶領人」基礎培訓課程，由普化中心副都監果毅法師及常用法師、資深讀書會帶領人王怡然老師帶領，共有七十二位學員參加。

◆4月7日至6月2日，人基會每週日於高雄紫雲寺舉辦「心六倫宣講團師資培訓課程」，7日舉行開課典禮暨首堂課程，方丈和尚果東法師、人基會祕書長李伸一到場關懷，共有五十人參加。

◆聖基會、法鼓文化舉辦「2012完全幸福人生」人文講談，7日於臺南分院進行，邀請屏東商業技術學院副教授林其賢主講「聖嚴法師人間思想取向」，有近兩百七十人參加。

◆7至8日，馬來西亞道場首次舉辦念佛禪二，由臺南分院監院果謙法師、常雲法師帶領，共有三十多人參加。

◆7、14日，馬來西亞道場舉辦英文初級禪訓密集班，由常峪法師帶領，有近二十人參加。

04.08

◆4月8日至5月27日，北投文化館舉辦清明報恩《地藏經》共修，每日有近五十人參加。

◆臺南分院舉辦「大事關懷初階課程」，內容主題包括生命教育繪本賞析、法鼓山大事關懷服務介紹等，由關懷院果選法師、常捷法師、助念團團長顏金貞等帶領，共有一百六十人參加。

◆高雄紫雲寺舉辦禪一，由常潤法師帶領，有近八十人參加。

◆臺東信行寺舉辦禪一，由常參法師帶領，共有三十九人參加。

◆4月8日至5月27日期間，慈基會於全臺各地舉辦「第二十期百年樹人獎助學金」系列頒發活動，共有一千五百五十四位學子受獎。

◆8至14日，佛教學院舉辦五週年校慶系列活動，分別在法鼓山園區、臺大醫院金山分院進行校慶週系列活動，包括副總統蕭萬長、教育部政務次長林聰明、臺大醫院金山分院院長黃勝堅、姊妹校桃園創新技術學院校長王春源等來賓，都出席8日上午的開幕典禮。

◆4月8日、5月13日，美國紐約東初禪寺舉辦週日講座，邀請聖嚴師父西方弟子大衛·史烈梅克主講「從根本佛教教義來實現禪修」，有近六十人參加。

◆傳燈院於北投雲來寺舉辦禪一，由監院常貫法師帶領，共有八十七人參加。

04.09

◆美國紐約東初禪寺住持果醒法師於北美護法會華盛頓州西雅圖分會弘法關懷，9、11日舉辦佛法講座，講說《楞嚴經》的要義，有二十多人參加。

◆香港護法會舉辦禪一，由常炬法師帶領，共有六十多人參加。

04.10

◆方丈和尚果東法師上午於北投雲來寺大殿，對僧團法師、全體專職精神講話，主題是「工作優化、作業流程標準化」，全臺各分院道場同步視訊連線聆聽開示，有三百多人參加。

◆新加坡護法會舉辦佛學講座，由臺南分院監院果謙法師主講「念佛真吉祥」，共有七十多人參加。

04.11

◆4月11日至5月2日，普化中心每週三晚上於北投雲來寺舉辦「法鼓講堂」佛學課程，由僧團果慨法師主講「《八十八佛洪名寶懺》概說」，法鼓山數位學習網並進行線上直播。

◆日本日蓮宗本納寺住持森部達彥、龍王寺住持福山賢晃上午參訪法鼓山園區，方丈和尚果東法師、佛教學院校長惠敏法師、學士班主任果暉法師，以及中華佛學研究所所長果鏡法師等代表接待，並交流佛教辦學經驗。

04.12

◆4月12日至6月14日，臺中分院每週四於寶雲別苑舉辦「長者成長課程」，針對六十歲以上長者規畫以說故事為主軸，穿插輕鬆動動手、動動腦的生活課程，將佛法的因緣、因果觀融入其中，並由聖嚴書院初階一、二年級學員擔任陪學義工，有近七十人參加。

◆僧大舉辦專題講座，邀請臺大醫院金山分院院長黃勝堅主講「從現代醫學看生死——如何預防病人與家屬受苦」，分享善終關懷，共有一百多人參加。

◆人基會與法務部合作推動生命教育專案，12日於臺南監獄舉辦「聆聽心靈的奇遇」音樂會，邀請音樂工作者齊豫演唱，以歌聲關懷四百多位收容人。

◆12至15日，美國紐約東初禪寺住持果醒法師於伊利諾州芝加哥分會弘法關懷，內容包括梵唄與法器教學、佛學講座等。12日進行梵唄與法器指導，有近二十人參加。

◆12至14日，新加坡護法會於當地大悲佛教中心舉辦清明報恩佛三，由臺南分院監院果謙法師、常妙法師等帶領，共有兩百二十多人參加。

04.13

◆13至16日，禪堂舉辦越文禪修營，由禪修中心副都監果元法師全程以越南文帶領，包括德國圓覺寺住持行戒法師，共有三十位來自德國、芬蘭、挪威、澳洲、美國和越南的禪眾參加。

◆13至15日，傳燈院於法鼓山園區舉辦中級1禪訓班，由監院常源法師帶領，共有六十人參加。

◆聖基會、法鼓文化舉辦「2012完全幸福人生」人文講談，13日於護法會潮州辦事處進行，由聖基會董事傅佩芳主講「Miss三克拉的學佛之旅——放下提起都幸福」，共有一百多人參加。

◆美國紐約東初禪寺住持果醒法師於北美護法會伊利諾州芝加哥分會弘法關懷，13日為當地信眾指導唱誦發聲練習，有近二十人參加。

04.14

◆14至21日，禪堂於三峽天南寺舉辦中階禪七，此為本年禪三十的第三梯，由常乘法師帶領，共有一百一十七人參加。

◆4月14日至2013年1月12日，普化中心於高雄紫雲寺開辦聖嚴書院福田班「10107紫雲班」，共十堂課，共有兩百八十多人參加。

◆聖基會、法鼓文化舉辦「2012完全幸福人生」人文講談，14日於護法會屏東辦事處進行，由聖基會董事傅佩芳主講「Miss三克拉的學佛之旅——明亮生命，明白生活」，有近一百人參加。

◆美國紐約象岡道場舉辦禪一，由監院常聞法師帶領，共有十多人參加。

◆北美護法會伊利諾州芝加哥分會舉辦清明報恩地藏法會，由紐約東初禪寺住持果醒法師帶領，有近三十人參加。

◆4月14日至6月26日，香港護法會舉辦佛學講座，由僧大講師果竣法師主講《維摩詰經》，共八堂，分別從社會關懷、慈悲喜捨、淨化人生、福慧雙修、人間淨土等五個面向，解析《維摩詰經》的現代意義，有一百多人參加。

04.15

◆法鼓山於園區舉辦祈福皈依大典，由方丈和尚果東法師授三皈依，有近一千四百人皈依三寶。

◆北投農禪寺舉辦禪一，由常和法師帶領，共有五十一人參加。

◆臺南分院於臺南公園舉辦親子快樂禪活動，由教聯會林淑華、陳郁婷老師等帶領親子共學體驗身心安定的良方，共有三十二人參加。

◆《法鼓佛教院訊》第19期出刊。

◆美國紐約東初禪寺舉辦週日講座，邀請聖嚴師父西方弟子李世娟主講「什麼是初發心？它為什麼重要？」，有近六十人參加。

◆美國紐約東初禪寺住持果醒法師於北美護法會伊利諾州芝加哥分會弘法關懷，15日上午帶領念佛禪，有近三十人參加；下午舉辦佛學講座，講授《楞嚴經》要義。

04.16

◆智慧光佛學研究會住持倉忠仁波切、達賴喇嘛西藏宗教基金會諮議委員陳明茹等一行人，參訪法鼓山園區，並觀摩佛教學院辦學經驗，由方丈和尚果東法師、佛教學院校長惠敏法師、僧大副院長果光法師代表接待，進行交流。

04.18

◆方丈和尚果東法師受邀至內政部入出國及移民署，以「身在公門好行善」為題與署長謝立功展開對談，共有一百一十位移民署同仁出席聽講。

◆臺北安和分院邀請臺北信義區、南港區長者參訪桃園齋明寺、大溪老街，由監院果旭法師帶領，共有一百多人參加。

◆北美護法會華盛頓州西雅圖分會舉辦專題講座，由法行會副執行長王榮主講「心六倫」，共有二十多人參加。

04.20

◆20至22日，傳燈院於三義DIY心靈環保教育中心舉辦禪二，由常品法師帶領，共有五十七人參加。

04.21

◆21至28日，禪堂於三峽天南寺舉辦默照禪七，此為本年禪三十的第四梯，由常鐘法師帶領，共有一百零六人參加。

◆北投農禪寺於法鼓山園區舉辦戶外禪，由常和法師帶領，共有一百四十多人參加。

◆21至22日，桃園齋明寺舉辦春季報恩法會，包括於21日誦《地藏經》、禮拜《地藏懺》，22日展開三時繫念法會，由監院果耀法師帶領，共有四百多人次參加。

◆21至29日，青年院每週六、日於德貴學苑舉辦「千心萬募」活動，內容包括立禪、經行與法鼓八式動禪等禪修入門課程，共有三百五十二位十六歲至三十五歲的青年學員參加。

◆由法鼓山捐建高雄市八八水災受災戶的永久屋重建工程，於桃源區樂樂段舉行落成入住典禮，行政院莫拉克風災重建會執行長陳振川、原住民委員會副主委夏錦龍、高雄市副市長李永得與慈基會祕書長果器法師出席祝福。

◆4月21日至12月22日，由佛教學院教職師生發起的「淨心淨土　金山環保」社團於每月26日前的週六在金山礦溪出海口進行淨灘活動，清理海洋生態環境。

◆4月21日至5月12日，北美護法會加州洛杉磯分會每週六下午舉辦初級禪訓班，有近二十人參加。

04.22

◆方丈和尚果東法師受邀出席於臺北信義誠品書局舉辦的前天主教樞機主教單國璽新書《划到生命深處》發表會，方丈和尚致詞時表示單前樞機主教是無私的宗教家與教育家，社會哪裡有需要就往哪裡去服務，示現了生命的意義。

◆北投文化館舉辦浴佛法會，由監院果諦法師帶領，共有五百多人參加。

◆合唱團舉辦法鼓法音教師巡迴列車系列活動，22日於臺南雲集寺進行，共有八十五人參加。

04.24

◆4月24日至7月31日、9月11日至12月18日，普化中心隔週週二於北投雲來寺開辦「法鼓長青班」，以聖嚴師父的人生哲學為核心，為六十歲以上的長者設計八堂專屬課程，包括動禪保健、語言學習、新知分享等，兩班分別有七十多人、一百一十多人參加。

◆為提昇收容人、更生人的倫理觀念，深耕生命教育的精神，法鼓山人基會、法務部共同舉辦「與幸福有約」徵文比賽，24日於德貴學苑舉辦頒獎典禮，人基會祕書長李伸一、法務部部長曾勇夫及臺灣更生保護會董事長顏大和均出席頒獎，此活動共收稿件七百零七件，選出三十一件得獎作品。

◆信眾服務處監院常續法師受邀至澳洲墨爾本大學（The University of Melbourne）佛學社，與青年學子分享聖嚴師父提倡心靈環保、心五四及心六倫的實踐方法。

04.25

◆25至26日，北投雲來寺舉辦浴佛法會。

◆佛教學院研修中心舉辦專題講座，邀請臺灣大學社會科學院副院長兼學務處主任林端主講「臺灣的宗教與社會——由宗教社會學談起」，共有七十多人參加。

◆佛教學院澄心禪學社舉辦禪學講座，邀請實踐大學社會工作學系副教授楊蓓主講「禪在人際互動中——參、纏、懺、懺，能否為人際關係解套？」，共有六十多人參加。

◆4月25日至5月1日，方丈和尚果東法師於香港展開弘法關懷，活動包括出席第三屆世界佛教論壇，拜會覺真長老、暢懷長老，主持浴佛法會暨皈依典禮、新勸募會員授證等。方丈和尚首先於25至27日，受邀出席中國佛教協會、香港佛教聯合會、中華宗教交流協會合辦的「第三屆世界佛教論壇」，並發表〈從倫理衡量生命的價值〉，與世界各佛教團體進行交流。

04.26

◆26至29日，禪堂於臺南雲集寺舉辦禪三，由傳燈院監院常源法師帶領，共有六十五人參加。

◆人基會於德貴學苑舉辦「2012真大吉祥心靈講座」，26日邀請君安資產管理集團董事局主席梁碧霞分享「生命的財富」。

◆北美護法會新澤西州分會舉辦禪一，由紐約象岡道場監院常聞法師帶領，共有三十多人參加。

04.27

◆27至29日，法鼓山園區舉辦「朝山‧浴佛‧禮觀音」活動，以朝山、浴佛方式感念母親與佛陀的雙重恩典，共有兩千多人參加。

◆27至28日，北美護法會加州舊金山分會舉辦悅眾成長營，由資深悅眾張允雄帶領「優勢管理工作坊」，分享優勢的管理方法、有效開會的技巧，有近三十人參加。

04.28

◆4月28日至12月20日，臺北中山精舍舉辦十場「銀向菩提」長者關懷系列活動，內容包含括講座、茶禪、祝壽活動等。4月28日進行首場，邀請立春堂中醫診所所長蔡旋立主講「銀髮族常見疾病的預防方法」，共有一百多人參加。

◆傳燈院於法鼓山園區舉辦Fun鬆一日禪,由常願法師帶領,共有八十三人參加。

◆4月28日至2013年1月26日,普化中心於臺中寶雲別苑開辦聖嚴書院福田班「10108臺中班」,共十堂課,有近兩百四十人參加。

◆28至29日,國際發展處為推展國際化及培養體系國際人才,於北投雲來寺舉辦「國際公益活動演講弘法人才工作坊」培訓課程,邀請中華民國國際演講協會林超群、張錫勳、許淑瑜、陳世明等四位講師帶領,共有二十一人參加。

◆28至29日,慈基會甲仙安心站為感謝地區義工長期的護持,舉辦兩天的「朝山‧浴佛‧禮觀音」寺院之旅,共參訪臺中寶雲別苑、三峽天南寺、法鼓山園區及桃園齋明寺,也藉此讓義工們體驗法鼓山的禪悅境教。

◆人基會邀請知名主廚鄭衍基(阿基師)和少女慈善家沈芯菱擔任「心六倫」代言人,並拍攝系列公益廣告。

◆聖基會、法鼓文化舉辦「2012完全幸福人生」人文講談,28日於護法會屏東辦事處進行,邀請屏東商業技術學院副教授林其賢主講「佛教心理學——讓生命列車向上開動」,有近兩百人參加。

◆馬來西亞道場舉辦大悲懺法會,由僧團果解法師帶領,有近九十人參加。

◆新加坡護法會舉辦浴佛法會,由馬來西亞道場監院常慧法師帶領,共有五十多人參加。

◆方丈和尚果東法師到香港弘法關懷,28日於當地馬可波羅飯店關懷護法悅眾,包括香港大學副校長李焯芬、浸會大學宗教及哲學系教授吳有能,共有七十多位榮譽董事及曾經參加社會菁英禪修營學員參加。

◆澳洲墨爾本分會舉辦重新啟動典禮,關懷中心副都監果器法師、信眾服務處監院常續法師、護法總會副總會長周文進出席關懷祝福。

04.29

◆南投德華寺舉辦佛一暨八關戒齋法會,由副寺果弘法師帶領,共有三十七人參加。

◆高雄紫雲寺舉辦浴佛法會,由監院果迦法師帶領,有近五百人參加。

◆4月29日至5月6日,禪堂舉辦話頭禪七,由青年院監院果祺法師帶領,有近六十人參加。

◆聖基會、法鼓文化舉辦「2012完全幸福人生」人文講談,29日於臺中分院進行,邀請臺灣師範大學國際漢學研究所助理教授王美秀主講「聖嚴法師的旅遊書寫」,有近一百五十人參加。

◆4月29日、5月6日,美國紐約東初禪寺舉辦週日講經,由常諦法師主講「地藏菩薩的大願法門」,有九十人參加。

◆加拿大溫哥華道場舉辦浴佛法會,由監院果舟法師主法,共有兩百多人參加。

◆馬來西亞道場舉辦禪一,共有四十五人參加。

◆4月29日至5月1日,馬來西亞道場於當地彭亨州阿薩金(AL-Sakinah)渡假村舉辦合唱團第二屆成長營,由臺灣法鼓山合唱團團本部團長李俊賢帶領,共有四十六人參加。

◆北美護法會伊利諾州芝加哥分會應邀參與「芝加哥西北郊宗教互通會」(Chicagoland Northwest Suburb Interfaith)舉辦的研討會,由資深悅眾李詩影於會中主講「佛教信仰介紹」,與當地宗教團體進行交流。

◆北美護法會加州洛杉磯分會舉辦悅眾成長課程,由資深悅眾張允雄帶領,分享如何善用時間、提昇做事效率,有近三十人參加。

◆香港護法會上午於九龍孔仙洲中學舉辦結合浴佛法會、皈依、嘉年華市集的佛誕節
活動，共有七百多人次參加；其中，皈依典禮由方丈和尚果東法師授三皈依，有近
一百四十位民眾皈依三寶。下午接續舉辦新勸募會員授證典禮，共有四十三位勸募會
員受證。

◆澳洲墨爾本分會舉辦佛學講座，由關懷中心副都監果器法師主講「聖嚴師父與法鼓山
的理念及發展」，並播放師父海外弘法影片《他的身影》，共有四十多人參加。

5 月 MAY

05.01

◆《人生》雜誌第345期出刊。

◆《法鼓》雜誌第269期出刊。

◆法鼓文化出版新書：智慧人系列《唯識第一課——大乘廣五蘊論略解》（淨海法師
著）；法鼓影音系列《祈願——向佛菩薩許一個願》（康吉良製作）。

◆1至10日，美國紐約象岡道場舉辦默照禪十，邀請聖嚴師父法子查可·安德烈塞維克
（Zarko Andricevic）帶領，共有十六人參加。

◆香港護法會於長洲舉辦戶外禪，共有二十一人參加。

05.02

◆2至23日，加拿大溫哥華道場每週三舉辦初級禪訓班，由常一法師帶領，有二十多人
參加。

05.03

◆3至6日，臺東信行寺舉辦浴佛感恩系列活動，包括法會、園遊會等，有近一千人次
參加。

◆法行會於臺北國賓飯店舉辦第一三五次例會，由僧團女眾副都監果舫法師主講《無量
壽經》，有近一百六十人參加。

05.04

◆4至6日，三峽天南寺舉辦禪二，由常學法師帶領，共有一百一十四人參加。

◆北美護法會加州舊金山分會舉辦英文禪修講座，邀請聖嚴師父西方法子賽門·查爾得
（Simon Child）介紹禪修的理論與方法，有近五十人參加。

◆5月4日至6月1日，新加坡護法會每週六晚上舉辦初級禪訓班，由悅眾帶領，有近四十
人參加。

05.05

◆ 北投農禪寺於立農國小舉辦「感恩祈福嘉年華——簡單生活創意集」，內容包括浴佛法會、遊戲體驗、藝文表演等，方丈和尚果東法師到場關懷，臺北市民政局局長黃呂錦茹、北投區區長李美麗與各里里長等，共有五百多人參加。

◆ 臺中分院於三義DIY心靈環保教育中心舉辦「悅眾禪修一日營」，由監院果理法師帶領，共有一百六十三人參加。

◆ 5至6日，僧大舉辦第四屆講經交流會，除了宣講佛教經典、法鼓山的理念，本年新增「即席演講」，共有二十二位學僧參加。

◆ 為推廣真誠關懷，5月5日至9月22日，聖基會「這一團——一人一故事劇團」舉辦服務演出，劇情以「情」為主軸。5日於德貴學苑舉辦首演，共有六十多人參加。

◆ 助念團舉辦「2012法鼓山助念團悅眾成長營」，5日於高雄紫雲寺進行第二場，由關懷院果選法師帶領，共有一百零八位來自高雄、屏東、臺東地區悅眾參加。

◆ 美國紐約象岡道場舉辦禪一，由監院常聞法師帶領，共有十多人參加。

◆ 馬來西亞道場舉辦浴佛法會，由監院常慧法師帶領，有近一百五十人參加。

◆ 5至6日，北美護法會加州舊金山分會舉辦兩場止觀禪一，邀請聖嚴師父西方法子賽門‧查爾得帶領，共有近一百一十人次參加。

◆ 新加坡護法會舉辦佛學講座，由僧團果解法師主講「《大悲懺》的儀式與意義」，有近六十人參加。

05.06

◆ 6至7日，三學院於法鼓山園區舉辦宗教師禪修培訓課程，由中華佛研所所長果鏡法師、僧大副教授果徹法師帶領，共有三十七位僧眾參加。

◆ 北投農禪寺舉辦水月道場新建工程之大殿上梁祈福典禮，由方丈和尚果東法師主持，包括僧團法師、設計單位及營造相關工程人員、護法信眾，共有兩百多人參加。

◆ 臺中分院舉辦禪一，由果雲法師帶領，共有六十五人參加。

◆ 臺南分院舉辦浴佛法會，由監院果謙法師帶領，共有三百多人參加。

◆ 法鼓大學籌備處、臺北市藏傳佛典協會於德貴學苑共同舉辦專題講座，邀請美國藏傳佛教學者傑佛瑞‧霍普金斯（Jeffery Hopkins）教授主講「悲心與心靈療癒」（Compassion and Psycho-Therapy），共有七十多人參加。

◆ 合唱團舉辦法鼓法音教師巡迴列車系列活動，6日於基隆市議會多媒體室進行，共有一百一十一人參加。

◆ 加拿大溫哥華道場舉辦禪一，由監院果舟法師帶領，共有四十九人參加。

◆ 北美護法會新澤西州分會舉行浴佛法會，由北美護法會輔導法師常華法師帶領，共有五十多人參加。

◆ 新加坡護法會於當地琥特自然公園（Hort Park）舉辦戶外禪，由僧團果解法師帶領，有近五十人參加。

◆ 泰國護法會舉辦浴佛法會，由關懷中心副都監果器法師主法，共有六十多人參加。

05.09

◆9至30日，普化中心每週三晚上於北投雲來寺舉辦「法鼓講堂」佛學課程，由僧大講師果竣法師主講「《普門品》尋聲救苦觀世音」，法鼓山數位學習網並進行線上直播。

◆由於在南亞海嘯災後持續的關懷與協助，法鼓山獲斯里蘭卡政府頒贈總統褒揚獎座，由關懷中心副都監果器法師代表領取。

05.10

◆10至13日，臺東信行寺舉辦禪悅四日營，由常參法師帶領，有近六十人參加。

◆菲律賓的民答那峨島（Mindanao Island）北部沿海地區因2011年12月中旬瓦西（Washi）颱風造成嚴重水患，慈基會於10至15日，由總幹事江弘基及專職共四人，進入受災地區，致贈民生物資，表達對民眾的關懷。

05.12

◆聖基會、法鼓文化舉辦「2012完全幸福人生」人文講談，12日上午於護法會屏東辦事處進行，邀請蓮花基金會董事張寶方主講「愛的療癒——臨終有光明」，有近一百三十人參加。

◆聖基會、法鼓文化舉辦「2012完全幸福人生」人文講談，12日下午於臺南分院進行，由聖基會董事傅佩芳主講「女性的自覺之道」，共有兩百多人參加。

◆12、19日，馬來西亞道場舉辦中文初級禪訓密集班，由常妙法師帶領，共有三十多人參加。

◆北美護法會伊利諾州芝加哥分會上午舉辦浴佛法會，由北美護法會輔導法師常華法師帶領，近三十人參加；下午舉辦佛學講座，由常華法師主講「八正道」。

◆12至13日，北美護法會加州舊金山分會參加《世界日報》於當地庫比蒂諾紀念公園（Cupertino Park）舉辦的母親節園遊會，並設置展覽專區，展示《法鼓》雜誌及法鼓山結緣書籍，與民眾分享法鼓山的理念。

◆北美護法會華府聯絡處首次舉辦浴佛法會暨念佛禪，由紐約東初禪寺常律法師帶領浴佛及拜願，共有四十多位東、西方人士參加。

◆12至13日，香港護法會舉辦初級禪訓密集班，由常炬法師帶領，有五十多人參加。

05.13

◆法鼓山於臺北市政府前廣場、國父紀念館舉辦「以禪浴心，以心浴佛」萬人禪修活動，同時也慶祝浴佛節與母親節，匯聚萬人禪修的力量，為社會大眾帶來平靜與祥和，包括方丈和尚果東法師、首座和尚惠敏法師，國安局局長蔡得勝、臺北市民政局局長黃呂錦茹、前政治大學校長鄭丁旺、表演工作者柯有倫等來賓均到場參與。

◆13至27日，方丈和尚果東法師、關懷中心副都監果器法師展開北美弘法關懷行，前往加拿大溫哥華、美國洛杉磯等地，舉辦佛學講座、皈依典禮及主持洛杉磯新道場啟用、佛像安座等。

◆三學院於法鼓山園區舉辦園區義工培訓課程，由常齊法師帶領，內容主題包括道場心態與行儀、各組義工工作內容等，共有六十二人參加。

◆臺中分院於寶雲別苑舉辦浴佛法會，由監院果理法師帶領，共有兩百多人參加。

◆高雄三民精舍舉辦浴佛法會，由常仁法師帶領，有近兩百五十人參加。

◆聖基會、法鼓文化舉辦「2012完全幸福人生」人文講談，12日於護法會潮州辦事處進行，邀請蓮花基金會董事張寶方主講「愛的療癒──臨終有光明」，共有一百多人參加。

◆護法會嘉義辦事處舉辦浴佛法會，有一百多人參加。

◆加拿大溫哥華道場舉辦浴佛法會、少年營孝親茶禪活動，由常一法師帶領，共有九十多位親子參加。

◆北美護法會伊利諾州芝加哥分會上午舉辦禪工作坊，由北美護法會輔導法師常華法師指導禪修方法；下午舉辦英文佛學講座，由常華法師主講「地藏菩薩」。

◆北美護法會加州洛杉磯分會舉辦母親節浴佛活動，進行禮拜八十八佛法會，共有二十多人參加。

05.14

◆慈基會關懷菲律賓受瓦西颱風重創的災區，繼3月實地勘災後，14日配合菲律賓臺商總會、中華民國駐菲代表處、菲華文經總會與世臺聯合基金會，發起的「臺灣之愛：關懷援助作業」，除捐助賑災金，並由總幹事江弘基將七千份愛心包移交給市長艾馬諾（Vicente Emano），表達法鼓山的關懷。

05.15

◆5月15日至6月30日，慈基會舉辦端午關懷活動，除攜帶應景素粽前往關懷家庭表達祝福外，慰訪義工並分別至各地社福機關、安養機構，與院民歡度佳節，共計關懷逾一千一百戶家庭。

05.17

◆方丈和尚果東法師、關懷中心副都監果器法師於北美弘法關懷，17日於加拿大溫哥華道場舉辦大事關懷講座，由果器法師介紹法鼓山大事關懷教育理念與特色，共有一百三十二人參加。

05.18

◆18至28日，三十位美國、澳洲禪眾，在北美護法會佛羅里達州塔城聯絡處召集人俞永峯帶領下，於法鼓山展開「人間淨土之旅」，內容包括參與法鼓山禪堂舉辦的中英禪五、參訪北投文化館、三峽天南寺、桃園齋明寺等。

◆方丈和尚果東法師、關懷中心副都監果器法師於加拿大溫哥華弘法關懷，18日方丈和尚接受當地華文媒體《世界日報》採訪，分享法鼓山未來於溫哥華地區的發展。

◆18至20日，僧團女眾副都監果舫法師、國際發展處監院果見法師於加拿大多倫多展開弘法關懷，內容包括帶領禪修、法會、佛法講座等。18日上午兩位法師在北美護法會安省分會召集人林顯峰伉儷陪同下，拜會多倫多大學（University of Toronto）新學院（New College）院長伊夫斯‧羅伯治（Yves Roberge）教授，就中華佛研所今年初贊助該學院開設的漢傳佛教相關課程進行了解，並與該學院師生交流座談；晚上於該校多元化信仰中心（Multi-Faith Centre）進行佛法甘露門，分享學佛心得，共有二十多人參加。

05.19

◆臺北安和分院舉辦浴佛法會，由監院果旭法師帶領，有近一百八十人參加。

◆三峽天南寺舉辦浴佛法會，由常乘法師帶領，共有四百多人參加。

◆桃園齋明寺舉辦Fun鬆一日禪，由常佑法師帶領，共有七十六人參加。

◆助念團舉辦「2012法鼓山助念團悅眾成長營」，19日於臺南雲集寺進行，由關懷院果選法師帶領，有近一百二十人參加。

◆加拿大溫哥華道場舉辦佛法講座，由方丈和尚果東法師主講「真大吉祥」，共有一百七十八人參加。

◆北美護法會華盛頓州西雅圖分會於華盛頓大學（University of Washington）舉辦臺灣小吃義賣活動，共有四十多人參加。

◆僧團女眾副都監果舫法師、國際發展處監院果見法師、北美護法會輔導法師常華法師於加拿大多倫多弘法關懷，19日於當地愛德華公園（Edwards Garden）舉辦戶外禪，共有三十多人參加。

◆香港護法會於當地長沙灣老人院進行慰訪關懷，由常炬法師帶領，共有二十多位義工參加。

◆19至20日，香港護法會舉辦初級禪訓密集班，有六十多人參加。

05.20

◆三學院於法鼓山園區舉辦園區義工關懷員培訓課程，由常齊法師帶領，內容主題包括道場心態與行儀、各組義工工作內容等，共有三十人參加。

◆北投農禪寺舉辦禪一，由常和法師帶領，共有八十多人參加。

◆三峽天南寺舉辦念佛禪一，由常緣法師帶領，共有一百一十一人參加。

◆臺中分院於嘉義蘭潭舉辦戶外禪，由果雲法師帶領，共有九十多人參加。

◆臺南雲集寺舉辦浴佛法會，由監院果謙法師帶領，有近兩百八十人參加。

◆高雄紫雲寺舉辦佛一暨八關戒齋法會，由僧團女眾副都監果舫法師主法，有近兩百三十人參加。

◆20至27日，禪堂於臺東信行寺舉辦初階禪七，由臺南分院監院果謙法師帶領，共有八十八人參加。

◆佛教學院於法鼓山園區舉辦期末禪一，由研修中心主任果鏡法師帶領，共有五十多人參加。

◆美國紐約東初禪寺舉辦浴佛法會，由住持果醒法師帶領，並開示「心五四與心靈環保」，共近三百人參加。

◆加拿大溫哥華道場舉辦皈依祈福法會，由方丈和尚果東法師授三皈依，共有八十人皈依三寶。

◆馬來西亞道場於當地塔曼波塔尼（Taman Botani）舉辦戶外禪，由常妙法師帶領，共有三十五人參加。

◆北美護法會加州洛杉磯分會參加南加州佛教界聯合浴佛節園遊會，展示法鼓山出版品。

◆僧團女眾副都監果舫法師、國際發展處監院果見法師、北美護法會輔導法師常華法師於加拿大多倫多弘法關懷，20日上午於當地北約克市民中心（North York Civic Centre）舉辦大悲懺法會，共有四十多人參加；下午舉辦佛法講座，由果舫法師主講「念佛了生死，力行菩薩道」，有近六十人參加。

05.21

◆21至25日，禪堂舉辦英文禪五，由禪修中心副都監果元法師帶領，共有四十一人參加。

05.23

◆方丈和尚果東法師率領來自臺灣與北美各地的十多位僧團法師，於美國加州洛杉磯道場召開記者會，會中傳達洛杉磯新道場啟用典禮的訊息，邀請大眾共同參加啟用暨大殿佛像安座儀式，以及三時繫念法會、三昧水懺法會。

◆北美護法會華盛頓州西雅圖分會舉辦佛學講座，由國際發展處監院果見法師導讀《華嚴經‧初發心功德品》，共有二十多人參加。

05.26

◆北投農禪寺於二子坪舉辦戶外禪，由常和法師帶領，共有一百二十多人參加。

◆臺北中山精舍「銀向菩提」長者關懷系列活動，26日邀請政治大學會計學系副教授黃金發主講「轉念之間──大呆的超級阿母」，分享自己和失智母親的相處與互動，共有一百多人參加。

◆桃園齋明寺舉辦朝山浴佛禮觀音活動，由監院果耀法師帶領，共有一千多人參加。

◆慈基會於高雄紫雲寺舉辦南區救災整體會議，建立指揮系統統一性及跨地區協調整合能力，共有二十五人參加。

◆聖基會、法鼓文化舉辦「2012完全幸福人生」人文講談，26日於護法會屏東辦事處進行，邀請保險發展事業中心董事長賴清祺主講「完全保險──創造相對多數的利益」，共有一百多人參加。

◆合唱團舉辦法鼓法音教師巡迴列車系列活動，26日於護法會豐原辦事處進行，共有一百一十三人參加。

◆美國加州洛杉磯道場舉辦新道場灑淨安位儀式，由紐約東初禪寺住持果醒法師主法，有近三十人參加。

◆香港護法會舉辦大悲懺法會，由僧團副住持果品法師主法，共有一百三十多人參加。

05.27

◆臺北安和分院舉辦禪一，由果稱法師帶領，有八十三人參加。

◆南投德華寺舉辦浴佛法會，由副寺果弘法師帶領，有近九十人參加。

◆臺南分院舉辦「大事關懷進階課程」，內容主題包括世俗禮儀的探討、佛教生死觀、法鼓山大關懷教育的願景等，由關懷院果選法師、常捷法師、助念團團長顏金貞等帶領，共有一百二十人參加。

◆5月27日至2013年2月24日，普化中心於香港護法會開辦聖嚴書院福田班「10109香港班」，共十堂課，有近兩百人參加。

◆由聖基會、法鼓文化舉辦「2012完全幸福人生」人文講談，27日於臺中分院進行，由中華佛研所榮譽所長李志夫主講「傳燈續慧30年──聖嚴法師辦佛教教育的願心」，共有一百三十多人參加。

◆5月27日、10月14日，美國紐約東初禪寺舉辦週日講經，由象岡道場監院常聞法師主講「禪修入門──菩提達摩祖師的二入四行」，有近六十人參加。

◆美國加州洛杉磯道場上午舉行道場啟用暨佛像安座典禮，由方丈和尚果東法師主持，包括臺北駐洛杉磯經濟文化辦事處處長龔中誠、聖瑪利諾市（San Marino）市長孫國泰、阿罕布拉市（Alhambra）市長沈時康等各界來賓，以及紐約東初禪寺住持果醒法師、護法總會輔導法師果器法師、女眾副都監果舫法師、國際發展處監院果見法師等十多位僧團法師，與來自臺灣、北美各分會和南加州當地的護法信眾，共有四百多人參加；下午舉辦三時繫念法會，由紐約東初禪寺住持果醒法師主法，有近一百五十人參加。

◆馬來西亞道場舉辦大悲懺法會，由僧團果解法師帶領，有近一百人參加。

◆香港護法會舉辦專題講座，由普化中心副都監果毅法師以「好心好世界──從閱讀中提昇自我」為主題，導讀聖嚴師父著作《法鼓全集》，共有一百多人參加。

05.28

◆28至31日，法鼓山受邀出席由「普世博愛運動」（Focolare）於義大利舉行的「第五屆佛教與天主教座談會」（5th Buddhist-Christian Symposium），由僧團常超法師、常諗法師代表參加。

◆美國紐約東初禪寺舉辦佛一暨八關戒齋法會，由果明法師帶領，有近六十人參加。

◆美國加州洛杉磯道場舉辦慈悲三昧水懺法會，由紐約東初禪寺住持果醒法師主法，共有一百五十多人參加。

05.29

◆護法總會主任陳高昌代表出席經濟部於臺大國際會議中心舉辦的「夏月‧節電中」活動啟動儀式，現場由行政院院長陳冲及經濟部部長施顏祥帶領法鼓山等宗教團體及各行業代表，透過宣告節能的決心，呼籲全民一起響應。

05.31

◆5月31日至9月20日，普化中心隔週週四於基隆精舍開辦「法鼓長青班」，以聖嚴師父的人生哲學為核心，為六十歲以上的長者設計八堂專屬課程，有近七十人參加。

◆人基會於德貴學苑舉辦「2012真大吉祥心靈講座」，31日邀請慈濟醫院一般醫學主治醫師許瑞云主講「身心靈的自然療癒」，有近一百人參加。

◆中國大陸南通市佛教學習文化交流團一行十七人，在狼山廣教寺監院智祥法師帶領下，參訪法鼓山園區，方丈和尚果東法師代表接待，進行交流。

JUNE

06.01

◆《人生》雜誌第346期出刊。

◆《法鼓》雜誌第270期出刊。

◆法鼓文化出版新書：大自在系列《放輕鬆——揮別壓力的正念減壓法》（*Calming Your Anxious Mind: How Mindfulness & Compassion Can Free You from Anxiety, Fear & Panic*）（傑弗瑞·布蘭特力Jeffrey Brantley著，方怡蓉譯）；般若方程式系列《交心——自利利他的助人法則》（楊蓓著）。

◆1至3日，三峽天南寺舉辦初級禪訓班二日營，由常品法師帶領，共有一百一十人參加。

◆1至3日，傳燈院於三義DIY心靈環保教育中心舉辦中級1禪訓班，由監院常源法師帶領，共有八十三人參加。

◆1至4日，聖基會於臺灣大學集思國際會議中心舉辦「第四屆聖嚴思想國際學術研討會暨第二屆法鼓山信眾論壇」，本屆會議以「聖嚴法師與當代漢傳佛教的回顧與前瞻」為主題，共有來自八個國家、一百多位專家學者與會，發表六十二篇論文。

◆聖基會與政治大學於臺灣大學集思國際會議中心簽定「聖嚴漢傳佛教學術發展專案」，由聖基會董事長蔡清彥、政治大學校長吳思華代表簽署，內容包括設立「聖嚴漢傳佛教講座」、博碩士獎學金、年輕學者短期訪問研究獎助等三大項目。

06.02

◆2至3日，慈基會甲仙安心站舉辦「GO好玩中部探索之旅」，參訪臺中市科學博物館及南投縣集集鎮，共有三十二位甲仙及杉林地區中、小學生參加。

◆美國紐約象岡道場舉辦禪一，邀請聖嚴師父西方弟子哈利·米勒（Harry Miller）帶領，共有十多人參加。

◆2至3日，加拿大溫哥華道場舉辦「青年領袖營」，內容包括認識法鼓山、拓展國際視野、社會關懷經驗分享等單元，由臺灣資深法青悅眾王貞喬、陳冠如擔任講師，共有二十三位青年學員參加。

◆馬來西亞道場舉辦專題講座，邀請心蓮居家療護醫師李荷琴主講「佛法中的安寧療護」，共有二十多人參加。

06.03

◆ 3至9日，臺北安和分院舉辦《地藏經》共修，由監院果旭法師帶領，共有一千八百多人次參加。

◆ 南投德華寺舉辦禪一，由副寺果弘法師帶領，共有三十六人參加。

◆ 普化中心於北投雲來寺舉辦「聖嚴書院福田班充電同學會」，有一百多人參加。

◆ 美國紐約東初禪寺舉辦週日講座，邀請聖嚴師父西方弟子比爾·賴特（Bill Wright）主講「生活中的佛法應用」，有近五十人參加。

◆ 北美護法會新澤西州分會舉辦專題講座，由紐約東初禪寺果明法師導讀聖嚴師父著作《聖嚴法師教淨土法門》，共有四十多人參加。

06.04

◆ 4、6日，北美護法會華盛頓州西雅圖分會舉辦義工培訓課程，內容包括義工的禮儀及威儀、學佛行儀、殿堂禮儀等，由法鼓山義工團前團長秦如芳、副團長吳麗卿帶領，有近三十人參加。

06.05

◆ 5至29日，僧團於法鼓山園區展開結夏安居，包括兩場禪七及法門研討，總計近兩百人參加。

◆ 5至12日，禪堂於三峽天南寺舉辦默照禪七，邀請聖嚴師父法子繼程法師帶領，共有一百一十一人參加。

06.06

◆ 方丈和尚果東法師受新北市政府之邀，拍攝防治自殺公益短片，6日上午，短片小組前往法鼓山園區進行拍攝。

◆ 6至27日，普化中心每週三晚上於北投雲來寺舉辦「法鼓講堂」佛學課程，邀請華梵大學中文系副教授胡健財主講「《楞嚴經》與生命圓滿之追求」，法鼓山數位學習網並進行線上直播。

06.07

◆ 慈基會什邡安心站舉辦「心的體驗」活動，內容包括體驗托水鉢、馬祖村環境維護等，共有二十三位什邡中學愛心社同學參加。

◆ 法行會於臺北國賓飯店舉辦第一三六次例會，由僧團女眾副都監果舫法師主講《無量壽經》，共有一百四十多人參加。

06.08

◆ 新加坡護法會舉辦素食講座，由悅眾黃其銚主講素食的飲食觀念，有近五十人參加。

06.09

◆臺北中山精舍「銀向菩提」長者關懷系列活動，9日由教聯會資深悅眾吳甜帶領義工為長者進行茶禪，共有一百多人參加。

◆聖基會、法鼓文化舉辦「2012完全幸福人生」人文講談，9日於護法會屏東辦事處進行，邀請資深花藝老師蔣麗麗主講「聽，花在說話」，有近一百人參加。

◆9至10日，美國加州洛杉磯道場舉辦義工培訓課程，由法鼓山義工團前團長秦如芳、副團長吳麗卿帶領，內容包括義工的心性與行儀、接待技巧與要領等，有近二十人參加。

06.10

◆傳燈院於北投雲來寺舉辦Fun鬆一日禪，由常願法師帶領，有近一百二十人參加。

◆聖基會、法鼓文化舉辦「2012完全幸福人生」人文講談，10日於護法會潮州辦事處進行，邀請資深花藝老師蔣麗麗主講「借花獻佛，真大吉祥」。

◆護法總會於臺中寶雲別苑舉辦「2012年法鼓山正副會團長、轄召、召委聯席會議」，方丈和尚果東法師、關懷中心副都監果器法師、護法總會副總會長黃楚琪都到場關懷，共有一百六十五位護法悅眾參加。

◆美國紐約東初禪寺舉辦週日講座，邀請聖嚴師父西方弟子哈利・米勒主講「《金剛經》與《六祖壇經》，從哪一部開始？又從哪一部結束？」，有近六十人參加。

◆香港護法會舉辦佛一，由僧大講師果竣法師帶領，共有八十多人參加。

06.11

◆6月起全臺進入梅雨鋒面及西南氣流旺盛季節，慈基會提醒各分院、辦事處做好防災、備災工作，也即時關懷受豪雨影響的高雄六龜山區及新開部落居民，並慰訪在豪大雨中罹難的巡山員與學生家屬。

06.12

◆12至19日，禪堂於三峽天南寺舉辦話頭禪七，邀請聖嚴師父法子繼程法師帶領，共有一百零五人參加。

◆香港政府中央政策組考察團一行，由首席顧問劉兆佳帶領，參訪法鼓山園區，並與方丈和尚果東法師、副住持果品法師茶敘，雙方就佛教弘化、教育推廣等進行交流。

06.15

◆臺中惠文中學師生一行四十人至寶雲別苑參訪，深入了解法鼓山的「心靈環保」。

◆15至24日，美國紐約象岡道場舉辦話頭禪十，邀請聖嚴師父法子果如法師帶領，監院常聞法師翻譯，常襄法師擔任總護，共有三十二人參加。

06.16

◆16至17日，弘化院參學室於法鼓山園區舉辦參學服務員進階培訓課程，由室主常全法師帶領，共有四十多人參加。

◆6月16日至8月25日期間，法鼓大學籌備處於德貴學苑舉辦三場「哲學家的咖啡館」系列講座，23日探討主題是「承諾與犧牲」，由該處助理教授辜琮瑜帶領，共有二十多人參加。

◆16至17日，香港護法會舉辦初級禪訓密集班，有六十人參加。

06.17

◆6月17日至11月24日，高雄紫雲寺於週六或日舉辦醫療保健系列講座，共七場。6月17日進行首場，邀請高雄醫學大學附設中和紀念醫院內分泌新陳代謝內科醫師林昆德主講「不易察覺的代謝症候群之一──糖尿病」，共有一百多人參加。

◆普化中心於臺中寶雲別苑舉辦聖嚴書院佛學班中區聯合結業典禮，臺中分院監院果理法師出席關懷，共有來自臺中、彰化、員林、南投等地近兩百位學員結業。

◆聖基會、法鼓文化舉辦「2012完全幸福人生」人文講談，17日於臺中分院進行，邀請蓮花基金會董事張寶方主講「人生行旅──死亡教我的人生功課」，共有兩百多人參加。

◆6月17、24日，8月5、26日，美國紐約東初禪寺舉辦週日講座，由常律法師主講「如何從生活中體驗《金剛經》的智慧」，有近六十人參加。

◆美國加州洛杉磯道場舉辦電影禪，由資深悅眾帶領賞析影片《料理鼠王》（Ratatouille）的佛法意涵，共有二十多人參加。

◆香港護法會於澳門佛教青年會舉辦禪一，由常炬法師帶領，共有十五人參加。

06.19

◆僧大於法鼓山園區階梯教室舉辦100學年度畢業製作發表會，院長方丈和尚果東法師、副院長果光法師出席關懷，共有五位應屆畢業學僧參加。

06.22

◆法鼓山受邀出席行政院內政部於臺灣大學國際會議中心舉辦的《現代國民喪禮》新書發表與研討會，由關懷院果選法師代表參加，法師除擔任與談人，並發表「當本土靈魂思想遇到環保自然葬」專題演講。

◆僧大、佛教學院於法鼓山園區舉辦畢結業典禮，三十三位畢結業生首度穿著袈裟、海青登壇，以「搭菩薩衣，傳燈發願」等具漢傳佛教特色的儀程，進行典禮。

◆美國史考蘭敦大學（University of Scranton）中國哲學與文化課程學生一行十五人，於法鼓山園區進行「宗教體驗營」，由國際發展處監院果見法師、常文法師等帶領，內容包括「漢傳禪佛教與現代社會講座」、法鼓八式動禪、托水缽及晚課體驗等。

06.23

◆傳燈院於法鼓山園區舉辦Fun鬆一日禪,由常願法師帶領,共有六十五人參加。

◆23至27日,佛教學院校長惠敏法師、副校長蔡伯郎,以及中華佛研所所長果鏡法師、法鼓大學籌備處助理教授辜琮瑜等一行,前往日本九州大分縣,參訪「立命館亞洲太平洋大學」(Asia Pacific University, APU),為法鼓大學汲取更多辦學經驗。

◆聖基會、法鼓文化舉辦「2012完全幸福人生」人文講談,23日於護法會屏東辦事處進行,邀請屏東市市長葉壽山、屏北社區大學校長周芬姿,與美國紐約東初禪寺住持果醒法師,對談「幸福的108條件」,有近兩百人參加。

06.24

◆高雄紫雲寺醫療保健系列講座,24日邀請高雄醫學大學附設中和紀念醫院內分泌新陳代謝內科醫師何俊緯主講「無聲無息的代謝症候群之二、三──高血脂症、高血壓」,共有八十多人參加。

◆慈基會於北投雲來寺舉辦北區救災整體會議,建立指揮系統統一性及跨地區協調整合能力,共有八十五人參加。

◆聖基會、法鼓文化舉辦「2012完全幸福人生」人文講談,24日於臺南分院進行,由中華佛研所榮譽所長李志夫、交流中心主任陳秀蘭主講「傳燈續慧30年──聖嚴法師辦佛教教育的願心」。

◆護法會桃園辦事處舉辦勸募聯誼會,共有一百多位護法悅眾參加。

◆北美護法會華盛頓州西雅圖分會於當地瑪莉摩爾公園(Marymoor Park)舉辦戶外野餐聯誼活動,分享學佛心得,共有三十多人參加。

06.25

◆北美護法會新澤西州分會舉辦佛學講座,邀請聖嚴師父法子果如法師主講「禪修與念佛」,共有五十多人參加。

06.27

◆法鼓山持續關懷海地震災,6月27日北美護法會新澤西州分會召集人王九令代表護法會於佛羅里達州(Florida State)邁阿密(Miami)將一批醫療器材捐贈海地醫學中心(Centre Haïtien de Recherche en Sciences de la Sante)。該批器材於7月7日抵達海地後,即分送至沛尼爾(Pernier)、薩巴瑞(Cabaret)、林貝(Limbe)等地的分院,為當地貧病患者提供更好的醫療照顧及服務。

06.28

◆由法鼓山援建的中國大陸四川省綿陽市安縣秀水第一中心小學,舉行「第二期工程暨幼兒園落成啟用典禮」,由方丈和尚果東法師、僧團副住持果品法師、美國紐約東初

禪寺住持果醒法師、大陸四川省什邡市羅漢寺方丈素全法師，以及國家宗教局、四川
省宗教事務局、綿陽市各級地方政府代表等共同剪綵；秀水鎮民興中學圖書館援建工
程，也於下午舉行動土典禮。

◆人基會於德貴學苑舉辦「2012真大吉祥心靈講座」，28日邀請台積電文教基金會董事
張淑芬主講「用心看世界」，共有一百二十多人參加。

06.29

◆法鼓山人基會與法務部矯正署花蓮監獄、臺灣花蓮地方法院檢察署於花蓮監獄禮堂舉
辦「心幸福音樂會」，由心六倫行動大使聲樂家張杏月演唱聖嚴師父作詞的〈在平安
裡〉、〈智慧〉、〈心安平安〉等十一首歌曲，法務部部長曾勇夫、人基會祕書長李
伸一均出席致詞。

◆6月29日至9月9日，僧團果徹法師展開北美弘法關懷，內容包括舉辦佛學講座、帶領
禪修等。6月29日至7月6日於加州洛杉磯道場舉辦默照禪七，為方便禪眾修行，特別
合併禪三、禪七兩個禪期舉辦，有近五十人參加。

◆北美護法會伊利諾州芝加哥分會舉辦專題演講，邀請聖嚴師父法子吉伯·古帝亞茲
（Gilbert Gutierrez）主講「什麼是慈悲心？」，共有四十多人參加。

06.30

◆6月30日至7月1日，僧團於法鼓山禪堂舉辦「僧活營」，內容包括：回心家的路、想
當年、心的轉捩點、報恩朝山、一路走來、一起向前走等六個單元，共有兩百二十位
僧眾參加。

◆6月30日至2013年4月13日，普化中心於護法會花蓮辦事處開辦聖嚴書院福田班
「10110花蓮班」，共十堂課，有近一百七十人參加。

◆聖基會舉辦「這一團──一人一故事劇團」服務演出，30日於護法會文山辦事處進
行，共有四十多人參加。

◆護法會高雄北區辦事處於大崗山風景區舉辦戶外聯誼活動，共有八十位勸募會員及其
親友參加。

◆6月30日至7月6日，美國紐約東初禪寺於象岡道場舉辦念佛禪七，邀請聖嚴師父法子
果如法師帶領，為方便禪眾參與，禪期分五天、七天兩個階段，共有六十五位來自北
美各地的人士參加。

◆馬來西亞道場舉辦《大悲懺》共修，有近八十人參加。

◆6月30日至7月1日，北美護法會伊利諾州芝加哥分會舉辦禪修講座，邀請聖嚴師父法
子吉伯·古帝亞茲指導默照禪，共有五十多人參加。

 **7**月 JULY

07.01

◆《人生》雜誌第347期出刊。

◆《法鼓》雜誌第271期出刊。

◆法鼓文化出版新書：琉璃文學系列《尋找善知識──《華嚴經》善財童子五十三參》
（陳琪瑛著）；智慧人系列《菩薩真義──觀世音菩薩救世精神‧地藏菩薩本願經概
說》（東初老和尚著）。

◆《金山有情》季刊第41期出刊。

◆僧大出版《法鼓山僧伽大學畢業製作選集》，書中收錄2006至2011年學僧畢業製作中
的十二篇論文作品，記錄了學僧們法身慧命之思考與軌跡。

◆香港護法會舉辦「大事關懷初階課程」，內容包括生命教育繪本賞析、法鼓山大事關
懷服務介紹等，由關懷院果選法師帶領，共有一百六十人參加。

07.02

◆法鼓山於園區舉辦第六屆全球僧團大會，共有來自海內外兩百零七位僧眾出席，會中
通過由現任方丈和尚果東法師續任第四任方丈，並遴選出二十五位第五屆僧團代表及
修訂〈法鼓山僧團共住規約〉，僧團都監果廣法師也在會中提出「法鼓山的永續發
展」報告。

07.03

◆7月3日至8月28日，臺北中山精舍每週二舉辦佛教藝術課程，邀請鹿野苑藝文學會講
師鄭念雪帶領賞析佛像藝術，有近四十人參加。

◆3至24日，臺南分院每週二舉辦佛學課程，邀請屏東商業技術學院副教授林其賢主講
「佛教心理學──唯識概論四講」，有三十多人參加。

◆3至15日，禪修中心副都監果元法師、信眾服務處監院常續法師前往墨西哥弘法關
懷，內容包括講授佛學課程、帶領禪七、主持禪一工作坊等。

◆中國大陸保利集團總經理張振高、辜公亮文教基金會執行長辜懷群、「Yam蕃薯藤」創
意總監潘恆旭等一行九人，下午參訪法鼓山園區，並向方丈和尚果東法師請益佛法。

07.04

◆4至8日，臺東信行寺舉辦「2012法鼓山兒童心靈環保體驗營」，共有九十多位國小學
童參加。

◆4日至25日，普化中心每週三晚上於北投雲來寺舉辦「法鼓講堂」佛學課程，邀請聖
嚴書院佛學課程講師大常法師主講「心的經典──《心經》」，法鼓山數位學習網並
進行線上直播。

◆4至6日，慈基會六龜、林邊安心站於屏東墾丁舉辦戶外探索營，內容包括生態導覽、漫步水上草原、淺水浮潛等，共有七十七位六龜、林邊地區的國中生參加。

◆4至6日，人基會心劇團於德貴學苑舉辦「幸福親子體驗營」隊輔及義工培訓課程，共有二十四名青年參加。

07.05

◆法行會於臺北國賓飯店舉辦第一三七次例會，由僧團常隨法師導讀《聖嚴說禪》，有近一百四十人參加。

◆5至12日，教聯會於法鼓山禪堂舉辦「教師心靈環保進階研習營」暑期禪七，由中華佛研所所長果鏡法師帶領，共有一百零七人參加。

07.06

◆6至18日，美國紐約東初禪寺住持果醒法師於加拿大溫哥華道場弘法關懷，內容包括佛學講座、禪七等。6至13日，進行話頭禪七，共有三十四人參加。

◆6至8日，馬來西亞道場舉辦「讓快樂的細胞活起來」專題講座。6日於《星洲日報》報社禮堂邀請實踐大學社會工作學系副教授楊蓓主講「自在溝通——人我互動，從心出發」，有近五百人參加。

07.07

◆法鼓山於三峽天南寺舉辦「社會菁英禪修營第七十三次共修會」，由僧團副住持果品法師帶領，共有八十四人參加。

◆7至8日，臺北安和分院舉辦「2012法鼓山兒童心靈環保體驗營」，共有一百位國小三至五年級學童參加。

◆護法會林口辦事處舉辦助念成長營暨聯誼會，由關懷院常捷法師、助念團團長顏金貞、副團長陳慈光帶領，共有一百多人參加。

◆禪修中心副都監果元法師、信眾服務處監院常續法師於墨西哥弘法，7至8日於西海岸納亞里特州（Nayarit）的玉堂海灣（Mar de Jade）禪修中心講授基礎佛學課程，有近三十人參加。

◆普化中心於美國紐約象岡道場舉辦海外地區聖嚴書院福田班（東初禪寺班、新澤西班）第六次課程「體驗法鼓山」，感受法鼓山道場的禪悅境教及聖嚴師父在海外弘法的悲願，共有一百七十多位學員參加。

◆馬來西亞道場舉辦「讓快樂的細胞活起來」專題講座，7日邀請實踐大學社會工作學系副教授楊蓓主講「禪式工作學——八風吹不動的工作禪」，有近五百人參加。

◆7至8日，香港護法會舉辦初級禪訓密集班，有近六十人參加。

07.08

◆7月8日至9月21日，三峽天南寺於週六或日舉辦導覽員培訓課程，共四堂，由常應法師帶領，內容包括法鼓山的理念、心靈環保、天南寺景觀與動植物的生態介紹等，有近三十人參加。

◆7月8日至8月11日期間，臺南雲集寺於週六或日舉辦「完全幸福修煉五講」系列課程，共五場，由聖嚴書院講師郭惠芯主講，以《正信的佛教》、《學佛群疑》為基礎，帶領初學佛者探索人間佛教的幸福之道。8日進行首場，主題是「遠行之船的定向儀——智者的生命觀」。

◆7月8日至12月8日期間，傳燈院於德貴學苑、三峽天南寺舉辦「中級1禪訓班輔導學長培育」課程，共六堂，由監院常源法師帶領，有近五十人參加。

◆為接引新皈依弟子認識佛法及法鼓山理念，8至22日，普化中心於週日在臺南分院舉辦「快樂學佛人」系列課程，共三堂，有近七十人參加。

◆助念團舉辦「2012法鼓山助念團悅眾成長營」，8日於臺中寶雲別苑進行，由關懷院果選法師帶領，有近一百九十人參加。

◆禪修中心副都監果元法師、信眾服務處監院常續法師於墨西哥弘法關懷，8至15日於西海岸納亞里特州的玉堂海灣禪修中心帶領禪七，有近四十人參加。

◆美國紐約東初禪寺舉辦週日講座，邀請聖嚴師父西方弟子哈利・米勒主講「無門關三十八——解放牛尾巴」，有近四十人參加。

◆僧團果徹法師於北美弘法關懷，8至15日期間，於美國加州洛杉磯道場舉辦佛學講座，弘講「中觀的智慧」，共五堂，有近五十人參加。

◆馬來西亞道場舉辦「讓快樂的細胞活起來」專題講座，8日於鶴鳴禪寺邀請實踐大學社會工作學系副教授楊蓓帶領「親密與孤獨工作坊」，有近一百三十人參加。

◆7月8日至8月12日，香港護法會每週日舉辦心靈環保兒童班，課程主題包括品德、生命教育、四種環保的實踐等，由資深悅眾帶領，共有三十多位八至十二歲小學員參加。

07.09

◆9至12日，北投農禪寺舉辦「2012法鼓山兒童心靈環保體驗營」，由於正值建築改建期間，改於北投雲來寺展開，共有一百三十多位國小學童參加。

◆9至11日，慈基會甲仙安心站於高雄市杉林區成功社區舉辦「2012法鼓山兒童心靈環保體驗營」，共有六十四位國小學童參加。

07.11

◆外交部主辦「2012國際青年臺灣研習營」，法鼓山園區以兼具文化與自然之美被列為主要參訪單位，第一梯次安排來自二十個國家的四十五位外國學員及臺灣甄選出的二十四位學員至法鼓山園區參訪，共同體驗境教之美。

07.12

◆12至15日，法鼓山園區舉辦「2012法鼓山兒童心靈環保體驗營」第一梯次，共有一百五十多位國小學童參加。

◆7月12日至9月20日期間，高雄紫雲寺於週四舉辦「樂齡Fun輕鬆」課程，共九堂，內容結合禪法、佛法、人文涵養及生活美學，引領長者樂活成長學習。

07.13

◆13至14日，三學院於法鼓山園區舉辦請執培訓課程，共有十八位新領執僧眾參加。

◆13至15日，三峽天南寺舉辦初級禪訓班二日營，由常品法師帶領，共有一百一十一人參加。

◆13至15日，桃園齋明寺舉辦「2012法鼓山兒童心靈環保體驗營」第一梯次，有近一百位國小學童參加。

◆為提昇社會大眾對於心靈環保的認知，提供參與法鼓山推廣各項淨化人心、淨化社會的行動指南，法鼓山全球資訊網增設「心靈環保主題專區」，提供尋找相關的實用資訊。

◆13至15日，傳燈院於三義DIY心靈環保教育中心舉辦法鼓八式動禪義工講師培訓——立姿，由常願法師帶領，共有四十七人參加。

◆13至29日，僧大副院長果光法師於北美護法會加州舊金山分會弘法關懷，內容包括佛學講座、帶領禪修等。13日為分會舉辦的「心六倫講座」進行首場演講，以「心靈環保經濟學——21世紀的心經濟主張」為主題，共有三十多人參加。

◆7月13日至8月31日，新加坡護法會每週五舉辦心靈環保課程，內容包括心靈環保的理念、心靈環保的日常運用等，有近二十人參加。

◆13至15日，三峽天南寺舉辦初級禪訓班二日營，由常品法師帶領，共有一百一十一人參加。

07.14

◆14至15日，南投德華寺舉辦禪二，由副寺果弘法師帶領，共有三十四人參加。

◆14至15日，臺南雲集寺舉辦「2012法鼓山兒童心靈環保體驗營」，有近一百位國小學童參加。

◆14至21日，禪堂於臺東信行寺舉辦初階禪七，由臺南分院監院果謙法師帶領，共有七十八人參加。

◆為接引新皈依弟子認識佛法及法鼓山理念，7月14日至8月11日期間，普化中心於週六在臺北安和分院舉辦「快樂學佛人」系列課程，共三堂，有近一百五十人參加。

◆7月14日至9月1日，法鼓山社大舉辦社大暨《金山有情》季刊十週年「發現心靈真善美」系列活動，內容包括名人講座、音樂會、園遊會等。14日於新北市萬里區萬里國小舉辦藝術名人講座，邀請藝術家林銓居主講「滋養心地‧耕耘大地」。

◆法鼓大學籌備處於德貴學苑舉辦「哲學家的咖啡館」系列活動，14日主題是「改變與創造」，由該院助理教授辜琮瑜帶領，共有二十多人參加。

◆14至15日，護法總會新莊辦事處舉辦「2012法鼓山兒童心靈環保體驗營」，共有七十多位國小學童參加。

◆美國紐約象岡道場舉辦禪一，由監院常聞法師帶領，有近二十人參加。

◆美國紐約東初禪寺住持果醒法師於加拿大溫哥華道場弘法關懷，14日帶領生活禪工作坊，共有四十人參加。

◆僧大副院長果光法師於北美護法會加州舊金山分會弘法關懷，14至18日舉辦佛學講座，講授「禪門寶典《六祖壇經》」，共四堂，有三十多人參加。

◆少年鋼琴家「牛牛」張勝量，在父親張長峰與母親施志麗的陪同下，參訪法鼓山園區，並與方丈和尚果東法師餐敘。

07.15

◆15至21日，青年院於法鼓山園區舉辦第一梯次「2012夏季青年卓越禪修營」，由常元法師帶領，共有一百一十二位來自美國、日本、馬來西亞、香港、中國大陸以及臺灣各地的青年參加。

◆《法鼓佛教院訊》第20期出刊。

◆聖基會、法鼓文化舉辦「2012完全幸福人生」人文講談，15日於臺中分院進行，由聖基會董事傅佩芳主講「女性的自覺之道——絢爛與平靜」，共有一百六十五人參加。

◆護法會淡水辦事處舉辦「2012法鼓山兒童心靈環保體驗營」，共有八十多位國小學童參加。

◆禪修中心副都監果元法師、信眾服務處監院常續法師於墨西哥弘法，15日於哈利斯科州（Jalisco）瓜達拉哈拉（Guadalajara）主持禪一工作坊，共有三十人參加。

◆15至29日，美國紐約東初禪寺每週進行週日講座，由常諦法師主講「阿彌陀佛四十八願」，有近七十人參加。

◆美國紐約東初禪寺住持果醒法師於加拿大溫哥華道場弘法關懷，15至18日舉辦佛學講座，主講《楞嚴經》，共五堂，有八十多人參加。

◆馬來西亞道場舉辦專題講座，邀請作家林艾霖主講「禪修如何改變健康」，有近六十人參加。

◆香港護法會舉辦禪一，共有七十五人參加。

07.17

◆為落實對青少年的關懷，7月17日至8月15日暑假期間，法鼓山於全球資訊網舉辦「尋找101個微笑」公益活動，並獎勵上傳親自拍攝與「微笑」相關主題的照片、獲得最多人按讚的前二十名，致贈結緣品，鼓勵青少年朋友逢人面帶微笑、身心常保放鬆。

◆方丈和尚果東法師上午於北投雲來寺大殿，對僧團法師、全體專職精神講話，分享推廣三大教育現況，全臺各分院道場同步視訊連線聆聽開示，有三百多人參加。

07.18

◆18至22日，法鼓山園區舉辦「2012法鼓山兒童心靈環保體驗營」第二梯次，共有一百多位國小學童參加。

◆18至24日，香港護法會參加於香港灣仔會議中心舉行的「2012香港書展」，展出聖嚴師父著作與法鼓山出版品，推廣心靈環保理念，共有五千多人次造訪。

07.19

◆方丈和尚果東法師受邀至新北市衛生局，以「一轉念，就有生命的能量」為題，與兩百位市府員工和民眾分享如何保持正念、面對人生困境。

07.20

◆北投雲來寺舉辦「節能減碳從你我做起」專題講座，邀請工業技術研究院經理傅孟壹主講，分享節約用電觀念，推廣日常生活的節能環保教育，全臺各分院道場同步視訊連線聆聽。

◆20至22日，桃園齋明寺舉辦「2012法鼓山兒童心靈環保體驗營」第二梯次，有近一百位國小學童參加。

◆馬來西亞道場舉辦專題講座，邀請臺灣臨床心理醫師黃龍杰於《星洲日報》報社禮堂，主講「揮別憂鬱迎向陽光——向憂鬱Say Bye Bye」，有近四百人參加。

◆北美護法會安省多倫多分會於當地莉蓮‧史密斯圖書館（Lillian H. Smith Library）會議室舉辦佛學講座，邀請聖嚴師父西方法子吉伯‧古帝亞茲（Gilbert Gutierrez）主講「從禪的角度來談大悲心的修持」，共有三十四人參加。

07.21

◆弘化院於臺中寶雲別苑舉辦「2012年大悲心水陸法會共修帶領人」培訓課程，由弘化院監院果悅法師、水陸小組召集人果概法師等帶領，共有四十多人參加。

◆21至22日，臺中分院於三義DIY心靈環保教育中心舉辦初級禪訓二日營，由果雲法師帶領，共有九十一人參加。

◆21至22日，臺南安平精舍舉辦「2012法鼓山兒童心靈環保體驗營」，有近七十位國小學童參加。

◆高雄紫雲寺醫療保健系列講座，21日邀請高雄醫學大學附設中和紀念醫院營養部營養師吳采錦主講「代謝症候群之飲食控制」，共有七十多人參加。

◆普化中心於北投雲來寺舉辦聖嚴書院佛學班北區聯合結業典禮，普化中心副都監果毅法師出席關懷，共有三百七十多人參加。

◆慈基會於高雄紫雲寺舉辦「百年樹人獎助學金慰訪義工培訓」課程，邀請長榮大學社會工作系講師陳宜珍帶領，共有五十六位高雄、屏東地區慰訪義工參加。

◆21至22日，護法總會員林辦事處舉辦「2012法鼓山兒童心靈環保體驗營」，共有六十多位國小學童參加。

◆護法會文山辦事處舉辦新皈依弟子聯誼活動，由悅眾介紹地區共修活動與參與義工服務的方式，有近四十人參加。

◆21至24日，教聯會於三峽天南寺舉辦「教師心靈環保自我成長營」，由關懷中心副都監果器法師帶領，共有一百零九人參加。

◆美國紐約東初禪寺住持果醒法師應漢傳佛教文化協會之邀，於紐約法拉盛喜來登飯店（Sheraton LaGuardia East Hotel）主講「胡說八道——從口頭禪談漢傳佛教」，介紹佛教的起源與初衷，傳遞禪的意境。

◆21至28日，美國紐約象岡道場舉辦禪七，邀請聖嚴師父法子繼程法師帶領，共有四十九人參加。

◆馬來西亞道場於《星洲日報》報社禮堂舉辦「在工作中發現微笑」工作坊，邀請臺灣臨床心理醫師黃龍杰帶領學習職場壓力的管理，共有五十人參加。

◆北美護法會安省多倫多分會於多倫多大學多元信仰中心舉辦初階禪修講座，邀請聖嚴師父西方法子吉伯‧古帝亞茲帶領，共有五十五人參加。

◆21至22日，臺中分院於三義DIY心靈環保教育中心舉辦初級禪訓班二日營，由果雲法師帶領，共有一百零七人參加。

◆7月21日至8月25日，法青會高雄分會每週六於高雄三民精舍舉辦「快樂在哪裡？」生活佛法課程，由慈基會副祕書長常法法師帶領，有三十多人參加。

07.22

◆臺南雲集寺「完全幸福修煉五講」課程，22日進行第二場，講師郭惠芯以「我，最珍貴——現在正好，以後更好」為主題，帶領學員探索人間佛教的幸福之道。。

◆22至29日，青年院於法鼓山禪堂舉辦青年初階禪七，由常義法師等帶領，共有一百三十多人參加。

◆7月22日至2013年4月14日，普化中心於三峽天南寺開辦聖嚴書院福田班「10111天南寺班」，共十堂課，有近兩百二十人參加。

◆為接引新皈依弟子認識佛法及法鼓山理念，7月22日至8月12日，普化中心於週日在臺東信行寺舉辦「快樂學佛人」系列課程，共三堂，有四十多人參加。

◆護法會高雄北區、南區勸募會員分別於上、下午在高雄紫雲寺展開聯誼活動，關懷中心副都監果器法師、護法總會主任陳高昌等到場關懷，各有一百四十六位、一百一十四位鼓手參加。

◆僧大副院長果光法師於北美護法會加州舊金山分會弘法關懷，22日帶領戶外禪，共有三十六人參加。

◆北美護法會安省多倫多分會於多倫多大學多元信仰中心舉辦進階禪修講座，邀請聖嚴師父西方法子吉伯·古帝亞茲帶領，共有四十七人參加。

07.23

◆23至26日，慈基會於中國大陸四川什邡、秀水安心站舉辦「生命教育心靈環保體驗營」國小營隊，主題為「讓我們的心飛揚一夏」，分別帶領一百六十二位、八十三位學童思考、體驗心靈環保。

◆23至26日，慈基會於中國大陸四川綿陽中學舉辦「生命教育心靈環保體驗營」高中營隊，主題為「閱讀·生命的樂章」，帶領五百二十位高中生認識自我與生命。

◆僧大副院長果光法師於北美護法會加州舊金山分會弘法關懷，23至27日舉辦佛學講座，講述「漢傳佛教禪觀——聖嚴法師禪門教法」，共四堂，有四十多人參加。

◆僧團果徹法師於北美弘法關懷，7月23日至8月6日期間於北美護法會華盛頓州西雅圖分會舉辦佛學講座，弘講「中觀的智慧」，共七堂，有近四十人參加。

◆菲律賓臺商總會總會長施明星一行三人，上午參訪法鼓山園區，表達對法鼓山為菲國瓦西颱風風災援助的感謝，並遞交菲國眾議會感謝臺灣人道救援的決議文。

07.24

◆24至25日，新浪網「心靈講堂」節目團隊，於法鼓山園區拜會方丈和尚果東法師，並採訪多位僧團法師與學僧代表，希望透過對於法鼓山宗教精神及理念的介紹，引導華人地區在經濟起飛、生活富裕後，從而開展、重視心靈關懷的層面。

07.25

◆ 25至29日，法鼓山園區舉辦「2012法鼓山兒童心靈環保體驗營」第三梯次，共有一百二十八位國小六年級學童參加。

◆ 臺北市佛教會理事長明光法師、廈門佛教協會副會長淨心法師帶領一百七十多位參與第二屆海峽兩岸青年禪文化體驗營的學員與法師，至法鼓山園區參訪，並與方丈和尚果東法師茶敘，進行交流。

07.26

◆ 人基會於德貴學苑舉辦「2012真大吉祥心靈講座」，26日邀請土地銀行董事長王耀興主講「自我覺察向上提昇」，有六十多人參加。

07.28

◆ 弘化院於高雄紫雲寺舉辦「2012年大悲心水陸法會共修帶領人」培訓課程，由水陸小組召集人果慨法師、文化中心副都監果賢法師等帶領，共有六十多人參加。

◆ 北投雲來寺舉辦禪一，由監院常貫法師帶領，共有九十五人參加。

◆ 臺東信行寺舉辦佛學講座，邀請成功大學經濟系副教授許永河主講「談情說愛——愛，唉、哀、礙」，從佛學的觀點探討「情」與「愛」的真義，有近八十人參加。

◆ 傳燈院於法鼓山園區舉辦Fun鬆一日禪，由常願法師帶領，共有六十人參加。

◆ 法鼓山社大暨《金山有情》季刊十週年「發現心靈真善美」系列活動，28日於新北市石門區石門國小舉辦環保園遊會，讓二手資源重獲新生命。

◆ 7月28至29日、8月4至5日、8月11至12日，人基會心劇團於德貴學苑舉辦「幸福親子體驗營」，以戲劇形式推廣心六倫，三梯次共有兩百六十位親子參加。

◆ 聖基會舉辦「這一團——一人一故事劇團」服務演出，28日於護法會林口辦事處進行，共有四十多人參加。

◆ 28至29日，護法會海山辦事處於三峽天南寺舉辦「2012法鼓山兒童心靈環保體驗營」，共有一百三十位國小學童參加。

◆ 馬來西亞道場舉辦大悲懺法會，由監院常慧法師帶領，有近八十人參加。

◆ 7月28日至12月1日期間，北美護法會新澤西州分會於週六開辦素食烹飪班，共八堂課，有近三十位學員參加。

◆ 僧大副院長果光法師於北美護法會加州舊金山分會弘法關懷，28至29日帶領禪二，共有二十多人參加。

07.29

◆ 南投德華寺舉辦佛一暨八關戒齋法會，由副寺果弘法師帶領，共有四十六人參加。

◆ 臺南雲集寺「完全幸福修煉五講」課程，29日進行第三場，講師郭惠芯以「轉角遇見貴人——分享的福澤」為主題，帶領聽眾探索人間佛教的幸福之道。

◆ 7月29日至2013年5月26日，普化中心於臺南分院開辦聖嚴書院福田班「10112臺南班」，共十堂課，有近兩百三十人參加。

◆29至30日，慈基會於中國大陸四川安縣秀水第一中心小學舉辦「生命教育心靈環保體驗營」國小營隊，主題為「讓我們的心飛揚一夏」，帶領一百四十四位學童思考、體驗心靈環保。

◆7月29日至8月26日期間，美國洛杉磯道場於週日舉辦佛學講座，共四堂，由僧團常延法師弘講《圓覺經》，有五十多人參加。

◆僧團果徹法師於北美弘法關懷，29日於北美護法會華盛頓州西雅圖分會帶領禪一，共有三十多人參加。

07.30

◆7月30日至8月5日，臺北安和分院舉辦《地藏經》共修，由監院果旭法師帶領，共有一千兩百多人次參加。

◆7月30日至8月1日，臺北中山精舍舉辦「2012法鼓山兒童心靈環保體驗營」第一梯次，共有八十多位國小學童參加。

◆7月30日至8月1日，高雄紫雲寺舉辦「2012法鼓山兒童心靈環保體驗營」第一梯次，有近一百位國小學童參加。

◆30至31日，慈基會於中國大陸四川安縣民興中學舉辦「生命教育心靈環保體驗營」初中營隊，主題為「從心起、做自己」，帶領一百八十二位學員認識自我。

07.31

◆7月31日至8月9日，禪堂於三義DIY心靈環保教育中心舉辦中階禪十，由常鐘法師帶領，共有八十四人參加。

◆法鼓山受邀至桃園縣舉辦的「殯葬管理業務研習班」，推廣「環保自然葬法」，由關懷院果選法師說明法鼓山結合四種環保、蘊含生命教育的植存理念，包括民政局副局長徐喜廷，共有八十多位該縣鄉鎮市公所殯葬業務人員、殯葬業者參加。

◆7月31日至8月10日，聖嚴師父法子繼程法師於波蘭德露潔芙（Dluzew）主持禪十，僧團常聞法師、常襄法師共同前往，帶領三十八位來自十個國家的禪眾精進修行。

8月 AUGUST

08.01

◆《人生》雜誌第348期出刊。

◆《法鼓》雜誌第272期出刊。

◆法鼓文化出版新書：大自在系列《真愛的功課》（*Learning True Love:Practicing Buddhism in a Time of War*）（真空法師Sister Chan Khong著，陸鴻基等譯）；禪味廚房系列《醬醬好料理》（陳進佑、李俊賢著）；法鼓佛教學院譯叢系列《知識與解脫──促成宗教轉化之體驗的藏傳佛教知識論》（*Knowledge and Liberation: Tibetan Buddhist Epistemology in Support of Transformative Religious Experience*）（安妮‧克萊因Anne C. Klein著，劉宇光譯）。

◆1至5日，美國紐約東初禪寺於象岡道場舉辦親子禪修體驗營，分為成人、青少年及兒童三組，由住持果醒法師等帶領，共有六十多人參加。

◆1至22日，加拿大溫哥華道場每週三舉辦初級禪訓班，由監院果舟法師帶領，有近三十人參加。

◆香港護法會舉辦佛學講座，由禪修中心副都監果元法師主講「無盡的身教——聖嚴法師的行履足跡」，有近四百人參加。

◆外交部主辦「2012國際青年臺灣研習營」，法鼓山園區以兼具文化與自然之美被列為主要參訪單位，第二梯次安排來自十個國家之三十二位外國學員及臺灣甄選出的八位學員至法鼓山園區參訪，共同體驗境教之美。

08.02

◆2至4日，臺北中山精舍舉辦「2012法鼓山兒童心靈環保體驗營」第二梯次，共有六十多位國小學童參加。

◆法行會於臺北國賓飯店舉辦第一三八次例會，由方丈和尚果東法師主講「轉念的智慧」，有近兩百人參加。

◆香港護法會舉辦禪學講座，由禪修中心副都監果元法師主講「禪——輕鬆自在過生活」，有近四百人參加。

08.03

◆3至5日，北投文化館舉辦中元報恩地藏法會，由監院果諦法師帶領，共有兩百多人次參加。

◆3至5日，三峽天南寺舉辦禪二，由常品法師帶領，共有一百二十八人參加。

◆3至5日，高雄紫雲寺舉辦「2012法鼓山兒童心靈環保體驗營」第二梯次，共有一百四十多位國小學童參加。

◆3至11日，僧大副院長果光法師於北美護法會伊利諾州芝加哥分會弘法關懷，內容包括帶領禪修、舉辦佛學講座等。3至7日於分會帶領中英話頭禪五，有近三十人參加。

08.04

◆臺南雲集寺「完全幸福修煉五講」課程，4日進行第四場，講師郭惠芯以「如何生病？——學習慢慢變老」為主題，帶領學員探索人間佛教的幸福之道。

◆法鼓山社大暨《金山有情》季刊十週年「發現心靈真善美」系列活動，4日於新北市金山區金美國小進行閱讀名人講座，由社大校長曾濟群主講「以閱讀培育心視界」，並邀請三和國小校長楊涵茵、金山高中圖書館主任江櫻梅參與對談。

◆4至8日，慈基會於中國大陸四川省峨嵋山大佛禪院舉辦「生命教育心靈環保體驗營」大學營隊，主題為「遇見‧生命中的自己」，帶領五百二十位學員認識自我與生命的本質與內涵。

◆香港護法會舉辦悅眾禪一，由禪修中心副都監果元法師帶領，有近一百人參加。

08.05

◆弘化院於北投雲來寺舉辦「2012年大悲心水陸法會共修帶領人」培訓課程，由弘化院監院果悅法師、水陸小組召集人果慨法師等帶領，共有八十多人參加。

◆臺南分院於臺南雲集寺舉辦悅眾成長營，邀請屏東商業技術學院副教授林其賢帶領，分享承擔工作的心法，有近一百八十人參加。

◆8月5日至2013年5月14日，普化中心於桃園齋明寺開辦聖嚴書院福田班「10113齋明班」，共十堂課，有近三百三十人參加。

◆5至6日，佛教學院於桃園齋明寺新禪堂舉辦校務行政研習營，並邀請臺北大學企業管理系教授陳銘薰講授「行政法、行政服務與行政溝通」，包括校長惠敏法師、行政副校長果肇法師，共有三十多位教職員參加。

◆北美護法會華盛頓州西雅圖分會舉辦地藏法會，由僧團果徹法師帶領，有近五十人參加。

08.06

◆6至12日，青年院於三峽天南寺舉辦第二梯次「2012夏季青年卓越禪修營」，由常澧法師帶領，共有一百一十二位來自美國、日本、馬來西亞、香港、中國大陸以及臺灣各地的青年參加。

◆6至12日，美國紐約東初禪寺於象岡道場舉辦「七日楞嚴禪修營」，由住持果醒法師帶領，常華法師擔任總護，共有六十多位禪眾參加。

◆加拿大溫哥華道場舉辦佛一，由監院果舟法師帶領，共有四十多人參加。

08.07

◆慈基會祕書長果器法師與總幹事江弘基，出席高雄市政府於鳳山大東藝文活動中心舉辦的「愛與勇氣、啟動未來」莫拉克三週年紀念活動，果器法師並代表法鼓山，接受市長陳菊頒贈感謝狀。

◆8月7日至9月18日，美國加州洛杉磯道場於週二舉辦法器培訓課程，共六堂，由紐約東初禪寺果明法師帶領。

◆僧大副院長果光法師於北美護法會伊利諾州芝加哥分會弘法關懷，7至10日舉辦佛學講座，主講《六祖壇經》，有近三十人參加。

08.08

◆8至9日，臺中分院於弘光科技大學舉辦「2012法鼓山兒童心靈環保體驗營」第一梯次，共有一百二十位國小學童參加。

◆8至29日，普化中心每週三晚上於北投雲來寺舉辦「法鼓講堂」佛學課程，由中華佛研所所長果鏡法師主講「觀音妙智——耳根圓通法門」，法鼓山數位學習網並進行線上直播。

◆方丈和尚果東法師、慈基會祕書長果器法師與總幹事江弘基，出席行政院莫拉克重建會於臺大醫院國際會議廳舉辦的「愛‧奉獻——莫拉克災後重建三週年民間貢獻獎頒獎典禮」，方丈和尚並代表法鼓山，接受總統馬英九頒贈「特殊貢獻獎」紀念獎座及獎狀。

◆僧團果徹法師於北美弘法關懷，8日於北美護法會華盛頓州西雅圖分會帶領禪修監香培訓課程，共有二十多人參加。

◆為了解法鼓山推動的環保自然葬作業模式，桃園縣政府民政局副局長徐喜廷、各鄉鎮市公所殯葬業務人員一行二十九人至金山環保生命園區參訪，由關懷院果選法師就植存的理念及實際運作方式，進行導覽與說明。

08.09

◆8月9日至11月15日，普化中心隔週週四於桃園齋明寺開辦「法鼓長青班」，以聖嚴師父的人生哲學為核心，為六十歲以上的長者設計八堂專屬課程，有七十多人參加。

08.10

◆10至14日，臺中分院於弘光科技大學舉辦「2012法鼓山兒童心靈環保體驗營」第二梯次，共有一百五十位國小學童參加。

◆10至19日，禪堂於三義DIY心靈環保教育中心舉辦話頭禪九，由常地法師帶領，共有四十六人參加。

◆10至13日，慈基會於中國大陸四川秀水安心站舉辦「生命教育心靈環保體驗營」兒童營隊，主題為「讓我們的心飛揚一夏」，帶領一百一十九位學童思考、體驗心靈環保。

◆10至13日，慈基會於中國大陸四川安縣什邡中學舉辦「生命教育心靈環保體驗營」高中營隊，以「閱讀‧生命的樂章」為主軸，帶領四百六十四位高中生透過活動認識自我與生命。

08.11

◆弘化院於臺東信行寺舉辦「2012年大悲心水陸法會共修帶領人」培訓課程，由水陸小組召集人果概法師帶領，共有五十多人參加。

◆桃園齋明寺舉辦Fun鬆一日禪，由常心法師帶領，有近一百人參加。

◆臺南分院舉辦禪一，由監院果謙法師帶領，共有六十七人參加。

◆臺南雲集寺「完全幸福修煉五講」課程，11日進行第五場，講師郭惠芯以「美好光明的告別」為主題，帶領學員探索人間佛教的幸福之道。

◆臺東信行寺舉辦專題講座，由法鼓大學籌備處助理教授辜琮瑜主講「看見自己活出生命」，闡述了解自己、肯定自己與消融自己的重要性，共有九十多人參加。

◆11至12日，法鼓山於金山法鼓山社大舉辦「2012法鼓山兒童心靈環保體驗營」，共有九十多位國小學童參加。

◆僧大副院長果光法師於北美護法會伊利諾州芝加哥分會弘法關懷，11日舉辦佛學講座，主講「心靈環保經濟學——21世紀的心經濟主張」，有近三十人參加。

◆11至12日,桃園齋明寺、法青會桃園分會於該寺及新竹縣尖石鄉那羅部落舉辦大專成長挑戰營,內容包括健行、溯溪、野營等戶外探索體驗,共有四十位青年學子參加。

◆8月11日至9月15日,基隆精舍舉辦中元報恩《地藏經》共修,由副寺果啟法師帶領,共有一千多人次參加。

08.12

◆三學院於法鼓山園區舉辦園區機動組義工培訓課程,由常全法師等帶領,共有二十二人參加。

◆12至19日,青年院於三峽天南寺舉辦青年精進禪七,由常元法師等帶領,有近五十人參加。

◆護法會海山辦事處舉辦助念成長營暨聯誼會,由助念團團長顏金貞、副團長黃欣逸帶領,關懷院監院常健法師全程關懷,共有一百三十多人參加。

◆教聯會臺中教聯組於臺中寶雲別苑舉辦第一次聯誼活動,臺中分院監院果理法師出席關懷,共有五十多位教師參加。

◆美國紐約東初禪寺舉辦週日講座,由常懿法師主講「歡喜看生死」,有近五十人參加。

◆僧團果徹法師於北美弘法關懷,12至21日期間,於加拿大溫哥華道場舉辦佛學講座,弘講「中觀的智慧」,共六堂,有近七十人參加。

◆僧大副院長果光法師於北美護法會伊利諾州芝加哥分會弘法關懷,12日舉辦英文佛學講座,主講「佛教經濟學與心靈環保」(Buddhist Economics & Protecting the Spiritual Environment),共有二十多人參加。

◆香港護法會於當地寶覺中學舉辦孝親報恩地藏法會,由關懷中心副都監果器法師主法,共有五百三十多人參加。

08.14

◆14至19日,馬來西亞道場於當地八打靈再也市萬達鎮佛教會舉辦的中英禪五,邀請聖嚴師父法子果峻法師帶領,共有三十五人參加。

08.15

◆法鼓山受邀出席一行禪師於德國科隆(Cologne)新成立的「歐洲佛教應用學院」(European Institute of Applied Buddhism, EIAB)啟用典禮,由僧團常隨法師代表參加,致上祝福。

◆8月15日至9月5日,美國加州洛杉磯道場每週三舉辦初級禪訓班,由紐約東初禪寺果明法師帶領,有近二十人參加。

◆緬甸鳩摩羅長老(Venerable Kumarabhivamsa)帶領九國駐地住持、中緬南傳佛教協會信眾一行三十人,參訪法鼓山園區,由僧團副住持果暉法師、禪修中心副都監果元法師、國際發展處監院果見法師等代表接待,進行交流。

08.17

◆17至19日，臺中分院舉辦中元報恩地藏法會，由監院果理法師帶領，共有六百多人次參加。

◆17至19日，傳燈院於法鼓山園區舉辦初級禪訓班輔導學長培訓課程，由監院常源法師帶領，共有五十一人參加。

08.18

◆18至24日，北投農禪寺舉辦中元梁皇寶懺法會，共有近三萬人次參加。

◆18至24日，臺南雲集寺舉辦中元地藏法會，由監院果謙法師帶領，共有八百多人次參加。

◆高雄紫雲寺舉辦佛學講座，邀請成功大學經濟系副教授許永河主講「提起與放下」，有近一百七十人參加。

◆臺東信行寺舉辦大事關懷講座，由關懷院監院常健法師、常湛法師分享法鼓山大事關懷的理念與實踐，共有六十多人參加。

◆法鼓山社大暨《金山有情》季刊十週年「發現心靈真善美」系列活動，18日於新北市萬里區萬里國小舉辦音樂會，內容包括樂器演奏、舞蹈表演等，方丈和尚果東法師出席關懷。

◆法鼓山社大暨《金山有情》季刊十週年「發現心靈真善美」系列活動，8月18日至9月18日於新北市萬里國小舉辦「迎向萬里風情攝影展」，邀請當地攝影家展出以萬里為主題的攝影作品。

◆慈基會於高雄紫雲寺舉辦「長者關懷課程義工培訓工作坊」，邀請屏北社區大學講師郭惠芯、美和科技大學老人事業服務管理學系副教授周芬姿、屏北社區大學主任吳孟如等授課，共有四十五位高雄、屏東地區義工參加。

◆18至21日，佛教學院受邀參加中國大陸杭州徑山禪寺開山一二七〇週年慶祝活動，由校長惠敏法師、中華佛研所所長果鏡法師、圖資館館長洪振洲等一行五人出席與會，並在杭州進行研討會與參訪交流。

◆8月18日至9月28日、10月9日至11月6日、12月4日至2013年1月8日，法青會隔週週二於德貴學苑舉辦「身心spa」課程，由青年院常義法師帶領，每梯次三堂，內容包括瑜伽運動、法鼓八式動禪、禪坐等活動，帶領體驗禪修的放鬆方法，每梯次有近二十人參加。

◆18至26日，聖嚴師父法子繼程法師於德國盧文斯堡（Ravensburg）帶領禪七，共有十七位來自丹麥、德國、瑞士、越南及臺灣的禪眾精進修行。

◆8月18至26日，馬來西亞道場參加當地由大眾書局於吉隆坡城中城會議中心舉辦的「第七屆海外華文書市」，參展期間，展出法鼓文化出版書籍，與當地民眾分享佛法智慧。

◆北美護法會新澤西州分會於當地皇冠假日酒店（Crown Plaza Hotel）舉辦中元地藏法會，由紐約東初禪寺住持果醒法師主法，共有一百多人參加。

◆18至19日，香港護法會舉辦初級禪訓密集班，有近七十人參加。

08.19

◆19至25日，桃園齋明寺舉辦中元地藏法會，禮拜《地藏懺》，由監院果耀法師帶領，共有近一千四百人次參加。

◆臺東信行寺舉辦禪一，由常參法師帶領，共有三十九人參加。

◆慈基會甲仙安心站於高雄市杉林區成功社區舉辦「2012法鼓山兒童心靈環保體驗營」感恩茶會，感恩義工的奉獻與護持，副祕書長常法法師出席關懷，共有三十六人參加。

◆慈基會於護法會中壢辦事處舉辦「慰訪員初階訓練」課程，桃園齋明寺常心法師出席關懷，內容包括慰訪工作主要工具與技巧、慰訪身心口儀等，由專職及悅眾帶領，共有四十四人參加。

◆美國加州洛杉磯道場舉辦地藏法會，由紐約東初禪寺果明法師帶領，有近一百一十人參加。

◆19至26日，馬來西亞道場於怡保觀音堂舉辦「《法華三昧懺儀》研習營」，由三學院監院果慨法師授課，並與道場監院常慧法師共同帶領禮懺、禪觀等活動，共有近四十位馬來西亞、新加坡、紐西蘭等國學員參加。

08.20

◆為培養出家眾之基本心態及身儀，20至23日，三學院於法鼓山園區舉辦僧團行者新生講習課程，內容包括出家的宗旨與方向、出家威儀與心性、執作心態與團隊精神，由中華佛研所所長果鏡法師、常湛法師、常嗣法師等講授，共有七位新進僧團行者參加。

08.21

◆慈基會六龜安心站於當地扇平山莊舉辦「2012法鼓山兒童心靈環保體驗營」感恩茶會，感恩義工的奉獻與護持，副祕書長常法法師出席關懷，共有四十六人參加。

◆中國大陸江西省民族宗教事務局局長謝秀琦、鷹潭市人民政府市長鐘志生等一行十人至法鼓山園區參訪，與方丈和尚果東法師茶敘，並針對佛教教育、國際弘化、社會關懷等議題，進行交流。

08.22

◆慈基會六龜、甲仙安心站舉辦「臺灣歷史‧府城生態文化親子遊」，參訪臺南歷史博物館，有近一百三十人參加。

◆北美護法會加州舊金山分會舉辦「心六倫系列講座」，22日邀請環境工程學專家於幼華主講「零碳綠家園‧智慧新產業」，說明關懷自然資源與環境的重要性。

◆外交部主辦「2012國際青年臺灣研習營」，法鼓山園區以兼具文化與自然之美被列為主要參訪單位，第三梯次安排來自二十個國家之四十四位外國學員及臺灣甄選出的二十四位學員至法鼓山園區參訪，共同體驗境教之美。

08.23

◆23至25日，臺東信行寺舉辦慈悲三昧水懺法會，由監院果增法師帶領，共有兩百人次參加。

◆慈基會林邊安心站於佳冬國中舉辦「2012山海國中探索營」感恩茶會，感恩義工的奉獻與護持，共有三十四人參加。

08.24

◆前天主教樞機主教單國璽22日病逝於臺北耕莘醫院，24日方丈和尚果東法師前往天主教臺北總教區主教公署追思致悼。

◆24至26日，北美護法會加州舊金山分會舉辦「360度禪修營」，由美國紐約東初禪寺暨象岡道場住持果醒法師帶領，有十八位禪眾參加。

08.25

◆臺南雲集寺舉辦慈悲三昧水懺法會，由僧團常誐法師主法，有近兩百八十人參加。

◆高雄紫雲寺醫療保健系列講座，25日邀請高雄醫學大學護理學院助理教授陳麗系主講「中醫日常保健──頭、頸、手的指壓按摩」，有近七十人參加。

◆高雄紫雲寺舉辦佛學講座，邀請成功大學經濟系副教授許永河主講「安命與創命」，有近一百四十人參加。

◆25至29日，禪堂舉辦初級禪訓五日營，由常鑑法師帶領，共有九十人參加。

◆傳燈院於德貴學苑舉辦Fun鬆一日禪，由常願法師帶領，共有四十四人參加。

◆8月下旬，天秤颱風於屏東、臺東地區造成嚴重災情，25至26日，慈基會配合國軍救援，於屏東地區提供飲水與熱食，表達法鼓山的關懷。

◆法鼓大學籌備處於德貴學苑舉辦「哲學家的咖啡館」系列活動，25日主題是「facebook的如幻與擬真」，由助理教授辜琮瑜帶領，共有三十多人參加。

◆聖基會舉辦「這一團──一人一故事劇團」服務演出，25日於護法會海山辦事處進行，共有四十多人參加。

◆教聯會於三峽天南寺舉辦放鬆一日禪，由信眾服務處監院常續法師、常乘法師帶領，共有一百零一人參加。

◆25、26日，馬來西亞道場舉辦佛學講座，邀請佛教學者鄭振煌主講「慈航普度生死海」，有近四十人參加。

◆北美護法會安省多倫多分會舉辦管理研習課程，由護法會會長張允雄講授「團隊互助合作的機制與心法」，共有二十七人參加。

08.26

◆北投雲來寺舉辦禪一，由監院常貫法師帶領，共有四十九人參加。

◆臺北安和分院舉辦禪一，由監院果旭法師帶領，共有八十七人參加。

◆臺北中山精舍舉辦中元地藏法會，由常嘉法師帶領，有近一百五十人參加。

◆桃園齋明寺舉辦中元地藏法會，由監院果耀法師帶領，有近四百四十人參加。

◆8月26日至12月16日期間，臺中分院於週六舉辦「2012遇見完全幸福寶雲講談」，共五場。26日進行首場，邀請財團法人保險事業發展中心董事長賴清祺主講「公門好修行——最保險的人生」，共有一百多人參加。

◆南投德華寺舉辦中元地藏法會，由副寺果弘法師帶領，共有一百零六人參加。

◆8月26日至9月1日，臺南分院舉辦中元地藏法會，由監院果謙法師帶領，共有一千八百多人次參加。

◆8月26日至9月1日，高雄紫雲寺舉辦中元《地藏經》共修，由監院果迦法師帶領，共有一千九百多人次參加。

◆臺東信行寺舉辦中元三時繫念法會，由監院果增法師帶領，有近一百二十人參加。

◆僧大於法鼓山園區舉辦2012年求度學僧家屬拜見方丈和尚果東法師活動，共有十一位即將落髮行者的親友家屬與會，接受方丈和尚的關懷。

◆8月26日、10月7日、11月11日，法青會於德貴學苑舉辦一日心靈茶禪，由常義、常澧法師帶領，共有一百六十多人次參加。

◆8月26日至9月2日，聖嚴師父法子繼程法師繼波蘭禪十、德國禪七之後，於英國倫敦金士頓大學（Kingstone University）舉辦禪七，共有十三位來自英、法、美、馬來西亞、中國大陸及臺灣的禪眾精進修行。

08.27

◆8月27日至9月2日，臺北中山精舍舉辦《地藏經》共修，由常嘉法師帶領，共有三百一十多人次參加。

08.29

◆8月29日至9月3日，美國紐約東初禪寺住持果醒法師於北美護法會安省多倫多分會弘法關懷。29日為新會所灑淨，並指導拜懺儀軌及法器練習等；晚上舉辦禪修講座，主講「以禪的角度看二十一世紀的生活道德」，共有十六人參加。

08.30

◆方丈和尚果東法師應邀至行政院人事行政總處公務人力發展中心，以「正面解讀，逆向思考」為題進行演講，共有三十位高階公務人員參與聆聽。

◆人基會於德貴學苑舉辦「2012真大吉祥」心靈講座，30日邀請怡盛集團董事長黃平璋主講「勇敢向逆境挑戰」，共有七十多人參加。

◆8月30日至9月16日，禪修中心副都監果元法師受邀前往印尼日惹、棉蘭弘法，內容包括帶領禪修、舉辦佛法講座等。

◆美國紐約東初禪寺住持果醒法師於北美護法會安省多倫多分會弘法關懷，8月30日至9月3日於當地諾森博蘭高地會議暨避靜中心（Northumberland Heights Conference & Retreat Centre）帶領五日禪修營，共有二十四人參加。

08.31

◆8月31日至9月14日，臺北安和分院舉辦中元報恩祈福法會，持誦《地藏經》，由監院果旭法師帶領，共有三千一百多人次參加。

◆8月31日至9月1日，三峽天南寺舉辦初級禪訓班二日營，由常學法師帶領，共有一百二十二人參加。

◆8月31日至9月2日，傳燈院於三義DIY心靈環保教育中心舉辦禪二，由常願法師帶領，共有七十七人參加。

◆禪修中心副都監果元法師於印尼弘法關懷，8月31日至9月2日，於棉蘭佛教社舉辦禪三，共有八十位學員參加。

◆8月31日至9月2日，新加坡護法會舉辦佛學講座，由三學院監院果慨法師主講「《金剛經》的智慧」，有近九十人參加。

◆8月31日至9月2日，三峽天南寺舉辦初級禪訓班二日營，由常學法師帶領，共有一百二十二人參加。

9月 SEPTEMBER

09.01

◆《人生》雜誌第349期出刊。

◆《法鼓》雜誌第273期出刊。

◆法鼓文化出版新書：故事寶盒系列《佛經寓言故事》（謝武彰著）。

◆北投農禪寺於大業路巷口帳篷廣場舉辦義工培訓課程，內容包括聖嚴師父的理念、農禪寺歷史建物、新建工程水月道場建築概念，分別由普化中心副都監果毅法師、文化中心副都監果賢法師、建築師李國龍主講，有近五百人參加。

◆9月1日至11月17日，桃園齋明寺每月第一、三週週六舉辦快樂兒童菩提班，藉由歌唱、遊戲、戲劇、繪畫、影片欣賞等多元課程，領略四種環保的內涵，由教聯會資深悅眾帶領，有近三十位學童參加。

◆1至30日，弘化院於法鼓山園區展開「禪修月」活動，藉由系列行禪體驗活動，引領民眾放鬆身心，共有逾一萬五千人次參加。

◆1至8日，禪堂於臺東信行寺舉辦初階禪七，由常琛法師帶領，共有六十一人參加。

◆法鼓山社大暨《金山有情》季刊十週年「發現心靈真善美」系列活動，1日於新北市三芝區埔坪里社區活動中心舉辦音樂名人講座，邀請豎琴演奏家解瑄主講「以音樂滋養一方心天地」。

◆1至3日，美國紐約東初禪寺舉辦話頭禪三，由監院常華法師、常齋法師帶領，有近一百一十位禪眾參加。

◆1至3日，美國加州洛杉磯道場舉辦禪三，由紐約東初禪寺果明法師帶領，有近四十人參加。

◆1、8日，馬來西亞道場舉辦中文初級禪訓密集班，由監院常慧法師帶領，有近五十人參加。

◆1至2日，香港護法會舉辦初級禪訓密集班，由常炬法師帶領，有近七十人參加。

09.02

◆9月2日至12月30日，桃園齋明寺每週日舉辦鼓隊家長親子佛學班，內容包括基礎佛學課程、法鼓山的理念與心靈環保、生活佛法等，由監院果耀法師帶領，共有三十多位兒童鼓隊的家長參加。

◆臺南分院舉辦中元慈悲三昧水懺法會，由僧團果峙法師主法，方丈和尚果東法師到場關懷，有近四百二十人參加。

◆高雄紫雲寺舉辦中元三時繫念法會，由果樞法師帶領，有近一千一百人參加。

◆護法總會於北投雲來寺舉辦2012北區勸募會員授證典禮，方丈和尚果東法師、關懷中心副都監果器法師、護法總會總會長陳嘉男、副總會長周文進、楊正雄到場關懷，共有一百五十一位新勸募會員承接護法、弘法的任務。

◆禪修中心副都監果元法師於印尼弘法關懷，2、4日分別在棉蘭佛教社及當地一所大學進行演講，有七十人參加。

◆加拿大溫哥華道場舉辦青年工作坊，邀請實踐大學社會工作學系副教授楊蓓帶領探討親情、友情、愛情等人際關係的互動，共有八十多位學員參加。

◆馬來西亞道場舉辦中元地藏法會，由監院常慧法師帶領，有近八十人參加。

09.03

◆9月3日至2013年1月14日，臺北安和分院每週一舉辦佛學講座，邀請心理諮商專家鄭石岩教授主講「心靈成長與修持（下）」，有近一百五十人參加。

◆9月3日至2013年1月14日，臺北中山精舍每週一舉辦佛學課程，邀請華梵大學中文系副教授胡健財主講「觀音妙智」，有近六十人參加。

◆9月3日至2013年1月7日，普化中心每週一於臺北安和分院開辦「聖嚴書院初階一上——在法鼓山學佛」佛學課程，有八十多人參加。

◆9月3日至12月31日，普化中心每週一於臺北中山精舍開辦「聖嚴書院精讀三上——五講精讀（三）」佛學課程，有近四十人參加。

◆9月3日至12月31日，普化中心每週一於臺南分院開辦「聖嚴書院初階二上——學佛五講」佛學課程，有近一百四十人參加。

◆9月3日至12月31日，普化中心每週一於高雄紫雲寺開辦「聖嚴書院初階二上——學佛五講」佛學課程，有近五十人參加。

◆9月3日至12月31日，普化中心每週一於護法會新莊辦事處開辦「聖嚴書院初階一上——在法鼓山學佛」佛學課程，有近八十人參加。

◆禪修中心副都監果元法師於印尼弘法關懷，3日在印尼亞齊佛教社進行演講，有近一百人參加。

◆3至5日，加拿大溫哥華道場晚上舉辦「親密與孤獨工作坊」，邀請實踐大學社會工作學系副教授楊蓓帶領探索人際關係的親密與孤獨，共有三百多人次參加。

◆中國大陸佛教網站「佛教在線」所組成的臺灣文化教育參學團一行二十多人，至法鼓山園區參訪，由僧團副住持果品法師代表接待，進行交流。

09.04

◆9月4日至2013年1月15日，臺北安和分院每週二舉辦佛學講座，由普化中心佛學課程講師朱秀蓉導讀聖嚴師父著作《自家寶藏——如來藏經語體譯釋》，有近三十人參加。

◆9月4日至12月25日，普化中心每週二於臺北安和分院開辦「聖嚴書院初階三上——菩薩戒」佛學課程，有近五十人參加。

◆9月4日至12月25日，普化中心每週二於德貴學苑開辦「聖嚴書院精讀二上——五講精讀（二）」佛學課程，有近四十人參加。

◆9月4日至12月25日，普化中心每週二於桃園齋明寺開辦「聖嚴書院初階二上——學佛五講」佛學課程，有近八十人參加。

◆9月4日至2013年1月8日，普化中心每週二上午、晚上分別於臺北中山精舍開辦「聖嚴書院專題三下——專題研讀（三）」、「聖嚴書院初階一上——在法鼓山學佛」佛學課程，各有近三十人、近七十人參加。

◆9月4日至12月25日，普化中心每週二上午、下午、晚上分別於臺中分院開辦「聖嚴書院精讀一上——五講精讀（一）」、「聖嚴書院精讀三上——五講精讀（三）」、「聖嚴書院初階二上——學佛五講」佛學課程，各有近六十人、近二十人、近七十人參加。

◆9月4日至2013年1月27日，普化中心每週二於臺南分院開辦「聖嚴書院精讀三上——五講精讀（三）」佛學課程，有近六十人參加。

◆9月4日至12月25日，普化中心每週二於高雄三民精舍開辦「聖嚴書院初階二上——學佛五講」佛學課程，有近四十人參加。

◆9月4日至12月25日，普化中心每週二於臺東信行寺開辦「聖嚴書院初階一上——在法鼓山學佛」佛學課程，有近五十人參加。

◆9月4日至2013年1月4日，普化中心每週二於護法會竹圍共修處開辦「聖嚴書院初階二上——學佛五講」佛學課程，有近四十人參加。

09.05

◆9月5日至10月20日期間，弘化院於臺北安和分院、德貴學苑舉辦水陸法會共修體驗課程，共六場，由參學室室主常統法師帶領，5日於德貴學苑進行首場，引導大眾透過共修課程，感受清淨、精進、安定、法喜的修行體驗，共有五十多人參加。

◆9月5日至2013年1月16日，臺北安和分院每週三舉辦佛學講座，由佛教學院研究助理辜琮瑜主講「生死學中學生死」，有近一百人參加。

◆9月5日至2013年1月16日，臺北中山精舍每週三舉辦佛學課程，由資深悅眾謝水庸主講「成佛之道」，有近二十人參加。

◆5至19日，普化中心每週三晚上於北投雲來寺舉辦「法鼓講堂」佛學課程，由僧大副院長果光法師主講「心靈環保經濟學」，法鼓山數位學習網並進行線上直播。

◆9月5日至2013年1月2日，普化中心每週三於北投農禪寺開辦「聖嚴書院初階三上——菩薩戒」佛學課程，有近六十人參加。

◆9月5日至2013年1月2日，普化中心每週三於臺北安和分院開辦「聖嚴書院初階三上——菩薩戒」佛學課程，有近五十人參加。

◆9月5日至2013年1月2日，普化中心每週三於臺北中山精舍開辦「聖嚴書院初階三上——菩薩戒」佛學課程，有近五十人參加。

◆9月5日至12月26日，普化中心每週三上午、晚上分別於臺中分院開辦「聖嚴書院初階三上——探索識界」、「聖嚴書院初階一上——在法鼓山學佛」佛學課程，各有近五十人、近一百三十人參加。

◆9月5日至2013年1月2日，普化中心每週三於高雄三民精舍開辦「聖嚴書院初階三上——菩薩戒」佛學課程，有近三十人參加。

◆9月5日至2013年1月2日，普化中心每週三於護法會中正辦事處開辦「聖嚴書院初階三上——菩薩戒」佛學課程，有近四十人參加。

◆9月5日至2013年1月2日，普化中心每週三於護法會新店辦事處開辦「聖嚴書院初階三上——菩薩戒」佛學課程，有近五十人參加。

◆9月5日至12月26日，普化中心每週三於護法會豐原辦事處開辦「聖嚴書院初階一上——在法鼓山學佛」佛學課程，有近一百三十人參加。

◆方丈和尚果東法師、人基會祕書長李伸一出席於內政部移民署舉行的「心六倫公益影片授權儀式」，與移民署署長謝立功、教育部國教司科長郭玲如、新北市大豐國小校長洪有利共同簽下心六倫公益影片授權書，期許透過「心六倫」影片的推廣播放，讓社會更加和諧美好。

◆禪修中心副都監果元法師於印尼弘法關懷，5至15日在日惹三寶瓏山舉辦話頭禪十，帶領二十七位學員精進禪修。

09.06

◆方丈和尚果東法師率領僧團都監果廣法師、營建院監院果懋法師、建設工程處監院果治法師、工程管理委員會委員呂學麟、陳博仁等，實地會勘法鼓大學禪悅書苑（學生宿舍）的實作樣品，並聽取建設工程處報告整體進度。

◆9月6日至2013年1月17日，臺北中山精舍每週四舉辦佛學課程，由普化中心佛學課程講師朱秀蓉主講「三十七道品」，有近三十人參加。

◆6至9日，三峽天南寺舉辦義工禪三，由常乘法師帶領，共有一百零四人參加。

◆9月6日至2013年1月3日，普化中心每週四於北投農禪寺開辦「聖嚴書院初階一上——在法鼓山學佛」佛學課程，有九十多人參加。

◆9月6日至2013年1月3日，普化中心每週四上午、晚上分別於臺北安和分院開辦「聖嚴書院初階一上——在法鼓山學佛」、「聖嚴書院初階二上——學佛五講」佛學課程，各有七十多人、六十多人參加。

◆9月6日至12月27日，普化中心每週四於基隆精舍開辦「聖嚴書院初階三上——菩薩戒」佛學課程，有近六十人參加。

◆9月6日至2013年1月3日，普化中心每週四於高雄紫雲寺開辦「聖嚴書院初階三上——菩薩戒」佛學課程，有近四十人參加。

◆9月6日至2013年1月3日，普化中心每週四於金山法鼓山社大開辦「聖嚴書院初階三上——菩薩戒」佛學課程，有近四十人參加。

◆9月6日至2013年1月3日，普化中心每週四於護法會中正辦事處開辦「聖嚴書院初階二上——學佛五講」佛學課程，有近四十人參加。

◆9月6日至2013年1月3日，普化中心每週四於護法會大同辦事處開辦「聖嚴書院初階二上──學佛五講」佛學課程，有近四十人參加。

◆法行會於臺北國賓飯店舉辦第一三九次例會，由佛教學院校長惠敏法師主講「拈花微笑之禪境」，共有一百八十多人參加。

◆9月6日至12月20日，法青會週四於德貴學苑舉辦「法青哈佛夜」，內容包括佛教基本認識、佛教基本觀念──正見篇、佛教基本觀念──學禪篇，共九堂課，由青年院常元法師、常灃法師帶領，有近三十人參加。

◆美國紐約東初禪寺住持果醒法師於北美護法會安省多倫多分會弘法關懷，6日晚上舉辦萬行菩薩座談，共有二十多人參加。

◆香港護法會舉辦佛法講座，由僧大講師常延法師主講「在生命的轉彎處遇見佛法」，有近三百人參加。

◆中國大陸國家宗教局副局長張樂斌、普陀山佛協副會長道慈法師、中華國際供佛齋僧功德會主席淨耀法師一行三十五人參訪法鼓山園區，由方丈和尚果東法師代表接待，進行交流。

◆感恩義工長期護持，三峽天南寺於6至9日舉辦義工禪三，由常乘法師帶領，共有一百零四人參加。

09.07

◆9月7日至12月28日，臺北中山精舍每週五舉辦佛教藝術課程，邀請鹿野苑藝文學會講師鄭念雪帶領賞析中國、印度的佛像藝術，有三十多人參加。

◆9月7日至11月9日，高雄紫雲寺每週五舉辦佛學講座，邀請成功大學經濟系副教授許永河講授《八大人覺經》，有近一百一十人參加。

◆9月7日至2013年1月4日，普化中心每週五於護法會中永和辦事處開辦「聖嚴書院初階一上──在法鼓山學佛」佛學課程，有近八十人參加。

◆9月7日至2013年1月4日，普化中心每週五於護法會土城辦事處開辦「聖嚴書院初階一上──在法鼓山學佛」佛學課程，有近八十人參加。

◆9月7日至2013年1月4日，普化中心每週五於臺南安平精舍開辦「聖嚴書院初階一上──在法鼓山學佛」佛學課程，有近一百二十人參加。

◆9月7日至2013年1月4日，普化中心每週五於臺北安和分院開辦「聖嚴書院初階二上──學佛五講」佛學課程，有近六十人參加。

◆9月7日至2013年1月4日，普化中心每週五上午、晚上分別於德貴學苑開辦「聖嚴書院初階三上──菩薩戒」佛學課程，各有八十多人、四十多人參加。

◆9月7日至2013年1月4日，普化中心每週五於臺北中山精舍開辦「聖嚴書院初階二上──學佛五講」佛學課程，有近五十人參加。

◆9月7日至2013年1月11日，普化中心每週五於桃園齋明寺開辦「聖嚴書院精讀三上──五講精讀（三）」佛學課程，有近四十人參加。

◆9月7日至2013年1月4日，普化中心每週五於護法會海山辦事處開辦「聖嚴書院初階二上──學佛五講」佛學課程，有近六十人參加。

◆9月7日至2013年1月4日，普化中心每週五於護法會淡水辦事處開辦「聖嚴書院初階三上──菩薩戒」佛學課程，有近五十人參加。

◆ 馬來西亞道場與《星洲日報》共同於該報社禮堂舉辦禪學講座，由道場監院常慧法師主講「禪話話禪──腦筋急轉彎，人生更美滿」，有近三百五十人參加。

09.08

◆ 臺北中山精舍「銀向菩提」長者關懷系列講座，8日由教聯會前會長楊美雲主講「活出自己的如來」，分享佛法的日常應用，共有七十多人參加。

◆ 8至9日，桃園齋明寺舉辦古蹟導覽培訓課程，由資深悅眾帶領，有近三十人參加。

◆ 8至9日，臺中分院於三義DIY心靈環保教育中心舉辦禪二，由果雲法師帶領，共有九十一人參加。

◆ 9月8日至2013年1月5日，普化中心每週六於護法會羅東辦事處開辦「聖嚴書院初階三上──菩薩戒」佛學課程，有近三十人參加。

◆ 9月8日至2013年1月12日，普化中心每週六於高雄紫雲寺開辦「聖嚴書院精讀二上──五講精讀（二）」佛學課程，有近四十人參加。

◆ 9月8日至2013年6月8日，普化中心於臺北安和分院開辦聖嚴書院福田班「10114安和班」，共十堂課，共有三百二十多人參加。

◆ 美國紐約東初禪寺上午舉辦中元地藏法會，下午舉辦中元三時繫念法會，皆由住持果醒法師主法，共有兩百多人次參加。

◆ 美國紐約象岡道場舉辦禪一，由聖嚴師父西方弟子李世娟帶領，有近二十人參加。

◆ 8至9日，美國加州洛杉磯道場舉辦悅眾成長課程，邀請實踐大學社會工作學系副教授楊蓓主持「認識及成長自我」工作坊，帶領研討叛逆的中年，有近六十人參加。

◆ 北美護法會加州舊金山分會舉辦「心六倫系列講座」，邀請矽谷地區創投家林富元主講「快樂職場人，成功事業家」，分享職場上成功的要素，共有六十多人參加。

◆ 香港護法會舉辦義工成長課程，由僧大講師常延法師主講「活出萬行菩薩的精神」，講授義工的心性與行儀，有近一百人參加。

09.09

◆ 受新北市政府之邀，方丈和尚果東法師代言防治自殺公益宣導影片「轉念」，9日舉行首映，10月起並在電視、廣播、新北市醫療院所、電影院、捷運站、超商等地播放。

◆ 9月9日至11月11日，臺北安和分院於週日舉辦「大悲懺法講座」，共八堂，由三學院監院果慨法師主講，有近三百人參加。

◆ 9月9日至2013年6月30日，臺中分院舉辦「華嚴世界寶雲基石展」，展出三百顆自寶雲寺建築基地出土的石頭，9日並舉行揭幕儀式，包括中區法行會創會會長彭作奎、現任會長蔡瑞榮，共有兩百五十多人參加。

◆ 傳燈院於臺南雲集寺舉辦Fun鬆一日禪，由監院常源法師帶領，共有五十八人參加。

◆ 9月9日至2013年6月2日，普化中心於北投雲來寺開辦聖嚴書院福田班「10115雲來班」，共十堂課，有近四百人參加。

◆ 9月9日至11月4日，法鼓山陸續於全臺各地分院、辦事處共舉辦三十一場「2012年佛化聯合祝壽」活動，共有逾三千位長者接受祝福。

◆法鼓山人基會上午於臺北市公務人力發展中心舉辦「2012年關懷生命獎頒獎典禮」，邀請前副總統蕭萬長、衛生署署長邱文達、教育部部長蔣偉寧、新北市市長朱立倫等擔任頒獎人，本屆得獎者為「特殊貢獻獎」前天主教樞機主教單國璽、「個人慈悲獎」蓮花臨終關懷基金會董事長陳榮基、「個人智慧獎」中央大學網路學習科技研究所講座教授陳攸華、「團體大願獎」陽光社會福利基金會。

◆法鼓山人基會下午於臺北市公務人力發展中心舉辦「2012年關懷生命論壇」，邀請國泰慈善基金會董事長錢復、點燈文化基金會董事長張光斗、心六倫行動大使沈芯菱，以及方丈和尚果東法師，以「心在平安裡」為主題，進行對談。

◆加拿大溫哥華道場舉辦慈悲三昧水懺法會，由僧團果徹法師主法，共有三百多人參加。

◆香港護法會舉辦禪一，由常炬法師帶領，有近七十人參加。

09.10

◆9月10日至10月18日，法鼓山網路電視臺每週一、四播放《心靈環保‧新視野》節目，共十二集，由佛教學院研究助理辜琮瑜主持，每集以聖嚴師父著作為主題，邀請來賓分享心得與啟發；12月9日起，並在教育廣播電臺臺東分臺（FM100.5）《志工彩虹橋》節目播出。

◆法鼓山佛教基金會、北投農禪寺、雲來寺、文化館，以及臺東信行寺，因長年推動社會關懷與教育，獲頒內政部「101年績優宗教團體」，內政部上午於臺北市國軍文藝活動中心舉辦表揚大會，由鑑心長老尼、果舫法師、果南法師等代表出席受獎。

◆北投雲來寺舉辦專題講座，邀請心理諮商專家鄭石岩教授主講「如何讓快樂增值」，分享如何時時活在喜樂中，常保微笑，有近一百二十人參加。

09.12

◆臺東信行寺監院果增法師率同義工前往連續遭到蘇拉和天秤兩個颱風侵襲的臺東縣太麻里鄉，慰訪當地民眾。除了關懷與祝福，也分享「聖嚴法師108自在語」，安定災區民眾的心靈。

◆9月12日至2013年1月9日，普化中心每週三於德貴學苑開辦「聖嚴書院初階二上──學佛五講」佛學課程，有近九十人參加。

◆美國紐約東初禪寺舉辦中秋聯誼晚會，並由住持果醒法師帶領進行「月光禪」，共有八十多人參加。

09.13

◆香港護法會舉辦佛法講座，由僧大講師常延法師主講「時時處處自在安樂‧漢傳禪法的正念修行」，有近三百人參加。

◆中國大陸武漢報祖寺本樂長老率領僧眾、信眾一百餘人至法鼓山園區參訪，方丈和尚果東法師、僧團副住持果暉法師代表接待，並陪同導覽。長老視禪法為佛教的精髓，特別前往禪堂感受寧靜安定的氛圍，並開示禪法的心要。

09.15

◆ 法鼓山於園區舉辦剃度典禮，由方丈和尚果東法師擔任戒和尚，僧團副住持果暉法師擔任教授阿闍黎，共有十一位僧大學僧剃度，有近六百人觀禮祝福。

◆ 臺北中山精舍舉辦Fun鬆一日禪，由常嘉法師帶領，有近六十人參加。

◆ 高雄紫雲寺醫療保健系列講座，15日邀請高雄醫學大學附設中和紀念醫院泌尿科醫師王起杰主講「常見女性泌尿系統保健」，有近七十人參加。

◆ 普化中心於北投雲來寺舉辦讀書會帶領人充電交流坊，主題是「解讀材料有妙方」，由常用法師、資深讀書會帶領人方隆彰帶領，有近八十位讀書會帶領人參加。

◆ 新加坡護法會舉辦中元地藏法會，由馬來西亞道場監院常慧法師帶領，共有四十多人參加。

◆ 香港護法會舉辦花藝迎中秋聯誼晚會，共有八十多人參加。

◆ 泰國護法會舉辦中元地藏法會，由馬來西亞道場常峪法師前往帶領，共有五十多人參加。

◆ 弘化院舉辦水陸法會共修體驗課程，15日於德貴學苑進行，由參學室室主常統法師帶領，引導大眾透過共修課程，感受清淨、精進、安定、法喜的修行體驗。

09.16

◆ 臺中分院舉辦Fun鬆一日禪，由果雲法師帶領，共有九十一人參加。

◆ 傳燈院於臺中中興大學舉辦Fun鬆一日禪，由常乘法師帶領，共有九十一人參加。

◆ 9月16日至2013年6月2日，普化中心於法鼓山園區開辦聖嚴書院福田班「10116總本山班」，共十堂課，有近兩百七十人參加。

◆ 為接引新皈依弟子認識佛法及法鼓山理念，9月16日至10月14日，信眾教育院於週六或週日在高雄紫雲寺舉辦「快樂學佛人」系列課程，共三堂，有近六十人參加。

◆ 護法總會於臺南雲集寺舉辦2012南區勸募會員授證典禮，方丈和尚果東法師、關懷中心副都監果器法師、護法總會副總會長黃楚琪到場關懷，共有一百一十四位新勸募會員承接護法、弘法的任務。

◆ 美國紐約東初禪寺舉辦週日講座，邀請聖嚴師父西方弟子李世娟主講「業——觀照我們的心念與行為」，共有五十多人參加。

◆ 加拿大溫哥華道場於當地燈塔公園（Lighthouse Park）舉辦戶外禪，由監院果舟法師帶領，有近三十人參加。

◆ 香港護法會舉辦佛法講座，由僧大講師常延法師主講「行住坐臥無不是禪·《心經》智慧與生活修行」，有近三百人參加。

◆ 馬來西亞道場常峪、常受法師在泰國護法會召集人蘇林妙芬及義工陪同下，於泰國紅十字會會所舉行的「慶祝泰皇八十五聖壽千人捐血活動」，響應捐血。

◆ 臺中分院舉辦Fun鬆一日禪，由果雲法師帶領，共有九十一人參加。

◆ 基隆精舍舉辦中元報恩地藏法會，由副寺果啟法師帶領，共有八十多人參加。

09.17

◆ 17至18日，佛教學院舉辦師生共識營，針對學校發展與特色進行討論，凝聚共識，共有三十多位師長及班級、社團與學會之學生幹部參加。

09.19

◆19至23日,佛教學院於三峽天南寺舉辦期初禪五,由研修中心主任果鏡法師帶領,共有五十多人參加。

09.20

◆20至23日,方丈和尚果東法師於中國大陸廣州、青島、三亞等地,訪問多處寺院,進行交流,並分享法鼓山三大教育的核心理念,傳遞關懷與祝福。

◆20至23日,臺東信行寺舉辦禪悅四日營,由常參法師帶領,共有五十九人參加。

◆20至21日,美國紐約東初禪寺舉辦佛學講座,邀請聖嚴師父法子繼程法師主講「中觀的智慧」,有近一百四十多人次參加。

09.21

◆方丈和尚果東法師前往中國大陸山東省青島湛山寺,追悼於9月16日捨報示寂的中國佛教會副會長、山東省佛教協會會長明哲長老。

◆21至23日,美國紐約象岡道場舉辦禪三,由聖嚴師父西方弟子李世娟、大衛‧史烈梅克帶領,共有十五人參加。

09.22

◆22至23日,三學院於法鼓山園區舉辦宗教師關懷培訓課程,邀請臺灣證券交易所代理董事長許仁壽、實踐大學社會工作學系副教授楊蓓主講「關懷的意涵與體現」,共有三十四位法師參加。

◆北投農禪寺舉辦戶外禪,由常和法師帶領,共有一百零七人參加。

◆臺北中山精舍「銀向菩提」長者關懷系列講座,22日邀請臺北市立聯合醫院仁愛院區中醫科總醫師郭力豪主講「健康保健DIY——預防勝於治療」,有近七十人參加。

◆9月22日至12月22日,臺南分院於週六或日舉辦「2012人文講談」,共四場。22日進行首場,邀請成功大學醫學院神經科教授賴明亮主講「認識安寧療護」,共有兩百多人參加。

◆為接引新皈依弟子認識佛法及法鼓山理念,9月22日至10月20日,普化中心於週六在加拿大溫哥華道場舉辦「快樂學佛人」系列課程,共三堂,有近七十人參加。

◆聖基會舉辦「這一團——一人一故事劇團」服務演出,22日於護法會新莊辦事處進行,共有四十多人參加。

09.23

◆基隆精舍舉辦禪一,由副寺果啟法師帶領,共有四十五人參加。

◆臺中分院「2012遇見完全幸福寶雲講談」,23日由文化中心副都監果賢法師主講「轉角遇見幸福」,共有兩百多人參加。

◆23至29日，禪堂舉辦「禪修教理研習營——中觀的智慧」，由僧大副教授果徹法師帶領，有近九十人參加。

◆傳燈院於高雄紫雲寺舉辦Fun鬆一日禪，由常緣法師帶領，共有八十三人參加。

◆慈基會於臺南分院舉辦「雲嘉南地區救災演習」，臺南分院監院果謙法師出席關懷，共有一百一十五人參加。

◆法青會桃園分會於桃園齋明別苑舉辦「生活智慧禪——從心過生活」活動，藉由團康遊戲、影片觀賞，體驗佛法在生活上的實用，由桃園齋明寺果澔法師帶領，共有二十多位青年學員參加。

◆美國紐約東初禪寺舉辦週日講座，邀請聖嚴師父法子繼程法師主講「禪思與禪行」，有近一百一十人參加。

◆弘化院舉辦水陸法會共修體驗課程，23日於德貴學苑進行，由參學室室主常統法師帶領，引導大眾透過共修課程，感受清淨、精進、安定、法喜的修行體驗。

09.24

◆北投農禪寺、文化館獲「100年度臺北市績優宗教團體獎」肯定，臺北市政府民政局上午於臺大醫院國際會議中心舉辦頒獎典禮，由市長郝龍斌頒獎，文化館鑑心長老尼與農禪寺常及法師代表出席受獎。

09.25

◆法鼓山持續關懷中國大陸四川地震災後重建工作，25至30日，慈基會派遣第十四梯次醫療團至四川省北川縣陳家壩鄉衛生院金鼓村門診部進行義診，共服務近一千兩百人次。

09.26

◆北美護法會伊利諾州芝加哥分會近二十位義工，參與美國防止自殺基金會（American Foundation for Suicide Prevention）「走出黑暗」慈善步行活動，協助該會籌募善款，推動防止自殺活動。

◆9月26日至11月14日，香港護法會每週三舉辦初級梵唄課程，內容主題包括梵唄的意義、唱誦的特色、認識各種法器、學佛行儀等，由常炬法師帶領，有二十多人參加。

09.27

◆人基會於德貴學苑舉辦「2012真大吉祥心靈講座」，27日邀請易理學家劉君祖主講「扭轉命運的必修課」，共有九十多人參加。

09.28

◆9月28日至2013年1月11日，普化中心隔週週五於臺北安和分院開辦「法鼓長青班」，以聖嚴師父的人生哲學為核心，為六十歲以上的長者設計八堂專屬課程，有八十多人參加。

◆新加坡護法會舉辦禪修講座，由臺中分院果理法師指導止觀禪七的觀念與心法，有近
五十人參加。

09.29

◆三峽天南寺舉辦中秋晚會，內容包括禪修、闖關遊戲、托水缽、茶禪體驗等，共有四
百多人參加。

◆桃園齋明寺舉辦中秋晚會，內容包括北五合唱團演出、齋明鼓隊成果發表等，有近五
百人參加。

◆高雄紫雲寺舉辦佛化聯合祝壽暨中秋晚會，內容包括各項才藝演出，監院果迦法師出
席關懷，共有七百多人參加。

◆臺東信行寺舉辦中秋音樂茶會，內容包括音樂演奏、才藝表演等，監院果增法師出席
關懷，有近九十人參加。

◆美國加州洛杉磯道場舉辦禪一，由紐約東初禪寺果明法師帶領，共有三十三人參加。

◆9月29日至10月5日，新加坡護法會於當地光明山普覺禪寺舉辦止觀禪七，由臺中分院
監院果理法師帶領，共有八十一人參加。

◆29至30日，香港護法會舉辦初級禪訓密集班，有六十多人參加。

◆29至30日，香港護法會於當地摩星嶺舉辦法青悅眾成長營，由常炬法師帶領，內容包
括生命故事分享、學佛歷程等，共有三十多人參加。

09.30

◆法鼓山園區舉辦中秋晚會，內容包括誦經祈福、品柚賞月等，方丈和尚果東法師到場
關懷，有近兩百人參加。

◆北投農禪寺舉辦「2012農禪好心願中秋晚會」，內容包括藝文表演、茶禪、柚子彩繪
等活動，方丈和尚果東法師到場關懷，共有一千多人參加。

◆臺南雲集寺舉辦佛化聯合祝壽暨中秋晚會，內容包括音樂演奏、才藝表演等，共有一
百多人參加。

◆9月30日至2013年1月27日，普化中心每週日於美國加州洛杉磯道場開辦「聖嚴書院初
階一上──在法鼓山學佛」佛學課程，有近九十人參加。

◆法青會臺中分會於臺中寶雲別苑舉辦「花好月圓──法青中秋聚會」活動，共有三十
多人參加。

◆9月30日、11月4日，美國紐約東初禪寺舉辦週日講座，由果明法師主講《六祖壇
經》，有近六十人參加。

◆加拿大溫哥華道場舉辦中秋聯誼晚會，內容包括音樂演奏、話劇表演等，監院果舟法
師出席關懷，有近兩百人參加。

◆馬來西亞道場上午舉辦大悲懺法會，由監院常慧法師帶領，有近一百三十人參加；
晚上舉辦中秋聯誼晚會，以傳燈方式表達感恩與祝福，有近五十人參加。

◆北美護法會伊利諾州芝加哥分會受邀參加由當地「西北郊宗教互通會」主辦的猶太教
住棚節慶祝儀式（Sukkot Festival-Holiday Celebration），與會者包括猶太、錫克、基
督教等不同宗教代表，進行交流。

10月 OCTOBER

10.01

◆《人生》雜誌第350期出刊。

◆《法鼓》雜誌第274期出刊。

◆法鼓文化出版新書：智慧人系列《真理的語言——《法句經》》（淨海法師著）；大自在系列《跨越自尊陷阱——教出自信與慈悲的孩子》（*The Self-Esteem Trap: Raising Confident Kids in an Age of Self-Importance*）（寶莉・楊艾森德斯Polly Young-Eisendrath著，趙閔文譯）；2013年桌曆《雲水》。

◆《金山有情》季刊第42期出刊。

◆10月起，全球資訊網規畫「法鼓山年度主題」專區，收錄1989年以來法鼓山各項年度主題內容，包括主題年的意涵、新春祝福等，提供讀者綜觀法鼓山發展的脈絡與歷史。

◆1至6日，臺北安和分院舉辦《地藏經》共修，由監院果旭法師帶領，共有九百多人次參加。

◆僧大學僧刊物《法鼓文苑》第四期出版，本期主題「心・遊記——〇～三六〇度的旅程」，呈現學僧們學習與成長的過程。

◆香港護法會於當地清水灣大坳門舉辦戶外禪，由常炬法師帶領，共有一百四十多人參加。

10.02

◆參與臺灣安寧照顧基金會、香港紓緩醫學學會、香港紓緩護理學會主辦「生死教育團隊——臺灣學習之旅」的香港醫護人員一行四十多人，參訪「金山環保生命園區」，深入了解聖嚴師父提倡的四環理念及環保自然葬。

◆香港護法會舉辦禪一，共有六十二人參加。

◆2至5日，香港護法會於每日晚課與共修活動中，為南丫島附近海面發生撞船事故的一百餘名罹難者祝福與迴向。

10.03

◆方丈和尚果東法師出版新書《抱願，不抱怨》，全書三十八篇文稿，記錄方丈和尚三十八歲時在聖嚴師父座下出家後的學習歷程，並於3日在德貴學苑舉辦新書發表會。

◆10月3日至12月18日，美國紐約東初禪寺每週三晚上舉辦佛學講座，由果明法師帶領導讀聖嚴師父著作《聖嚴法師教觀音法門》，有近三十人參加。

10.04

◆4至7日，法鼓山於禪堂舉辦第七屆自我超越禪修營，由禪修中心副都監果元法師帶領，共有一百零八位學員參加。

◆法行會於臺北國賓飯店舉辦第一四○次例會,由僧大講師常延法師主講《金剛經》,有近一百九十人參加。

10.05

◆5至7日,傳燈院於三義DIY心靈環保教育中心舉辦中級1禪訓班,由常願法師帶領,共有八十人參加。

◆智榮文教基金會董事長施振榮帶領十二位「王道薪傳班」的兩岸企業家,至法鼓山園區參訪,並展開一日心靈淨化之旅。

◆弘化院舉辦水陸法會共修體驗課程,5日於臺北安和分院進行,由參學室室主常統法師帶領,引導大眾透過共修課程,感受清淨、精進、安定、法喜的修行體驗。

10.06

◆方丈和尚果東法師前往南投埔里中道學苑,追悼於5日捨報的前福嚴佛學院院長真華長老,並出席16日舉行的追思讚頌會。

◆10月6日至11月9日,法鼓山園區舉辦「水陸季」體驗活動,結合園區各殿堂參學導覽行程與六度波羅蜜修行體驗,引導大眾感受法會的大悲精神與修行利益。

◆臺北中山精舍「銀向菩提」長者關懷系列講座,6日進行「長者祈福與報恩法會」,並結合佛化聯合祝壽活動,由常嘉法師帶領,共有一百二十多人參加。

◆6至7日,臺南分院於法鼓山園區舉辦朝山活動,由監院果謙法師帶領,共有兩百多人參加。

◆高雄紫雲寺醫療保健系列講座,6日邀請高雄醫學大學附設中和紀念醫院腎臟內科醫師黃尚志主講「敗腎?如何看待腎臟病——腎臟病與腎衰竭」,有近六十人參加。

◆佛教學院與中華佛研所共同舉辦校友會專題講座,呼應法鼓山推動心靈環保二十週年,以「心靈環保的運用實例」為主題,分別由首屆校友果祥法師、第十八屆選修校友許書訓擔任報告人,中華佛研所榮譽所長李志夫教授、佛教學院校長惠敏法師擔任回應人,共有六十多人參加。

◆護法總會上午於臺中寶雲別苑舉辦2012中區勸募會員授證典禮,方丈和尚果東法師、關懷中心副都監器法師、護法總會副總會長黃楚琪到場關懷,共有一百多位新勸募會員承接護法、弘法的使命;下午進行「中部地區悅眾關懷」活動,方丈和尚果東法師出席關懷,與悅眾們分享中部地區一年來的活動成果與展望,共有一百多人參加。

◆美國紐約象岡道場舉辦禪一,由監院常聞法師帶領,有近二十人參加。

◆香港護法會為在南丫島附近海面發生撞船事故的一百餘名受難者舉行法會,誦念《阿彌陀經》、稱念「阿彌陀佛」聖號,共有三百多人參加。

10.07

◆7至8日,三學院於法鼓山園區舉辦梵唄暨水陸法會培訓課程,內容主題包括梵唄的禪觀、出家人殿堂基本行儀、法鼓山佛事的教育精神等,由副住持果暉法師、中華佛學研究所所長果鏡法師、三學院監院果慨法師等主講,共有三十四位法師參加。

◆ 10月7日至2013年7月7日，普化中心於臺北市內湖高工開辦聖嚴書院福田班「10117內湖班」，共十堂課，有兩百八十多人參加。

◆ 為接引新皈依弟子認識佛法及法鼓山理念，10月7日至11月11日，普化中心於週日在桃園齋明別苑舉辦「快樂學佛人」系列課程，共三堂，有七十多人參加。

◆ 美國紐約東初禪寺舉辦週日講座，邀請聖嚴師父西方弟子哈利・米勒主講「慈悲的理解與誤解」，有近五十人參加。

◆ 馬來西亞道場於吉隆坡郊區武吉嘉拉馬術俱樂部（Bukit Kiara Equestrian and Country Resort）舉辦「遇見禪」一日禪修活動，由聖嚴師父法子繼程法師指導禪修基礎，並帶領禪坐共修，有近一千人參加；晚間為繼程法師與表演工作者李心潔對談，分享禪修利益。

◆ 北美護法會新澤西州分會舉辦禪修活動，包括禪修指導及生活禪講座，由紐約東初禪寺住持果醒法師帶領，有近一百人次參加。

◆ 北美護法會加州舊金山分會舉辦「心六倫系列講座」，邀請作家李黎以「旅伴，同學」為題，進行有關家庭倫理的演講，共有六十多人參加。

◆ 香港護法會舉辦「大事關懷進階課程」，內容包括世俗喪儀、佛教生死觀、法鼓山大關懷教育的精神等，由僧團果選法師、助念團團長顏金貞、顧問鄭文烈等帶領，有近兩百人參加。

10.08

◆ 法鼓山持續關懷海地震災，慈基會繼1月與跨國醫療組織組織nph（nuestros pequeños hermanos deutschland）德國分會，簽訂海地震災重建之「青少年職業訓練學校合作備忘錄」，並於8至12日由總幹事江弘基前往海地，深入了解學校實際執行狀況。

◆ 加拿大溫哥華道場舉辦佛一，由監院果舟法師帶領，有近五十人參加。

10.10

◆ 10至17日，北投農禪寺舉辦彌陀佛七，由果本法師帶領，共有三千三百多人次參加。

◆ 本日為國慶日，法鼓山應臺北市政府之邀，於市府前市民廣場國慶日升旗典禮中帶領民眾學習八式動禪，由資深動禪講師、前農委會主委陳武雄引導，及十六位動禪義工示範，帶領民眾體驗「身在哪裡，心在哪裡，清楚放鬆、全身放鬆」的動禪心法。

◆ 10至31日，加拿大溫哥華道場每週三舉辦初級禪訓班，由監院果舟法師帶領，有三十多人參加。

◆ 弘化院舉辦水陸法會共修體驗課程，10日於德貴學苑進行，由參學室室主常統法師帶領，引導大眾透過共修課程，感受清淨、精進、安定、法喜的修行體驗。

10.12

◆ 配合新北市政府戶政門號更新政策，法鼓山園區所在道路正式命名為「法鼓路」，相關地址變更為法鼓山園區：20842新北市金山區三界里七鄰法鼓路555號；佛教學院：20842新北市金山區西湖里法鼓路620號；佛教學院教職員生宿舍：20842新北市金山區西湖里法鼓路650號。

◆12至14日，三峽天南寺舉辦禪二，由常乘法師帶領，共有九十四人參加。

◆12至19日，禪堂於桃園齋明寺舉辦念佛禪七，由常琛法師帶領，共有八十五人參加。

◆10月12日至11月7日期間，佛教學院舉辦七場「漢傳佛教研究方法及現況」系列講座，邀請中國大陸廣州中山大學佛學研究中心主任龔雋、日本青山學院大學國際政治經濟學院教授陳繼東，於課堂講授近代中國佛教學知識的形成、近代中日佛教交流史等。

◆12至14日，美國紐約長島大學（Long Island University）師生一行二十人於法鼓山園區展開宗教文化課程，並就環境保護、全球暖化等問題，與僧大學僧進行交流。

◆美國紐約象岡道場舉辦禪五，邀請聖嚴師父法子賽門・查爾得帶領，共有二十一人參加。

10.13

◆《人生》雜誌受邀參與伽耶山基金會、香光尼眾佛學院圖書館於印儀學苑舉辦的「佛教期刊發展研討會」，主編梁金滿以「《人生》一甲子的回顧與展望」為題，分享《人生》經歷創刊、停刊、復刊、改版的歷程和階段特色，並和與會人士交流編輯和發行經驗。

◆臺東信行寺舉辦專題講座，由僧大講師常延法師主講「快樂平安在當下」，分享活在當下的自在與安定，有近一百人參加。

◆教聯會於北投文化館舉辦「電影禪──從『心』看電影」活動，賞析影片《在天堂遇見的五個人》（The Five People You Meet in Heaven）的佛法意涵，由信眾服務處監院常續法師帶領，有近七十人參加。

◆美國紐約東初禪寺應菩提比丘（Bhikkhu Bodhi）創辦的「佛教環球賑濟」（Buddhist Global Relief）之邀，參加於曼哈頓河濱公園（Riverside Park）進行的第三屆「健行救飢民」活動，由常律法師、常齋法師代表出席。

◆13、20日，馬來西亞道場舉辦英文初級禪訓密集班，由常峪法師帶領，有近二十人參加。

10.14

◆基隆精舍於基隆童軍活動中心及菁寮坑礦業生態園區舉辦戶外禪，由副寺果啟法師帶領，共有八十人參加。

◆臺南分院「2012人文講談」，14日於成功大學力行校區崇華廳進行，邀請實踐大學社會工作學系副教授楊蓓主講「中年看見自己」，共有四百三十多人參加。

◆普化中心於臺中分院舉辦讀書會共學活動帶領人培訓課程，由副都監果毅法師及常用法師、資深讀書會帶領人王怡然老師帶領，共有一百一十人參加。

◆慈基會甲仙安心站於高雄市六龜區葫蘆谷舉辦「溯溪」活動，帶領學員挑戰自我，並學習團隊精神，共有二十三位學生參加。

◆10月14日至11月18日期間，慈基會於全臺各地舉辦「第二十一期百年樹人獎助學金」系列頒發活動，共有一千五百八十五位學子受獎。

◆加拿大溫哥華道場舉辦禪一，由監院果舟法師帶領，共有四十多人參加。

◆香港護法會舉辦佛一，由常炬法師帶領，共有七十多人參加。

10.15

◆《法鼓佛教院訊》第21期出刊。

10.17

◆臺北安和分院於三峽天南寺舉辦敬老禪悅之旅,由監院果旭法師帶領,有近一百六十人參加。

◆佛教學院研修中心舉辦專題講座,邀請前華梵大學校長隆迅法師主講「科學發展與佛法」,共有八十多人參加。

◆10月17日至12月1日期間,人基會心劇團舉辦「轉動幸福」《世界一花──花花的幸福種子》巡演活動,深入臺東、屏東、高雄等因八八水災受創而重建的學校與社區,共進行兩場戶外公演、十場校園演出。

10.18

◆10月18日至11月4日,方丈和尚果東法師展開北美弘法關懷,前往加拿大多倫多、美國紐約、舊金山三地關懷,內容包括舉辦佛學講座、皈依典禮等。

10.19

◆19至21日,三峽天南寺舉辦初級禪訓班二日營,由常品法師帶領,共有一百一十一人參加。

◆19至21日,青年院於臺南雲集寺舉辦青年禪學二日營,由常義、常灃法師帶領,共有二十七人參加。

◆北美護法會伊利諾州芝加哥分會舉辦佛學講座,由紐約東初禪寺住持果醒法師主講「十二緣起與涅槃」,共有四十多人參加。

◆方丈和尚果東法師於北美弘法關懷,19日於北美護法會安省多倫多分會接受《世界日報》專訪,說明分會的未來發展方向;並於分會新會址關懷分會運作,了解信眾需求。

◆19至21日,三峽天南寺舉辦初級禪訓班二日營,由常品法師帶領,共有一百一十七人參加。

10.20

◆弘化院舉辦水陸法會共修體驗課程,20日於德貴學苑進行,由參學室室主常統法師帶領,引導大眾透過共修課程,感受清淨、精進、安定、法喜的修行體驗。

◆臺北中山精舍「銀向菩提」長者關懷系列講座,20日由法緣會前會長柯瑤碧主講「生命的包容與陪伴」,分享與長者互動的經驗,有近四十人參加。

◆20至27日,禪堂舉辦中英禪七,由禪修中心副都監果元法師、聖嚴師父西方法子查可‧安德烈塞維克帶領,共有六十人參加。

◆傳燈院於法鼓山園區舉辦Fun鬆一日禪,由常願法師帶領,共有六十四人參加。

◆20至21日，北美護法會伊利諾州芝加哥分會舉辦默照禪二，由紐約東初禪寺住持果醒法師帶領，共有二十多人參加。

◆方丈和尚果東法師於北美弘法關懷，20日出席北美護法會安省多倫多分會為購置新道場舉辦的「心靈饗宴：牽心牽緣、燈燈無盡」募款活動，共有兩百五十多位東西方信眾參加。

◆20至22日，香港護法會於當地青年協會賽馬會西貢戶外訓練營舉辦禪三，由天南寺監院常乘法師、常炬法師等帶領，共有一百一十多人參加。

10.21

◆10月21日至11月2日，臺北安和分院舉辦《藥師經》共修，由監院果旭法師帶領，共有一千八百多人次參加。

◆北美護法會安省多倫多分會於北約克市政中心舉辦佛一，由美國紐約東初禪寺果解法師、常華法師帶領，方丈和尚果東法師前往關懷，共有三十多人參加。

10.23

◆中華佛研所受邀出席日本佛教大學創校百年紀念慶典，由所長果鏡法師、國際發展處監院果見法師代表參加，與各國學者進行交流。

10.25

◆越南佛學院院長清達法師率同該國佛教學者、宗教局官員等十四人，至法鼓山園區參訪，觀摩臺灣的佛學教育、佛教文化出版現況，由佛教學院校長惠敏法師、學士班系主任果暉法師、文化中心副都監果賢法師等代表接待，進行交流。

◆人基會於德貴學苑舉辦「2012真大吉祥心靈講座」，25日由僧伽大專任講師常延法師分享「眼前當下皆自在」，共有一百二十多人參加。

10.26

◆26至28日，臺北安和分院於臺東信行寺舉辦禪悅之旅，共有四十位民眾體驗修行與休閒的結合。

◆26至28日，臺南雲集寺舉辦佛三，由監院果謙法師帶領，也為在臺南新營北門醫院護理安養院因縱火案不幸罹難的十二位重症病患及傷重者，設立消災、超度牌位及祈福功德迴向，有近一百九十人參加。

◆26至28日，青年院於臺中寶雲別苑舉辦青年禪學二日營，由常義、常澧法師法師帶領，共有三十三人參加。

◆慈基會援助菲律賓2006年中部土石流事件七年計畫圓滿，26日祕書長果器法師親自發放最後一期獎助學金及生活費予當初援助的三十一名孤兒，並帶領關懷當地的孤兒院和老人院，捐助白米等民生物資。

◆慈基會於桃園齋明寺舉辦「北五轄區救災演習」，齋明寺監院果耀法師出席關懷，共有六十六人參加。

◆26至27日,佛教學院於法鼓山園區舉辦「佛教禪修傳統『起源與發展』國際研討會」,共有來自德、義、比、日、英、美及臺灣等地、一百多位學者與會,透過十四篇論文、五個場次討論及一場綜合座談,探討禪修的淵源與發展歷史。

◆方丈和尚果東法師於北美弘法關懷,26日出席於美國紐約東初禪寺舉辦的榮董感恩聯誼會,並為護法鼓手頒贈結緣品與感謝狀。

◆10月26日至11月16日,新加坡護法會每週六晚上舉辦「佛化家庭」課程,由悅眾分享如何在家庭生活中實踐佛法,有近四十人參加。

10.27

◆27至28日,桃園齋明寺舉辦秋季報恩法會,由監院果耀法師帶領,共有逾四千人次參加。

◆10月27日至11月3日,禪堂於三峽天南寺舉辦念佛禪七,邀請聖嚴師父法子果如法師帶領,共有一百一十七人參加。

◆慈基會林邊安心站於臺東舉辦「大腳丫‧小腳丫一起FUN鬆趣」親子戶外活動,共有來自林邊、佳冬地區的新住民、單親及隔代教養等家庭的一百二十五位大小朋友參加,體驗在大自然中放鬆身心,增進親子互動。

◆方丈和尚果東法師於北美弘法關懷,27日出席北美護法會新澤西州分會於希爾頓飯店(Hilton Woodbridge)舉辦「心靈饗宴」募款活動及「聖嚴法師墨寶暨佛教文物展」,並以「正面解讀,逆向思考」為題,與兩百五十位來賓分享心靈環保的理念。

10.28

◆北投雲來寺舉辦禪一,由監院常貫法師帶領,共有六十一人參加。

◆臺北安和分院舉辦禪一,由監院果旭法師帶領,共有九十四人參加。

◆臺中分院「2012遇見完全幸福寶雲講談」,28日邀請中央研究院歐美研究所研究員單德興主講「用108自在語釀人生」,共有一百多人參加。

◆南投德華寺舉辦佛一暨八關戒齋法會,由副寺果弘法師帶領,共有三十四人參加。

◆高雄紫雲寺舉辦戶外禪,由常潤法師帶領,共有四十二人參加。

◆10月28日至11月4日,禪堂首度於桃園齋明寺舉辦初階禪七,由常啟法師帶領,共有九十四人參加。

◆佛教學院於法鼓山園區舉辦期中禪一,由研修中心主任果鏡法師帶領,共有五十多人參加。

◆方丈和尚果東法師於北美弘法關懷,28日於美國紐約東初禪寺主持皈依典禮,並以「抱願,不抱怨」為題進行開示,共有一百多人參加。

10.29

◆10月29日至11月3日,臺南分院舉辦觀音法會暨大悲懺法會,由監院果謙法師帶領,並為在臺南新營北門醫院護理安養院因縱火案不幸罹難的十二位重症病患及傷重者,設立消災、超度牌位及祈福功德迴向,共有一千多人次參加。

◆聖嚴師父西方法子查可‧安德列塞維克帶領四位克羅埃西亞禪眾拜會中華佛研所，由所長果鏡法師代表接待，並說明、示範茶禪的意義，體驗禪法在生活日用中的活潑意趣。

◆方丈和尚果東法師於北美弘法關懷，29日在美國紐約接受紐約大學（New York University）專訪，說明法鼓山的使命是以心靈環保為核心，弘揚漢傳禪佛教，透過三大教育，達到世界淨化；並闡釋心靈環保的現代意涵。

10.30

◆臺東信行寺舉辦專題講座，邀請點燈文化基金會董事長張光斗主講「我的幸福在這裡」，分享學佛的心路歷程，有近七十人參加。

10.31

◆於法鼓佛教學院參學的中國大陸甘肅天水滲金寺會明法師、湖北黃石弘化禪寺智維法師、甘肅蘭州報恩寺洪宣法師、四川峨眉山伏虎寺寬恒法師、演顥法師，以及西北大學歷史研究所副教授李海波等一行，參訪聖基會，由執行長楊蓓、董事傅佩芳代表接待，進行交流。

11月 NOVEMBER

11.01

◆《人生》雜誌第351期出刊。

◆《法鼓》雜誌第275期出刊。

◆法鼓文化出版新書：智慧人系列《禪心默照》（繼程法師著）。

◆法行會於臺北國賓飯店舉辦第一四一次例會，由僧大講師常延法師主講《金剛經》，有近兩百一十人參加。

11.02

◆2至4日，傳燈院於三義DIY心靈環保教育中心舉辦禪二，由監院常源法師帶領，共有六十三人參加。

◆佛教學院舉辦「漢傳佛教研究方法及現況」座談會，由中華佛研所榮譽所長李志夫、佛教學院助理教授鄧偉仁，與政治大學宗教研究所助理教授李玉珍、中國大陸廣州中山大學佛學研究中心主任龔雋、日本青山學院大學國際政治經濟學院教授陳繼東，就臺灣、日本、中國、美國等地的漢傳佛教研究現況，進行對話。

11.03

◆臺北中山精舍舉辦Fun鬆一日禪，由常嘉法師帶領，有近五十人參加。

◆國際禪坐會（International Meditation Group）於德貴學苑舉辦禪坐共修，由僧大常展法師帶領，內容包括法鼓八式動禪、禪坐、經行等，並以討論會形式，探討禪修的概念與精神。

◆法青會於法鼓山園區舉辦山水禪，由青年院常元法師帶領，共有五十多人參加。

◆美國紐約象岡道場舉辦禪一，由監院常聞法師帶領。

◆3、10日，馬來西亞道場舉辦中文初級禪訓密集班，由監院常慧法師、常峪法師帶領，有近一百一十人參加。

◆北美護法會加州舊金山分會舉辦「心六倫系列講座」，由美國紐約東初禪寺住持果醒法師主講「乘心而起的幸福」，共有六十多人參加。

◆3至4日，香港護法會舉辦初級禪訓密集班，由常炬法師帶領，有近一百一十人參加。

11.04

◆法鼓山於三峽天南寺舉辦「社會菁英禪修營第七十四次共修會」，由僧團副住持果品法師帶領，共有八十多人參加。

◆臺中分院於大甲鐵砧山舉辦戶外禪，由果雲法師帶領，共有六十二人參加。

◆傳燈院於北投雲來寺舉辦Fun鬆一日禪，由常願法師帶領，共有六十九人參加。

◆護法會北四轄區於三峽天南寺舉辦禪一，由常品法師帶領，共有九十九人參加。

◆北美護法會加州舊金山分會舉辦「琴心法韻音樂饗宴」，方丈和尚果東法師、紐約東初禪寺住持果醒法師到場關懷，有近六百人參加。

◆新加坡護法會舉辦「感恩暨祝福日」，感恩義工的護持與奉獻，馬來西亞道場監院常慧法師出席關懷，共有八十多人參加。

11.05

◆桃園齋明寺新建禪堂建築獲《建築師》雜誌「2012臺灣建築獎」首獎。

11.07

◆法鼓山與中國大陸北京大學於法鼓山園區簽署「北京大學法鼓人文講座」協議書，由方丈和尚果東法師、校長周其鳳代表雙方簽署，佛教學院校長惠敏法師、中華佛研所所長果鏡法師、法鼓大學籌備處主任曾濟群出席祝福，並與周其鳳校長交換辦學、教學經驗。

11.08

◆8至13日，佛教學院校長惠敏法師赴日參加學術研討、交流，行程包括參與「國際入世佛教協會」（The International Network of Engaged Buddhists, INEB）舉辦的佛教論壇，並主持兩場「安寧照顧」臨床宗教師培訓工作坊，也應邀到京都龍谷大學、母校東京大學演講。

◆8、9日，美國紐約東初禪寺舉辦專題講座，邀請聖嚴師父法子果峻法師主講，主題分別是「減壓之道・從心開始」、「禪與現代生活」，共有一百二十多人次參加。

11.09

◆9至11日，三峽天南寺舉辦初級禪訓班二日營，由常品法師帶領，共有一百零七人參加。
◆9至11日，傳燈院於臺南雲集寺舉辦中級1禪訓班，由監院常源法師帶領，有近六十人參加。
◆9至11日，美國紐約象岡道場舉辦禪三，由監院常聞法師帶領，共有十多人參加。
◆9至11日，加拿大溫哥華道場舉辦禪三，由監院果舟法師帶領，共有四十三人參加。
◆韓國慶尚北道雲門寺僧伽大學校長興輪比丘尼帶領該校師生一行十八人，參訪法鼓山園區，由國際發展處監院果見法師代表接待，進行交流。

11.10

◆方丈和尚果東法師應邀出席罕見疾病基金會於臺北福華飯店舉行的「2012罕見疾病獎助學金頒獎典禮」，除頒發獎助學金，並致詞勉勵。
◆桃園齋明寺舉辦禪一，由果澔法師帶領，共有八十九人參加。
◆北美護法會華盛頓州西雅圖分會舉辦佛學講座，由紐約東初禪寺常諦法師主講「大悲懺法門」，共有五十多人參加。
◆香港護法會於當地清水灣大坳門舉辦戶外禪，由常炬法師帶領，共有八十三人參加。

11.11

◆臺中分院於寶雲別苑舉辦悅眾禪修營，由監院果理法師、信眾服務處監院常續法師帶領，共有一百四十人參加。
◆臺南分院與臺南市新興國中共同舉辦「青少年親子自在營」，內容包括團康活動、影片觀賞等，有近六十位親子參加。
◆慈基會甲仙安心站舉辦「公益探索」服務之旅，前往屏東縣伯大尼之家關懷院生，共有二十九位甲仙、杉林國中學生參加。
◆護法總會於高雄地區舉辦高屏地區護法悅眾成長營，邀請實踐大學社會工作學系副教授楊蓓、前農業發展委員會主任委員陳武雄帶領體驗禪修的放鬆方法與覺受，有近一百一十人參加。
◆11月11日至12月16日，美國紐約東初禪寺每週進行週日講座，由監院常華法師導讀聖嚴師父著作《探索識界──八識規矩頌講記》，有近五十人參加。
◆北美護法會華盛頓州西雅圖分會舉辦藥師法會，由紐約東初禪寺常諦法師帶領，共有五十多人參加。
◆11至23日，弘化院參學室於法鼓山園區舉辦第六屆大悲心水陸法會「佛國巡禮」活動，引導民眾透過壇場境教、參學導覽解說及戶外修行體驗，體會水陸法會的大悲精神與修行利益。

11.13

◆方丈和尚果東法師於法鼓山園區，對僧團法師、全體專職精神講話，主題為「正面解讀，逆向思考」，全臺各分院道場同步視訊連線聆聽開示，有三百多人參加。

◆13至14日，佛教學院邀請國際知名帕奧禪師（Pa Auk Sayadaw）參訪法鼓山園區並進行演講、指導禪修。帕奧禪師也與方丈和尚果東法師、僧團副主持果暉法師等會晤，交流分享佛陀的教法。

11.15

◆《法鼓佛教院訊》第21期出刊。

◆15至18日，方丈和尚果東法師展開香港弘法關懷行，內容包括主持護法會新佛堂啟用典禮、頒發榮譽董事聘書等。15、16日分別關懷榮董和參加自我超越成長營的學員，感恩護持與奉獻。

11.17

◆臺南分院「2012人文講談」，17日邀請財團法人保險事業發展中心董事長賴清祺主講「保險舵手──談最保險的人生」，有近一百人參加。

◆護法會中山辦事處於三峽天南寺舉辦勸募交流分享活動，信眾服務處監院常續法師出席關懷，共有近一百二十位鼓手參加。

◆方丈和尚果東法師於香港弘法關懷，17日出席香港護法會舉辦的大悲懺法會，關懷義工與信眾。

11.18

◆臺中分院「2012遇見完全幸福寶雲講談」，18日邀請麗明營造董事長吳春山主講「建設人間淨土──企業界的行動菩薩」，共有八十多人參加。

◆方丈和尚果東法師於香港弘法關懷，18日上午為香港護法會會所新佛堂舉行灑淨暨啟用典禮，包括僧團副住持果品法師、護法信眾等，有近四百人參加；下午為十位榮譽董事頒發聘書，並為新勸募會員主持授證儀式。

11.20

◆臺北中山精舍「銀向菩提」長者關懷系列講座，20日於法鼓山園區進行「佛國巡禮」，體驗水陸法會的殊勝莊嚴，有近六十人參加。

◆新北市中和國中校園圍牆改造工程，設置電子祈願池，其中的互動式電子牆輸入「聖嚴法師108自在語」，並自11月20日起開放啟用。

11.21

◆ 11月21至12月19日,香港護法會於週三晚上舉辦佛學課程,主題是「慈悲三昧水懺」,共四堂,由常空法師講授三昧水懺的由來、懺文內容與應用,有近六十人參加。

11.23

◆ 11月23日至12月2日,美國紐約象岡道場舉辦默照禪十,邀請聖嚴師父法子賽門・查爾得帶領,共有二十三人參加。

11.24

◆ 高雄紫雲寺醫療保健系列講座,24日邀請高雄醫學大學附設中和紀念醫院心臟內科李智雄主講「你ㄟ心臟有勇?」,介紹心臟病的預防與治療,共有五十多人參加。

◆ 24至28日,僧大副院長果光法師展開歐洲弘法關懷行,內容包括參加佛教經濟學工作坊、禪法講座等。24至25日,參與匈牙利布達佩斯佛教大學(Budapest Buddhist University)佛教經濟研究平臺(the Buddhist Economics Research Platform)於比利時布魯塞爾(Brussel)舉辦的「佛教的經濟價值及其在歐洲的潛在發展」(Buddhist Values in Business and its Potential in Europe)工作坊,與各國學者、專家進行交流。

◆ 24至25日,美國紐約東初禪寺舉辦感恩二日禪,由果明法師、常齋法師帶領,共有近六十人次參加。

◆ 24至25日,美國加州洛杉磯道場舉辦禪二,由紐約東初禪寺常懿法師帶領,有近三十人參加。

◆ 11月24日至12月1日,法鼓山於園區啟建「大悲心水陸法會」,設有十二個壇場,共有三萬兩千人次在園區參加共修;法會期間每日並透過網路電視直播各壇佛事以及焰口法會,讓海內外信眾可在線上參與共修。

11.26

◆ 僧大副院長果光法師於歐洲弘法關懷,26日於盧森堡(Luxemburg)市立聯誼館演講大廳主講「禪法的妙用」,有近四十人參加。

11.27

◆ 人基會董事許薰瑩因長期致力公益,推廣「心六倫」、「關懷生命」理念,獲教育部頒發「社教公益獎」個人獎肯定。

11.28

◆ 僧大副院長果光法師於歐洲弘法關懷,28日於盧森堡市立聯誼館演講大廳,以英語主講「禪與日常生活」(Chan and Daily Life),有近六十人參加。

11.29

◆人基會於德貴學苑舉辦「2012真大吉祥心靈講座」，邀請罕見疾病基金會創辦人陳莉
茵分享「心想事成的慈悲願力」，有近一百人參加。

12月 DECEMBER

12.01

◆《人生》雜誌第352期出刊。

◆《法鼓》雜誌第276期出刊。

◆法鼓文化出版新書：般若方程式系列《叛逆中年》（楊蓓著）；平安鈔經系列《大悲咒
——普及版鈔經本》、《阿彌陀經——普及版鈔經本》；法鼓佛教學院論叢系列英文
書《中阿含研究》（*Madhyama-āgama Studies*）（無著比丘Bhikkhu Anālayo著）。

◆聖基會出版《108自在語・自在神童3D動畫》第二集，並提供各機關學校申請結緣。

◆1、8日，法青會於德貴學苑舉辦「心潮鼓手」說明會，召募青年鼓手，共有六十多位
有志習禪學鼓的青年參加。

◆北美護法會新澤西州分會舉辦歲末感恩晚會，北美護法會輔導法師常華法師、紐約東
初禪寺果明法師出席關懷，共有八十多人參加。

◆北美護法會加州舊金山分會舉辦「禪修減壓工作坊」，邀請美國佛羅里達州立大學助
理教授俞永峯帶領，講授禪修減壓的心法和方法，共有七十多人參加。

12.02

◆三學院於法鼓山園區舉辦宗教師財務管理培訓課程，邀請臺灣證券交易所代理董事長
許仁壽帶領，共有三十位法師參加。

◆美國加州洛杉磯道場舉辦助念誦念及法器培訓課程，由紐約東初禪寺常懿法師帶領。

◆北美護法會加州舊金山分會舉辦禪一，邀請美國佛羅里達州立大學助理教授俞永峯
帶領，共有三十多人參加。

12.05

◆12月5日至2013年1月23日，香港護法會每週三晚上舉辦佛學課程，主題是「佛學概
論」，由常炬法師主講，有近八十人參加。

12.06

◆6至27日，臺北安和分院每週四舉辦「發現心靈藏寶圖」成長課程，邀請美國九型人
格臺灣分校主持人胡挹芬帶領，有近三十人參加。

12.07

◆7至14日，百丈院於法鼓山禪堂舉辦義工禪七，由常護法師帶領，共有九十七人參加。

◆7至9日，三峽天南寺舉辦初級禪訓班二日營，由常乘法師帶領，共有一百一十人參加。

◆7至10日，美國紐約東初禪寺常諦法師於加州舊金山分會弘法關懷，內容包括舉辦講座、帶領禪修等。7、9、10日，法師主講三場生活佛法講座，主題是「幸福的滋味——成佛的願力」，共有一百二十多人次參加。

◆7至9日，香港護法會於當地青年會將軍澳青年營舉辦悅眾禪三，由禪修中心副都監果元法師帶領，共有五十多人參加。

◆7至9日，三峽天南寺舉辦初級禪訓班二日營，由常乘法師帶領，共有一百人參加。

12.08

◆12月8日至2013年9月1日，法鼓山於園區開山紀念館舉辦「法相重現——阿閦佛頭流轉‧聚首10週年特展」，紀念捐贈中國大陸山東神通寺阿閦佛頭首十週年。

◆北投農禪寺舉辦感恩聯誼茶會，感恩信眾、義工多年來持續護持與奉獻，方丈和尚果東法師、監院果燦法師、護法總會總會長陳嘉男出席關懷，共有四百多位來自護法會新竹以北地區歷任轄召、召委參加。

◆8至9日，臺中分院於三義DIY心靈環保教育中心舉辦禪二，由果雲法師帶領，共有九十一人參加。

◆美國紐約象岡道場舉辦禪一，由監院常聞法師帶領，有近二十人參加。

◆8、15日，加拿大溫哥華道場舉辦初級禪訓密集班，由監院果舟法師帶領，有近二十人參加。

◆美國紐約東初禪寺常諦法師於北美護法會加州舊金山分會弘法關懷，8日參與分會的《學佛五講》讀書會，並進行佛法開示。

12.09

◆北投農禪寺舉辦感恩聯誼茶會，感恩信眾、義工多年來持續護持與奉獻，方丈和尚果東法師、監院果燦法師、護法總會總會長陳嘉男出席關懷，共有一百多位二、三十年來跟隨聖嚴師父、護持法鼓山的開拓悅眾參加。

◆臺南分院舉辦佛一暨八關戒齋法會，由僧團女眾副都監果舫法師主法，共有兩百三十多人參加。

◆臺東信行寺舉辦禪一，由常越法師帶領，共有三十五人參加。

◆加拿大溫哥華道場舉辦佛一暨八關戒齋法會，由監院果舟法師帶領，有近六十人參加。

◆美國紐約東初禪寺常諦法師於北美護法會加州舊金山分會弘法關懷，9日參與分會的禪坐共修，並解答禪眾的禪學疑問。

12.12

◆文基會、聖基會分別獲教育部頒發「101年度績優教育基金會」特優及優等團體獎，文化中心副都監果賢法師、聖基會主任呂理勝代表出席於12日在教育部舉辦的頒獎典禮。

12.13

◆ 佛教學院於法鼓山園區海會廳舉辦專題講座，邀請日本京都大學教授船山徹主講「漢譯佛典的中國化」，分享漢譯佛經的研究成果，共有五十多人參加。

◆ 法行會於臺北國賓飯店舉辦十三週年晚會，方丈和尚果東法師、北投農禪寺監院果燦法師出席關懷，共有三百多人參加。

12.14

◆ 14至16日，三峽天南寺舉辦禪二，由常乘法師帶領，共有一百人參加。

◆ 14至16日，傳燈院於三義DIY心靈環保教育中心舉辦中級1禪訓班，由監院常源法師帶領，有近五十人參加。

12.15

◆ 臺北中山精舍「銀向菩提」長者關懷系列講座，15、20日由助念團團長顏金珠介紹法鼓山大事關懷教育的內涵，資深繪本老師張淑美、黃蕙珍導讀繪本《一片葉子落下來》、《豬奶奶說再見》，帶領長者探討生命的現象與價值，以及如何面對生死大事，共有兩百多人次參加。

◆ 15至22日，禪堂舉辦默照禪七，由常鐘法師帶領，共有一百一十九人參加。

◆ 12月15日至2013年1月31日期間，慈基會於全臺各地分院及護法會辦事處，共舉辦二十場「101年度歲末大關懷」系列活動，共關懷兩千三百多戶家庭。首場於法鼓山園區進行祈福法會、致贈慰問金及關懷物資等，共有金山、萬里、石門、三芝與基隆地區兩百六十戶關懷戶參加。

◆ 15至16日，香港護法會舉辦初級禪訓密集班，由常炬法師帶領，有近一百一十人參加。

12.16

◆ 北投農禪寺舉辦禪一，由常和法師帶領，共有五十六人參加。

◆ 基隆精舍舉辦禪一，由副寺果啟法師帶領，共有五十人參加。

◆ 臺中分院「2012遇見完全幸福寶雲講談」，16日由僧團都監果廣法師主講「幸福工作禪」，共有兩百多人參加。

◆ 高雄紫雲寺舉辦佛一暨八關戒齋法會，由僧團女眾副都監果舫法師主法，共有兩百三十多人參加。

◆ 臺東信行寺舉辦佛法講座，由美國紐約東初禪寺住持果醒法師主講「心心相映、心心相印」，闡述佛法對心的詮釋，有近一百六十人參加。

◆ 慈基會舉辦「101年度歲末大關懷」系列活動，16日於北投農禪寺進行祈福法會、致贈慰問金及關懷物資等，共有大臺北地區四百五十五戶關懷戶參加。

◆ 佛教學院於法鼓山園區舉辦期末禪一，由研修中心主任果鏡法師帶領，共有五十多人參加。

◆僧大於法鼓山園區海會廳舉辦佛教與經濟學座談會,邀請日本經濟學者幸泉哲紀、清
華大學經濟系教授蔡攀龍、政治大學經濟系教授王國樑、元智大學知識服務與創新研
究中心主任賴子珍、銘傳大學經濟系助理教授江靜儀,與副院長果光法師、佛教學院
學士班系主任果暉法師、助理教授鄧偉仁等,進行對談。

◆為保護個人資料、簡化知客櫃臺作業流程,自12月16日起,推廣「電腦編號條碼貼
紙」的使用,鼓勵法鼓山的護法信眾,領取專屬的身分識別「電腦編號條碼貼紙」,
以做為身分識別。

12.19

◆19至23日,傳燈院於三義DIY心靈環保教育中心舉辦「楞嚴教理研習營」,由紐約東
初禪寺住持果醒法師帶領,共有九十二人參加。

◆佛教學院舉辦專題講座,邀請日本經濟學者幸泉哲紀、精神科醫師幸泉久子伉儷主講
「日本福島災後心理重建經驗分享」,分享慰訪福島災區民眾的見聞與經驗,慈基會
總幹事江弘基也與會交流國際救援經驗,共有七十多人參加。

◆19至25日,新加坡護法會舉辦弘法活動,內容包括帶領青年生活營、舉辦禪學講座等。
19日的禪學講座,由青年院常元法師主講「不可思議的禪」,有近七十人參加。

12.21

◆方丈和尚果東法師受邀參與中國大陸山東省神通寺舉辦的「四門塔阿閦佛首回歸十週
年」紀念活動,與住持界空法師、教界多位法師、濟南市佛教協會會長陶書童、濟南
市民族宗教局局長米俊偉等,共同出席慶典祈福法會。

◆21至23日,三峽天南寺舉辦初級禪訓班二日營,由常應法師帶領,共有一百一十人
參加。

◆21至24日,新加坡護法會於當地九華山報恩寺舉辦「心靈搖滾派對LET'S ROCK」青
年成長營,由青年院常禪法師擔任總護,有近四十位來自馬來西亞、印尼、新加坡、
中國大陸等地學員參加。

12.22

◆臺南分院「2012人文講談」,22日於成功大學力行校區崇華廳進行,邀請該校經濟系
副教授許永河主講「行經生命的轉彎處」,有近三百五十人參加。

◆22至29日,禪堂舉辦話頭禪七,邀請聖嚴師父法子果如法師帶領,共有七十四人參加。

◆普化中心於桃園齋明寺舉辦讀書會共學活動帶領人培訓課程,由常格法師、常用法
師、資深讀書會帶領人王怡然老師帶領,共有一百二十五人參加。

◆22日至23日,佛教學院校長惠敏法師受邀出席馬來西亞佛教青年總會於吉隆坡舉辦
的「佛教當代關懷研討會」,並發表專題演講,主題是「佛教如何因應社交網路或
web2.0時代?」。

◆23至24日,美國紐約東初禪寺舉辦省思二日禪,由監院常華法師、常齋法師帶領,有
近三十人參加。

12.23

◆臺中分院於寶雲別苑舉辦聖嚴書院服務學長聯誼成長活動,由普化中心副都監果毅法師主講「今生與師父有約」,共有八十多人參加。

◆南投德華寺舉辦戶外禪,由副寺果弘法師帶領,共有二十多人參加。

◆慈基會於護法會海山辦事處舉辦「海山地區」救災演習,由資深悅眾帶領,分享救災觀念與計巧,共有一百一十多人參加。

◆人基會邀請新北市中角、大坪、老梅等三所國民小學的新住民學童及其家長,於法鼓山園區進行一日樂遊活動,內容包括園區導覽、禪修體驗與親子共學,有近一百人參加。

12.24

◆方丈和尚果東法師、僧團副住持果品法師、國際發展處監院果見法師等一行,前往中國大陸江蘇南通拜訪廣教寺,參觀位於廣教寺內的「聖嚴法師弘化成就展示館」,並以「法鼓山、狼山兩岸佛教文化交流」為主題,進行交流座談會。

◆12月24日至2013年1月5日,佛教學院舉辦圖書館週系列活動,包括「中西參大賽」、講座、「五分鐘說書競賽」等,帶動校園閱讀與知識分享的風氣。

12.25

◆迎接2013年,法鼓山25日起於各分院道場,提供「得心自在」春聯與社會大眾結緣,並首次加上QR Code,透過智慧型手機與平板電腦掃描功能,傳播予更多人分享。

◆新加坡護法會舉辦禪修活動,由青年院常義法師、僧大學僧常耀法師以「放鬆身心,一夜好眠」為主題,帶領大眾進行並分享簡單易用的身心放鬆運動,共有三十多人參加。

12.26

◆12月26日至1月1日,美國紐約象岡道場舉辦話頭禪七,由監院常聞法師帶領,共有三十六人參加。

12.27

◆人基會於德貴學苑舉辦「2012真大吉祥心靈講座」,27日由臺北安和分院監院果旭法師主講「真大吉祥過生活」,共有一百多人參加。

12.29

◆北投農禪寺舉辦新建水月道場落成啟用大典,包括佛教界今能長老、明光長老、全度法師,以及前副總統蕭萬長、建築師姚仁喜、新北市副市長許志堅等各界來賓,與方丈和尚果東法師、僧團法師、護法信眾等,共有一萬多人參加。

◆12月29日至2013年1月1日，臺東信行寺舉辦禪悅四日營，由常參法師帶領，有近六十人參加。

◆12月29日至2013年1月1日，僧大於北投農禪寺外六十五巷巷口帳篷廣場外設置招生說明專區，介紹僧大的學制與特色。

◆29至30日，美國紐約東初禪寺舉辦慈悲三昧水懺法會，由果解法師等帶領，共有一百多人參加。

◆29至30日，美國加州洛杉磯道場舉辦禪二，由紐約東初禪寺果明法師帶領，有近六十人參加。

◆29至30日，香港護法會於佛教孔仙洲中學舉辦慈悲三昧水懺法會，由僧團副住持果品法師帶領，共有七百多人次參加。

12.30

◆北投農禪寺上午舉辦皈依祈福大典，由方丈和尚果東法師授三皈依，有近三千人皈依三寶；晚間舉辦「禪意、禪藝・千家禪修在水月」活動，內容包括茶話禪室、禪音宣流、動禪饗宴等三種不同方式的禪修，共有一千多人參加。

◆12月30日至2013年1月1日，三峽天南寺舉辦禪二，由常品法師帶領，共有一百一十四人參加。

◆30至31日，臺南雲集寺舉辦禪二，由監院果謙法師帶領，共有五十三人參加。

12.31

◆12月31日至2013年1月1日，北投農禪寺舉辦三場「行農禪家風，禮水月道場」跨年祈福感恩朝山活動，共有三千兩百多人參加。

◆基隆精舍舉辦佛一暨八關戒齋法會，由僧團女眾副都監果舫法師主法，有近一百六十人參加。

◆法青會臺北分會於德貴學苑舉辦「大悲心起・跨年祈福點燈」活動，以感恩心迎接新年，由青年院監院果祺法師帶領，有近一百五十人參加。

◆馬來西亞道場舉辦跨年大悲懺法會，由常峪法師、常文法師帶領，以精進共修迎接新年，有近一百四十人參加。

【附錄】

法鼓山2012年主要法會統計

◎國內（分院、精舍）

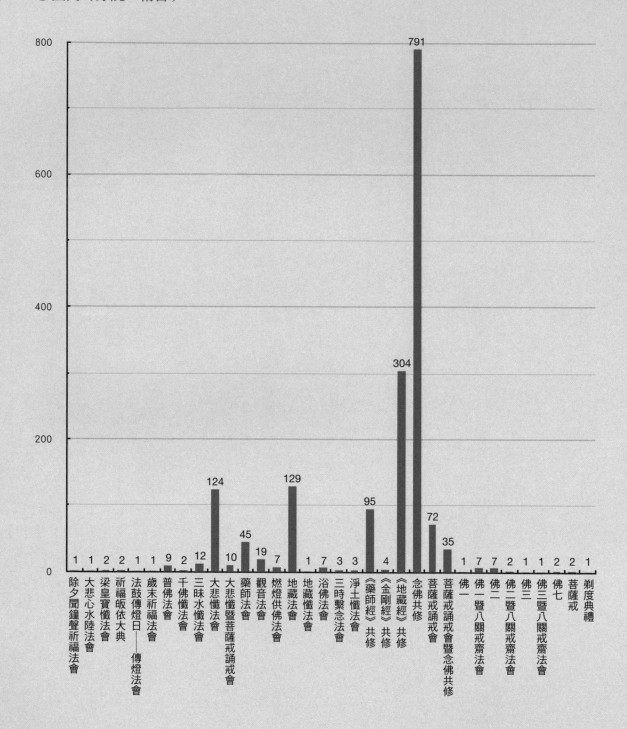

1	1	2	2	1	1	9	2	12	124	10	45	19	7	129	1	7	3	3	95	4	304	791	72	35	1	7	7	2	1	1	2	2	1
除夕聞鐘聲祈福法會	大悲心水陸法會	梁皇寶懺法會	祈福皈依大典	法鼓傳燈日──傳燈法會	歲末祈福法會	普佛法會	千佛懺法會	三昧水懺法會	大悲懺法會	大悲懺暨菩薩戒誦戒會	藥師法會	觀音法會	燃燈供佛法會	地藏法會	地藏懺法會	浴佛法會	三時繫念法會	淨土懺法會	《藥師經》共修	《金剛經》共修	《地藏經》共修	念佛共修	菩薩戒誦戒會	菩薩戒誦戒會暨念佛共修	佛一	佛一暨八關戒齋法會	佛二	佛二暨八關戒齋法會	佛三	佛三暨八關戒齋法會	佛七	菩薩戒	剃度典禮

◎海外（道場、分會）

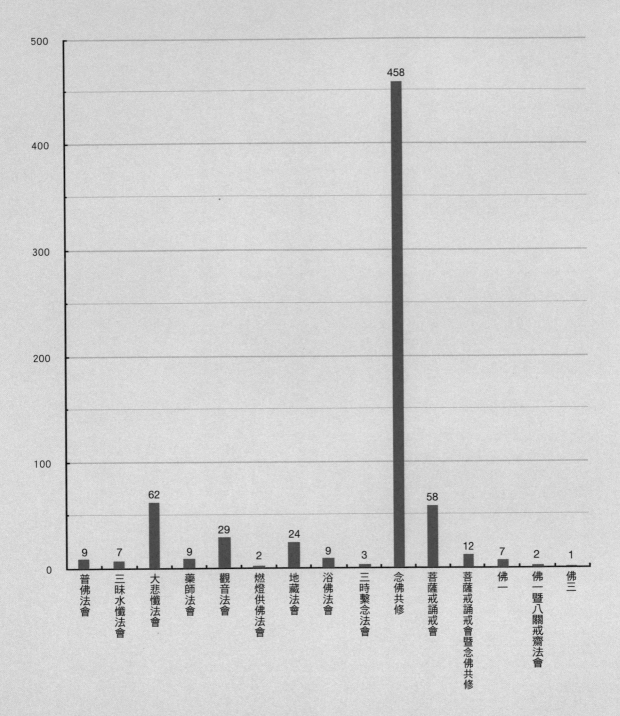

法鼓山2012年主要禪修活動統計

◎國內（分院、精舍）

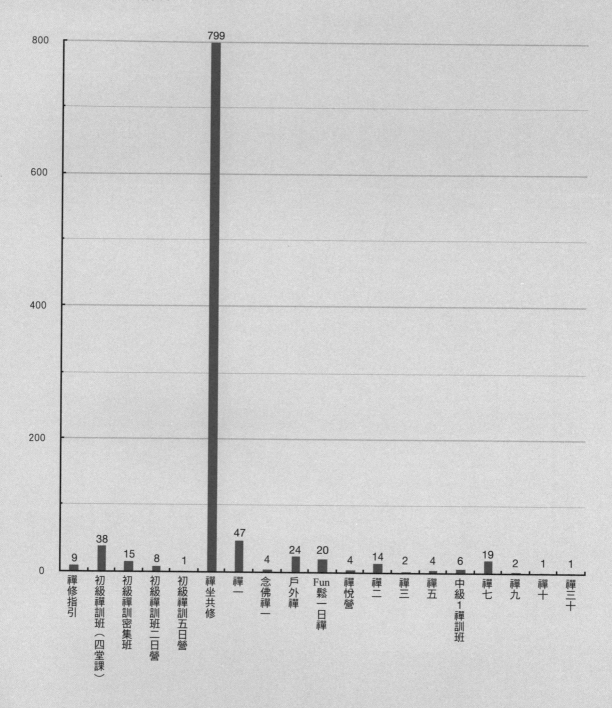

◎海外（道場、分會）

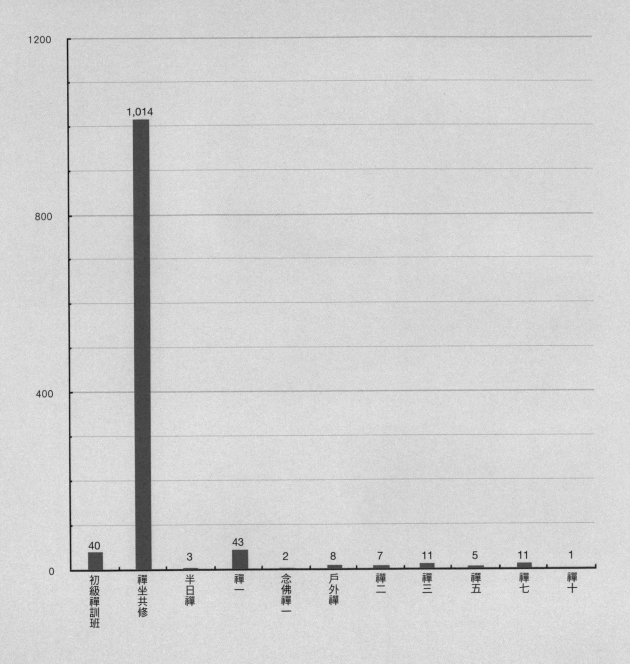

法鼓山2012主要佛學推廣課程統計

◎普化中心佛學推廣課程概況

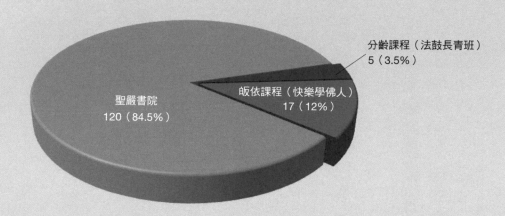

分齡課程（法鼓長青班）
5（3.5%）

皈依課程（快樂學佛人）
17（12%）

聖嚴書院
120（84.5%）

◎聖嚴書院佛學推廣課程概況

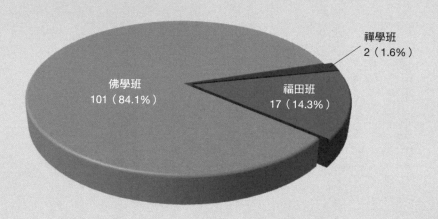

禪學班
2（1.6%）

福田班
17（14.3%）

佛學班
101（84.1%）

◎聖嚴書院佛學班

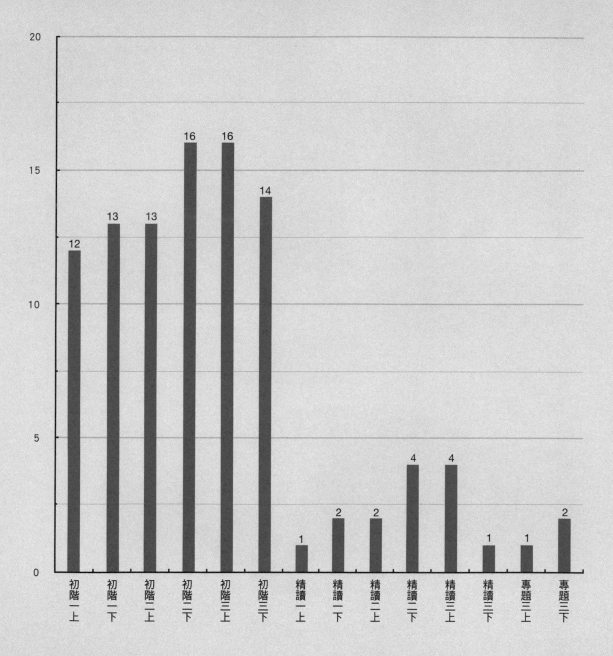

法鼓山2012年心靈環保讀書會推廣統計

◎全球

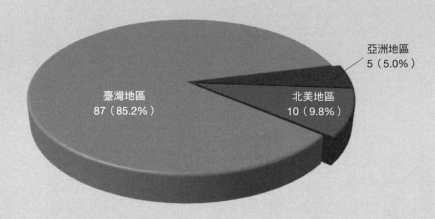

◎臺灣

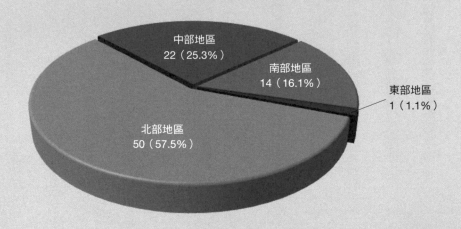

法鼓山2012年主要出版品一覽

◎ 法鼓文化

出版月份	書名
1月	《真大吉祥——安心、安身、安家、安業；真心自在，廣大吉祥》（人間淨土系列／聖嚴師父著，法鼓文化編輯部編輯）
	《好心·好世界——聖嚴法師談心靈環保》（人間淨土系列／聖嚴師父著，法鼓文化編輯部編輯）
	《尋師身影——阿斗隨師遊天下4》（琉璃文學系列／張光斗著）
	《放下禪——解脫習慣束縛的十一種練習》（*Let Go: A Buddhist Guide to Breaking Free of Habits*）（大自在系列／瑪婷·巴契勒 Martine Batchelor 著，方怡蓉譯）
	《佛教禪坐傳統研討會論文集》（法鼓佛教學院論叢系列／莊國彬主編）
2月	《禪味奈良——大和古寺慢味》（琉璃文學系列／秦就著）
	《遠行——聖嚴法師音樂故事》CD（法鼓影音系列／戴維雄製作）
	英文書*A Journey of Learning and Insight*（《聖嚴法師學思歷程》）
3月	《金剛經——普及版鈔經本》（平安鈔經系列）
	《藥師經——普及版鈔經本》（平安鈔經系列）
4月	《仁俊法師學譜》（智慧人系列／侯坤宏編著）
	《義式健康蔬食》（禪味廚房系列／柯俊年、林志豪著）
	《禪修指要——六門教授習定論講錄》（智慧人系列／繼程法師著）
5月	《祈願——向佛菩薩許一個願》CD（法鼓影音系列／康吉良製作）
	《唯識第一課——大乘廣五蘊論略解》（智慧人系列／淨海法師著）
6月	《聖嚴研究第三輯》（聖嚴思想論叢系列／聖嚴教育基金會學術研究部主編）
	《放輕鬆——揮別壓力的正念減壓法》（*Calming Your Anxious Mind: How Mindfulness & Compassion Can Free You from Anxiety, Fear & Panic*）（大自在系列／傑弗瑞·布蘭特力 Jeffrey Brantley 著，方怡蓉譯）
	《交心——自利利他的助人法則》（般若方程式系列／楊蓓著）
7月	《尋找善知識——《華嚴經》善財童子五十三參》（琉璃文學系列／陳琪瑛著）
	《菩薩真義——觀世音菩薩救世精神·地藏菩薩本願經概說》（智慧人系列／東初老和尚著）
8月	《真愛的功課——追隨一行禪師五十年》（*Learning True Love: Practicing Buddhism in a Time of War*）（大自在系列／真空法師 Sister Chan Khong 著，陸鴻基等譯）
	《醬醬好料理》（禪味廚房系列／陳進佑、李俊賢著）
	《知識與解脫——促成宗教轉化之體驗的藏傳佛教知識論》（*Knowledge and Liberation: Tibetan Buddhist Epistemology in Support of Transformative Religious Experience*）（法鼓佛教學院譯叢系列／安妮·克萊因 Anne C. Klein 著，劉宇光譯）
9月	《佛經寓言故事》（故事寶盒系列／謝武彰著）
10月	《真理的語言——《法句經》》（智慧人系列／淨海法師譯）
	2013年桌曆《雲水》
	《跨越自尊陷阱——教出自信與慈悲的孩子》（*The Self-esteem Trap: Raising Confident Kids in an Age of Self-Importance*）（大自在系列／寶莉·楊艾森德斯 Polly Young-Eisendrath 著，趙閔文譯）
11月	《禪心默照》（智慧人系列／繼程法師著）
12月	《叛逆中年》（般若方程式系列／楊蓓著）
	《大悲咒——普及版鈔經本》（平安鈔經系列）
	《阿彌陀經——普及版鈔經本》（平安鈔經系列）
	Madhyama-āgama Studies（《中阿含研究》）（法鼓佛教學院論叢系列／無著比丘Bhikkhu Anālayo著）

◎聖嚴教育基金會（結緣書籍）

出版月份	書名
3月	《擁抱幸福的新思維》
	《開啟幸福的生命智慧》
	《新世紀倫理對談》DVD
4月	《今生與師父有約》（三）

法鼓山2012年參與暨舉辦之主要國際會議概況

時間	會議名稱	主辦單位	國家	地點	主要參加代表
4月25至27日	第三屆世界佛教論壇	中國佛教協會 香港佛教聯合會 中華宗教交流協會	中國大陸	香港	方丈和尚果東法師
5月28至31日	第五屆佛教與天主教座談會（5th Buddhist-Christian Symposium）	普世博愛運動（Focolare）	義大利	羅馬	常諗法師（代讀常悟法師發表之論文） 常超法師
5月30至6月2日	慶祝衛塞節暨第二屆國際佛教大學協會學術研討會	摩訶朱拉隆功大學（Chulalongkorn University）	泰國	摩訶朱拉隆功大學	杜正民教授
6月1至4日	第四屆聖嚴思想國際學術研討會暨第二屆法鼓山信眾論壇	聖嚴教育基金會	臺灣	臺北	法鼓山僧團法師
8月18至19日	靈隱寺與中國佛教——紀念松源崇岳禪師誕辰八八〇週年暨學術研討會	靈隱寺	中國大陸	杭州	惠敏法師 果鏡法師 洪振洲老師
8月21日	中國禪宗文化國際學術研討會	徑山寺	中國大陸	杭州	惠敏法師 果鏡法師
10月26至27日	2012年佛教禪修傳統「起源與發展」國際研討會	法鼓佛教學院	臺灣	法鼓山園區	惠敏法師 鄧偉仁老師
11月2日	漢傳佛教研究方法及現況座談會——當代漢傳佛教研究：方法、典範、與意義	法鼓佛教學院	臺灣	法鼓山園區	李志夫榮譽所長 鄧偉仁老師
11月8日	梵本《大乘莊嚴經論》研討會	龍谷大學	日本	京都	惠敏法師
11月10日	緣起的智慧與幸福的教義	國際入世佛教協會（The International Network of Engaged Buddhists）	日本	橫濱	惠敏法師
11月11日	安寧照顧臨床宗教師培訓工作坊	日本全國青少年教化協議會「臨床佛教研究所」	日本	東京	惠敏法師
11月12日	佛教徒與醫療者共同合作照護	淨土宗綜合研究所	日本	東京	惠敏法師
11月26至29日	佛教的經濟價值及其在歐洲的潛在發展（Buddhist Values in Business and its Potential in Europe）工作坊	佛教經濟研究平臺（the Buddhist Economics Research Platform） 歐洲經濟與社會靈性論壇（European SPES Forum）	比利時	布魯塞爾	果光法師
12月22至23日	佛教當代關懷研討會	馬來西亞佛教青年總會	馬來西亞	吉隆坡	惠敏法師

2012年聖嚴師父暨法鼓山相關學術研究論文一覽

◎期刊論文（與聖嚴師父相關）

論文題目	作者	論文發表處	發表年
佛教經濟財富思維之研究——聖嚴法師與星雲法師觀點試析	黃建森	《信用合作》第113期	2012

◎期刊論文（與法鼓山及其理念相關）

論文題目	作者	論文發表處	發表年
法鼓八式動禪對年長者平衡能力及生活品質影響之探	林錦蘭 章美英	《中西醫結合護理雜誌》第2期	2012

◎專書（與聖嚴師父相關）

書名	作者	出版社	出版年	備註
《聖嚴研究》第三輯	聖嚴教育基金會學術研究部編	法鼓文化	2012	收錄2010年「第三屆聖嚴思想國際學術研討會暨第一屆法鼓山信眾論壇——聖嚴法師的教導與時代意義」部分發表論文

◎專書（與法鼓山及其理念相關）

書名	作者	出版社	出版年	備註
《法鼓山僧伽大學畢業製作選集》	法鼓山僧伽大學編	法鼓山僧伽大學	2012	收錄2006至2011年法鼓山僧伽大學歷屆畢業學僧之畢業製作

◎博碩士論文（與聖嚴師父相關）

論文題目	作者	論文發表處	發表年
聖嚴法師的倫理思想與實踐——以建立人間淨土為核心	王碧貞	南華大學生死學系碩士論文	2012

◎博碩士論文（與法鼓山及其理念相關）

論文題目	作者	論文發表處	發表年
從心靈環保論法鼓山水陸法會	黃惠英	佛光大學宗教學系碩士論文	2012
我國非政府組織參與四川大地震人道救援行動之研究——以法鼓山基金會、慈濟功德會為例	陳宗麟	南華大學非營利事業管理學系碩士論文	2012

◎會議論文（與聖嚴師父相關）

論文題目	作者	論文發表處	發表時間	地點
從聖嚴法師的禪修經驗探討開悟的共通過程與身心反應之可能	果暉法師	第四屆聖嚴思想國際學術研討會	2012／6／3	臺灣
聖嚴法師對蕅益智旭《教觀綱宗》的解讀角度探析——聖嚴法師對禪與天臺教觀之融會	王晴薇	第四屆聖嚴思想國際學術研討會	2012／6／3	臺灣
聖嚴法師與人間淨土思想	三友健容	第四屆聖嚴思想國際學術研討會	2012／6／3	臺灣
聖嚴法師的華嚴思想	黃國清	第四屆聖嚴思想國際學術研討會	2012／6／3	臺灣
再探聖嚴法師的淨土思想——有無二相的念佛觀	果鏡法師	第四屆聖嚴思想國際學術研討會	2012／6／3	臺灣
聖嚴於漢傳佛教諸宗教判之判攝研究	施凱華	第四屆聖嚴思想國際學術研討會	2012／6／3	臺灣
聖嚴法師人間佛教思想在漢傳佛教中的歷史地位	繆方明	第四屆聖嚴思想國際學術研討會	2012／6／3	臺灣
聖嚴法師與紐約市的法鼓出版社——1982至1997	Gregory Adam Scott	第四屆聖嚴思想國際學術研討會	2012／6／3	臺灣
智旭與《四書蕅益解》——從聖嚴法師的《明末中國佛教之研究》說起	龔雋	第四屆聖嚴思想國際學術研討會	2012／6／3	臺灣
聖嚴法師與《維摩詰經》	涂艷秋	第四屆聖嚴思想國際學術研討會	2012／6／3	臺灣
試論聖嚴法師的人格特質對其弘法事業的發展與影響	常元法師	第四屆聖嚴思想國際學術研討會	2012／6／3	臺灣
聖嚴法師大普化教育的實踐——以聖嚴書院課程規畫為例	林其賢	第四屆聖嚴思想國際學術研討會	2012／6／3	臺灣
以聖嚴法師思想與理念建構生命教育核心價值之初探	辜琮瑜	第四屆聖嚴思想國際學術研討會暨第二屆信眾論壇	2012／6／3	臺灣
聖嚴法師對「淨念相繼」與「入流亡所」的詮釋	陳劍鍠	第四屆聖嚴思想國際學術研討會	2012／6／3	臺灣
聖嚴法師創建法鼓山之時代意義——以「四個環保」思想為對象之研究	胡健財	第四屆聖嚴思想國際學術研討會	2012／6／3	臺灣
聖嚴禪教之安心法門——「看話禪」與「無住」思想是融貫的嗎？	陳平坤	第四屆聖嚴思想國際學術研討會	2012／6／3	臺灣
聖嚴法師的「觀音法門」思想	譚惟	第四屆聖嚴思想國際學術研討會	2012／6／3	臺灣
聖嚴法師對「無」字話頭之觀點與實踐	常慶法師	第四屆聖嚴思想國際學術研討會	2012／6／3	臺灣
聖嚴法師的如來藏教法與當代實踐	杜正民	第四屆聖嚴思想國際學術研討會	2012／6／4	臺灣
當聖嚴vs.印順：《歸程》與《平凡的一生》二師自傳敘事探析	陳美華	第四屆聖嚴思想國際學術研討會	2012／6／4	臺灣
論聖嚴法師對「禪」之承傳和轉化：以印順法師觀點為對比之考察	林建德	第四屆聖嚴思想國際學術研討會	2012／6／4	臺灣
聖嚴法師社會關懷弘化之時空研究	趙碧華	第四屆聖嚴思想國際學術研討會	2012／6／4	臺灣
聖嚴法師的環境哲學思想	程進發	第四屆聖嚴思想國際學術研討會	2012／6／4	臺灣
弘揚漢傳佛教環境主義：探討聖嚴法師環保思想	Seth DeVere Clippard	第四屆聖嚴思想國際學術研討會	2012／6／4	臺灣
讓佛教回歸眾生——試論聖嚴法師「心靈環保」視角下的漢傳佛教	張淼	第四屆聖嚴思想國際學術研討會	2012／6／4	臺灣
以願力成就僧寶——聖嚴法師對建設當代中國佛教的啟示	李虎群	第四屆聖嚴思想國際學術研討會	2012／6／4	臺灣
禪修傳統的復興與東西交流——以聖嚴法師為例	李玉珍	第四屆聖嚴思想國際學術研討會	2012／6／4	臺灣
生之價值與死之沉思——聖嚴法師的淨土思想與臨終關懷	劉建平	第四屆聖嚴思想國際學術研討會	2012／6／4	臺灣
人間佛教思潮下的禪宗開展——以臺灣聖嚴「中華禪」、大陸淨慧「生活禪」為視角的比較省察	姚彬彬	第四屆聖嚴思想國際學術研討會	2012／6／4	臺灣

◎會議論文（與聖嚴師父相關）

論文題目	作者	論文發表處	發表時間	地點
聖嚴法師所倡「心靈環保」的淨土思想維度	楊洋	第四屆聖嚴思想國際學術研討會	2012／6／4	臺灣
從《心的詩偈——〈信心銘〉講錄》探討聖嚴法師早期禪法特色（1990年代中期以前）	常慧法師	第四屆聖嚴思想國際學術研討會	2012／6／4	臺灣
聖嚴法師旅行書寫中的歷史特質研究	王美秀	第四屆聖嚴思想國際學術研討會	2012／6／4	臺灣

◎會議論文（與法鼓山及其理念相關）

論文題目	作者	論文發表處	發表時間	地點
有機農業的理念與心靈環保的精神	孔健中	第四屆聖嚴思想國際學術研討會	2012／6／3	臺灣
「人間淨土」的反思	越建東	第四屆聖嚴思想國際學術研討會	2012／6／3	臺灣
當代女禪師的培養與弘化——以法鼓山比丘尼僧團為例	常諗法師	第四屆聖嚴思想國際學術研討會	2012／6／3	臺灣
Managing Death in Republican China: Placing Dharma Drum Mountain's Assisted-Chanting (Zhunian助念) Group in Historical	林穎	第四屆聖嚴思想國際學術研討會	2012／6／3	臺灣
從《六祖壇經》「無相頌」談「心六倫」思想與大乘佛法之入世與實踐精神	林妙貞	第四屆聖嚴思想國際學術研討會	2012／6／3	臺灣
「心靈環保」經濟學——二十一世紀的心經濟主張	果光法師	第四屆聖嚴思想國際學術研討會	2012／6／4	臺灣
從《楞嚴經》看實踐「心五四」的三層次	果醒法師 常華法師	第四屆聖嚴思想國際學術研討會	2012／6／4	臺灣
Environmental Ethics, Chan Culture and Globalization of Contemporary Chinese Buddhism: A Case Study of Dharma Drum	王宣曆	第四屆聖嚴思想國際學術研討會	2012／6／4	臺灣
規畫法鼓山成為金山／北海岸地區面對複合性災害之區域急難救助公共空間——落實整體關懷計畫	商能洲、邱明民	第四屆聖嚴思想國際學術研討會	2012／6／4	臺灣
培力與相互調適：社會企業關懷弱勢就業者之職場心倫理探究	李禮孟、宋明德	第四屆聖嚴思想國際學術研討會	2012／6／4	臺灣
法鼓大學志工參與動機之研究	吳正中	第四屆聖嚴思想國際學術研討會	2012／6／4	臺灣
法鼓山安心服務站服務模式之研究：以莫拉克風災為例	常法法師 黃曉薇 陳宜珍 滿春梅	第四屆聖嚴思想國際學術研討會	2012／6／4	臺灣
省思對話與禪修：法鼓山禪眾志工在多倫多地區發展大學校園禪坐社團之紀實	Chyleen Mei Yu Shih Keith Brown	第四屆聖嚴思想國際學術研討會	2012／6／4	臺灣
默照禪修中促進轉化的心理機制探析	楊蓓	第四屆聖嚴思想國際學術研討會	2012／6／4	臺灣

◎專業技術報告（與聖嚴師父相關）

論文題目	作者	論文發表處	發表時間	地點
正語之道──以聖嚴法師講解「沙彌律儀」的內容為主	常順法師	第二屆法鼓山信眾論壇	2012／6／1	臺灣
高僧的學習典範──以聖嚴法師「高僧行誼」課程為中心	常慶法師	第二屆法鼓山信眾論壇	2012／6／1	臺灣
現代僧才的學思典範──以《聖嚴法師學思歷程》為主	常格法師	第二屆法鼓山信眾論壇	2012／6／1	臺灣
從書信看聖嚴法師的建僧與弘化	常灃法師	第二屆法鼓山信眾論壇	2012／6／1	臺灣
聖嚴法師國際宏觀的開展與實踐──以僧教育為主	常藻法師	第二屆法鼓山信眾論壇	2012／6／1	臺灣
聖嚴法師禪法在東西方的開展與弘化	果元法師 常護法師 常啟法師	第二屆法鼓山信眾論壇	2012／6／2	臺灣

◎專業技術報告（與法鼓山及其理念相關）

論文題目	作者	論文發表處	發表時間	地點
法鼓山大普化教育	果毅法師 常用法師 常林法師 常惠法師	第二屆法鼓山信眾論壇	2012／6／1	臺灣
關懷與修行	常捷法師	第二屆法鼓山信眾論壇	2012／6／1	臺灣
慈善基金會的回顧與前瞻	江弘基	第二屆法鼓山信眾論壇	2012／6／1	臺灣
從《法華經》〈安樂行品〉中論述「心靈環保」的實踐方法	常源法師	第二屆法鼓山信眾論壇	2012／6／1	臺灣
法鼓山的臨終關懷──臨終場域的修鍊	常統法師	第二屆法鼓山信眾論壇	2012／6／1	臺灣
法鼓山永續發展方向	果廣法師	第二屆法鼓山信眾論壇	2012／6／2	臺灣
法鼓山永續發展機制	果傳法師	第二屆法鼓山信眾論壇	2012／6／2	臺灣

（資料提供：中華佛學研究所、僧團三學院）

法鼓山全球聯絡網

【全球各地主要分支道場】

【國內地區】

■北部

法鼓山世界佛教教育園區
電話：02-2498-7171
傳真：02-2498-9029
20842新北市金山區三界里七鄰法鼓路555號

農禪寺
電話：02-2893-3161
傳真：02-2895-8969
11268臺北市北投區大業路65巷89號
11268臺北市北投區大度路112號

中華佛教文化館
電話：02-2891-2550；02-2892-6111
傳真：02-2893-0043
11246臺北市北投區光明路276號

雲來寺（行政中心、關懷中心、普化中心、文化中心）
電話：02-2893-9966
電話：02-2893-4646（文化中心）
傳真：02-2893-9911
11244臺北市北投區公館路186號

安和分院
（大安、信義、南港辦事處）
電話：02-2778-5007~9
傳真：02-2778-0807
10688臺北市大安區安和路一段29號10樓

法鼓德貴學苑
電話：02-8978-2081（青年發展院）
電話：02-2381-2345
　　　（法鼓山人文社會基金會）
電話：02-8978-2110
　　　（法鼓大學籌備處）
10044臺北市中正區延平南路77號

天南寺
電話：02-8676-2556
傳真：02-8676-1060
23743新北市三峽區介壽路二段138巷168號

齋明寺
電話：03-380-1426；03-390-8575
傳真：03-389-4262
33561桃園縣大溪鎮齋明街153號

中山精舍（中山辦事處）
電話：02-2591-1008
傳真：02-2591-1078
10452臺北市中山區民權東路一段67號9樓

基隆精舍（基隆辦事處）
電話：02-2426-1677
傳真：02-2425-3854
20045基隆市仁愛區仁五路8號3樓

大同辦事處
電話：02-2599-2571
10367臺北市大同區酒泉街34-1號

松山辦事處
電話：0916-527-940
10572臺北市松山區民生東路五段28號7樓

中正萬華辦事處
電話：02-2305-2283；02-2351-7205
10878臺北市萬華區萬大路239號4樓

石牌辦事處
電話：02-2832-3746
傳真：02-2872-9992
11158臺北市士林區福華路147巷28號

士林辦事處
電話：02-2881-7898
11162臺北市士林區中正路335巷6弄5號B1

社子辦事處（慈弘精舍）
電話：02-2816-9619
11165臺北市士林區延平北路五段29號1、2樓

北投辦事處
電話：02-2892-7138
傳真：02-2388-6572
11241臺北市北投區溫泉路68-8號1樓

內湖辦事處
電話：02-2793-8809
11490臺北市內湖區民權東路六段123巷20弄3號

文山辦事處
電話：02-2236-4380
傳真：02-8935-1858
11687臺北市文山區和興路52巷9之3號1樓

金山萬里辦事處
電話：02-2408-1844
傳真：02-2408-2554
20841新北市金山區仁愛路61號

海山辦事處
電話：02-8951-3341
傳真：02-8951-3341
22067新北市板橋區三民路一段120號7樓

新店辦事處
電話：02-8911-3242
傳真：02-8911-2421
23143新北市新店區中華路9號3樓之1

中永和辦事處
電話：02-2231-2654
傳真：02-2925-8599
23455新北市永和區中正路417號10樓

三重蘆洲辦事處
電話：02-2986-0168
傳真：02-2978-8223
24145新北市三重區正德街61號
4樓

新莊辦事處
電話：02-2994-6176
傳真：02-2994-4102
24242新北市新莊區新莊路114號

林口辦事處
電話：02-2603-0390
　　　02-2601-8643
傳真：02-2602-1289
24446新北市林口區中山路91號
3樓

淡水辦事處
電話：02-2629-2458
25153新北市淡水區新民街120巷
3號

三芝石門辦事處
電話：0917-658-698
25241新北市三芝區公正街三段
10號

新竹辦事處
電話：03-525-8246
傳真：03-523-4561
30046新竹市中山路443號

中壢辦事處
電話：03-281-3127；03-281-3128
傳真：03-281-3739
32448桃園縣平鎮市環南路184號
3樓之1

桃園辦事處
電話：03-302-4761；03-302-7741
傳真：03-301-9866
33046桃園縣桃園市大興西路二
段105號12樓

苗栗辦事處
電話：037-362-881
傳真：037-362-131
36046苗栗縣苗栗市大埔街42號

三義DIY心靈環保教育中心
電話：04-2223-1055；037-870-995
傳真：037-872-222
36745苗栗縣三義鄉廣盛村八股路
21號

■中部
臺中分院（臺中辦事處）
電話：04-2255-0665
傳真：04-2255-0763
40758臺中市西屯區府會園道169號1-2樓

臺中寶雲別苑
電話：04-2465-6899
40764臺中市西屯區西平南巷6-6號

南投德華寺
電話：049-242-3025；049-242-1695
傳真：049-242-3032
54547南投縣埔里鎮清新里延年巷33號

豐原辦事處
電話：04-2524-5569
傳真：04-2515-3448
42048臺中市豐原區北陽路8號4樓

中部海線辦事處
電話：04-2662-5072；04-2686-6622
傳真：04-2686-6622
43655臺中市清水區鎮南街53號2樓

彰化辦事處
電話：04-711-6052
傳真：04-711-5313
50049彰化縣彰化市中山路二段2號10樓

員林辦事處
電話：04-837-2601；04-831-2142
傳真：04-838-2533
51042彰化縣員林鎮靜修東路33號8樓

南投辦事處
電話：049-231-5956
傳真：049-239-1414
54044南投縣南投市中興新村中學西路
106號

■南部

臺南分院（臺南辦事處）
電話：06-220-6329；06-220-6339
傳真：06-226-4289
70444臺南市北區西門路三段159號14樓

雲集寺
電話：06-721-1295；06-721-1298
傳真：06-723-6208
72242臺南市佳里區六安街218號

安平精舍
電話：06-298-9050
70848臺南市安平區永華路二段248號7樓

紫雲寺（高雄南區辦事處）
電話：07-732-1380；07-731-2310
傳真：07-731-3402
83341高雄市鳥松區鳥松里忠孝路52號

三民精舍（高雄北區辦事處）
電話：07-380-0848
傳真：07-396-6260
80767高雄市三民區建安街94號1、2樓

嘉義辦事處
電話：05-2760071；05-2764403
傳真：05-276-0084
60072嘉義市林森東路343號1樓

屏東辦事處
電話：08-738-0001
傳真：08-738-0003
90055屏東縣屏東市建豐路2巷70號1樓

潮州辦事處
電話：08-789-8596
傳真：08-780-8729
92045屏東縣潮州鎮和平路26號1樓

六龜安心服務站
電話：07-689-5871
傳真：07-689-3201
84441高雄市六龜區光復路31號

甲仙安心服務站
電話：07-675-3656
傳真：07-675-3703
84741高雄市甲仙區中正路138之2號

林邊安心服務站
電話：08-875-0085
傳真：08-875-0085
92743屏東縣林邊鄉中山路178號

■東部

信行寺（臺東辦事處）
電話：089-225-199；089-223-151
傳真：089-239-477
95059臺東縣臺東市更生北路132巷36或38號

宜蘭辦事處
電話：039-332-125
傳真：039-332-479
26052宜蘭縣宜蘭市泰山路112巷8弄18號

羅東辦事處
電話：039-571-160
傳真：039-561-262
26550宜蘭縣羅東鎮公正路246號1樓

花蓮辦事處
電話：03-834-2758
傳真：03-835-6610
97047花蓮縣花蓮市光復街87號7樓

【海外地區】

■美洲America

美國紐約東初禪寺
（紐約州紐約分會）
Chan Meditation Center
（New York Chapter, NY）
TEL：1-718-592-6593
FAX：1-718-592-0717
E-MAIL：carolymfong@yahoo.com
WEBSITE：http://www.chancenter.org
ADDRESS：90-56 Corona Ave.,
Elmhurst, NY 11373, U.S.A.

美國紐約象岡道場
Dharma Drum Retreat Center
TEL：1-845-744-8114
FAX：1-845-744-8483
E-MAIL：ddrc@dharmadrumretreat.org
WEBSITE：
http://www.dharmadrumretreat.org
ADDRESS：184 Quannacut Rd., Pine Bush, NY 12566, U.S.A.

加州洛杉磯道場
Dharma Drum Mountain Los Angeles Center
TEL：1-626-350-4388
E-MAIL：ddmbala@gmail.com
ADDRESS：4530 N. Peck Rd, El Monte, CA 91732, U.S.A.

北美護法會
Dharma Drum Mountain Buddhist Association
（D.D.M.B.A.）
TEL：1-718-592-6593
ADDRESS：90-56 Corona Ave.,
Elmhurst, NY 11373, U.S.A

◎東北部轄區North East Region
紐約州長島聯絡處
Long Island Branch, NY
TEL：1-631-689-8548
E-MAIL：haideelee@yahoo.com
WEBSITE：http://longisland.ddmusa.org

康州南部聯絡處
Fairfield County Branch, CT
TEL：1-203-972-3406
E-MAIL：contekalice@aol.com

康州哈特福聯絡處
Hartford Branch, CT
TEL：1-860-805-3588
E-MAIL：ling_yunw@yahoo.com

佛蒙特州伯靈頓聯絡處
Burlington Branch, VT
TEL：1-802-658-3413
FAX：1-802-658-3413
E-MAIL：juichulee@yahoo.com
WEBSITE：http://www.ddmbavt.org

◎中大西洋轄區Mid-Atlantic Region
北美護法會新澤西州分會
New Jersey Chapter
TEL：1-732-249-1398
E-MAIL：Reception@ddmba-nj.org
WEBSITE：http:// www.ddmbanj.org
ADDRESS：56 Vineyard Road,
Edison 08817,U.S.A.

賓州州大大學城聯絡處
State College Branch, PA
TEL：1-814-867-9253
E-MAIL：ddmbapa@gmail.com
WEBSITE：http://www.ddmbapa.org

◎南部轄區South Region
首都華盛頓聯絡處
Washington Branch,DC
TEL：1-301-982-2552
E-MALL：chiehhsiungchang@yahoo.com

德州達拉斯聯絡處
Dallas Branch, TX
TEL：1-817-226-6888
FAX：1-817-274-7067
E-MAIL：ddmba_patty@yahoo.com
WEBSITE：http://dallas.ddmusa.org

佛州奧蘭多聯絡處
Orlando Branch, FL
TEL：1-407-671-6250
E-MAIL：chihho2004@yahoo.com
WEBSITE：http://orlando.ddmusa.org

佛州天柏聯絡處
Tampa Branch, FL
E-MAIL：patricia_h_fung@yahoo.com
WEBSITE：http://tampa.ddmusa.org

佛州塔拉哈西聯絡處
Tallahassee Branch, FL
TEL：1- 850-274-3996
E-MAIL：tallahassee.chan@gmail.com
WEBSITE：http://
www.tallahasseebuddhistcommunity.org

◎中西部轄區Mid-West Region
北美護法會伊利諾州芝加哥分會
Chicago Chapter, IL
TEL：1-847-219-7508
E-MAIL：ddmbachicago@gmail.com
WEBSITE：http://www.ddmbachicago.org
ADDRESS：1234 North River Rd.
Mount Prospect, IL 60056, U.S.A.

密西根州蘭辛聯絡處
Lansing Branch, MI
TEL：1-517-332-0003
FAX：1-517-332-0003
E-MAIL：lkong2006@gmail.com
WEBSITE：http://michigan.ddmusa.org

密蘇里州聖路易聯絡處
St. Louise Branch, MO
TEL：1-636-529-0085
E-MAIL：acren@aol.com

◎西部轄區West Region
北美護法會加州舊金山分會
San Francisco Chapter, CA
TEL：1-510-402-3802
FAX：1-650-988-6928
E-MAIL：ddmbasf@gmail.com
WEBSITE：http://www.ddmbasf.org
ADDRESS：1153 Bordeaux Dr. #106,
Sunnyvale, CA 94089, U.S.A.

加州省會聯絡處
Sacramento Branch, CA
TEL：1-916-681-2416
E-MAIL：ddmbasacra@yahoo.com
WEBSITE：http://sacramento.ddmusa.org

北美護法會華盛頓州西雅圖分會
Seattle Chapter, WA
TEL：1-425-957-4597
E-MAIL：ddmba.seattle@gmail.com
WEBSITE：seattle.ddmusa.org
ADDRESS：14028 Bel-Red Rd., Suite 205
Bellevue, WA 98007, U.S.A.

加拿大溫哥華分會
Vancouver Center, Canada
TEL：1-604-277-1357
FAX：1-604-277-1352
E-MAIL：info@ddmba.ca
WEBSITE：http://www.ddmba.ca
ADDRESS：8240 No.5 Rd. Richmond,
B.C. V6Y 2V4, Canada

北美護法會安省多倫多分會
Antario Chapter, Canada
TEL：1-647-288-3536
E-MAIL：ddmba.toronto@gmail.com
WEBSITE：http:// www.ddmba-ontario.ca

■亞洲Asia

馬來西亞護法會
Malaysia Branch
TEL：60-3-7960-0841
FAX：60-3-7960-0842
E-MAIL：ddmmalaysia@gmail.com
WEBSITE：http://www.ddm.org.my
ADDRESS：Block B-3-16, 8 Ave.,
Pusat Perdagangan SEK.8, Jalan Sg. Jernih,
46050 Petaling Jaya, Selangor, Malaysia

新加坡護法會
Singapore Branch
TEL：65-6735-5900
FAX：65-6224-2655
E-MAIL：ddrumsingapore@gmail.com
WEBSITE：http://www.ddsingapore.org
ADDRESS：38 Carpmael Rd.,
Singapore 429781

香港護法會
Hong Kong Branch
TEL：852-2865-3110；852-2295-6623
FAX：852-2591-4810
E-MAIL：info@ddmhk.org.hk
WEBSITE：http://www.ddmhk.org.hk
ADDRESS：香港九龍荔枝角永康街
23-27號 安泰工業大廈B座2樓203室
Room 203 2/F, Block B, Alexandra Industrial
Building 23-27 Wing Hong Street, Lai Chi
Kok, Hong Kong

泰國護法會
Thailand Branch
TEL：66-2-713-7815；66-2-713-7816
FAX：66-2-713-7638
E-MAIL：ddmbkk2010@gmail.com
WEBSITE：www.ddmth.com
ADDRESS：1471. Soi 31/1 Pattnakarn Rd.,
10250 Bangkok, Thailand

■大洋洲Oceania

雪梨分會
Sydney Chapter
TEL：61-4-1318-5603
FAX：61-2-9283-3168

墨爾本分會
Melbourne Chapter
TEL：61-3-8822-3187
E-MAIL：info@ddmmelbourne.org.au
WEBSITE：www.ddmmelbourne.org.au
ADDRESS：1/38 McDowall Street Mitcham
VIC 3132

■歐洲Europe

盧森堡聯絡處
Luxembourg Liaison Office
TEL：352-400-080
FAX：352-290-311
E-MAIL：ddm@chan.lu
ADDRESS：15, Rue Jean Schaack L-2563,
Luxembourg

【教育事業群】

法鼓山僧伽大學
電話：02-2498-7171
傳真：02-2408-2492
網址：http://sanghau.ddm.org.tw
20842新北市金山區三界里七鄰
法鼓路555號

法鼓佛教學院
電話：02-2498-0707轉2364～2365
傳真：02-2408-2472
網址：http://www.ddbc.edu.tw/zh
20842新北市金山區西湖里法鼓路
650號

法鼓佛教學院·推廣教育中心
電話：02-2773-1264
傳真：02-2751-2234
網址：http://ddbctw.blogspot.com
10688臺北市大安區忠孝東路四段
124-6號7樓B座

中華佛學研究所
電話：02-2498-7171
傳真：02-2408-2492
網址：http://www.chibs.edu.tw
20842新北市金山區三界里七鄰
法鼓路555號

法鼓大學籌備處
電話：02-2311-1105；02-2191-1011
網址：http://www.ddc.edu.tw
10044臺北市中正區延平南路77號
6-10樓

法鼓山社會大學服務中心
（金山法鼓山社會大學）
電話：02-2408-2593～4
傳真：02-2408-2554
網址：http://www.ddcep.org.tw
20841新北市金山區仁愛路61號

新莊法鼓山社會大學
電話：02-2994-3755；02-2408-2593～4
傳真：02-2994-4102
網址：http://www.ddcep.org.tw
24241新北市新莊區新莊路114號

大溪法鼓山社會大學
電話：03-387-4372
傳真：03-387-4372
網址：http://www.ddcep.org.tw
33557桃園縣大溪鎮康莊路645號

北投法鼓山社會大學
電話：02-2893-9966轉6135、6141
傳真：02-2891-8081
網址：http://www.ddcep.org.tw
11244臺北市北投區公館路186號

【關懷事業群】

法鼓山社會福利慈善事業基金會
電話：02-2893-9966
傳真：02-2893-9911
網址：http://charity.ddm.org.tw
11244臺北市北投區公館路186號

法鼓山人文社會基金會
電話：02-2381-2345
傳真：02-2311-6350
網址：http://www.ddmthp.org.tw
10044臺北市中正區延平南路77號

聖嚴教育基金會
電話：02-2397-9300
傳真：02-2393-5610
網址：http://www.shengyen.org.tw
10056臺北市中正區仁愛路二段48之
6號2樓

國家圖書館出版品預行編目資料

法鼓山年鑑. 2012／法鼓山年鑑編輯組編輯. --
初版. -- 臺北市：法鼓山文教基金會，
2013.08　面；公分

ISBN 978-986-87502-4-1　（精裝）

1. 法鼓山　2. 佛教團體　3. 年鑑

220.58　　　　　　　　　102013629

2012 法鼓山年鑑

創 辦 人	聖嚴法師
出 版 者	財團法人法鼓山文教基金會
發 行 人	果東法師
地 址	臺北市北投區公館路186號
電 話	02-2893-9966
編 輯 企 畫	法鼓山年鑑編輯組
召 集 人	釋果賢
主 編	陳重光
執 行 編 輯	林蒨蓉、呂佳燕
編 輯	李怡慧、游淑惠
專 文 撰 述	釋果見、陳玫娟、胡麗桂、許翠谷
文稿資料提供	法鼓山文化中心雜誌部、叢書部、史料部，法鼓山各會團、海內外各分院及聯絡處等單位
攝 影	法鼓山攝影義工
美 編 完 稿	連紫吟、曹任華
網 址	http://www.ddm.org.tw/event/2008/ddm_history/index.htm
初 版	2013年8月
發 心 助 印 價	800元
劃 撥 帳 號	16246478
劃 撥 戶 名	財團法人法鼓山文教基金會